Joachim Bröcher

Bilder einer zerrissenen Welt

Kunsttherapeutisches Verstehen und
Intervenieren bei auffälligem Verhalten
an Grund- und Sonderschulen

»Edition S«

Gedruckt mit Unterstützung der Deutschen Forschungsgemeinschaft

Die Deutsche Bibliothek – CIP-Einheitsaufnahme

Bröcher, Joachim:
Bilder einer zerrissenen Welt : kunsttherapeutisches Verstehen und
Intervenieren bei auffälligem Verhalten an Grund- und
Sonderschulen / Joachim Bröcher. - Heidelberg : Ed. S, 1999
Zugl. Habilitationsschrift von: Köln, Univ., 1997
ISBN 3-8253-8242-7

Inhaltsverzeichnis

7 Das Andere als das Eigentliche?
- Überlegungen zum Verstehen und Intervenieren im pädagogisch-kunsttherapeutischen Prozeß

Inhaltsverzeichnis des ergänzenden Bandes „Kunsttherapie als Chance"

5 Die Erforschung von Zerrissenheitsphänomenen in der Lebenswelt auf der Basis ästhetischer Prozesse

**6   Das Ästhetisch-Bildhafte im Kontext einer
      sonderpädagogisch orientierten Didaktik**

Vorwort

Bei dem vorliegenden Buch handelt es sich um das Kernstück meiner Habilitationsschrift „Bilder einer zerrissenen Welt. Eine Untersuchung des besonderen Lebensgeschehens verhaltensauffälliger Heranwachsender im Sinne einer Weiterführung der durch Hans-Günther Richter begründeten Pädagogischen Kunsttherapie."

Diese Arbeit wurde am 24. November 1997 von der Heilpädagogischen Fakultät der Universität zu Köln angenommen. Aus eher technischen Gründen erscheint die oben genannte Arbeit in zwei getrennten Bänden und unter zwei verschiedenen Titeln.

Während *Kunsttherapie als Chance* im Sinne einer Einführung zunächst die wissenschaftstheoretischen Grundlagen und Ausgangspunkte dieser Untersuchung darstellt und zusätzlich eine ausführliche Text- und Bilddokumentation zur kunstpädagogisch-therapeutischen Praxis enthält (95 Abbildungen), konzentriert sich der vorliegende Band auf die Analyse der lebensweltlichen Strukturen und biographischen Prozesse bei Kindern und Jugendlichen mit Verhaltensauffälligkeiten.

In dem ausführlichen Vorwort zu *Kunsttherapie als Chance* sind alle Personen genannt, die in irgendeiner Form einen positiven Anteil an der Entstehung dieser Arbeit hatten. Dies gilt auch für den praktischen Teil am Ende von *Kunsttherapie als Chance*, in den auch andere mit Kunst und Therapie Befaßte ihre Ideen miteingebracht haben. In aller Kürze möchte ich hier nur noch einmal hervorheben:

Erstens: Ohne das Verständnis und die Unterstützung meiner Familie wären diese beiden Bände nicht zustandegekommen. Ich bedanke mich daher herzlich bei Karin, Jan und Philipp.

Zweitens: Ohne die Rückgriffsmöglichkeit auf das theoretische Werk von Professor Dr. Hans-Günther Richter (Universität zu Köln, Heilpädagogische Fakultät) und ohne seine persönlichen Anregungen, Ermutigungen und Ratschläge, hätte ich meine bilddiagnostischen und kunsttherapeutischen Untersuchungen nicht betreiben können. Es sei ihm an dieser Stelle ausdrücklich hierfür gedankt.

Joachim Bröcher, Nümbrecht-Heddinghausen im Mai 1999

1 Einleitung:
Ausgangspositionen einer ästhetisch fundierten Lebenswelt- und Biographieforschung bei auffälligem Verhalten

1.1 Handlungsbedarf: Anders unterrichten, anders forschen!

Die Lernenden geben sich unangepaßt und uneinsichtig, indem sie sich dem fremdbestimmten, für sie im Augenblick *sinnlosen* Unterrichtsinhalt, der offenbar ohne Bezug ist zu ihrer Lebenswelt und ihren Lernbedürfnissen, nicht zuwenden wollen oder können. Sie streifen eine aufgesetzte didaktische Hülle von sich ab, da diese nicht zu ihren existentiellen Anliegen paßt. Oftmals findet eine verzweifelte Rebellion gegen stupides, abstraktes, wenig anschauliches, zusammenhangloses Buch- und Arbeitsblattlernen statt.

Der Streit darüber ist einige hundert Jahre alt, doch sind die Kinder und Jugendlichen, die mit Verhaltensauffälligkeiten und Lernstörungen reagieren, eben immer noch nicht zu der vielerorts geforderten Anpassung in der Lage. Es gelingt ihnen kaum, ihren Körper still in den engen Raum zwischen Stuhllehne, Tischkante und Arbeitsblatt hineinzuzwingen und die Bewegungsimpulse, die negativen Affekte, die Spannungen in sich auszulöschen, um sich ganz der Sache, die irgendwo da vorne in der Klasse verhandelt wird, zuzuwenden.

Sicher, die Heranwachsenden, von denen hier die Rede ist, sind fast alle in irgendeiner Weise vorschulisch oder außerschulisch traumatisiert, konfliktbelastet, sozial benachteiligt usw. Sie haben nicht die Mittel, konstruktiv, sachbezogen oder effektiv an ihre Probleme und Defizite heranzugehen.

Befreiung aus diesen für die Kinder unerfreulichen Zwangslagen vollzieht sich daher allenfalls als Destruktion oberflächlich geordneter, routinierter und nur scheinbar legitimierter Lehr-Lern-Prozesse. Das Kind fängt an zu stören oder es hört auf, irgendetwas verstehen zu wollen. Diese Strategien rauben den Lehrkräften natürlich Energie und Zeit.

Im besten Falle kommt es noch zur Produktion von Symbolen, die losgelöst von der provokativen Geste betrachtet werden müssen, die die Entstehung und Inszenierung dieser Kritzeleien etc. häufig begleitet. Ein solches Beispiel ist die hastig von dem 14jährigen Bernd (Name geändert) hingekritzelte Zeichnung mit dem eingeschriebenen Titel „Störung". „Pack´ das Bild sofort weg!" wäre eine sicherlich nicht selten anzutreffende Reaktion von Lehrpersonen in Anbetracht solch unerwünschter Produktivität. Wer als Pädagoge mehr will und mehr wissen will, kann sich daran machen, die Hintergründe einer solchen Manifestation zu erforschen, die psychosozialen Kontexte zu entblättern, in denen ein solches Dokument steht. Das geht natürlich alles nur über längere Zeiträume, anhand von Bildreihen, die über Wochen und Monate entstehen, parallelen explorativen Gesprächen, nicht anhand eines einzelnen Bildes. Dennoch kann die Arbeit des Verstehens an diesem einzelnen Dokument beginnen, wie der folgende Auszug aus einem Tagebuch des Verfassers (J.B.) aus dem Jahre 1989 zeigt:

Also eine Störung ist Thema dieser Zeichnung. Das Blatt lag zu einem kleinen Paket zusammengefaltet im Papierkorb. Nach Schulschluß habe ich es herausgefischt. Eine Störung von was? Identität? Körperselbst? Aspekte der Beziehung zur Lehrerin oder zum Lehrer? Verschmelzungstendenzen im Bild? Hermaphroditische Phantasien? Beziehung zu Frauen? Mutter, Stiefmutter? Vater? Und das Pferd? Fluchtphantasien? Reiten? Erwachende Sexualität? Gehen die Pferde mit dem Jugendlichen durch (Masturbation)? Symbol für überschießende Kraft, Freiheitsdrang?

Eine Störung im Unterrichtsablauf? Wieso entstand das Bild gerade zu jenem Zeitpunkt? Es war nicht Kunstunterricht. Es ging weder um Frauen, Sex, noch um Pferde. Um was ging es eigentlich in der betreffenden Stunde? Es war turbulent in der Klasse. Bernd hatte versucht, meine geplante Struktur auszuhebeln. Andere Schüler mischten das Geschehen zusätzlich auf.

Benutzen uns die Schüler als Projektionsflächen? Sylvia und ich sind vielleicht Figuren, mit denen Bernd mit den eigenen Eltern Erlebtes neu inszeniert. Bernd, das zwischen den streitenden Eltern aufgeriebene Einzelkind, versuchte permanent Streit anzuzetteln, Gleichgewichte zu stören, teilweise mit Erfolg. Ein Wiederholungszwang?

Auch aktuelle Untersuchungen zum Thema Schulverweigerung und Schulabsentismus (z.B. Thimm 1998, 1999) zeigen an, wie groß der Handlungsbedarf gerade im präventiv-pädagogischen Bereich ist, um Schlimmeres, d.h. das völlige Entgleisen von Bildungsbiographien und das Wegbrechen bestimmter Schülergruppen zu den gesellschaftlichen Randzonen hin, zu verhindern.

Wer nicht sehen will, was hinter den zunehmenden Verhaltensproblemen im Raum Schule steckt und wer nicht bereit ist, seinen Unterricht umzustellen, wird immer mehr den Spaß am Beruf verlieren und schließlich in das altbekannte Klagelied über die *dummen* und *nervenden* Schüler einstimmen. Bedauerlich ist nicht nur der Motivationsverlust der Lehrkräfte, sondern auch daß die Schüler, die es am Ende zu weit getrieben haben mit ihrer Querköpfigkeit oder ihrem Unverständnis, auf der Strecke bleiben und erst recht in den Sog eines unberechenbaren Strudels geraten, der sie aus den letzten noch haltenden gesellschaftlichen Strukturen hinausschleudert.

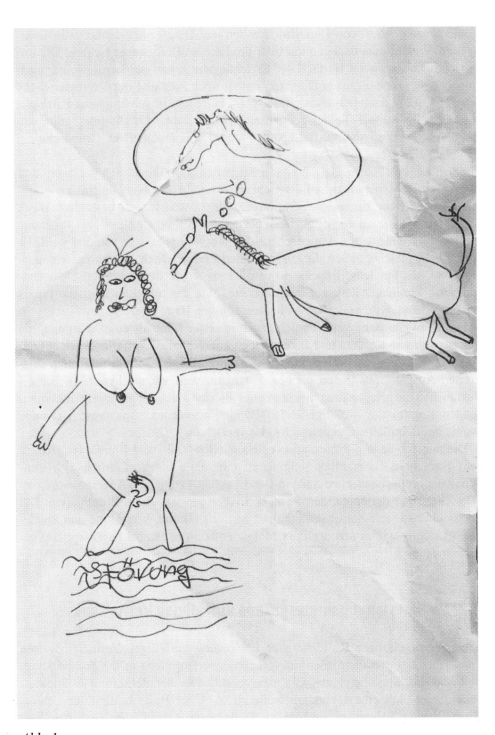

Abb. 1

Echte Emanzipation von Heranwachsenden und Berufszufriedenheit von Lehrkräften erreicht man dagegen nur über produktives Lernen und Lehren. Die unterrichtliche Praxis im Bereich der Erziehungshilfe und der Lernhilfe ist, auch unabhängig von der besten Didaktik, immer noch *hart* und der Verfasser (J.B.) wird sich nicht dazu hergeben, diese schön zu reden. In gemäßigterer Form gilt dies auch für weite Teile des gemeinsamen Unterrichts, d.h. die Integration von Schülern mit Verhaltensauffälligkeiten und Lernstörungen an Grundschulen, Hauptschulen etc.

Doch es gibt Chancen, auch mit verhaltensauffälligen Schülerinnen und Schülern einen sinnvollen, an der Lebenswelt und den Lernbedürfnissen orientierten Unterricht zustandezubekommen. Wir müssen jedoch besondere Wege einschlagen. Eine solche Möglichkeit besteht im Initiieren ästhetischer Prozesse, wobei das Element des Ästhetischen hier sehr weitgefaßt verstanden wird. Es umschließt gleichermaßen die traditionellen bildnerischen Verfahren wie auch Prozesse des Spielens, Bauens, Konstruierens sowie den schöpferischen Umgang mit Medien, Alltagsgegenständen etc. Wie das als unterrichtliche Praxis aussehen kann, wird vor allem im letzten Teil von Band I gezeigt.

Dieser zweite Band versteht sich dagen in erster Linie als eine Anleitung, die Lebenswelt von Kindern und Jugendlichen mit Verhaltensauffälligkeiten auf der Basis ihrer ästhetischen Produkte (i.w.S.) zu erforschen. Die im folgenden skizzierten Ausgangspositionen bleiben Fragment, weil wir sie bereits in Band I ausführlich dargelegt haben. Sie sind eher als eine Zusammenfassung der einleitenden Kapitel des vorhergehenden Bandes anzusehen. Aus diesem Grunde wurde auf detaillierte Quellennachweise verzichtet.

Die nun folgende Einführung soll sicherstellen, daß Band II auch für sich allein betrachtet, verständlich sein kann, d.h. ohne die ausführlichen wissenschaftstheoretischen Grundlagen in Band I gelesen zu haben. Andererseits ist zu wünschen, daß derjenige, der die in den Analysen von Band II enthaltene *Tristesse* über so viele Seiten ertragen hat, auch das Bunte, Vielfältige und Spielerisch-Leichte, wie es aus der Praxisdokumentation in Band I herausspricht, genießen kann.

1.2 Die Entstehungshintergründe auffälligen Verhaltens

Eine hervorgebobene Rolle bei der Entstehung auffälliger Verhaltensweisen spielen nachgewiesenermaßen die Interaktionserfahrungen in der frühen Kindheit und die familiäre Sozialisation insgesamt. Der Schule kommt in ätiologischer Sicht eher eine sekundäre Rolle zu. Auf der Basis bestimmter Lehrer-Einstellungen, Etikettierungsprozesse, Sanktionsstrategien, aber auch Ausgrenzungsmechanismen in der Gruppe der Schüler, können vorhandene Auffälligkeiten eine Verstärkung oder Zuspitzung erfahren.

Es kann zu Störungen in den Prozessen der Identifikation kommen. Die Ausbildung einer kognitiv und affektiv differenzierten Persönlichkeit wird häufig durch spezifische Einstellungen und Verhaltensmuster der Eltern erschwert oder verhindert. Hiermit ist ein inzwischen weit verzweigtes Forschungsgelände mit den entsprechenden Verzweigungen, Schulen etc. bezeichnet, das an dieser Stelle nur sehr grob angegeben werden kann:

---

psychoanalytisch arbeitende Forschungsrichtungen/ Schulen, die mit der Erklärung (und Änderung) auffälligen Verhaltens/ Erlebens befaßt sind

* *frühe Psychoanalyse*: S. Freud, Adler;
* *psychoanalytische Pädagogik*: Aichhorn, Bernfeld, A. Freud, Bettelheim, Redl u.a.
* *Ich-Psychologie*: Spitz, Mahler, Blos u.a.; (vgl. die Übersichten von Blanck & Blanck)
* *psychoanalytische Familiensystemtheorie*: Stierlin, H.-E. Richter, Boszormeny-Nagy u.a.
* *zeitgenössische Psychoanalyse*: Streek-Fischer, Kernberg, Rauchfleisch, Mentzos u.a.
* *Säuglingsforschung*: Lichtenberg, D. Stern u.a.

Neben den genannten psychosozialen Faktoren wirkt sich die sozioökonomische und soziokulturelle Lebenslage einer Familie auf die Entwicklung der Kinder aus. Die familiäre Sozialisation ist damit direkt abhängig von den umgebenden und prägenden sozialen, ökonomischen und kulturellen Verhältnissen. Sozialstrukturelle Defizite (ungünstige Wohnlagen, Arbeitslosigkeit der Eltern, eingeschränkte Möglichkeiten der Freizeitgestaltung etc.) können sich negativ auf die Entwicklung von Kindern, auf ihre Leistungsmotivation, ihre Einstellung zum Lernen, ihre sozialen Einstellungen usw. auswirken (vgl. Keupp, Petri, Begemann u.a.).

Daneben können sich schichtspezifische Erziehungsstile, spezielle, in den Familien vorherrschende, Problemlösungsmuster und Straftechniken, negativ auf die Entwicklung von Kindern auswirken. Möglich sind auch schichtspezifische Störungen der Identifikation (vgl. die Verknüpfung von tiefenpsychologischen und sozialisationstheoretischen Ansätzen durch Miller & Swanson, Moser u.a.).

1.3 Krisenerscheinungen der Gegenwart

1.3.1 Gesellschaftliche Veränderungsprozesse

Die Herausbildung von psychosozialen Auffälligkeiten im Verhalten und Erleben von Kindern und Jugendlichen muß zugleich auf dem gesamtgesellschaftlichen Hintergrund, den sozioökonomischen Strukturen und Veränderungsprozessen betrachtet werden. Aktuelle Schlagworte zur Kennzeichnung der gegenwärtigen gesellschaftlichen Situation sind:

---

* Strukturwandel der Familie (Honneth)
* Individualisierung und Enttraditionalisierung (Beck: Risikogesellschaft")
* Ästhetisierung der Lebenswelt, d.h. übertriebene Orientierung an Genuß, Spaß, Erleben (Schulze: „Erlebnisgesellschaft")
* Verlust der kommunikativen Netze einer gesicherten Lebenswelt, Herauslösung aus den kommunikativen Bindungen traditionsgestützter Lebensstile, Verlust des kommunikativen Rückhalts einer gemeinsam geteilten kulturellen und narrativen Praxis (Baudrillard)[1]

Die Veränderungen auf dem Arbeitsmarkt, die komplexer werdenden beruflichen Anforderungen, die zunehmende Modernisierung, Technisierung und Beschleunigung, die Globalisierung der Wirtschaft und des Welthandels lassen Zonen der Marginalität und der Ausgrenzung an den Stadträndern entstehen.

Es kommt zu einem Auseinanderfallen der sozialen Gruppen, zu einem Zerfall der städtischen Gesellschaft (Touraine), zur Abtrennung von Armutsgebieten, einem Niedergang der Vorstädte, in denen sich die Globalisierungsverlierer sammeln, Regionen, in denen sich die ethnischen Konflikte häufen und in denen Gewaltexzesse ihren Nährboden finden.

Konzepte zur Beschreibung sozialer Desintegration

* Etablierte und Außenseiter (Elias)
* Einschluß und Ausschluß (Luhmann)
* Integration und Desintegration (Heitmeyer)
* zerrissene Welt des Sozialen (Honneth)
* Auflösung des Sozialen (Honneth)

---

[1] Vgl. zur Postmoderne-Diskussion auch Lyotard, Habermas, Huyssen & Scherpe.

Soziale Strukturprobleme äußern sich als individuelle Pathologien und Auffälligkeiten, eben als „Pathologien des Sozialen" (Honneth).

Es gibt dennoch immer wieder die eher verschleiernde Tendenz, medizinisch-somatogene Faktoren zur Aufklärung des Problemverhaltens von Kindern und Jugendlichen ins Feld zu führen (vgl. zur Kritik dieser Tendenzen: Voß).

Weiterhin ist davon auszugehen, daß wir es in vielen Fällen mit einer Störung des Person-Umwelt-Verhältnisses zu tun haben. Es zeigen sich Probleme in der kommunikativen Vernetzung der sozialen Systeme, in denen ein Kind, ein Jugendlicher lebt (vgl. systemökologisches Paradigma: Lewin, Bronfenbrenner, Barker, Oerter, Baacke, Theunissen).

Eine Übersicht zu den genannten und weiteren Erklärungsmodellen gibt K.-H. Benkmann.

1.3.2 Dominanz der audiovisuellen Medien

Mediatisierung der kindlichen Lebenswelt
Es findet sich eine Dominanz der audiovisuellen Medien in der Lebenswelt heutiger Kinder und Jugendlicher. Die Schlüsselwörter lauten hier:

> * Konsumkindheit und Medienkindheit (Baacke)
> * Fernsehkindheit (v. Hentig)
> * Fernsehsozialisation (Rolff & Zimmermann)
> * Verschwinden der Kindheit infolge des Fernsehens als Medium der totalen Enthüllung (Postman)
> * Mediatisierung der kindlichen Lebenswelt speziell durch das Fernsehen (Rolff & Zimmermann)

Das Fernsehen und andere audiovisuelle Medien vermitteln Erfahrungen aus zweiter Hand: „Nicht Landschaften oder Menschen begegnen den Kindern, sondern symbolische Repräsentationen davon" (Rolff & Zimmermann).

Erweiterung der Wahrnehmungsroutinen?
Über die Wirkungsweisen der Bildmedien, Videos usw. auf die Heranwachsenden gibt es verschiedene Annahmen (vgl. hierzu Kuhlmann). Nach der ersten Position kommt es zu einer Erweiterung, einem Durchbrechen von Wahrnehmungsroutinen, der Dekonstruktion von konventionellen Bedeutungsmustern. Es entstehen neue Spielräume der Wahrnehmung, der Erkenntnis und des souveränen Verhaltens. Diese Argumentationslinie reicht von Benjamin bis Flusser.

Verflachung in der Wahrnehmung?

Nach der zweiten Position kommt es zur Verflachung in der Wahrnehmung. Diese Argumentationslinie reicht von Adorno bis Virilio. Wir sind konfrontiert mit der Auflösung des narrativen Zusammenhangs, einer Zerstörung des raumzeitlichen Kontinuums, einem verwirrenden Spiel mit ständig wechselnden Perspektiven, der Zersplitterung von Personen (Kaplan), der Enteignung menschlicher Wahrnehmungs- und Erkenntnisleistungen, der Produktion von Stereotypen, Gehorsam und Dummheit (Adorno), dem Verlust der Unterscheidungsfähigkeit zwischen Realität und Fiktion, der Fiktionalisierung von Wirklichkeit (Baudrillard).

Das fragmentierte Subjekt (Jameson) sieht sich einer sekundären Bilderflut gegenüber, die unaufhörlich zu einer Simulierung fremder Lebensstile anhält (Honneth). Der Enteignungsprozeß der Postmoderne erscheint aus dieser Sicht als totale anthropologische Reduktion. Die entfesselte Mobilität, die allesbeherrschende Telekommunikation produziert paralysierte, isolierte und wirklichkeitsentfremdete Individuen.

Es kommt zu einer Miniaturisierung von Wirklichkeit, einem veränderten, diffusen Raum-Zeit-Erleben: „Das Ich vermag sich in keinem raumzeitlichen Kontinuum mehr zu lokalisieren, sondern erfährt sich als leeren, ortlosen Bezugspunkt der auf ihn einstürzenden Bilder" (Virilio).

Produktive Rezeption?

Nach einer dritten Position geschieht die Mediennutzung produktiv. In den Rezeptionsprozessen lassen sich Ansätze zur Lebensbewältigung und Identitätsentwicklung ausmachen. Es kommt zu einer Spiegelung oder symbolischen Repräsentanz des Lebensthemas/ Konfliktthemas im Medieninhalt bzw. in der Interaktionssituation. Hierin liegt eine Möglichkeit der Bewältigung (vgl. die strukturanalytische Rezeptionsforschung: Charlton & Neumann, Aufenanger, Barthelmes & Sander).

1.3.3 Reduktion von Eigentätigkeit

Selbst wenn die Mediennutzung streckenweise produktiven und konstruktiven Charakter aufweisen sollte, muß doch insgesamt ein Rückgang der Aktivitäten im „sozialökologischen Nahraum" (Baacke) festgestellt werden, denn es schwinden zugleich die Umweltbedingungen für eine ungeplante und unproduzierte Kindheit. Der generelle Trend ist eher die Reduktion von Eigentätigkeit durch konsumierende Aneignung der materiellen Kultur (Rolff & Zimmermann). Die ästhetische Sozialisation ist hiervon unmittelbar betroffen und wie diese idealerweise verlaufen kann, zeigt Kapitel 6 in Band I.

1.4 Strukturen der Lebenswelt

Die *Lebenswelt* ist ein gern zitiertes Schlagwort in Zusammenhang mit pädagogischen Überlegungen. In aller Kürze soll umrissen werden, was unter Lebenswelt verstanden werden kann, wie sie sich gliedert, welche beschreibenden Kategorien hier möglich sind. Diese Kategorien sollen dann im Hauptteil unserer Untersuchung zur Analyse der Bilddokumente herangezogen werden. Begriffliche Versuche, die Welt als *subjektive Erfahrungswelt* zu fassen, sind:

* gelebte Welt (v. Dürkheim)
* Lebensraum (Lewin)
* Gefüge der gelebten Welt als Daseinsrahmen und Lebensfeld
  (Petermann)
* Welt als persönlich bedeutsames Ganzes (Petermann)
* Lebenswelt als schlicht gegebene, selbstverständliche
  Wirklichkeit (Husserl)
* Indiviuum und seine Welt (Thomae)
* subjektiver Lebensraum (Thomae)
* Alltagswelt
* soziokulturelle Umwelt (Rolf& Zimmermann)
* alltägliche Lebenswelt (Schütz & Luckmann)
* sozialökologische Zonen (Bronfenbrenner, Baacke)

1.4.1 Die räumliche Aufschichtung der Lebenswelt

Beginnen wir mit dem „gelebten Raum", dem „Handlungsraum" (Muchow, Minkowski, Merleau-Ponty). Die Phänomenologie des Raumes macht sichtbar: Prozesse der „Zentrierung - Dezentrierung", „Polyzentrik - Heterogenität" von Raumordnungen, räumliche Zerrissenheit und Spaltungen, gebahnte Wege, Einbahnstraßen, die bestimmte Bewegungsrichtungen und Bewegungsabläufe vorschreiben, nahelegen oder ausschließen; Labyrinthe, Aufenthaltsorte, Herkunftsorte, Lebensorte (Waldenfels); vernetzte, isolierte, desorganisierte, fragmentierte, überorganisierte, enge oder weite Räume.

Die „Poetik des Raumes" (Bachelard) konkretisiert sich z.B. in: Nest, Winkel, Drinnen, Draußen.

Zunächst ist da die „Welt in aktueller Reichweite" (Schütz & Luckmann), das „aktuelle Hier" als Ausgangspunkt im Raum. Von hier aus bestimmen sich Distanzen und Perspektiven, Kategorien wie oben und unten, vorne und hinten, links und rechts.

Der sinnlich erfahrbare Raum zeigt sich in Sehweite, Hörweite, Reichweite. Es kann dauernden Wandel geben, aber auch Stagnation im Räumlichen.

„Sozialökologische Übergänge" (Bronfenbrenner) implizieren das Erobern neuer Umweltausschnitte und ein Durchwandern von „Settings" (Barker), aber auch unverhoffte räumliche Einschnitte und Abbrüche.

Nach Schütz & Luckmann lassen sich die „unmittelbare Wirkzone", auch: „manipulative Nahzone", von der „Zone der Ferndinge" unterscheiden. Es kann Sprünge in der Reichweite der Erfahrung geben und damit eine Erweiterung der Wirkzone (real oder durch Telekommunikation). Sektoren der Welt werden erobert. Ausdehnungsfaktoren werden wirksam.

Die „Welt in potentieller Reichweite" ist die wiederherstellbare oder erlangbare Reichweite, auch: „Zone der Potentialität". Es gibt individuell unterschiedliche physische, kognitive und technische Vermögensgrade, Sektoren der Welt in die eigene Reichweite zu bringen.

Konkretisierende Konzepte zur Beschreibung des Lebens*raumes* sind darüberhinaus die „sozialökologischen Zonen" nach Bronfenbrenner:

Sozialökologische Zonen (nach Bronfenbrenner)

* *Mikrosystem*: Ensemble von Tätigkeiten, Aktivitäten, Rollen, Beziehungen (z.B. Familie, Schulklasse, peergroup)
* *Mesosystem*: Wechselbeziehungen zwischen den verschiedenen Lebensbereichen (z.B. Schule - Elternhaus, Elternhaus - peergroup)
* *Exosystem*: außerhalb des eigenen Einflußbereiches liegender Lebensbereich, z.B. der Arbeitsplatz der Eltern, der indirekte Wirkungen auf die Lebenssituation eines Heranwachsenden hat
* *Makrosystem*: übergreifende soziale, kulturelle, ökonomische Strukturen

---

Sozialökologische Zonen lassen sich mit Baacke auch stärker sozialgeographisch auffassen:

Sozialökologische Zonen (nach Baacke)

* *ökologisches Zentrum*: Haus und Familie
* *ökologischer Nahraum*: Nachbarschaft, Stadtviertel, Dorf
* *ökologische Ausschnitte*: Schule, Geschäfte, Schwimmbad usw.
* *ökologische Peripherie*: ferner gelegene Freizeitangebote, Reisen usw.

1.4.2 Die zeitliche Aufschichtung der Lebenswelt

Zeit läßt sich als psychisch repräsentierte Komponente der Entwicklung und als physikalische Größe im menschlichen Lebenslauf (Lewin) betrachten. „Subjektive Zeit" und „Weltzeit" stehen einander gegenüber (Schütz & Luckmann). Erinnerung und Antizipation machen die „Welt der einstigen Reichweite" zum Thema der aktuellen Bewußtseinsaktivität.

Die „innere Dauer" ist die subjektive Zeit des Bewußtseinsstromes. Die Arbeit des Erinnerns setzt ein: Das habe ich damals gemacht, geschrieben, gezeichnet? Was habe ich damals gefühlt und gedacht? Habe ich mich verändert?

Weitere Zeit-Aspekte sind: Biologische Zeit, Generationenfolge, Fortdauer und Endlichkeit, Rhythmik des Körpers, soziale Zeit, Kalender.

Es kommt zu Überschneidungen, Inkongruenzen der verschiedenen Zeitdimensionen. Das Warten ist eine uns allen auferlegte Zeitstruktur. Wir folgen einer objektiven Struktur von Gleichzeitigkeit und Abfolge. Der Alltag enthält zeitliche Zwangsläufigkeiten. Die zeitlichen Abfolgen des eigenen Tuns werden nach Dringlichkeitsstufen festgelegt.

Die Erfahrung der Zeit auf einer übergeordneten biographischen Ebene bezeichnen Schütz & Luckmann als „biographische Artikulation". Es existieren allerdings soziale Schwankungen und Variationen in den formalen Strukturen von Kindheit, Jugend, Erwachsenenalter usw.

Lebensplan und Tagesplan bedingen einander. Der Tagesablauf ist in einer bestimmten Weise artikuliert, gegliedert: Zur Schule gehen, mit dem Bus nach Hause fahren, Essen, Spielen, mit dem Rad fahren, Hausaufgaben machen usw. Es kommt zu einer spezifischen Abfolge der individuellen Erfahrungen in der inneren Dauer.

Das „Jetzt" verwandelt sich in ein „Gerade Vorhin" in ein „vergangenes Jetzt". Auf diese Weise etabliert sich der „Vergangenheitshorizont" aktueller Erlebnisse.

Mein Tagesablauf

Morgens stehe ich um 6 Uhr auf. Ich schalte den Fernseher an. Ich habe einen Fernseher in meinem Zimmer. Meistens kommt Sport. Oder ich gucke Video, zum Beispiel „Tom und Jerry" oder „Dennis". Dann ist es schon 7 Uhr und ich mache mir Frühstück. Ich mache mir Rühreier oder ich esse eine Schnitte Brot. Mama schläft dann noch. Papa ist meistens arbeiten. Jetzt hat er wieder eine Arbeit. Wenn er keine hat, schläft er auch noch. Ich ziehe mich alleine an. Mama hat mir die Sachen zum Anziehen abends schon hingelegt. Meistens bringt mich Mama zum Bus. Ein paar Mal bin ich auch schon alleine gegangen, wenn die Mama nicht aufgestanden ist. Ich fahre mit dem Bus zur Schule. Vier oder fünf Stunden bin ich in der Schule und es geht wieder mit dem Bus nach Hause.

Erst mache ich Hausaufgaben. Meistens mache ich sie aber nicht. Dann gibt es Mittagessen. Mama hat gekocht. Manchmal gehe ich vor dem Essen raus zum Spielen. Ich baue mir einen Flitzebogen oder ich spiele Fußball mit den Jungen aus der Nachbarschaft. Nach dem Mittagessen gehe ich wieder raus, bis 7 oder bis 5. Wenn der Papa rausgeht zum arbeiten, helfe ich ihm. Wir haben eine Treppe gebaut. Jetzt machen wir gerade einen Zaun und ein Gartentor. Wir haben das Haus von meinem Opa bekommen. Der Opa ist jetzt tot. Manchmal spiele ich Karten mit meiner Oma, zum Beispiel Skat oder Mau Mau.

Dann kommt das Abendessen. Meistens esse ich Salat, ein bißchen Obst und ein Butterbrot. Danach gucke ich noch 'ne Runde Fernsehen oder Video. Ich hab' ja genug Filme, zum Beispiel Schneewittchen oder Hänsel und Gretel, richtige Spielfilme. Um 7 Uhr gehe ich ins Bett. Ich schlafe schnell ein.

Oft stehe ich nachts auf, wenn meine kleine Schwester weint. Meine Eltern sind so nah dran und hören nichts. Ich versuche, sie dann wachzurütteln, aber sie schlafen so fest. Ich krieg' die Mama kaum wach und der Papa schnarcht ganz laut. Meistens nehme ich dann meine Bettdecke und schlafe auf dem Boden neben meiner Schwester ein.
(Schüler, 7 Jahre; gemeinsamer Unterricht)

1.4.3 Die soziale Aufschichtung der Lebenswelt

Das oben stehende Textdokument spiegelt nicht nur eine bestimmte Zeitstruktur im Tagesablauf des Jungen wider sondern zeigt auch etwas von den sozialen Beziehungen, hier im engeren Kontext der Familie. Neben die Kategorien des Raumes und der Zeit tritt daher die Kategorie des Sozialen.

Thema ist hier die „Welt der gemeinsamen Erfahrung", die soziale Begegnung, die Vorgegebenheit des Anderen. Es existieren verschiedene Stufen der Anonymität, der Erlebnisnähe und Erlebnistiefe. Die Leiblichkeit des Anderen ist ein auslegbares Ausdrucksfeld, insbesondere in „face-to-face-Situationen". In einer „Wir-Beziehung" (Schütz & Luckmann) kommt es zur Zuwendung von Aufmerksamkeit, zu wechselseitigen Beziehungen, einem Aufeinander-bezogensein. Das Subjekt erfährt sich selbst durch den Mitmenschen und dieser erfährt sich durch sein Gegenüber. Es kommt zu einer Spiegelung des Selbst in der Fremderfahrung. Unser Beispiel zeigt bereits an, daß hier eine Reihe von Störungen vorliegen können, die die Konstituierung echter Wir-Beziehungen verhindern oder beeinträchtigen.

Neben den „biographisch auferlegten" Beziehungen (Familie) existieren Beziehungen zu „Zeitgenossen", d.h. die Partner des Subjekts sind „soziale Typen" wie Postangestellte, Verkäufer, Kellner usw.. Schütz & Luckmann sprechen hier von „Ihr-Beziehungen". Es dominieren institutionalisierte Beziehungs- und Handlungsmuster. Die jeweiligen Typisierungen sind individuell unterschiedlich anonym (z.B. Lehrer-Schüler-Beziehungen).

Die Menschen in meinem Leben

Als erstes sind da natürlich Mama, Papa (Stiefvater, J.B.) und meine Schwester Melina. Dann sind da Oma und Opa, gleich zweimal. Und noch drei Tanten und drei Onkel. Außerdem habe ich vier Cousinen. Sie wohnen fast alle hier im Dorf, einige auch in W.. Wir treffen uns ab und zu und spielen.

Ich habe insgesamt sieben Freunde. Patrick ist einer davon. Er geht in dieselbe Klasse wie ich. Die anderen Freunde sind entweder jünger oder älter als ich. Oder sie besuchen andere Schulen. Am liebsten spielen wir Klingelmännchen.

Dann sind da die Lehrer: Frau B., meine Klassenlehrerin, und Frau R., Frau S., Frau M. und natürlich Sie: Herr Bröcher.

Mit den Nachbarn direkt neben uns sprechen wir nicht mehr. Wir haben Streit. Mit Katrin und Lisa spiele ich seitdem nicht mehr.

Am besten komme ich mit Patrick, Dirk und Jessica zurecht. Wir streiten uns so gut wie gar nicht. Mit Annika habe ich Probleme. Sie stellt sich immer so schlau, dabei weiß sie nicht einmal, wieviel sechs mal sechs ist.
(Schüler, 10 Jahre, gemeinsamer Unterricht)

1.5 Biographische Prozesse

1.5.1 Lebenswelt und Lebenslauf

Wir benannten mit der „biographischen Artikulation" (Schütz & Luckmann) eine den Ereignissen und Plänen eines einzelnen Tages übergeordnete Kategorie. Der Lebenslauf unterliegt sozialen Kategorien, d.h. vorgeformte Beziehungsmuster und daraus resultierende Lebensverhältnisse werden tradiert. Das Einzeldasein erweist sich tendenziell als typisiert und steht in einem geschichtlichen Kontext. Biographien erfahren eine soziale Ausformung. Es existieren bestimmte Möglichkeiten, Selbstverständlichkeiten und Unmöglichkeiten bezüglich des subjektiven Lebenslaufes, der subjektiven Lebenspläne. Die Sozialstruktur bildet mehr oder weniger einen festen Rahmen, in dem sich die Lebens- und Tagespläne realisieren. Der Einzelne wird in typische Biographien hinein- sozialisiert. Es kommt zu einer Vermittlung bestimmter Einstellungen zum Ler- nen, zur Arbeit, zu zwischenmenschlichen Beziehungen. Diese schlagen sich in einer spezifischen Lernmotivation, Erfolgs- und Karriereorientierung sowie Beziehungsgestaltung nieder.

Die biographischen Freiheitsgrade erweisen sich als sozial verteilt. Der Sohn eines Journalisten findet wahrscheinlich mehr Möglichkeiten des berufsbezoge- nen Probierens, Experimentierens, der Selbstverwirklichung als der Sohn eines Kranführers.

1.5.2 Erfahrung und kognitive Repräsentation der Lebenswelt

Erlebnisse heben sich im Bewußtseinsstrom ab (Schütz & Luckmann). Be- stimmte Themen bilden den Kern dieser Erlebnisse. Indem sie mit Aufmerk- samkeit versehen werden, werden sie zu Erfahrungen. Es kommt zum *internen Aufbau von Bildern der Welt und des eigenen Selbst*. Diese bestimmen das Han- deln (Thomae). Es lassen sich retrospektiv biographisch relevante *Drehpunkte* oder *Schlüsselszenen* ausmachen: die Stelle, wo etwas geschah, wo mir etwas Bedeutsames begegnete. Interaktive und affektive Erfahrungen nehmen daher Einfluß auf die Ausbildung interner Repräsentationen, die alles weitere Erleben, Denken und Handeln bestimmen.

Konzepte zur internen Repräsentation von Erfahrungen

* *subjektiver Lebensraum/ Welt des Individuums* als internalisierte
  kognitive Repräsentationen dieser Welt
* *lebensweltlicher Wissensvorrat* als biographisch geprägtes System von
  Repräsentationen; Ergebnis der Sedimentierung (Ablagerung) subjektiver
  Erfahrungen (Schütz & Luckmann)
* *Innenwelt* (Freud) als Erinnerungsschatz früherer Wahrnehmungen,
  die einen Besitz und Bestandteil des Ichs bilden
* *Schemata* (Singer & Kolligian)
* *Überzeugungen & Überzeugungssysteme* (Rokeach)
* *Sripts* (Tomkins)

1.5.3 Die thematische Strukturierung der Lebenswelt

Will man das, was Kinder, Jugendliche oder auch Erwachsene in ihrem Denken, Fühlen und in der zwischenmenschlichen Kommunikation beschäftigt, beschreiben, benötigt man eine *thematische* Kategorie. Nach der „deskriptiven Biographietheorie" (Thomae) lassen sich die folgenden „Daseinsthemen" unterscheiden:

Daseinsthemen (nach Thomae)

* *regulative Thematik*: Störung des seelischen Gleichgewichts, Wiederherstellungsversuche
* *Daseinssteigerung & Aktivation*: Erlebnisdrang, innere Unausgefülltheit, Suche nach äußerer Anregung
* *Soziale Integration*: soziale Anerkennung, Status, Schutz, Zuneigung als Werte
* *soziale Abhebung*: Streben nach Dominanz und Geltung
* *kreative Thematik*: Unabhängigkeit, Intensivierung von Erfahrungen und Gestaltungsmöglichkeiten
* *normative Thematik*: Orientierung an der normalen Ordnung des Alltags

---

Das Konzept der „Daseinsthemen" ist noch auf einer relativ allgemeinen Ebene angesiedelt. Eine entwicklungspsychologische Konkretisierungsmöglichkeit bietet das Konzept der „psychosozialen Krisen" (Erikson). Diese können mit dem Lösen von lebensphasenspezifischen Aufgabenstellungen verbunden sein:

Psychosoziale Krisen (nach Erikson)

* Urvertauen gegen Urmißtrauen (Säuglingsalter)
* Autonomie gegen Scham und Zweifel (Kleinkindalter)
* Initiative gegen Schuldgefühl (Spielalter)
* Werksinn gegen Minderwertigkeitsgefühl (Schulalter)
* Identität gegen Identitätsdiffusion (Jugendalter)

Im Zentrum der Psychologie Eriksons steht der Begriff der *Identität*. Identität ist die Summe aller Identifikationen, eine Art Ich-Synthese, ein dauerndes inneres Sich-selbst-Gleichsein. Identität läßt sich aufgliedern in Berufs-Identität, ethnische Identität, geschlechtliche Identität (heterosexuelle, homosexuelle oder bisexuelle Identität [Rauchfleisch, Isay]). Identitätsentwicklung ist bezogen auf

Lebensentwürfe, Selbstfindung und Weltaneignung im beruflichen, persönlichen (familiären) und weltanschaulichen Bereich (Fend).

In der „negative Identität" (Erikson) kommt es zur Wahl von unerwünschten Rollen und Identifikationen.

Entwicklungsaufgaben im Grundschulalter
(nach Havighurst, Newman & Newman)

* Fleiß und Tüchtigkeit
* Erwerb der Kulturtechniken des Lesens, Schreibens und Rechnens
* soziale Kooperation, Spielen und Arbeiten im Team

Entwicklungsaufgaben im Jugendalter
(in Anlehung an Havighurst, Dreher & Dreher)

* Akzeptieren der eigenen körperlichen Erscheinung und natürlicher Gebrauch des Körpers: Sich des eigenen Körpers bewußt werden. Lernen, den Körper in Sport und Freizeit, aber auch in der Arbeit und bei der Bewältigung der täglichen Aufgaben sinnvoll einzusetzen
* Auseinandersetzung mit sog. männlichen bzw. weiblichen Rollenvorstellungen und Finden eines innerpsychischen Gleichgewichts diesbezüglich
* Erwerb neuer und reiferer Beziehungen zu Altersgenossen beiderlei Geschlechts
* Gewinnung emotionaler Unabhängigkeit von den Eltern und anderen Erwachsenen
* Erwerb berufsbezogener Kompetenzen und Qualifikationen. Vorbereitung auf eine berufliche Tätigkeit
* Gewinnung eines sozial verantwortungsvollen Verhaltens: Sich für das Gemeinwohl engagieren und sich mit der politischen und gesellschaftlichen Verantwortung des Bürgers auseinandersetzen
* Aufbau eines Wertsystems und eines ethischen Bewußtseins
* Über sich selbst im Bilde sein: Wissen, wer man ist und was man will
* Aufnahme intimer Beziehungen zu einer Partnerin oder einem Partner, Vorbereitung auf eine längerfristige Partnerschaft oder Lebensgemeinschaft (gegebenenfalls mit Familienleben)
* Entwicklung einer Zukunftsperspektive. Sein Leben planen und Ziele ansteuern, von denen man glaubt, daß man sie erreichen kann

Der Körper bildet die Grundlage für die personale Identität (Shusterman). Dieser kann erfahren: Akzeptanz, Ablehnung, Abspaltung, Instrumentalisierung und narzißtische Besetzung. Der Zusammenhang zwischen Körper und Identität konkretisiert sich in Körperbild, Körperselbst oder „Haut-Ich" (Anzieu). Die körperliche Identität erfährt schichtspezifische Prägungen (Bourdieu).

Ebenfalls zur Konkretisierung von Daseinsthemen läßt sich das Konzept der „Entwicklungsaufgabe" (auch: *developmental task* oder *dominant concern*, Havighurst) heranziehen.

Nach Lehr und Thomae lassen sich die Begriffe *Entwicklungsaufgabe, (Daseins-) Thematik, Problematik, Konflikt, Krise* in genau diese Rangreihe bringen. Kriterium ist dabei die Beherrschbarkeit der Situation. Die geringste Kontrollmöglichkeit besteht in der Krise. Konflikte lassen sich anhand der theoretischen Überlegungen von Mentzos operationalisieren:

Konflikte (nach Mentzos, Rauchfleisch)

* äußere und innere Konflikte
* bewußte und unbewußte Konflikte
* primärer Grundkonflikt = Abhängigkeit/ Bindung versus Autonomomie/ Selbstverwirklichung;
* oftmals frühe Trennungs- und Deprivationserfahrungen
* Störungen in den Prozessen der Loslösung in der Adoleszenz
* Abwehrsysteme gegenüber den Konflikten können zu sekundären Konflikten und einer Aggressivierung führen

---

1.5.4 Handeln als Eingreifen in die Lebenswelt

Es besteht die Notwendigkeit des *Handelns*, um zu überleben. Widerstände, die sich den eigenen Lebensbedürfnissen und -erfordernissen in den Weg stellen, müssen überwunden werden. Die Möglichkeit der Bewältigung und des Scheiterns ist jederzeit gegeben. Sich gegenseitig beeinflussende Kreisprozesse wirken sich aus.

Handeln verstehen Schütz & Luckmann als „vorentworfene Erfahrung". Handeln ist zielorientiert. Im „Entwurf" wird das Handlungsziel in der Vorstellung vorweggenommen. Das Individuum folgt „Plänen". Vorbewußte und unbewußte Steuerungen und Motive werden wirksam.

Handeln erfolgt in Situationen. Der Lebenslauf ist eine Folge von Situationen. Es gibt bewirkbare, beeinflußbare und offene Situationen einerseits und auferlegte Situationen andererseits. Situationen werden nach Vorgeschichte und Zukunft sowie nach „lebensweltlichem Wissensvorrat" ausgelegt. Dabei erfolgt eine Orientierung am praktisch Notwendigen, was zur Situationsbewältigung relevant ist. „Routinesituationen" unterscheiden sich von „problematischen Situationen". In letzteren müssen neue Wissenselemente erworben werden.

Das *Verhalten* als „körperliches Geschehen in Raum und Zeit" vermittelt Handeln. *Denken* ist „nicht sichtbares Verhalten". *Wirken* ist „aktives Eingreifen in die Lebenswelt" als körperliche Bewegung, Sprechen usw. (ebd.).

Mit Blick auf die Formulierung von diagnostischen Beobachtungen und das Formulieren pädgogisch-therapeutischer Ziele bedarf die Kategorie *Handeln-Wirken* einer weiteren Konkretisierung. Eine solche Möglichkeit liegt in der Verwendung des persönlichkeitspsychologischen Konzepts der „Daseinstechniken" (Thomae), später auch „Reaktionsformen" genannt. Thomae stellt diese als „instrumentelle Einheiten" den thematischen Einheiten gegenüber.

Daseinstechniken (nach Thomae)

* leistungsbezogene Techniken
* Anpassungstechniken
* defensive Techniken
* exgressive & evasive Techniken (Ausweichen,
  Aus-dem-Felde-gehen)
* aggressive Techniken (konstruktive Aggression
  versus desintegriertes, destruktives Erleben (Mentzos))

Die Häufigkeit und Intensität der berichteten oder beobachteten Reaktionsformen bei Kindern und Jugendlichen mit Verhaltensauffälligkeiten läßt sich zu bestimmten „Reaktionshierarchien" (Thomae) anordnen. Reaktionsformen sind mit hoher Wahrscheinlichkeit schicht- und milieuspezifisch geprägt. Ihre Ausbildung wurzelt in den frühen und frühesten Interaktionserfahrungen sowie im Verhalten der Eltern, die als Lernmodelle fungieren. Es kommt zur Ausbildung spezifischer Persönlichkeitsstrukturen (vgl. Kernberg, Rauchfleisch u.a.).

Die inadäquaten Daseinstechniken von Kindern und Jugendlichen mit Verhaltensauffälligkeiten stehen in Zusammenhang mit ich-strukturellen Besonderheiten, häufig unausgereiften Ich-Funktionen:

> ## Wesentliche Ich-Funktionen, die bei verhaltensauffälligen Heranwachsen- den häufig nachträglich eingeübt/ aufgebaut werden müssen
> (nach Rauchfleisch)
>
> * Gewahrwerden innerer Konflikte und Lenken des Interesses auf innere Ereignisse sowie auf die Außenwelt
> * sich von der unmittelbaren Wirkung innerer und äußerer Reize distanzie- ren, statt innerseelische Konflikte in impulsiver Form in der Außenwelt zu inszenieren (Externalisierungstendenz)
> * Zukünftiges gedanklich vorwegnehmen; verschiedene Reaktionsmöglichkeiten und deren Folgen denkend durchspielen
> * Omnipotenzphantasien zugunsten einer adäquaten Realitätsprüfung aufgeben
> * zwischenmenschliche Bezogenheit
> * die synthetische Funktion im Sinne einer die einzelnen Funktionen übergreifenden, integrierenden Kraft

Neben den Besonderheiten in den „Ich-Funktionen" spricht Rauchfleisch (1981) bei vielen Heranwachsenden mit Verhaltensauffälligkeiten auch von Deforma- tionen im Bereich des „Über-Ich". Es läßt sich häufig eine Dominanz sadisti- scher Anteile beobachten, wobei die sadistischen Tendenzen sich gegen das ei- gene Selbst richten. Die Folge ist ein negatives Selbstbild, eine erhöhte narzißti- sche Kränkbarkeit.

Den meist nach außen hin sichtbaren Daseinstechniken/ Reaktionsformen ge- hen spezifische interne „Verarbeitungsweisen" (Mentzos 1982) voraus:

> ## Häufige Verarbeitungsweisen bei Verhaltensauffälligen
>
> * Abwehrmechanismen wie Spaltung, Verleugnung, Projektion, Idealisierung
> * Verkehrung ins Gegenteil usw. (Mentzos)
> * zu geringe Abwehrmechanismen im Sinne der Triebabwehr (S. Freud)
> * Abwehr von Emotionen oder bedrohlichen Umweltreizen (A. Freud)
> * Fragmentierung (Auflösungs-, Zerfallstendenzen) (Haan)

1.6 Die Erforschung des lebensweltlichen Zusammenhanges auf ästhetischer Basis

1.6.1 Der emanzipatorisch-kritische Auftrag sonderpädagogischer Forschung

Worin bestehen die „Erkenntnisinteressen" (Habermas) einer Untersuchung wie der vorliegenden? Es geht in erster Linie um die Rehabilitation des benachteiligten Subjekts. Dazu ist die Herstellung eines Bezuges zu seiner Lebenswelt erforderlich. Didaktik läßt sich nicht nur als eine auf den Unterricht bezogene Handlungswissenschaft verstehen, sondern ebenso im Sinne einer sozialwissenschaftlich-pädagogischen Biographieforschung (Klafki 1985, 49):

"Gerade eine Didaktik, die an der Frage nach Möglichkeiten und Behinderungen der Entwicklung der Selbstbestimmungs-, Mitbestimmungs- und Solidaritätsfähigkeit [...] orientiert ist (eine Situation, wie sie ja bei Schülern mit Verhaltensauffälligkeiten in der Regel gegeben ist, J.B.), muß Untersuchungen betreiben, die uns Einblick in den von frühester Kindheit an sich vollziehenden Vorgang von Aneignungen und Auseinandersetzungen des sich entwickelnden Individuums im Einflußbereich sozialer Beziehungen, erzieherischer Einwirkungen und umfassender gesellschaftlicher Verhältnisse und Prozesse verschaffen können. Sie können dazu verhelfen, Möglichkeiten didaktischer Hilfen zum Aufbau von Selbstidentität, sozialer Beziehungs- und Behauptungsfähigkeit, Handlungs- und Verantwortungsfähigkeit zu entwerfen, aber auch die Grenzen solcher Angebote zunehmend realistischer einzuschätzen".

Empirische Forschung erhält somit einen emanzipatorisch-kritischen Auftrag:

„Sie kann nicht mehr formal als `neutrale´ Effektivitätsforschung verstanden werden, sondern zum einen als Erforschung von Bedingungen, die für ungleiche Chancen der Entwicklung von jungen Menschen [...] außerhalb und innerhalb der Bildungsinstitutionen verantwortlich sind, zum anderen als Innovationsforschung, die im Zusammenhang mit Schul- und Unterrichtsreformen, die an humanen und demokratischen Zielsetzungen orientiert sind, Möglichkeiten der Verwirklichung solcher Ziele für alle (jungen) Menschen ermittelt, und das heißt nicht zuletzt für die bisher Benachteiligten, die gewöhnlich aus den sozial schwächeren Bevölkerungsgruppen stammen" (a.a.O., 62).

1.6.2 Die verwendeten Forschungsinstrumentarien und -verfahren

Wir beschränken uns hier auf einen skizzenhaften Überblick in der Wiedergabe der verwendeten Untersuchungsverfahren:

Prinzipien qualitativer Sozialforschung (vgl. Eberwein, Mayring u.a)

* *Subjektbezogenheit*
* *Beschreibung*: Einbeziehen von Einzelfällen, Neufassungen, Ergänzungen, Revisionen
* Erschließen tieferliegender Bedeutungen durch *Interpretation*
* Untersuchung im natürlichen und *alltäglichen Umfeld*; Lebenswelt als vergessenes Sinnfundament der Wissenschaften (Husserl); Verstehen von Lebenswelten (Iben, Eberwein)
* Begründung der *Verallgemeinerung* von Forschungsergebnissen; Ermöglichen von *Quantifizierungen*, empirisch-statistischen Analysen
* „Psychologische Biographik" (Thomae) als *Synthese idiographischer und nomothetischer Forschung*; idiographische Norm als möglichst adäquate Annäherung an das Seelische (Dilthey); nomothetische Norm als Berücksichtigung jener Regeln und Erfordernisse, welche die Voraussetzung einer Generalisierung der gewonnenen Beobachtungen erlauben

---

Untersuchungsinstrumentarien

* *Einzelfallanalyse:*
Es geht um die Komplexität eines ganzen Falles, die Analyse des lebensgeschichtlichen Hintergrundes (z.B. Leutzinger-Bohleber). Die Fallstudien sind als „offen" zu betrachten (Ertle & Möckel), d.h. die Richtigkeit der hermeneutischen Hypothesen wird nicht behauptet, sondern zur Diskussion gestellt.

* *Dokumentenanalyse:*
Analyse von Dokumenten, in denen sich ein Individuum selbst und sein Leben direkt thematisiert; Dokumente als Objektivationen und Vergegenständlichungen der Psyche des Urhebers (Ballstaedt); Texte, Aufsätze, Tagebuchaufzeichnungen, bildhafte Gestaltungen, Objekte u.a.; Voraussetzung ist eine intensive, persönliche Auseinandersetzung mit dem Dokument (Atteslander); speziell zur Interpretation von Bildern, Zeichnungen usw. vgl. H.-G. Richter.

---

* *Handlungsforschung:*
direktes Ansetzen an konkreten sozialen Problemen (Lewin, Moser, Heinze et al., Gstettner); die Forschungsergebnisse sollen direkt umgesetzt werden und die unterrichtliche Praxis verändern; die Schüler sind nicht Versuchspersonen, sondern Partner;

* *deskriptive Feldforschung:*
der Sonderschullehrer als Forscher im Feld (Patry, Girtler, Weinberg & Williams); Teilnahme an den alltäglichen Situationen der Schüler; Studium ihres natürlichen Verhaltens in der schulischen Umwelt; ethnographische Feldforschung (Eberwein): Erforschung des Alltagshandelns sozialer Randgruppen, *Fremdverstehen* als leitende Maxime; nur im Feld sind die Voraussetzungen gegeben, die soziale Wirklichkeit der Betroffenen zu analysieren und zu verstehen; der Forscher sozialisiert sich in andere Lebenszusammenhänge hinein; Erlangen der Innenperspektive durch teilnehmende Beobachtung (Hitzler & Honer); Erkennen ist nicht durch objektivierendes Beobachten, sondern nur durch teilnehmendes Handeln möglich (Habermas); Randgruppenforschung (Iben); Zugangsprobleme bei der Erforschung von Subkulturen und Randgruppen (Girtler, v. Wolffersdorf-Ehlert); Herstellen von Feld-Kontakt (Weinberg & Williams);

Erhebungsverfahren

* *Exploration:*
narratives Interview (Schütze, Wiedemann, Herrmans) als Animieren des Gegenübers zum freien Erzählen; „die mit psychologischer Sachkunde vorgenommene, nicht-standardisierte mündliche Befragung eines einzelnen Menschen durch einen einzelnen Gesprächsführer mit dem Ziel, Aufschluß zu erhalten über das Individuum und seine Welt" (Undeutsch 1983, 323).

* *Gruppendiskussion:*
Durchbrechen von psychischen Sperren; Hervortreten von kollektiven Einstellungen und Ideologien (Pollock, Mangold, Dreher & Dreher);

* *Teilnehmende Beobachtung:*
Standardmethode der Feldforschung; nicht passiv registrierend außerhalb stehen, sondern selbst an der sozialen Situation teilnehmen; in direkter persönlicher Beziehung mit dem Beobachteten stehen; Daten sammeln, während man an der persönlichen Lebenssituation partizipiert (Girtler, Burgess u.a.);

Aufbereitungsverfahren

* *Verschriftlichen von Beobachtungen:*
wörtliche Transkription; zusammenfassende Protokolle; selektive Protokolle (Mayring); Tagebuch als Begleiter des Forschungsprozesses im
Rahmen von Aktionsforschung (Altrichter & Posch; Buschbeck)

* *Entwickeln deskriptiver Systeme:*
erste Verallgemeinerungen zu den empirischen Beobachtungen; Kon-
zept-Indikatoren-Modell (Strauss): Vergleich empirischer Tatbestände,
Formulierung allgemeiner Kategorien; Entwickeln eines Konzeptes;

Auswertungsverfahren

* *gegenstandsbezogene Theoriebildung (grounded theory):*
Konzept- und Theoriebildung schon während der Erhebung (Glaser,
Strauss); meist bei Feldforschung mit teilnehmender Beobachtung;

* *phänomenologische Beschreibung:*
Erster urteilsfreier Durchgang durch das gesamte Material; Bildung von
Bedeutungseinheiten; Interpretation/ Vergleich der verschiedenen Bedeu-
tungseinheiten; Synthetisierung zu einer generellen Phänomeninterpreta-
tion (Giorgi); die Phänomenologie Husserls muß retrospektiv als Durch-
gangsstufe betrachtet werden; Erweiterung der Zugangsmethoden durch
Heidegger in Form des hermeneutischen Zirkels, in dem die Rolle des
Vorverständnisses für den Prozeß der beschreibenden/ verstehenden
Analyse betont wird (Gadamer); Sinnerschließung kann auch über den
Körper, den Leib erfolgen; sie ist keineswegs auf geistige Akte begrenzt
(Merleau-Ponty);

* *Hermeneutik:*
Vermittlung und Auslegung von Geistigem; Lehre und Technik des Verstehens; Reflexion der Bedingungen, unter denen das Veständnis von
Lebensäußerungen möglich ist; psychologische Ausrichtung: Ergründen
der Befindlichkeit eines Verfassers; hinter dem Text zu jenem Du vordringen, das den Text geschaffen hat (Dilthey); objektive Methode =
Verständnis des Dokumentes aus der Gesamtheit der Sprache; subjektive
Methode = Verständnis der Individualität des Produzenten, die dieser in
den Schaffensprozeß einbringt; komparatives Verfahren = Sinnerschließung durch Vergleich von Aussagen in ihrem sprachlichen und histori-

schen Kontext; divinatorisches Verfahren = intuitives sinnerfassendes Einleben (Schleiermacher); Hermeneutik in ihren grundlegenden/ existentiellen Bezügen (Gadamer): hermeneutischer Zirkel, Vorverständnis des Interpreten im Prozeß der Durcharbeitung; der Text ist mehr als ein reines Ausdrucksphänomen; er enthält etwas Zusätzliches (Wahres, Geschichtliches); fremdartige, unzugänglich erscheinende Dokumente, z.B. von Angehörigen anderer Kulturen/ Subkulturen, leisten gegenüber dem Verstehen Widerstand; hierin liegen Erkenntnispotentiale, die eigentliche hermeneutische Erfahrung; sich in den Fragebereich des Dokuments hineinbegeben; „Verschmelzung vermeintlich für sich seiender Horizonte" (Gadamer); der Interpret macht mitunter die Erfahrung, daß sein Horizont zu eng, zu begrenzt ist; durch das Stellen neuer Fragen, das Einnehmen neuer Sichtweisen, das Aufgeben von Vorurteilen, Wahrnehmungsroutinen überschreitet er den Rahmen seines früheren Verständnisses.

2 Der Bereich der Familie

2.1 Familiäre Fragmentierung

2.1.1 Sehnsucht nach dem abwesenden Vater - Wut auf den Vater

Die ohne besondere Themenstellung entstandene Buntstiftzeichnung des zwölfjährigen Albert (Abb. 2) zeigt ein Mischwesen aus U-Boot und Fisch. Zum einen lassen sich die Merkmale des Fisches, d.h. Maul, Zähne, Auge, Rückenflos-
se ausmachen, zum anderen die technischen Merkmale eines - wenn auch phantastischen - Unterwasserbootes wie Steuerungskuppel aus Glas, Torpedo an der
Bauchseite, Antriebswellen. Das „Hai-Boot", wie es der Schüler nennt, trägt die
Aufschrift „*U*S*A*", als Hinweis auf die Fahrtrichtung des Bootes. Die in
Sternchen gesetzten Buchstaben deuten darauf hin, daß es sich hier nicht um *ir-
gendein* Fahrtziel handelt, sondern um einen Ort, dem eine besondere affektive
Bedeutung zukommt. Unser Schüler würde - folgt man seinen eigenen Angaben
- gerne mit einem solchen „Hai-Boot" in Richtung USA fahren. Ferner weist er
auf das grabähnliche Gebilde auf dem Meeresboden hin: „Da liegt ein Kapitän
begraben." Die Kenntnis des biographischen Hintergrundes hilft, das Bild zu
entschlüsseln. Alberts Vater, ein schwarzer Amerikaner, war eine Zeitlang in
Deutschland als Soldat stationiert. Während dieser Zeit hatte er eine zeitlich
kurze Beziehung zu einer deutschen Frau, aus der Albert hervorgegangen ist.
Der Vater ist jedoch schon kurz nach der Geburt des Jungen in die USA zurück-
gegangen und stand zu keiner Zeit für seinen Sohn als Vater zur Verfügung. Albert, den Tränen nahe, sagt im Verlauf des Gespräches über das gezeigte Bild zu
seinem Lehrer: „Nicht einmal eine Postkarte habe ich von ihm bekommen." Die
Mutter, eine Krankenhaushelferin, lebt heute mit einem anderen Partner zusammen. Sein Verhältnis zum Stiefvater beschreibt Albert als positiv. Das „Hai-
Boot" läßt sich als Symbol für den Erlebniszusammenhang „Mein Vater und
ich" auffassen. Mit einem ähnlichen Schiff hat sich der Vater aus Deutschland
davongemacht. Wir erkennen den Vater hier an seinem Torpedo-Penis. Sein
Hauptgeschäft war das Schießen bzw. Zeugen. Alles weitere überließ er dem
Zufall, dem alles umschließenden weiblichen Element, dem Wasser. Albert
blieb allein mit seiner Mutter zurück, der Kapitän, das Familienoberhaupt ist
gestorben, nicht ohne Folgen für die Entwicklung schulischer Leistung, den
Aufbau eines adäquaten Lernverhaltens und die Ausbildung der Identität des
Jungen. Der unterrichtliche Lernstoff wie Rechnen, Lesen usw. interessiert ihn
nicht. Albert mißachtet grundlegende Klassenregeln, redet pausenlos, läuft umher und verlangt unentwegt die persönliche Zuwendung seines Lehrers. Konti-
nuierlich verwickelt der 12jährige den Lehrer in Gespräche über Sexualität,
speziell Homosexualität, Bisexualität usw.

Abb. 2

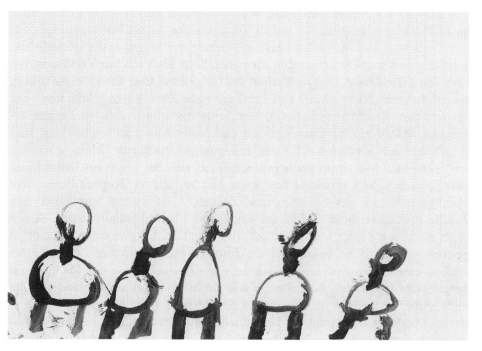

Abb. 3

Beim Verkleiden, bei szenischen Spielen usw. wählt Albert über mehrere Monate Frauenkleider, schminkt sich grell, legt Schmuck an und geht in hochhackigen Schuhen. Diese Szenen lassen sich nicht nur einige Male beobachten, was ja einem durchaus häufig anzutreffenden, als phasengerecht anzusehenden Experimentieren mit Aspekten der Geschlechtsrolle gleichkommen dürfte. Vielmehr ist es so, daß hier ein Konfliktthema sichtbar wird, das sich wie ein *roter Faden* durch die späte Kindheit bzw. die frühe Adoleszenz zieht. Der Junge ist hin- und hergerissen zwischen seinen Gefühlen des Verlassenseins durch den Vater, der hieraus resultierenden tiefen Verletzung, Kränkung, Enttäuschung und seiner Wut, dem manchmal hervorschießenden Haß, seinen Todeswünschen gegenüber dem Vater (tot auf dem Meeresgrund), der gegen den Vater gerichteten Aggressionen: man betrachte die Zähne des Hai-Bootes, mit dem Albert jetzt auch nach Amerika fahren will, um mit dem Vater ins Reine zu kommen. In dem Hai-Boot überlagern sich folglich die affektiv aufgeladenen Selbstrepräsentanzen, die Repräsentationen des Vaters, der Familiengeschichte und der ins Auge gefaßten Pläne für die Zukunft, d.h. den Vater zu treffen, ihn kennenzulernen, ihn mit den eigenen Enttäuschungen, Sehnsüchten usw. zu konfrontieren.

2.1.2 Gefühle des Verlassenseins trotz äußerlich intakter Familienstruktur

Als Thema wurde hier einem 1.- 3. Schuljahr einer Schule für Erziehungshilfe gestellt: „Meine Familie in Tieren" (vgl. Brem-Gräser 1975). Thilo, der ohnehin dazu neigte, soziale Regeln zu mißachten und sich über Vereinbarungen hinwegzusetzen, hat diese Themenstellung umgearbeitet (Abb. 3). Sein Klassenlehrer hat ihm diesen Spielraum/ Freiheitsraum zugestanden. Zwar nimmt der Siebenjährige, der direkt aus dem Schulkindergarten an die Sonderschule kam, auf eine, d.h. auf *seine* Familienproblematik Bezug, jedoch in einer abgewandelten, eigenwilligen Form. Es erscheinen in seinem Bild nicht Tiere, wie vielleicht erwartet, sondern eine Gruppe von Menschfiguren, die alle nach dem gleichen Muster aufgebaut sind, d.h. ohne Gesichter, ohne Arme und Hände, ohne Füße, gemalt mit Schwarz aus dem Deckfarbkasten. „Alles verlassene Kinder" kommentiert der siebenjährige Schüler sein Bild. Ganz links sehen wir Thilo selbst, dann einen Freund. Es folgen „eine Frau, die uns mitnimmt, deren Mann und das eigene Kind von denen. Wir haben uns mit dem Kind angefreundet." Die aus wenigen Kreisgebilden und Linienformen aufgebauten Figuren stehen oder gehen etwas verloren im Bildraum umher. Nichts scheint ihnen Halt zu geben, kein Boden, keine Landschaft, in der sie eine Verankerung finden könnten. Durch die fehlenden Hände und Füße kommt es zu keinem Kontakt mit der Umgebung. Auch untereinander wirken die Figuren beziehungslos. Es gibt keine Berührungen, lediglich einige vage Gesten in Form von geneigten Köpfen oder schräg gestellten Beinen. Der Schüler ist dem gestellten Thema einerseits ausgewichen, andererseits hat er einen eigenwilligen Zugang zum Thema gewählt und gefunden, denn sein Bild ist am Ende doch ein Familienbild geworden, in dem sich der Zeichner selbst, seine Eltern und seine beiden jüngeren Geschwister ausmachen lassen. Thilo hat hier das Thema des Verlassenseins in den Vordergrund gestellt, vor allem des Verlassenseins durch einen Vater, der das Erziehungsgeschäft überwiegend an seine Frau delegiert hat und sich zunehmend aus dem Familienleben herausgewunden hat. Der siebenjährige Thilo als das älteste der drei Kinder ist mit der Situation konfrontiert, daß seine beiden jüngeren Geschwister die Mutter in besonderem Maße in Anspruch nehmen. Er selbst kommt mit seinen Bedürfnissen nach Liebe und Zuwendung, die die überforderte und noch sehr junge Mutter offenbar nicht mehr befriedigen kann, zu kurz. Das Bild ist mehrschichtig, indem es verschiedene Auslegungen zuläßt. Der Titel „alles verlassene Kinder" dehnt das Gefühl der Verlassenheit über die eigene Person auf die Geschwister bis hin zu weiteren, unbekannten Kindern aus. *Ich fühle mich so verlassen, wie alle diese Kinder da.* Die zweite Auslegung ist die eines Bildes der Familie, in der Beziehungslosigkeit und Bedürfnisversagung dominieren, einer Familie, die sich als Ganzes vom Vater verlassen fühlt, einer Familie, in der sich besonders der erstgeborene Sohn vernachlässigt fühlt. Die dritte Auslegungsmöglichkeit verweist auf die verborgenen Wünsche, auf Möglichkeiten einer positiven Veränderung, die in der Zukunft liegen. Den Schlüssel hierzu gibt uns der Schüler selbst in die Hand: „Ein Freund. Eine Frau, die uns mitnimmt, deren Mann und eigenes Kind. Wir haben uns mit dem Kind befreundet." Thilo projiziert in seine Zeichnung etwas Rettendes hinein. Er findet zunächst Halt in einem außerfamiliären Freund. Gemeinsam treffen die beiden auf ein offenbar fremdes, aber zugewandtes Ehepaar, das die beiden mit sich nimmt, sich um sie kümmert, sie mit in die eigene Familie aufnimmt. Dieser Prozeß wird dadurch ermöglicht, daß sich Thilo und sein Freund zunächst mit dem Kind der neuen, phantasierten Eltern, der Wunscheltern anfreunden, um mögliche Rivalitäten usw. von Beginn an auszuschalten. Hinter all dem steht der Wunsch nach einer besseren familiären Versorgung, nach intensiveren, wärmeren Beziehungen, nach mehr Sicherheit und Geborgenheit.

Abb. 4

Abb. 5

47

2.1.3 Die Spaltung des familiären Systems

Abbildung 4 zeigt eine Kohlezeichnung des 15jährigen Helmut, die als Teil einer Serie ähnlicher Motivrealisationen entstanden ist. Die Bilder dieser Serie weisen allesamt schwarze Häuser oder Haussilhouetten und Baumfigurationen in Verbindung mit dunklen, schweren Himmeln auf. In der linken Bildhälfte befindet sich ein hausartiges Gebilde, das sich in seinen Umrissen als nicht völlig konstant erweist bzw. zu schwanken scheint. Der spitze Giebel wird nach rechts hin zweimal in noch spitzeren Formen, jedoch weniger stark geschwärzt, wiederholt. Fenster, Türen, Mauervorsprünge oder sonstige differenzierende Merkmale fehlen völlig. Das Hausgebilde wirkt auf diese Weise unbewohnt, unbewohnbar, beinahe gespenstisch. Die Kohleverwischungen im Bereich des Himmels lassen an dichten Nebel oder Feuer denken. Sie deuten auf besonders schwerwiegende seelische Belastungen hin, die der Zeichner eventuell „im Dunkeln" lassen will. In der rechten Bildhälfte befindet sich ein Baum mit einem wuchtigen, schwarz ausgemalten Stamm, aus dem filigrane Verästelungen, jedoch ohne Blattwerk, hervorgehen.[1] Der Baum wirkt auf diese Weise leblos, starr, abgestorben. Wurzeln fehlen genauso wie eine Erdschicht, ein Boden, der Haus und Baum gemeinsam tragen könnte.

Mit einigem Vorbehalt läßt sich das Haus als mütterliches, der Baum als väterliches Symbol auffassen.[2] Das gesamte Bild könnte sich entsprechend um das "Beziehungsgeschehen zwischen den Eltern" des Schülers und dessen Wahrnehmung durch den Jugendlichen selbst drehen.[3] Haus und Baum stehen relativ nah beieinander, sie entbehren jedoch einer gemeinsamen Basis und unterliegen, für sich betrachtet, Deformationsprozessen. Der Bereich des Mütterlichen wirkt durch die tiefe Schwärzung besonders schwer und dunkel, während im rechten (väterlichen) Bereich etwas mehr Licht und Leichtigkeit zu verspüren ist. Explorative Gespräche zu der Bildreihe sowie das Studium biographischer Daten ergaben, daß es in der Beziehung der Eltern schon früh zu massiven Gewalttätigkeiten des Vaters gegen die Mutter gekommen ist. Der Vater wurde kurze Zeit später wegen anderer Körperverletzungen über einen längeren Zeitraum inhaftiert. In dieser Zeit zog die Mutter die beiden Söhne alleine groß. Sie versuchte, die beiden Jungen ganz vom Vater fernzuhalten, weil sie einen negativen Einfluß auf ihre Söhne fürchtete. Helmut wünschte sich dennoch, oder gerade des-

---

[1] H.-G Richter hat in seiner Untersuchung von „Leidensbildern" (1997 a, 135) eine andere Baumdarstellung von Helmut interpretiert, in der besonders die abgeschnittenen Äste und die neu ausgeschlagenen Triebe auffallen. Nach Richter handelt es sich hier um einen Grenzfall zwischen Verletzung und Restitution.

[2] Der Baum ist als „polyvalentes" Symbol aufzufassen. Sein tradiertes Bedeutungsspektrum umfaßt Motive des erblühenden Lebens bis hin zu Motiven des Alterns, Absterbens und des Todes (vgl. a.a.O., 274).

[3] Dieses Deutungsschema wurde von Richter (1994, 19) übernommen.

48

halb, einen intensiveren Kontakt zu seinem Vater, der sich jedoch nicht herstellen ließ. Die Kohlezeichnung verbildlicht das Erleben aus der Vergangenheit und das aktuelle Erleben des Schülers *in einem*. Die familiäre Sicherheit gilt offenbar als verloren. Unabhängig davon, ob man geneigt ist, das oben genannte Deutungsschema zu akzeptieren, führt uns das Bild "angstauslösende, alptraumartige Konfigurationen" vor Augen, "die sich um Szenen des Verlassenwerdens (hier durch den Vater, J.B.) drehen" (Richter 1994, 20). Der subjektive Lebensraum bekommt entsprechend eine belastende, bedrückende, Ängste evozierende Färbung. Die vorherrschende Thematik ist sicher als „regulativ" (Thomae), d.h. im Sinne einer Lebenskrise, aufzufassen. Emotionale Versagungen und Entbehrungen stehen im Vordergrund. Helmut beantwortete diese Situation mit depressiven bzw. resignativen Reaktionsformen, die bis zu mehreren Suizidversuchen durch Aufritzen der Unterarme und zu nachfolgenden, mehrmonatigen Aufenthalten in psychiatrischen Kliniken führten.

2.1.4 Der Tod der alleinerziehenden Mutter

Eine Bildgestaltung der 17jährigen Anita (Abb. 5) enthält im Vordergrund rechts zwei sich aufbäumende, einander zugewandte Pferde, die als vorgefertigte Elemente von der Zeichnerin mit in ihren Bildentwurf aufgenommen wurden. Diese beiden Tiere wurden vor einen Hintergrund mit Haus und Gartenbepflanzung gesetzt. Zwischen den beiden Pferdeköpfen befindet sich ein schwebender Totenschädel. Dieser weist eine Reihe von Kreuzen auf. Von seinem Umriß aus ziehen sich strahlenförmige, leicht geschwungene Linien in den umgebenden Bildraum. In der linken Bildmitte wurde eine Baumgruppe hinzugesetzt, teils durch Rückgriff auf vorgefertigte Elemente aus einem Repertoire an kopierten Bildteilen, teils durch zeichnerische Eigenleistung. In der Ecke unten links befindet sich eine Person, die eilig auf das Haus zugeht. Weitere, zeichnerische Hinzufügungen sind einige Gräser unter der Baumgruppe, ein Steinpflaster vor dem Haus sowie Pflanzen, die den Giebel des Hauses hochranken. Die biographischen Recherchen sprechen für die folgende Bildinterpretation:

Im Bild der siebzehnjährigen Schülerin spiegelt sich eine Lebenssituation wider, die durch den Verlust beider Eltern gekennzeichnet ist. Die beiden sich aufbäumenden Pferde in der rechten Bildhälfte könnten die Elternfiguren repräsentieren. Der dazwischengesetzte Totenkopf und die Kreuze deuten auf den Verlust der Eltern hin. Während der Vater sich schon früh von seiner Frau und den beiden Kindern trennte und sich nicht verantwortlich fühlte, verstarb die Mutter durch Krankheit, als Anita etwa fünfzehn Jahre alt war. Die Jugendliche versuchte, mit fortschreitender Krankheit der Mutter, den Haushalt zusammenzuhalten. Am Ende versorgte sie auch die Mutter mit. Anita und ihre beiden jüngeren Geschwister wurden nach dem Tode der Mutter in einem Heim untergebracht. Die Figur unten links könnte für die Schülerin selbst stehen. Sie geht eiligen Schrittes auf das Haus im Hintergrund zu, vielleicht um ihren familiären Verpflichtungen nachzukommen. Das Bild handelt von einem tiefen ökologischen Einschnitt. Das ohnehin durch die Abwesenheit des Vaters reduzierte Mikrosystem der Familie ist seit dem Tod der Mutter nicht mehr funktionsfähig. Die Kinder kommen in ein Heim und betreten damit ein völlig neues Setting bzw. ökologisches System, in das sie sich einfügen und eingewöhnen müssen. Die Daseinsthematik ist in hohem Maße regulativ geprägt. Die Jugendliche muß mit dem Tod der Mutter und der neuen Lebenssituation fertig werden. Das Todes*erleben* der Schülerin ist mit hoher Wahrscheinlichkeit durch Angst, Ungewißtheit, Verlust, Traurigkeit und Einsamkeit gekennzeichnet. Gleichzeitig scheint die Jugendliche über ein relativ reifes Todes*konzept* zu verfügen, wie sich in einem explorativen Gespräch zeigte, d.h. sie interpretiert den Tod ihrer Mutter als Erlösung von einer schweren Krankheit, als notwendigen Abschied. Als vorherrschende Reaktionsformen wurden in den explorativen Gesprächen die Anpassung an die Bedürfnisse anderer (Mutter, jüngere Geschwister), die Anpassung an die institutionellen Aspekte der Situation (Heim, neue Umgebung), Selbstbehauptung sowie das Pflegen sozialer Kontakte (Familie, Freund) sichtbar. Wenn sich Anita durch ihre männlichen Mitschüler unter Druck gesetzt oder provoziert fühlt, kommt es zu kurzfristigen aggressiven Episoden, in denen sich offenbar die angesammelten innerpsychischen Spannungen entladen.

2.1.5 Die Angst, daß sich die Eltern trennen könnten

Abbildung 6 zeigt eine Zeichnung der 16jährigen Silke. Ein Mädchen liegt in einem Bett, hier als schlichter rechteckiger Kasten gezeichnet, zugedeckt bis ans Kinn. Links vom Bett befindet sich ein stangenartiges Gebilde, das an den Enden mit etwa faustgroßen runden Elementen versehen ist. Von der Nase des Mädchens aus ist eine Verbindungslinie gezogen hin zu einem rechteckigen Bilddetail, das so etwas wie eine Steckdose, einen Lichtschalter oder einen Wecker darstellen könnte. Ungefähr in der anatomisch richtigen Lage ist ein Herzsymbol auf die Bettdecke gezeichnet oder aber wir sehen durch die Bettdecke hindurch das Herz des Mädchens schlagen, das hier lautmalend mit dem Zusatz "Poch, poch" versehen worden ist. In etwa aus dem Herzbereich geht eine Linie nach rechts zu einem blattartigen Gebilde, auf dem die Herztöne bzw. Herzfrequenzen aufgezeichnet werden. Diese Aufzeichnung von Kurven nimmt beinahe die Hälfte des Zeichenblattes ein. Mit geöffneten Augen liegt das Mädchen da und scheint abzuwarten. Von diesem Motivgeschehen aus betrachtet, scheint hier das Thema „Angst" im Vordergrund des Erlebens zu stehen. In welchem Zusammenhang diese Angst von dem 16jährigen Mädchen erlebt worden sein könnte, enthüllte ein exploratives Gespräch zum Bild:

Das im Bett liegende Mädchen stellt die Zeichnerin selbst dar. Die Eltern der Schülerin machten offenbar zu jenem Zeitpunkt eine intensive Ehekrise durch. Nach Angaben der Schülerin stritten sie sich oft „die halbe Nacht". Im Verlauf dieser Auseinandersetzungen kam es nicht nur zu verbalen Angriffen, sondern auch zu körperlichen Handgreiflichkeiten. Silke beschreibt, wie sie nachts wachliegt, wie ihr Herz schlägt und wie sehr sie dann hofft, daß die Eltern ihren Streit beilegen. Sie fürchtet auch, Vater und Mutter könnten für immer auseinandergehen. Der Motivzusammenhang des Bildes, Bett, Herzfrequenzen usw. könnte darüberhinaus zu der Vermutung Anlaß geben, es handele sich hier im Sinne einer tieferliegenden Bildebene um ein libidinös gefärbtes Geschehen zwischen Vater und Tochter, gleichgültig, ob sich dieses nun auf den Bereich der Phantasie oder den Bereich realer Handlungen erstreckt (greifarmähnliches Gebilde, steckdosenartiges Bildelement, Herz, Erregungskurven, Lieben und Warten). In der Exploration ergaben sich zu dieser Hypothese jedoch keine weiteren Anhaltspunkte. In jedem Falle scheint eine regulative Thematik im Sinne von Angst, Beunruhigung, Warten, Hoffen o.ä. im Vordergrund zu stehen. Knüpft man an dem zuerst genannten Deutungsaspekt an, der ja auch auf verbalen Mitteilungen der Zeichnerin beruht, scheint das familiäre Gefüge im Erleben der Zeichnerin aus dem Gleichgewicht geraten. Sie sehnt sich nach einem friedvolleren Familienleben. In der Exploration werden an Reaktionsformen deutlich: Anpassung an die Eigenheiten und Bedürfnisse der Eltern, die positive Deutung der Situation ("Es gab Zeiten, da war es noch schlimmer") und Hoffnung auf eine positive Veränderung der Lage.

2.1.6 Die ambivalente Beziehung zur wiederverheirateten Mutter

Bei der Zeichnung des fast zehnjährigen Deno (Abb. 7) handelt es sich wiederum um eine Realisation zu der Aufgabenstellung „Meine Familie in Tieren" (Brem-Gräser 1975), die hier in Zusammenhang mit einem Verfahren zur Feststellung des sonderpädagogischen Förderbedarfs entstanden ist. Die Zeichnung trägt den Titel „Dino-Mutter" und dürfte zunächst die ambivalente Beziehung des Jungen zu seiner Mutter widerspiegeln. Daß hier die übrigen Familienmitglieder einfach weggelassen wurden, könnte anzeigen, daß Deno sich zum Zeitpunkt der Entstehung des Bildes in besonderem Maße mit der Beziehung zu seiner Mutter beschäftigt. Auch sind die Eltern seit einigen Jahren getrennt, d.h. der Vater lebt nicht mehr im selben Haushalt wie Mutter und Sohn. Die Mutter hat zum zweiten Mal geheiratet, wobei sich auch die Frage stellt, ob der neue Mann der Mutter für Deno überhaupt zur Familie dazu gehört. Der ältere Bruder lebt - aufgrund von Erziehungsproblemen, delinquenten Aktivitäten und Eingriffen von seiten des Jugendamtes - in einer Pflegefamilie an einem anderen Ort.

Abb. 6

Abb. 7

Abb. 8

Diese Fragmentierung der Familie hat zur Folge, daß die Beziehung zwischen Deno und seiner Mutter, der Restfamilie sozusagen, besonders eng, aber auch störanfällig ist. Obwohl Dinosaurier für Jungen dieses Alters ein überwiegend positives Assoziationsfeld aufweisen[4], stellt uns der Junge mit der gezeichneten Dino-Mutter ein hochaggressives Wesen mit überlangen Zähnen, Klauen, Krallen, aufgerichtetem Rückenkamm, rauchenden Nasenflügeln und „bösem Blick" (Selbstaussage des Schülers) - angedeutet durch die Zacken vor den Augen - vor.

Daß die eigentlich schützende und versorgende Mutter hier mit hochaggressiven Attributen versehen wird, läßt sich nur unter Rückgriff auf Daten zur schulischen Entwicklung des Jungen verstehen. Die aktuelle schulische Situation ist durch eine Zunahme der Verhaltensauffälligkeiten in der Klasse und durch enorme Rückstände im Bereich des Lernens gekennzeichnet. Die Klassenlehrerin berichtet von Arbeitsverweigerung, drastischen Rückständen im Lesen, Schreiben und Rechnen, provokativen Äußerungen, wie „Nachäffen der Lehrerin", Handgreiflichkeiten zwischen Deno und anderen Schülern („Würgegriffe", Karate-Gehabe). Glücklicherweise nennt sie aber auch positive Aspekte: umfangreicher Wortschatz, gepflegtes Deutsch, treffende Formulierungen, lebhaftes Interesse an vielen Sachthemen, die allerdings mit Hilfe „ausgefallener Ideen" angegangen würden. Im Sportunterricht habe er den Clown gespielt und keinen Mannschaftsgeist gezeigt. Oft habe er sein Team mit Absicht verlieren lassen und sich so in der Klasse weiter isoliert. Nach Auffassung der, freilich sehr leistungsorientierten sowie für problematische Verhaltensweisen und ihre Hintergründe wenig sensibilisierten, Klassenlehrerin ist das derzeitige Lern- und Arbeitsverhalten von Deno für einen „normalen" Klassenverband nicht mehr tragbar. Sie wünscht die Überweisung an eine Schule für Lernbehinderte oder an eine Schule für Erziehungshilfe. Es könnten daher neben den aggressiven Anteilen der Mutter auch die enttäuschenden Erfahrungen mit der Grundschullehrerin in die „böse Dino-Mutter" einfließen, eine Frau, die sich konsequent weigerte, einen individualisierenden Unterricht anzubieten und stattdessen die von Deno nicht erledigten Arbeitsblätter, die er ja mit der Zeit aufgrund der immer größer werdenden Lücken überhaupt nicht mehr bearbeiten *konnte*, aufstapelte und diesen anwachsenden Papierstapel bei jeder Gelegenheit der Mutter, dem Schulleiter, dem Sonderschullehrer usw. unter die Nase hielt. Das gleichzeitig anwachsende Problemverhalten wurde jeweils kurzfristig durch Rauswürfe auf den Flur unterbunden, langfristig jedoch immer weiter zugespitzt. Die pausenlosen Klagen der Lehrerin trieben die Mutter immer weiter zu

---

[4] Richter (1997, 121 f.) meint zur sogenannten „Dino-Welle", die sich ja auch in der bildnerischen Produktion der Heranwachsenden niederschlägt,, daß „hinter den Urwelt-Ereignissen" in den Bildern der Schüler „Spuren früher Objektbeziehungen versteckt" sind, daß hier „individuelle Konfliktfelder und Verletzungen bildnerisch reflektiert werden".

einem zwanghaft-kontrollierenden nachmittäglichen Üben des Lernstoffes an und führten zu einer äußerst gespannten Beziehung zwischen Mutter und Sohn. Deno kam oft tagelang nicht vor die Tür. Ihm fehlte Bewegung, frische Luft, sozialer Kontakt. Morgens fehlte dann die Konzentration, die aufgestauten Spannungen entluden sich in Streitereien mit der Lehrerin (vgl. das in Abb. 62 dargestellte Geschehen), in Arbeitsverweigerung, im Haß auf all die Schüler, denen das Lernen so leicht gelingt. Mutter und Lehrerin, die in ihren strafenden, abweisenden, kontrollierenden Anteilen zur bösen Dino-Mutter miteinander verschmelzen, arbeiteten also Hand in Hand an der Einweisung in die Schule für Lernbehinderte, jede aus privaten Gründen, die sich aus der Begrenztheit des eigenen pädagogischen Denkens und Handelns ergaben. Im Sinne einer Krisenintervention wurde der Schüler, noch bevor die Untersuchungen des Sonderschullehrers abgeschlossen waren, in eine parallele Lerngruppe versetzt, wo er schließlich auch für zwei weitere Grundschuljahre blieb, um das Ergebnis des Überprüfungsverfahrens vorwegzunehmen, und wo er durch einen Sonderschullehrer (J.B.) im Sinne des gemeinsamen Unterrichts betreut wurde.

Die testdiagnostischen Untersuchungen wurden in die sonderpädagogischen Förderstunden integriert. Deno machte einen aufgeschlossenen und motivierten Eindruck. Intelligenztest-Aufgaben erledigte er ohne sichtbare Anstrengung und begleitet von Kommentaren wie „Ach was haben wir denn da?", „Mal sehen, wie das jetzt geht...". Zu Beginn einer Stunde fragte er den Testleiter: „Hast Du wieder so tolle Aufgaben in Deinem Koffer? Komm, zeig mal!" Die Zeichnungen schien er ebenfalls gerne und ohne jede Mühe anzufertigen. Beim „Mann-Zeichen-Test" (Ziler 1970) nahm er sich den Testleiter zum „Zeichen-Modell" und verbreitete eine heiter gelöste Stimmung: „So, und jetzt noch den Kragen von Ihrer Jacke .... ach, da sind ja noch ein paar Knöpfe an ihrem Hemd (zeichnet) ... und nun noch die Brille, die Bartstoppeln da" usw..

Im Rahmen mehrerer Förderstunden, in denen Deno unter anderem phantasievolle Tonobjekte herstellte oder den Sonderschullehrer im Damespiel schlug und diesen über seine Tricks und Kniffe bei diesem Spiel belehrte, wurde jedoch auch ein kommunikatives Verhalten deutlich, daß sich durch das unbeirrte Durchsetzen eigener Wünsche, Vorstellungen und Absichten auszeichnet. Deno tendierte dazu, Situationen mit einer erstaunlichen Hartnäckigkeit von sich aus, d.h. von seinen Interessen aus, zu strukturieren und zu definieren. Oftmals waren intensive Erklärungen notwendig, um ihn zum Einlenken zu bewegen. Die testdiagnostisch mit Hilfe verschiedener Verfahren gemessene Intelligenz lag tendenziell im überdurchschnittlichen Bereich.[5] Daß es sich bei Denos Lernproblemen um eine Lernbehinderung im Sinne eines *Intelligenzmangels* handeln

---

[5] Die Intelligenzüberprüfung mit dem HAWIK-R ergab 108 Punkte im Verbalteil, 121 Punkte im Handlungsteil und 116 Punkte für den Test insgesamt. Im CFT1 und im SPM lagen die Werte bei ca. 125 Punkten.

könnte, konnte hiermit definitiv ausgeschlossen werden. Ob das Nicht-lösen-können von Aufgaben aus dem Bereich der Grundrechenarten sowie die Lese-Rechtschreib-Probleme evtl. auch auf Teilleistungsstörungen zurückzuführen waren, oder ob sich hier ausschließlich psychogene, d.h. seelisch-konflikthafte Faktoren hemmend auf das Lernen auswirkten, kann nicht mit Sicherheit gesagt werden. Im „HANES" (Buggle & Baumgärtel 1975) manifestierten sich überdurchschnittlich ausgeprägte Neurotizismen, die sich vor allem in Sorgen und Ängsten äußerten. Deno beschrieb sich als ein „Kind, das bereits viele Krankheiten durchgemacht habe". Nachts könne er oft nicht schlafen, weil ihm Gedanken an die Schule durch den Kopf gingen. Aufschlußreich mit Blick auf die Erklärung der wahrscheinlich psychogenen Lernstörungen ist das folgende Gespräch zwischen dem Sonderschullehrer und Deno:

J.B.: Es wird Zeit, daß Du anfängst, im Unterricht mitzuarbeiten.
D.: Schon, aber ich bin nicht so schnell.
J.B.: Du wirst schnell Deine Rückstände aufholen, weil Du aufgeweckt bist und weil Du Ideen hast.
D.: Tja.
J.B.: Es muß schwierig für Dich sein, daß Deine Mutter etwas anderes will als Deine Lehrer - bezogen auf die Schule.
D.: So ist es.
J.B.: Sie hat Dir gesagt, Du wärest lernschwach und sie will Dich auf eine Schule für lernbehinderte Schüler haben.
D.: Fast jeden Tag hat sie es mir gesagt.
J.B.: Wieso will sie das eigentlich?
D.: Vielleicht, weil sie selber auch nicht so schlau ist.
J.B.: Vielleicht ja auch, weil schlaue Kinder unbequeme Fragen stellen und Dinge herausfinden, die sie nicht wissen sollen.
D.: Genauso behandelt mich meine Mutter.
J.B.: Und, hast Du schon etwas herausgefunden?
D.: Ja, z.B. daß mein Bruder klaut. Sie weiß nicht, daß ich es weiß.
[...]
J.B.: Was wäre, wenn Du plötzlich mit guten Noten nach Hause kämest?
D.: Das würde nicht gehen.
J.B.: Wieso denn nicht?
D.: Das wäre einfach unmöglich für meine Mutter. Das kann ich nicht machen. Sie ist eben meine Mutter.
J.B.: Du meinst, Du kannst nicht etwas völlig anderes tun, als das, was sie von Dir erwartet?
D.: So ist es.

Da die Mutter mit Vehemenz ihren Sohn schon seit längerem für „lernschwach" erklärt hatte und mit Nachdruck die Überweisung an die Schule für Lernbehinderte regelrecht forderte, bestand für Deno möglicherweise der Konflikt, keine besseren Schulleistungen erbringen zu dürfen, weil er die Erwartungen der Mutter nicht enttäuschen wollte. Die Wut auf die Mutter zeigt sich in versteckten, sicher unbewußten Todeswünschen ihr gegenüber: Im freien Spiel mit Puppenhaus, Figuren usw. wurde über insgesamt drei Förderstunden hinweg ein Geschehen inszeniert, in dem Vater und Sohn mit einem Gärtner in einem Haus lebten. Der Vater bekocht den Sohn, sieht mit ihm fern und wacht über dessen Schlafenszeiten. Die Mutter ist gestorben. Vater und Sohn kommen nach Angaben des Schülers „gut ohne eine Frau im Haus zurecht". Neben dem Puppenhaus wird eine Schule mit Klassenraum aus Klötzen errichtet. Vater und Lehrerin sprechen über das Problemverhalten des Jungen. Der Vater meint beschwichtigend: „Ach, das gibt sich schon. Ich war früher auch so." Das Väterliche - wir wissen nicht, ob sich Deno hier auf seinen leiblichen Vater, seinen Stiefvater oder einen Wunsch-Vater bezieht - erscheint hier als eine Zuflucht, als eine sorgende, verständnisvolle Begleitung. Die schulischen Probleme werden nicht weiter hochgespielt. Keine Rede mehr von den hysterischen Szenen, wie sie sich beim Erledigen der Hausaufgaben mit der Mutter und im Unterricht bei der ehemaligen Klassenlehrerin regelmäßig einstellten. Es ist eine Ruhe und Gelassenheit in dieses Haus eingekehrt, eine Gewißheit, daß sich die schulischen Probleme abbauen lassen.

2.1.7 Die symbolische Vervollständigung der Familie

Der 10jährige Tassilo, dessen Lernverhalten vor allem durch Leistungsverweigerung, das Überhören von Instruktionen und Informationen usw. gekennzeichnet war, lebte seit der Geburt allein mit seiner Mutter zusammen. Die Mutter hatte es, aus nicht aufzuklärenden Gründen, stets vermieden, einen Kontakt zwischen Tassilo und seinem Vater herzustellen, obwohl dieser nur etwa zwei Dutzend Kilometer von Mutter und Sohn entfernt lebte. Im Rahmen explorativer Gespräche mit dem Schüler wurde deutlich, daß Tassilo unter seiner Vaterlosigkeit sehr zu leiden hatte. Gespräche mit der Mutter, einer Erzieherin in einer Tagesstätte, zeigten, daß diese zwar mit dem Erziehungsgeschäft mehr als ausgelastet war, jedoch offenbar keine Möglichkeit sah, diese Aufgabe mit dem Vater des Jungen zu teilen. Noch als Drittkläßler sprach Tassilo männliche Bezugspersonen in Schule und Hort als „Papa" an und fragte auch den Sonderschullehrer (J.B.) gleich bei der Begrüßung: „Willst Du mein Papa sein?".

Am Ende der vierten Klasse, als es im Rahmen eines kunstpädagogischen Projektes um das Herstellen von Phantasietieren aus Maschendraht und Kleisterpapier ging, fertigte Tassilo einen in etwa lebensgroßen „Mann" an (Abb. 8). An dieser Figur fallen insbesondere die kräftigen, weit nach vorne abstehenden/ ausgreifenden Arme auf, ferner der große, ebenfalls nach vorne stehende Penis. Zwar läßt sich diese Figur etwa im Sinne eines Selbstbildes verstehen, der hervorgehobene Penis könnte entsprechend auf die erwachende Sexualität des 11jährigen, auf die beginnenden oder bevorstehenden Erektionen, Pollutionen, Ejakulationen usw. verweisen.

Andererseits scheint das Standfeste - man achte einmal auf die sehr breiten Füße - das Eckige, Kantige, Kräftige und Phallische der Figur doch auf ein Wunschbild *ausgewachsener* Männlichkeit zu verweisen und damit auf den Wunsch nach dem Vater, der seine Arme nach dem Jungen ausstreckt, ihn in die Arme schließt, festhält und im Loslösungsprozeß von der Mutter unterstützt. Der vaterlose Junge hat sich einen Vater geschaffen und damit die Familie symbolisch vervollständigt.

2.2 Der „Raum" des Familiären

2.2.1 Versorgt und eingesperrt

Bei Abbildung 9 handelt es sich um eine Zeichnung des 15jährigen Ralf. Das vom Lehrer gestellte Thema lautete „Mein Zimmer". Der Schüler hat mit Lineal einen Grundriß gezogen, an der oberen Seite eine Tür angedeutet, an der unteren Seite zwei kleinere Fenster. Dazwischen wurden recht hastig ein paar Möbelstücke eingezeichnet, links oben ein Bett, auf der rechten Seite ein Tisch, ein Regal o.ä., darunter ein Käfig mit einem Kaninchen, dessen Anwesenheit durch die eigens vorgenommene Beschriftung rechts neben dem Zimmer besonders hervorgehoben worden ist. Auf der Achse Tür-Fenster befindet sich eine Bewegungsspur, die sich links und rechts von der Mitte bruchstückhaft fortsetzt und sich im Inneren des Raumes verliert. Das Zimmer wirkt karg, es ist wohl auch kaum bis zum Ende fertig gezeichnet worden. Ralf zeigte sich weder bereit, weitere Detaillierungen vorzunehmen, noch seine Zeichnung mündlich zu erläutern. Das einzige, was hier zu *leben* scheint, ist das Kaninchen in seinem Käfig, obwohl wir das Tier nicht zu sehen bekommen. Das Kaninchen mit seinem weichen Fell könnte den Wunsch des Jugendlichen nach Wärme, Nähe, Zärtlichkeit, Zweisamkeit symbolisieren. Bedürfnisse, die zur Zeit nicht in einer menschlichen Beziehung befriedigt werden können, werden in die Beziehung zu dem Kaninchen eingebracht. Gleichzeitig scheint es sich um ein ambivalentes Bild der eigenen Lebenssituation zu handeln. Auf der einen Seite sitzt das Tier im warmen Stroh, genießt Schutz, wird gefüttert, bekommt zu essen und zu trinken, auf der anderen Seite ist es eingesperrt, wehrlos, abhängig, hat zuwenig Bewegungsspielraum. Der 15jährige lebt in der Wohnung seiner Tante, einer unverheirateten Schwester seiner Mutter, die sich nicht um ihr Baby kümmerte. Da auch der Vater keine Bereitschaft zeigte, sich um seinen Sohn zu kümmern, nahm ihn die „Tante" bei sich auf.

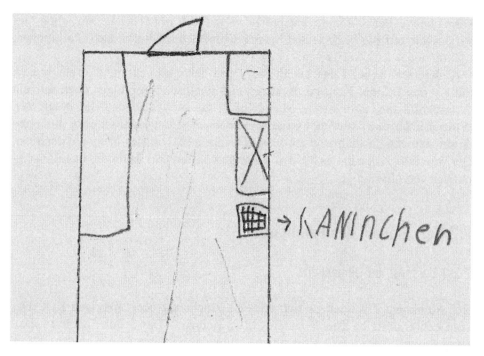

Abb. 9

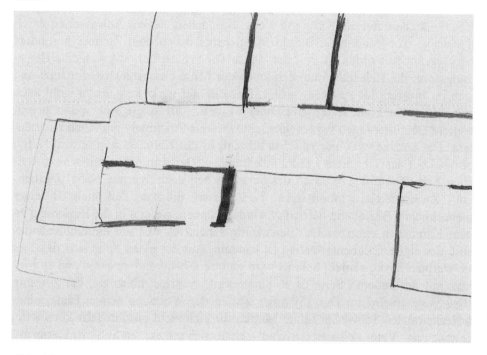

Abb. 10

58

Wahrscheinlich war es jedoch so, daß neben aller mütterlichen Fürsorge für den heranwachsenden Jungen, die allein lebende Tante eigene, unerfüllte - eigentlich im Rahmen einer Partnerschaft zu befriedigende - Wünsche an ihren Pflegesohn herangetragen hat. Sie hält ihn regelrecht *gefangen* und wir werden in Zusammenhang mit den Abbildungen 94 - 96 sehen, wie der Jugendliche versucht, aus diesem Dilemma auszubrechen. Die Abbildungen 167 und 168 gestatten einen Einblick in die psychosexuelle Entwicklung des Jugendlichen, wohl als Folge der eigentümlichen Lebensgeschichte.

2.2.2 Die leere Wohnung: Ereignislosigkeit oder Geheimnis?

Zu dem Thema „Unsere Wohnung/ unser Haus" hat der 10jährige Antonio mit Bleistift einen Wohnungsgrundriß gezeichnet (Abb. 10). Die einzelnen Räume sind leer. Sie wirken regelrecht leergefegt. Die Verdickungen der Wände an einigen Stellen könnten den Versuch darstellen, das schützende Gemäuer zu stabilisieren. Gleichzeitig wirkt das Überzeichnen bzw. Schwärzen immer derselben Stellen wie ein Abwehrverhalten, vielleicht um nichts von dem möglicherweise konflikthaften Geschehen in dieser Wohnung zeichnen zu müssen. Fast alle Räume sind nach den Seiten hin offen. Zwar bildet der Blattrand eine Begrenzung, doch nur eine scheinbare. Diese Wohnung, die sich in ihren Geheimnissen oder in ihrer Ereignislosigkeit, möglicherweise auch in ihrer Anregungslosigkeit verhüllt, wirkt wie ein unabgeschlossener Raum, in dem es schwer sein dürfte, sich geborgen zu fühlen. Sie zerfällt nach ihren Rändern hin. Sie löst sich auf ins Nichts. Sie vermittelt kein Gefühl des Geborgenseins. Lediglich im Bereich ganz links befinden sich einige umschlossenere Räume, die auch mit einem vergangenen Lebensabschnitt in Verbindung gebracht werden können. Nach rechts hin, also mit Blick auf die Zukunft, ist alles offen.

2.2.3 Das väterliche Vakuum in der mütterlichen Wohnung

Im Kontext eines halboffen angelegten Handlungsrahmens zum Thema „Märchen" wurden in einer vierten Grundschulklasse unter anderem Papiertheater aus Schuhkartons und schablonenartige Figuren hergestellt. Es wurden in der betreffenden Klasse etwa 15 verschiedene Volksmärchen (Grimm, Bechstein usw.) gelesen, besprochen, nachgespielt usw. Dennoch nimmt Alwin in seinen Produktionen kaum einen erkennbaren Bezug auf eines dieser Märchen oder auf ein anderes ihm bekanntes Märchen. In seinem ersten Karton (Abb. 11) - insgesamt stellte er drei dieser Interieurs her - wird nicht ein bestimmtes, selbstgewähltes Märchengeschehen realisiert, wie vom Lehrer intendiert, sondern die gesamten Aktivitäten des 10jährigen Schülers richten sich auf das Ausgestalten und Dekorieren des dreidimensionalen Raumes mit Stoffen, Textilien usw., die verschiedenen Musterkatalogen, Mustermappen o.ä. entnommen sind. Zum Teil wurden Möbel wie Hocker, Sessel, Regal usw. aus Pappe gebaut und anschließend mit Stoffen überzogen. Es stellte sich heraus, daß der Vater, der von Mutter und Sohn getrennt lebt, als Vertreter für eine Firma arbeitet, die Deko-Stoffe (für Gardinen, Sofa-Bezüge usw.) vertreibt. Alwin hat eine große Menge dieser Stoffmuster von seinem Vater bekommen und setzt diese in seiner Gestaltung intensiv, d.h. nahezu ausschließlich ein. Die Stoffstücke erscheinen als Verlängerung der väterlichen Welt. Sie werden eventuell herangezogen, um das väterliche Vakuum in der mütterlichen Wohnung zu füllen, sich selbst quasi mit einer dicken, durch nichts unterbrochenen wärmenden väterlichen Schicht zu umschließen. Das Thema wurde daher nur scheinbar mißachtet, ging es doch auch in der Inszenierung von Märchensituationen um das Auffinden und Bearbeiten von Familienkonflikten, von Problemen der Identitätsbildung usw. Alwin hat einen anderen, eigenwilligen Weg gewählt, um etwas von seinen Gefühlen des Verlassenseins durch den Vater, der Vereinnahmung durch die Mutter, der Sehnsucht nach dem Vater auszudrücken. Im Zentrum seiner produktiven Prozesse steht ein affektiv besetztes *Material*, von dem aus die Gestaltung der Interieurs ihren Ausgang nimmt.

Das in Abbildung 11 gezeigte Geschehen wird jetzt noch einmal, in unmittelbarer Folge, im großen Stil angegangen. Alwin brachte einen großen Gemüsekarton mit in die Schule und begann, diesen wiederum mit Stoffen auszukleiden (Abb. 12). Das auf den Unterricht folgende Wochenende verbrachte er bei seinem Vater. Der Junge bat seinen Vater, gemeinsam mit ihm einige Möbel wie Tisch, Hocker usw. herzustellen. Ferner hat der Vater eine Ritze in den oberen Deckel geschnitten, damit das kleine Theater von oben herab - mit noch herzustellenden Märchenfiguren - bespielbar wurde. Zur Herstellung von Figuren ist es allerdings nicht gekommen, genauso wenig wie zu einem Spiel. Alwin verlor sich, wie beim ersten Objekt auch, im Dekorativen, im Ausstaffieren des Raumes mit Stoffstücken. Nicht ein Quadratzentimeter des Raumes, der Möbel usw. ist frei geblieben. Die Herstellung eines dritten Interieurs folgte wiederum demselben Muster. Vorschläge und Hinweise des Lehrers, doch auch Märchenfiguren herzustellen, blieben unbeachtet. Nach der Fertigstellung dieses dritten Kartons, begann das Interesse an dieser Produktionsform zu erlahmen. Ein Mitschüler, der selbst keinen Schuhkarton besaß, jedoch eine Reihe von - an dünnen Metalldrähten hängenden - Spielfiguren zur Verfügung hatte, übernahm diesen Karton als *sein Theater*, in dem er die von ihm selbst hergestellten Figuren nach seinen Vorstellungen bewegte. Alwin verfolgte diesen Vorgang mit Interesse, hielt sich jedoch selbst als Regisseur einer solchen Inszenierung zurück, vielleicht aus Angst, zu sehr von den konfliktbesetzten Vorstellungen, Affekten usw. überschwemmt zu werden.

Abb. 11

Abb. 12

61

Abb. 13

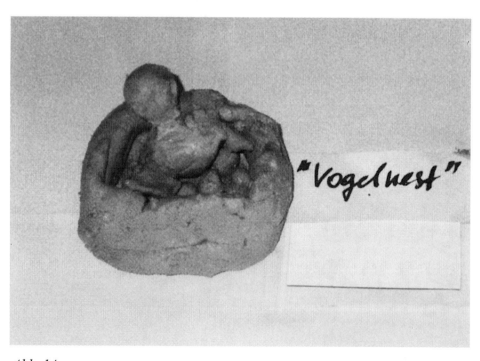

Abb. 14

2.2.4 Zwischen Geborgenheitswünschen und Loslösungsversuchen: Das Vogelnest als Metapher

Der 16jährige Sven malte im Rahmen einer Einzelförderstunde einen Baum mit Nest und Rabenvogel in eines der bereitliegenden Klassentagebücher (Abb. 13). Sven zeigte keine Bereitschaft, etwas zu seinem Bild zu sagen. Das Gespräch drehte sich um andere Themen, die nicht in eine direkte Verbindung mit dem Bild gebracht werden konnten. Das Thema des Bildes ist offensichtlich die Geburt und die Versorgung des Nachwuchses. Das Nest kann als räumliche Metapher für den Wunsch nach Geborgenheit, Versorgtwerden, Wärme usw. aufgefaßt werden. Daß der Baumstamm fast bis an den rechten Bildrand gedrängt ist, daß er von unten aus dem Nichts kommt und keine Verwurzelung im Boden aufweist, deutet auf ein konflikthaftes Erleben der eigenen familiären Situation hin. Der Stamm ist von schwarzer Farbe, ebenso wie der Vogel und das Nest. Durch die schwarze Farbgebung verbreitet sich eine Stimmung der Trauer, eventuell eine lebensgeschichtliche Erinnerung an den Tod des Vaters vor sechs Jahren, bei dem Mutter und Sohn allein zurückblieben. Als situativer Auslöser für dieses Motiv könnte eine Rolle spielen, daß der Lehrer (J.B.), der diese Einzelförderung durchführte und Sven einmal pro Tag für eine Stunde sah, zwei Tage wegen der Geburt seines Sohnes in der Schule fehlte, der Schüler auch von diesem Umstand Kenntnis erhielt und sich auch im Verlauf des Gespräches während dieser Stunde nach dem Geschlecht des Neugeborenen erkundigte. Lehrer und Mutter verschmelzen möglicherweise in der Figur des Raben, der - mit einem übergroßen orangenen Schnabel versehen - sein Nest bewacht. Vorstellungen zur Familiensituation des Lehrers, auch unausgesprochene, unbewußte Versorgungswünsche diesem gegenüber, Erinnerungen an den Tod des eigenen Vaters, affektive Verstrickungen mit der alleinerziehenden Mutter, bei der Sven noch mit 16 Jahren im Ehebett schläft, wenn er nachts unruhig wird, durchdringen einander. Der Jugendliche ist, wie seine übrigen Schilderungen zeigen, hin- und hergerissen zwischen seinen anhaltenden symbiotischen Wünschen/ Abhängigkeitsbedürfnissen gegenüber der Mutter und seinem Wunsch nach einem eigenen, unabhängigen Leben. Aus diesem Dilemma heraus sind seine exzessiven Wochenendeskapaden in Form von Herumrasen mit Autos/ Mofas, Trinken, Prügeln, Sich übergeben usw. zu verstehen. Erst wenn Sven sturzbetrunken mitten in der Nacht nach Hause kommt, läßt ihn die Mutter *nicht* mehr in ihr Bett, ohne Zweifel ein radikaler Ablösungsmechanismus. Die in den Abbildungen 129 und 130 reproduzierten Tagebuchzeichnungen zeigen etwas von der tiefen Verstörung des Jugendlichen, der trotz durchschnittlicher Intelligenz jeden schulischen Ehrgeiz verloren hat und einer ungewissen beruflichen Zukunft entgegentreibt.

2.3 Mangelnde Zuwendung und körperliche Gewalt

2.3.1 Das Gefühl der Zurücksetzung gegenüber jüngeren Geschwistern

Der neunjährige Gereon hat aus Ton ein Nest geformt, in dem sich eine Reihe von Eiern ausmachen lassen, auf denen eine Henne o.ä. hockt (Abb. 14). Kopf und Körper des Tonhuhnes stehen unter dem Aspekt der Größe in einem Mißverhältnis zueinander. Beide Körperteile wirken annähernd gleich groß. Im Vergleich zum Kopf ist der Unterkörper zu klein geraten. Auf diese Weise gelingt es dieser Henne nicht, mit ihrem Körper alle im Nest befindlichen Eier gleichermaßen abzudecken, d.h. zu wärmen und auszubrüten. Wie sich kurze Zeit später herausstellte, war die Mutter des an zweiter Stelle geborenen Schülers mit dem vierten Kind schwanger. Aus den Erzählungen des Schülers und aus Gesprächen mit den Eltern war bereits bekannt, daß die Mutter mit ihrem dritten Kind mehr als ausgelastet war und Gereon sich oft vernachlässigt, aufgrund seiner Lernprobleme kritisiert und zurückgesetzt fühlte. Jetzt von der baldigen Ankunft eines weiteren Geschwisterkindes zu erfahren, weckte in dem Jungen möglicherweise neue Sorgen und Ängste, von der mütterlichen Liebe und Fürsorge kaum noch etwas abzubekommen.

Etwa ein Jahr später und in Zusammenhang mit einer längerfristigen Bearbeitung von Märchen im Unterricht malte der 10jährige Gereon ein Deckfarbenbild zum Thema "Hänsel und Gretel" (Abb. 15). Die Bildmitte wird beherrscht von einer schematischen Darstellung des Hexenhauses. Die am Haus vorgenommenen Differenzierungen lassen sich teils als Fenster, teils als Lebkuchen auffassen. Auf weitere Details in der Darstellung des Hexenhauses wurde verzichtet. Das Haus besitzt offenbar keine Tür und steht auf keinem festen Grund, d.h. eine Standlinie, Bodenlinie o.ä. fehlt. Die intensive Verwendung der Farbe Rot in der Binnengestaltung der Giebelwand, beim Schornstein, bei dem Fenster (oder lebkuchenartigen Gebilde) an der Seitenwand (vorne) sowie bei der Frauenfigur rechts, scheint auf ein besonderes affektives Erleben hinzudeuten. Links neben dem Haus befindet sich eine Figur ganz in dunkelbraun, ohne Gesichtsdifferenzierungen und mit abgespreizten Armen und Haaren. Im Vergleich zu den anderen Figuren erscheint sie als mittelgroß. Die größere Figur auf der rechten Seite ist mit Brüsten versehen. Von der linken Brust läuft eine rote Farbspur zu dem Kleinkind. Neben dem aufgerichteten Haar befindet sich auf dem Kopf der weiblichen Figur (Hexe, Mutter) ein antennenartiges, schwer zu deutendes, Gebilde. Gereon macht die folgenden Angaben zu seinem Bild:

"Gretel (der Schüler zeigt auf die kleine Menschfigur ganz rechts) ist noch klein. Sie ist das Baby von der Hexe (zeigt auf die rote Figur mit Brüsten) und hier (zeigt auf die braune Figur ganz links) das ist Hänsel." J.B.: "Und Du selbst, wenn Du auch in diesem Bild vorkämest ?" Gereon: "Hier, (zeigt auf Hänsel) das wäre ich."

Sowohl das Bild als auch das Ergebnis der Exploration sprechen dafür, daß sich Gereon, der zweitgeborene Sohn, durch zwei weitere, aufeinanderfolgende Geburten von der Mutter vernachlässigt und zurückgesetzt fühlt. Mutter und Sohn befinden sich im Raum des Bildes, wie wohl auch in emotionaler Hinsicht, in relativ großer Entfernung zueinander. Das Erleben des Sich-zurückgesetzt-Fühlens führt auf seiten des Zehnjährigen zu Haßgefühlen gegenüber seiner Mutter und den beiden jüngeren Schwestern. Die Identifikation des Schülers mit der Figur des Hänsel spricht für sich: Er wird nicht nur von seiner Mutter bzw. den Eltern verlassen, sondern auch noch von der Hexe eingesperrt, gefüttert und soll getötet werden. Parallel dazu berichtete die Mutter, sie sei - bezogen auf ihren Sohn Gereon - an ihrer Belastungsgrenze angekommen. Sie beschreibt ihren Sohn als unzugänglich, seine Verhaltensweisen als aggressiv und zerstörerisch. Es fällt ihr zunehmend schwer, Zuneigung für den Jungen aufzubringen, ein Teufelskreis. Diese Variante einer regulativen Thematik wird von Gereon im Bereich der Schule mit wechselnden Reaktionsformen beantwortet. Depressiv-resignative Reaktionsformen wechseln sich mit destruktiver Aggression, aggressiver Selbstbehauptung im Sozialverhalten und Widerstand gegenüber den Unterrichtsangeboten ab. Das familiäre Erleben scheint zunehmend auf das schulische Leben überzugreifen. Bis zur Ankunft der jüngeren Schwestern annähernd zufriedenstellend ausgebildete Reaktionsformen wie Leistung, Anpassung, Aufgreifen von Chancen u.a. scheinen sich wieder zurückzuentwickeln. Auch scheint sich diese Konfliktthematik zu chronifizieren, d.h. dauerhaft zu verfestigen: Vor der Geburt der kleinen Schwester entstand zum Märchen "Allerleirauh" eine "schwangere Königin", es folgte die bereits besprochene Darstellung zu Hänsel und Gretel. Wochen später wurde die Handlung des Märchens vom "Schneewittchen" im Sinne der eigenen Konfliktthematik umgedeutet: Es entstand eine "böse Königin mit Sohn" und damit ein Bild, das die anhaltend schwierige Beziehung zwischen Mutter und Sohn reflektiert. In einer spontan entstandenen Zeichnung desselben Schülers schlägt eine Mutter einem Kind den Kopf ab. In dieser Zeichnung könnten sich evtl. Todeswünsche der kleinen Schwester gegenüber andeuten (vgl. auch die von der mütterlichen Brust ausgehende Blutspur), aber auch Schuldgefühle sowie Ängste vor Strafe, Verlust und Tod, möglicherweise in Zusammenhang mit einer ödipalen Thematik.

Abb. 15

Abb. 16

66

2.3.2 Streitigkeiten, körperliche Gewalt

Das röntgenartig durchleuchtete bzw. geöffnete Haus in einer Zeichnung der 14jährigen Gabriella (Abb. 16) gestattet einen Blick ins Innere der unteren Etage. Offenbar ist ein Streit zwischen Vater und Tochter im Gange. Von solchen Streitigkeiten berichtet die Jugendliche auch in der Schule; Konflikte, bei denen die Mutter zwar um Hilfe gerufen wird, wie wir in dieser Szene sehen, denen diese jedoch hilflos, handlungsunfähig gegenübersteht. Die obere Etage präsentiert sich dagegen gepflegt mit Blumen und Gardinen, ein Hinweis auf den Versuch der Familie, nach außen ein unauffälliges, friedliches Bild abzugeben. Das Fenster links oben ist rot ausgemalt zwischen den schwarzen Vorhängen, eventuell ein Zeichen für die spezielle affektive Bedeutung dieses Zimmers, in dem sich bestimmte Leidenserfahrungen zugetragen haben könnten, die wir nicht genauer zu ergründen vermochten. Das rot ausgemalte Feld könnte auch der Intensivierung, der Verdeutlichung der unten dargestellten Mißhandlungsszene dienen, in der das Mädchen vom Vater an den Haaren gezogen wird und nach seiner weinenden Mutter ruft. Die Hausseite links ist schwarz ausgemalt wie auch das Dach und der Giebel. Die wenigen von der Sonne ausgehenden Strahlen hängen in dünnem Schwarz vom Himmel, alles Zeichen einer gewissen Trostlosigkeit, eines Unglücklichseins, einer familiären Krise gekoppelt an die Höhen und Tiefen der Adoleszenz. Die Haustür fehlt und damit der familiäre Schutz, das Gefühl der Geborgenheit. Gleichzeitig könnte sich hier der Wunsch andeuten, diesem Zuhause durch diese weite Türöffnung zu entfliehen, wie zwei andere Arbeiten der Schülerin nahelegen (vgl. die Abbildungen 36 und 37).

2.4 Seelische Verstörung durch die Obsessionen der Eltern

Der 9jährige Arno zeichnete über eineinhalb Jahre hinweg - und ohne einen didaktischen Impuls, eine thematische Anregung von außen - immer wieder zwei Personen, die durch Hinzufügung von Geschlechtsorganen deutlich als Mann und Frau ausgewiesen waren. Meist befindet sich die Frau in liegender oder halbliegender Körperstellung, in der Regel mit heruntergezogenen Mundwinkeln. Der Mann wird dagegen mit lachendem Mund, manchmal rot ausgemaltem Gesicht und fuchtelnden Armen dargestellt. Aufgrund von Mitteilungen in explorativen Gesprächen (auch mit der Mutter) darf davon ausgegangen werden, daß der Junge in seinen Skizzen - und aus seinem kindlichen Erleben heraus - Merkmale der Beziehung seiner Eltern zueinander festhält. Der Vater, von Beruf Taxifahrer, erscheint in den Bildern als sexuell zudringlich, triebhaft und in Ansätzen gewalttätig. Die Mutter erscheint dagegen eher als wehrlose Zielscheibe der sexuellen Übergriffe. Das gesamte Beziehungsverhältnis der Eltern, wie es von dem 9jährigen wahrgenommen wird, zeichnet sich durch ein besonderes Ausmaß an Verstrickung aus.

Die erste Zeichnung des Neunjährigen (Abb. 17) zeigt links einen Mann mit hochrotem, lächelndem Gesicht, über dem sechs (*sex?*) Herzen schweben, wohl als äußeres Zeichen seiner Verliebtheit gemeint. Gleichzeitig wird vom Zeichner eine gewisse körperliche Erregtheit (Haut, Muskulatur) des Mannes vermutet, oder sie wurde als solche beobachtet, wenn man einmal die rot hervorgehobenen Brustwarzen, den rot markierten Bauchnabel in Betracht zieht. Eine gewisse Triebhaftigkeit ist hier nicht von der Hand zu weisen, nimmt man gleichzeitig die in hellem Rot hinzugezeichneten Genitalien (Hoden, Penis) hinzu. Ganz anders nun die Botschaften, die von der Frau an der rechten Seite des Mannes ausgesandt werden. Sie präsentiert sich mit heruntergezogenen Mundwinkeln und einem durchgekreuzten Herz neben ihrem Kopf, wohl als Zeichen der erloschenen Liebe oder der fehlenden Lust bzw. Bereitschaft zum sexuellen Verkehr mit diesem/ ihrem Mann. Die verschiedenfarbige Ausmalung ihrer Brüste, die eine in Rot, die andere in Blau, deuten auf ihren Konflikt, auf ihre Unentschlossenheit, kurz: auf die gesamte Misere hin, in der sie sich befindet. Sie weiß nicht, ob sie sich ihrem Partner trotz innerer Ablehnung/ Vorbehalte hingeben soll oder ob sie sich verweigern soll. Ihre mit dünnem Strich angedeutete Scheide wirkt leblos und verschlossen. Vor ihrem hand- und fußlosen Körper liegen Exkremente. Greift man einmal auf die noch folgenden Zeichnungen desselben Schülers vor, könnte dieses Attribut bedeuten: „Scheiße, ich will nicht." Die roten Ohren zeigen an, daß diese Frau unter massivem Druck, unter Anspannung steht. Wolken trüben den sonnenbeschienenen Himmel, wenn sie auch noch klein und rosarot sind.

Die folgende Zeichnung (Abb. 18) ist einen Monat später entstanden als die in Abbildung 17 gezeigte Bildgestaltung. Im Unterschied zu dem bereits gezeigten Bildbeispiel wurden hier die Figuren entsexualisiert, d.h. die primären und sekundären Geschlechtsmerkmale wurden weggelassen. Stattdessen findet sich eine Tendenz zur Geometrisierung und Ornamentalisierung, speziell im Bereich der Augen, der Münder, der Kleidung des Mannes, die auf den Versuch des Schülers hindeuten könnte, seine Gefühle der Angst, der Scham, evtl. auch Angstlust, zu bewältigen. Wir erkennen die Frau an ihren heruntergezogenen Mundwinkeln und ihrer halbliegenden Stellung. In dieser Beziehungskonstellation hat sie eine untergeordnete Position inne, sie erscheint abhängig und weiß sich nicht zu wehren. Die pflasterähnlichen Gebilde auf ihrem Körper könnten auf erlittene Verletzungen, Verwundungen hindeuten. Die Frau verfügt weder über Arme noch über Hände. Sie erscheint daher als handlungsunfähig, als wehrlose Zielscheibe der destruktiven und/ oder libidinösen Aktivitäten/ Attacken ihres Partners, der seine Sonnenhände weit in den Bildraum ausstreckt, trotz des geringeren Körpervolumens mehr Raum in Anspruch nimmt. Das antennenartige Gebilde auf seinem Kopf könnte eine gewisse Erregung signalisieren, der

Frau stehen dagegen die Haare zu Berge. Der Schüler läßt den Vater zu seiner - nackt und halbliegend dargestellten - Frau sagen: "Heh Kindchen, nu komm schon! Wat is denn?"

Noch am selben Tag wie das gerade gezeigte Bild, entstand die folgende Zeichnung (Abb. 19), die vom Motivgeschehen wiederum stärker an Abbildung 17 anknüpft. Die beiden Figuren werden aus ihrer Erstarrung herausgelöst und befinden sich offenbar in einem libidinösen Geschehen. Der Mann wendet sich der Frau zu und zeigt dem Betrachter den Rücken. Diesmal präsentiert Arno die Frau mit hochrotem Gesicht und weit aufgerissenen Augen. Beide Figuren zeigen die bereits erwähnte Antenne auf ihrem Kopf. Sie sind auf Empfang. Rechts von dieser Szene sehen wir einen kreisrunden Kopf, ebenfalls mit weit aufgerissenen Augen, aus denen dicke schwarze Tränen rinnen. Der Zeichner hat es, wohl aufgrund eines besonderen affektiven Erlebens, nicht für nötig befunden, zu diesem Kindergesicht einen Körper hinzuzuzeichnen. Die Ohren des Kindes sind ebenfalls auf Empfang gestellt. Aus dem weit geöffneten Mund hören wir: „O Di Feken." Der in den oberen Bildraum geschriebene Satz „Das mart schbas" dürfte wohl am ehesten einen Gedanken des Vaters darstellen, da die beiden anderen in dieser Szene, wirft man einen erneuten Blick auf ihre Gesichter, offenbar wenig Spaß empfinden. Von dominierender Bedeutung ist hier das Gefühl der Scham. Die Eltern, die ihre sexuellen Aktivitäten kaum verborgen haben dürften, wurden nach dessen Mitteilungen mehrfach von ihrem neunjährigen Sohn beobachtet. Während der Vater eher hemmungslos vorgeht, zeigt sich im Gesicht der Mutter eine schamhafte Röte. Eine andere Auslegung wäre darin zu sehen, daß die Mutter in einer lustvolleren Weise an den erotischen Aktivitäten mit dem Vater partizipiert, als der Junge wahrhaben möchte.

Etwa zwei Monate später, nach den Winterferien, stellte der Lehrer das Thema „Ein Erlebnis in den Ferien" und bat um eine bildnerische Realisierung nach Wahl der Schüler. Arno zeichnete auf eine Bodenlinie, von links nach rechts betrachtet, einen Baum, eine nackte Frau mit hochaufgerichteten Strahlenhaaren, ein Kind auf einem Fahrrad und eine Mauer (Abb. 20). Der Schüler erläuterte sein Bild in der folgenden Weise: „Ein Junge fährt mit dem Fahrrad gegen die Wand. Die Frau da freut sich." Wieder handelt es sich um eine Darstellung der familiären Situation des Neunjährigen, allerdings in einer anderen motivischen Einkleidung als bisher. Neu ist, daß hier Gefühle des Verlassenseins durch die Mutter zur Sprache kommen. Die eigentlich über alles geliebte (und begehrte) Mutter befindet sich ganz im Bann ihrer obsessiven, sadomasochistischen Beziehung zu ihrem Mann. Sie hat ihren Sohn tief enttäuscht, weshalb ihr nun die Schadenfreude beim Sturz des Kindes unterstellt wird. Das Kind fühlt sich nicht nur vernachlässigt, es fühlt sich vor allem emotional von den Eltern betrogen. In deformierter Körpergestalt hockt es auf einem viel zu großen Fahrrad, das weder einen funktionsfähigen Antrieb, noch eine Lenkstange aufweist.

Abb. 17

Abb. 18

Abb. 19

Abb. 20

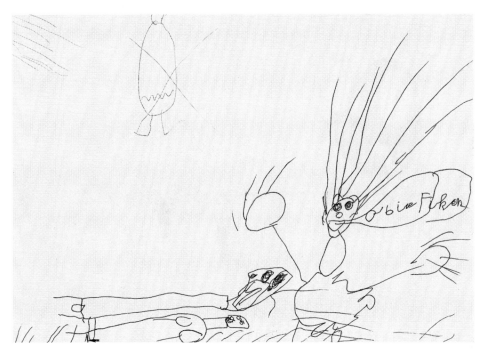

Abb. 21

Abb. 22

Derartig schlecht ausgerüstet für die Fahrt, sprich: seine weitere Entwicklung, den noch vor ihm liegenden Lebensweg, fährt es gegen die nächstbeste Wand, d.h. es scheitert an den Hürden und Anforderungen, die ihm das Leben in Form von Schule, Unterricht usw. in den Weg stellt. Das Anlegen der gitterartigen Struktur bei der Mauer deutet auf den Versuch des Zeichners hin, die internen Spannungen abzubauen, eventuell Gefühle der Verzweiflung abzuwehren.

Eine etwa acht Monate später entstandene Zeichnung (Abb. 21) zeigt in der rechten Bildhälfte einen Mann, wohl den Vater, mit steil aufgerichteten, ungewöhnlich langen Haaren, „unter Strom stehenden Strahlenhaaren" (Richter 1995, 9), spiralenartigen Augen, weit abgespreizten, linienförmigen Armen, an denen boxhandschuhartige Hände mit schwirrenden Fingern durch den Raum rudern. Der locker dahingezeichnete Körper des Mannes wirkt in seiner Gedrungenheit und mit den kurzen Beinen eher tierhaft. Die Linienschwünge an der oberen bzw. hinteren Seite lassen etwa an ein hahnartiges Wesen denken. Ein auffallendes Detail dieser Hahn-Mann-Figuration ist der Penis, auf den der Schüler in der Exploration gesondert hinweist. Insgesamt entsteht der Eindruck eines auffälligen körperlichen Gehabes dieser Figur, das auf sexuelle Erregung in Verbindung mit einem Streben nach Macht und Dominanz hindeuten könnte. Die vom Zeichner hinzugefügte Sprechblase unterstreicht das Anliegen dieses Mannes: "O bite fiken!" Die Szene links zeigt dann im Sinne einer Fortsetzung den vollzogenen Koitus, den die Frau passiv liegend über sich ergehen läßt. Den einzigen Berührungspunkt zwischen den beiden Figuren bildet der Penis des Mannes. Arme und damit auch die liebevolle *Umarmung* fehlen völlig. Der Kopf des Mannes, erheblich größer (und damit dominanter) gezeichnet als der der Frau, wirkt wie zu einer Fratze verzerrt. Die ursprünglich noch geordnet umeinander verlaufenden Linien in seinen Augen erscheinen jetzt wild verkritzelt. Mund und Nase und damit das gesamte Gesichtsschema wirken stark deformiert. Der Körper des Mannes wird extrem auf ein langes und schmales, streifenartiges Gebilde reduziert. Allein Penis mit Hoden oder heruntergelassene Hose mit Hosentasche bleiben als differenzierende Merkmale übrig. Die Frau liegt reglos unter dem Männerkörper. Durch den stark verkleinerten Kopf, als Zeichen, daß sie sich hier nicht durchsetzen kann, und das wenig ausdifferenzierte, ausdrucksleere Gesicht, wirkt sie allein auf ihre Geschlechtsorgane reduziert, die als einzige differenzierende Körpermerkmale eingezeichnet sind. Die Scheide wirkt geschlossen, die Brüste liegen flach auf dem Oberkörper, mit strichartig verlängerten Brustwarzen, alles Elemente, die den Eindruck verstärken, daß die Frau - wohlgemerkt in der Wahrnehmung des 9jährigen Arno - diese sexuelle Begegnung eher als unfreiwillig erleben dürfte.[6]

---

[6] Vgl. zu diesem Bild auch die Interpretation von H.-G. Richter (1997, 103 - 106). Für Richter trägt die „Verletzung der Schamgefühle durch die zur Schau gestellten sexuellen Aktivitäten seiner Eltern" zu den „perseverierenden Darstellungsformen" in den Zeichnungen des

Zwei Monate später zeichnete Arno die folgende Szene (Abb. 22): Das Paar scheint sich in einer außergewöhnlichen Aufgeregtheit zu befinden. Diese drückt sich in den Disproportionierungen, der Verlängerung einzelner Körperteile aus. Die Beine des Mannes werden ganz in die Waagerechte gestreckt, Füße werden nicht mehr unterschieden, möglicherweise handelt es sich um den sitzenden oder halbliegenden Vater mit gespreizten Oberschenkeln. Seine Hände rudern durch den Raum, seine Haare stehen zu Berge, möglicherweise Zeichen für unvorhergesehene Unterbrechungen, Wendungen, Störungen des Geschlechtsaktes oder vorhergehender libidinöser Handlungen. Die Frau hat sich bereits in den Hintergrund des Bildes entfernt. Die ihrem Mund entfahrende Linie, die über ihrem Kopf zwei Schlaufen bildet, läßt sich als Erregung, Schrei oder Entsetzen lesen. Diese Auslegung wird durch die extrem verlängerten Arme mit den kreisrunden Händen, die wie Geschosse durch den Bildraum sausen, verstärkt. Die Szene wird von dem Neunjährigen folgendermaßen kommentiert: "Der Mann hat der Frau wehgetan. Die Frau läuft weg und der Mann hat die Puschi von der Frau in der Hand."

Zum Abschluß dieser Bildreihe wenden wir uns einer wiederum etwa drei Monate später entstandenen Federzeichnung desselben Schülers zu. Diese zeigt eine monumental wirkende männliche Figur mit erhobenen Armen, Mütze und qualmender Zigarre oder Zigarette (Abb. 23). Auf das genaue Auszeichnen der sonst bei Körperdarstellungen üblichen Details wie Füße, Becken, Schultern, Ellbogen usw. wurde verzichtet. Augen, Nase und Mund wurden auf einfache, kreisrunde Schemata reduziert, Ohren fehlen völlig. Dafür werden Brüste, ebenfalls schemaartig, nicht nur angedeutet, sondern durch die Ausmalung der Kreise besonders hervorgehoben. Nach Angaben des Neunjährigen „scheißt" der Mann und er sagt, sieht man auf die Sprechblase, gleichzeitig: „Schatz". Die rechts unten im Bild, einmal stehend und einmal hockend oder kniend, gezeichnete Figur ist „seine Frau". „Sie ißt seine Scheiße und sagt: `Hm, lecker Scheiße!´". Der Körper dieser Frau erscheint in sehr reduzierter Form. Dieser Frauenkörper trägt keinerlei Merkmale, die ihn als den Körper einer individuellen Persönlichkeit auszeichnen würden. Die Frau ist offenbar zum wehrlosen Objekt der sadistischen Lüste des Mannes degradiert worden, jedoch gleichzeitig gefügig bis zum Letzten, in der Wahrnehmung unseres Schülers konturlos, reizlos. Selbst die eigentlich weiblichen Attribute, wie etwa die Brüste, werden vom egozentrisch-zwitterhaften Manne präsentiert. Er zieht alle Aufmerksamkeit auf sich, er steht im Mittelpunkt mit seinen libidinösen Bedürfnissen und deren Erfüllung. Die Zigarre bzw. Zigarette in seinem Mund ist doppeldeutig:

Schülers bei. „Diese Formen sind in diesem Falle mit einer ungewöhnlich offenen (entlastenden) Aussage auf der Motivebene verbunden, denn diese Erlebnisse, Ängste und Schuldgefühle lassen sich für den Jungen nicht mehr hinter der `Maske der Scham` (Wurmser) verbergen" (a.a.O., 106).

Sie signalisiert gleichermaßen orale wie genitale Wünsche. Arno kichert vergnügt (oder verlegen?), während er seine Erklärungen zum Bild abgibt: „Der Kleine da (zeigt auf die kleine Figur oben auf der Leiter) nimmt eine Leiter, klettert hoch und legt dem Alten eine Pampers um. Das ist der Sohn von dem." Auf dem Hintergrund biographischer Daten und der Auswertung weiterer zeichnerischer Dokumente desselben Schülers darf davon ausgegangen werden, daß der Junge in seinen Bildern die sicherlich hochgradig sadomasochistische Beziehung seiner Eltern und seinen eigenen Leidensdruck in Zusammenhang mit den exzessiven Vorkommnissen und Szenen thematisiert. Nicht ohne einen gewissen Humor zeigt das Bild einen symbolischen Lösungsversuch: Der Junge legt „dem Alten" eine „Pampers" um, damit dieser sich nicht länger auf den Boden entleert und die Frau bzw. Mutter endlich aufhört, sich die Exkremente ihres Ehemannes - getrieben von Angst und Lust, Abhängigkeit und Selbstaufgabe - einzuverleiben. Der Kunstgriff als Eingriff in die sadomasochistischen Beziehungsverhältnisse der Eltern mißlingt allerdings. Der Kot des Vaters quillt mit einer solchen Wucht hervor, daß die „Pampers" ihm keinen Einhalt gebieten kann. Das pathologische, den Jungen verstörende, Beziehungsgeschehen wird so seine Fortsetzung finden. Der gesamte Zeichenvorgang und die parallel bzw. anschließend durch den Schüler gegebenen verbalen Erläuterungen, sind gleichermaßen von depressiven wie auch lustvoll-heiter wirkenden Affekten (Erregung, Verzweiflung) des Jungen begleitet. In dem bildnerischen Werk des Schülers, in seinen Phantasien und Vorstellungen zur Sexualität, verschmelzen anale und sexuelle Geschehnisse miteinander. Was den 9jährigen bedrückt, bereitet ihm auch eine geheime voyeuristische Lust. Er ist längst in die endlosen Angst-Lust-Spiralen seiner Eltern verstrickt, die sich immer wieder prügeln, erniedrigen, gegenseitig aussperren, exzessiv beschlafen usw. Die kindlichen Identifikationsprozesse, das Bild des Jungen von körperlicher Liebe und Sexualität sind durchsetzt von den Obsessionen des sadomasochistischen Paares, das den eigenen Trieben hilflos ausgeliefert zu sein scheint.

Abschließend läßt sich festhalten, daß Arnos Zeichnungen ein Licht auf die Qualität der Elternbeziehung werfen, so wie der 9jährige sie zu diesem Zeitpunkt erlebt. Einflüsse von Bildmedien mit sexuellen Inhalten sind nicht auszuschließen. Die kontinuierliche Bearbeitung des o.g. Motivgeschehens über einen Zeitraum von etwa einem Jahr spricht jedoch eher für einen konkreten familiären Erlebnishintergrund. Aufgrund der offenbaren Hemmungslosigkeit, besonders des Vaters, könnte Arno Zeuge der Urszene geworden sein. Um ein solches Erlebnis könnten sich dann zusätzlich Vorstellungen und Phantasien ranken, die von psychoanalytischer Seite als "ödipal" bezeichnet werden. Sexualität, wie sie der Schüler wahrzunehmen und zu erleben scheint, ist offenbar stark durch Elemente wie Macht, Kampf, Unterwerfung, eine gewisse Gefühllosigkeit und eine Tendenz zum Exzessiven gekennzeichnet. Arno suchte von sich aus das Gespräch mit dem Lehrer über seine Bilder und die darin enthaltenen Konfliktthemen (Reaktionsform: Bitte um Hilfe). In der Exploration wurde deutlich, daß Arno aufgrund der engen Wohnsituation des öfteren an Szenen aus dem Intimleben der Eltern partizipiert hatte. Die Eltern hätten sich bereits mehrfach getrennt, d.h. die Mutter habe den Vater ausgesperrt, er würde dann irgendwo übernachten, vielleicht im Taxi, doch meistens würde sie ihn dann doch wieder aufnehmen. Der Junge äußerte seine Sorge, die Eltern könnten eines Tages für immer auseinandergehen, neben den bereits genannten, ein weiterer Hinweis auf das Vorherrschen einer regulativen Thematik im Sinne von Sorgen, Verlustängsten, Ungewißheiten bezüglich der Stabilität des Familiensystems usw. Das Mikrosystem der Familie kommt nicht zur Ruhe. Die Ehe der Eltern stellt eine „Sphäre des Ungewissen" (Vincent 1993, 250) dar. Die beunruhigende visuelle oder auditive Nähe zu den hemmungslosen, exzessiven Szenen zwischen den Eltern und die Angst, diese könnten sich für immer trennen, wechseln einander ab. Als Reaktionsform im familiären Bereich scheint zu dominieren die Anpassung an die Befürfnisse und Eigenheiten der Eltern. Arno unternimmt alles, um Vater und Mutter zusammenzuhalten, er vermittelt und macht, durchaus bewußt, durch Schulprobleme, körperliche Verletzungen oder Ausreißen auf sich aufmerksam, damit die Eltern sich *gemeinsam* um ihn kümmern müssen und auf diesem Wege wieder zueinanderfinden. Gleichzeitig zeigen sich in den Gesprächen mit dem Schüler jedoch auch resignative Tendenzen, die - auf der Ebene des sozialen Verhaltens im Bereich der Schule - blitzartig in destruktive Aggressionen umschlagen können. Durch die kontinuierliche Bildproduktion, die in den halboffen angelegten Unterricht quasi *eingestreut* war, wurde - im Sinne der Krisenintervention („life space intervention"; vgl. Goetze 1995, Wood & Long 1991) - eine durchgängige Kommunikation zwischen Lehrer und Schüler über die familiäre Problematik möglich. Veränderungen, Entspannungen, Zuspitzungen, Wendungen wurden jeweils erkennbar, zum einen in den Zeichnungen des Schülers und zum anderen in den Gesprächen, die - parallel zu den allgemeinen Themenbearbeitungen der Schulklasse - geführt wurden. Durch das Anbieten dieser Möglichkeit wurde der Sonderschullehrer zu einer festen und verläßlichen Bezugsperson, mit deren Hilfe die destabilisierenden Erfahrungen aus dem familiären Bereich ansatzweise aufgefangen und verarbeitet werden konnten.

76

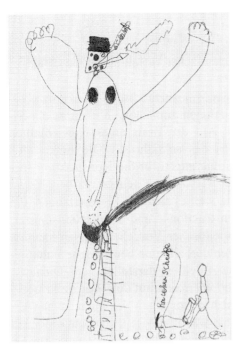

Abb. 23

Abb. 24

Abb. 25

2.5 Fluchten ins Phantastische

2.5.1 Die heuristische Funktion kunsttherapeutischer Verfahren für die Didaktik

Die kunsttherapeutischen Verfahren können eine heuristische Funktion übernehmen, indem sie etwa didaktische Variationen zum monadischen zeichnerischen Werk eines Schülers ermöglichten. Auf der Basis eines ungewöhnlich
umfangreichen Konvoluts an Zeichnungen des achtjährigen Ole ließen sich
Konfliktthemen identifizieren und Schlußfolgerungen für die Konstruktion spezieller didaktischer Einheiten, die wir hier *Variationen* nennen, ziehen. Es ist
hier die Rede von didaktischen Variationen, weil es sich um Abwandlungen, um
Abänderungen gängiger didaktischer Konstruktions- und Realisationsmuster,
aber auch um die Abwandlung kunsttherapeutischer Vorgehensweisen handelt.
Die kunsttherapeutischen Verfahren besitzen deshalb eine heuristische Funktion
für die Didaktik, weil sie eine methodische Anleitung darstellen, eine Didaktik,
die sich immerzu vor Hindernissen befindet, überhaupt auf den Weg zu bringen.
Die Analyse der Schülerzeichnungen dient hier vor allem der didaktischen Er-
kenntnisfindung, um entscheiden zu können, was in einem Unterricht unter extrem schwierigen Bedingungen überhaupt möglich ist und was versucht werden
kann bzw. soll.

Ole wurde im Alter von 8 Jahren von der Grundschule an die Schule für Erziehungshilfe überwiesen. Er ließ niemanden an sich heran, saß schweigend an
seinem Schultisch, bei Kontaktversuchen von Seiten seiner Mitschüler reagierte
er unwirsch bis erbost. Die kommunikativen Angebote des Klassenlehrers (J.B.)
und seiner Co-Lehrerin[7] blieben unbeantwortet. Auf unterrichtliche Themenbearbeitungen reagierte Ole überhaupt nicht, gleichgültig, ob sie als Angebot oder
als Anforderung formuliert waren. Sein Verhalten und seine Persönlichkeit wiesen somit autistische Züge auf, in dem Sinne, wie sie von Bettelheim (1955, 37
ff.), Mahler (1979, 164 ff.) oder Kane & Kane (1990) beschrieben worden sind.
Eine psychotherapeutische bzw. psychiatrische, evtl. familientherapeutische Behandlung wurde den Eltern von schulischer Seite nahegelegt, ohne daß von diesen jedoch konkrete Schritte in dieser Richtung unternommen worden wären. Es
bestand daher für den Klassenlehrer und seine Co-Lehrerin die Notwendigkeit,
vorläufig ohne eine solche außerschulische Unterstützung auszukommen und
den Unterricht in einer Weise *umzugestalten*, daß Ole in seiner spezifischen
Konfliktbelastung von diesem profitieren konnte. Schon nach wenigen Tagen
zeigte sich, daß der Junge gern zeichnete. Zu den unterschiedlichsten Zeitpunkten nahm er einen blauen Filzstift, einen Bleistift oder Füller und brachte auf

---

[7] Wir bedanken uns an dieser Stelle bei Angelika Schmachtenberg (Sonderschullehrerin) für
die Unterstützung unserer didaktischen bzw. therapeutischen Bemühungen.

sehr schnelle, leichte Art Skizzen zu Papier. Da der Achtjährige es rigoros ablehnte, sich an Unterrichtsgesprächen, Kleingruppen- oder Partnerarbeiten zu den verschiedensten Themen zu beteiligen, ließen wir ihn wochenlang zunächst nur zeichnen. Ansonsten stellten wir keinerlei Anforderungen an Ole, erwarteten auch keine Erläuterungen seiner Bilder, signalisierten jedoch durchgängig Gesprächsbereitschaft. Nach etwa zwei Monaten kam es zu einer ersten Veränderung in Oles Verhalten. Er stand von seinem Platz auf, kam an den Schreibtisch des Lehrers und legte diesem eine Zeichnung vor und sagte etwa: „Hier! Sehen Sie!" Der Verfasser (J.B.) erkundigte sich nach den dargestellten Bildinhalten, fragte nach der Bedeutung von Details und Ole gab kurze und bündige Antworten. Von sich aus erzählte der Junge kaum etwas. Vielmehr schien er weitere Fragen seines Lehrers abzuwarten. Eine verbale Tiefenexploration, die über das sichtbar Dargestellte (Darstellungsbedeutung, Phänomensinn) hinausging, gestattete Ole nicht. Seine - auf das manifeste Bildgeschehen gerichteten - Erläuterungen deuteten auf das Vorliegen „formaler Denkstörungen" (Hartmann 1979, 48 f.) hin. Es zeigten sich „Denkhemmungen" (im Sinne einer Verlangsamung des Denkablaufs) im Wechsel mit „Ideenflucht" (im Sinne einer Beschleunigung des Gedankenablaufes, von Gedankensprüngen) und „Inkohärenz" (Auflösung des Gedankenzusammenhanges) (vgl. ebd.). Im sprachlichen Bereich zeigten sich „Manierismen" (bizarre Ausdrucksgebärden), „Perseverationen" (Wortwiederholungen), „Kontaminationen" (Wortverdichtungen) und „Neologismen" (Wortneuschöpfungen) (vgl. ebd.), womit sich die Frage nach evtl. vorhandenen schizophrenen Persönlichkeitsanteilen stellte.

2.5.2 Zwei Planeten und die Rivalität zwischen Brüdern

Dieses neue Prozedere wiederholte sich nun Tag für Tag, Woche für Woche. Es entstanden Dutzende von Zeichnungen, aus denen sich allmählich spezielle Themen herauskristallisierten, die sich zu einer eigentümlichen Problematik zu verdichten schienen. Als erstes sprang die Rivalität zwischen Ole und seinem vier Jahre älteren Bruder, der dieselbe Sonderschule besuchte, ins Auge (vgl. Elias, Abb. 109). Oles phantasievolle Darstellungen drehten sich meist um Themen wie Weltall, Planeten, Raumschiffe, in dieser Welt lebende Figuren wie Ritter und Könige, Weltraumkämpfe und Weltraumschlachten. Es entfaltete sich eine private, bizarr anmutende Vorstellungswelt, in der das Bruder-Thema inszeniert wurde. In seinen Erzählungen bezeichnete sich der Achtjährige selbst als König eines Planeten namens "Flummiland". Er berichtete von seinem Hofstaat, seinen Kriegern und Soldaten, gigantischen Waffen, von Känguruhs, die dort auf goldenen Kugeln umherhüpfen würden. Die tiefe Verankerung dieser Phantasien scheint darin zu liegen, daß der ebenfalls recht phantasievolle Vater seinen beiden Söhnen - bereits in der frühesten Kindheit - imaginierte Welten geschaffen hat. Der vier Jahre ältere Bruder fungiert in diesem System, das sowohl unser reales Sonnensystem und weitere - den meisten Menschen unbekannte - Galaxien umfassen soll, als König von "Gummiland", einem sehr weit entfernt liegenden Planeten. Ole dagegen ist der König von "Flummiland"[8]. Es besteht nun dauerhafter Streit zwischen diesen beiden Königen und ihren Planetenvölkern. Sie versuchen permanent, sich durch intelligente und raffinierte Manöver gegenseitig in Macht und Stärke zu überbieten und mit überraschenden Angriffen zu schlagen. Ole wirkte zeitweise voller Haß auf seinen älteren Bruder. Dutzende von Zeichnungen dokumentieren diese schwierige Beziehung. In zahlreichen Bildern läßt Ole seine Raumschiffe, Hubschrauberbesatzungen und Soldatenheere gegen die des Bruders kämpfen.

Abbildung 24 zeigt eine solche, mit lockeren Strichen gezeichnete Kampfszene: Die Flugobjekte der "Gummiländer", die dem Planeten des Bruders zugehören, erscheinen links oben im Bild. Nach Oles Angaben sind sie dabei, „Flummiland" (unten rechts eingezeichnet) anzugreifen. Seine eigenen Flugobjekte sind mit "FL" markiert (vgl. im rechten bzw. oberen Bildbereich). Im Raum zwischen den Luftfahrzeugen befinden sich Linien, die die Flugbahnen der abgeschossenen Munition anzeigen, oder es könnte sich um Abgasfahnen handeln, die die Fahrt- bzw. Flugrichtung angeben. Von Flummiland aus schießt eine Person mit einer Art Flugabwehrrakete auf die von links heranfliegenden feindlichen Raumschiffe.

Auch unser nächstes Beispiel (25) zeigt eine ähnliche Kampfszene: Im unteren, dicht gedrängten Teil des Bildes sind verschiedene Raumschiffe und Hubschrauber in ein Gefecht verwickelt. Die Flugobjekte der "Gummiländer", die dem Planeten des Bruders zugehören (vgl. im linken Bildbereich), sind mit "GL" gekennzeichnet. Oles eigene Flugobjekte, die zum Planeten "Flummiland" gehören, sind mit "FL" markiert (vgl. im rechten Bildbereich). Der Raum zwischen den zum Teil bizarr anmutenden Flugobjekten ist durchsetzt mit Linien, die die Flugbahnen der abgeschossenen Munition anzeigen, oder es handelt sich um Abgasfahnen, die die Fahrt- bzw. Flugrichtung der Raumschiffe angeben. Neben die bildnerischen Objektivationen treten hier bizarre Buchstaben- und Wortkombinationen. Zunächst verdient der verschnörkelt wirkende Schriftzug "Stasi" Beachtung. Die Schnörkel lassen sich bei genauerem Hinsehen z.B. als Hubschrauber, Raumfahrzeuge über dem "T" und dem "A" identifizieren. Das "S" wird von einer Schlange dargestellt. Der obere Teil des "T" wurde durch einen Kopf und Hände zusammengesetzt, die eine Pistole und ein Schwert halten. Daneben befinden sich einige schwer zu entziffernde Zeichen. Von dem Schriftzug "STASI" aus hat der Zeichner eine Pfeillinie nach unten gezogen zu dem linienumrandeten Wort "Angrif".

---

[8] Diese Namensgebung erinnert an „Lummerland - Kummerland" in Endes Kinderroman „Jim Knopf" (1960).

Abb. 26

Abb. 27

Abb. 28

Abb. 29

82

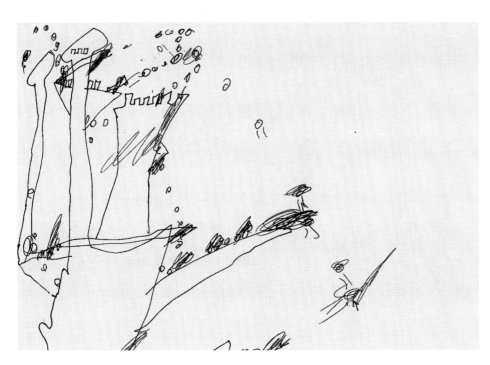

Abb. 30

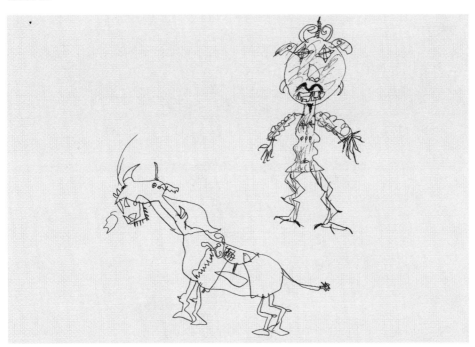

Abb. 31

Abb. 32

Abb. 33

84

Es könnte sich demnach bei der Zeichnung um eine Art Angriffs- oder Schlachtplan handeln, den "Admiral Stasi Amboß" von "Flummiland" entworfen hat. Möglich ist auch, daß es sich um den abschließenden Bericht zu einer Schlacht handelt. Dieser Eindruck wird erhärtet, wenn man den hinzugesetzten Text heranzieht. In einer Art Bandwurmsatz ist zu lesen: "Stasi hat sich ein Schwert genommen er sagt zur Kompanie der GL wenn sie richtige Ritter seit dann erchtechen sie von hinten Das Rimbenschiff kommt Die Flummiländer werfen kristale Dan hat das raumschiff seine Kasone umgedret".[9]

Die folgende Zeichnung (Abb. 26) zeigt die Aufstellung eines der Heere des Königs von Flummiland. Es scheint sich um eine Art modellhafte Übersicht über das Heer zu handeln. Die an die Figuren geschriebenen Zahlen zeigen an, wieviele Kämpfer der jeweiligen *Klasse* vorhanden sind (2, 1000 oder 100.000 usw.). Unter formalen Gesichtspunkten fallen die geometrisch-rhythmisch-ornamentalen Elemente (die Verwendung barock-verschnörkelter Formen) in der Darstellung der Rüstungen, Helme und Waffen auf. Weitere formale Merkmale, wie sie von Rennert (1962; 1966, 55) in den Bildgestaltungen von Schizophrenen ausgemacht wurden, sind: Der Mangel an Perspektive; die vertikale Blickwinkelverschiebung als Hochwandern des Horizontes, als Steilerwerden der Ansicht bis zum Aufblick. Die stilisierende, ornamentalisierende Bildorganisation/ künstlerische Bearbeitung deutet nach Richter (1997, 110) auf Angst und angstabwehrende Mechanismen hin.

Eine andere Arbeit von Ole (Abb. 27) präsentiert - in einer den Rittern vergleichbaren Darstellung - den „König von Flummiland". Mit Stab oder Lanze in der linken, Reichsapfel in der rechten Hand und Krone auf dem Kopf (als Zeichen für Bewußtsein und Erkenntnis?) sagt er „Ro Ro", ein schwer zu deutendes Wortfragment aus dem privaten Sprachschatz des Achtjährigen. Auffällig ist die Hervorhebung der Genitalien des Königs sowie der diesbezüglichen Entleerungsvorgänge, ein inhaltliches Merkmal, das sich in zahlreichen Bilddarstellungen unseres Zeichners wiederfindet (vgl. auch Abb. 33). Es scheint sich bei diesen Hinzufügungen um die Kennzeichnung einer Machtposition, der Herrschaft über ein bestimmtes Gebiet zu handeln, d.h. wer in einem bestimmten Gebiet Macht und Einfluß hat, uriniert oder defäkiert, evtl. um das eigene Revier, den eigenen Einfluß- und Herrschaftsbereich kenntlich zu machen.

Weniger in diesen Details als in der Gesamtkonstruktion der Phantasiewelt zeigen sich - vom Inhaltlichen her betrachtet - gewisse Parallelen zu "Neubern", einem imaginären Land, einer fern gelegenen Insel des sieben- bis zehnjährigen Claes Oldenburg (vgl. Hartwig 1980, 309 ff.). Zur Unterhaltung seiner Söhne erfand Oldenburgs Vater ein Land namens "Nobbeberg". Dazu hatten die beiden Jungen sich jeweils ihr eigenes, rivalisierendes Land ausgedacht. Claes legte zahlreiche Hefte an, die mit Karten, Dokumenten, Straßenverzeichnissen, Ex-

---

[9] Rechtschreibfehler wurden aus Gründen der Originalität nicht korrigiert.

port- und Importlisten von Neubern sowie mit Hunderten farbiger Illustrationen gefüllt sind" (vgl. Rose 1975, 68 f., zit. n. Hartwig, ebd.). Eine Gegenüberstellung von Oles Phantasiewelt mit "Neubern" könnte zu einem vertieften Verständnis von "Flummiland" beitragen.

2.5.3 Eine private, bizarre Welt

Ähnlich wie bei Claes Oldenburgs "Neubern" häufte sich im Laufe eines Schuljahres das von Ole produzierte Bildmaterial zu "Flummiland". Nach und nach zeigten sich Ritter, Krieger, Könige, Admiräle, Prinzen, Burgen und Paläste, Flugobjekte, Fluggeräte und Waffen. Es entstanden Szenenbilder von Festessen und Gelagen bei Hof und immer neue Kampfszenen zwischen Gummiländern und Flummiländern. Der Schüler identifiziert sich, nach seinen eigenen Angaben, mit großen Erfindern, Entdeckern, Forschern usw. Im Vergleich zu den Neuberner Dokumenten von Claes Oldenburg bleibt das Bild von Flummiland jedoch etwas diffus, vage, bizarr. Die Bedingungen und der Prozeß der Welt-Aneignung, zieht man noch einmal den Vergleich zu Claes Oldenburg, dürften sich bei den beiden Jungen ebenfalls unterscheiden.

> "Priorität hat bei der Herstellung von Neubern das Lernen und die Tatsache, daß er (C.O.) sich die Fülle der ihn umgebenden Wirklichkeit in der Form eines zusammenhängenden Modelles aneignet. Dieses Modell ist seinen Inhalten und Gegenständen nach eine ziemlich direkte Nachahmung der Art und Weise, wie sich ein `Land´ in den Begriffen, Symbolen und der gegenständlichen Umwelt eines Diplomatenbüros darstellen dürfte [...]. Die Phantasiewelt `Neubern´ ist also nicht abgespalten von der erfahrbaren Wirklichkeit, [...] sondern bildet einen Rahmen für die Aneignung von Wirklichkeit und die Entwicklung einer gegenständlichen, organisierten Phantasie [...]. Er (der Junge C.O.) kann, indem er diese Welt ausbaut, alle neuen Kenntnisse und Erkenntnisse aus dem Umgang mit der Wirklichkeit unterbringen und darüber hinaus seine Wünsche projizieren. Entscheidend ist (und hier dürfte der wesentliche Unterschied zu Oles Bezug zu `Flummiland´ liegen, J.B.), daß er (C.O.) seine Phantasie der Kontrolle durch Erfolgsdaten und vorhandene Zeichensysteme unterwirft und nicht ganz ins Phantastische, Märchenhafte ausschweift" (Hartwig 1980, 310 ff.).

Wann immer die schulische Realität für den achtjährigen Ole ein unangenehmes Erleben darstellte, schien er sich in seine Phantasiewelt zurückzuziehen (evasive, exgressive Tendenzen, vgl. Thomae). Diese beiden Welten schienen völlig getrennt voneinander zu existieren. Vor allem: Ole hielt Flummiland für *die Wirklichkeit*. Ein einziges Mal stellte sein Lehrer (J.B.) die tatsächliche Existenz dieser selbstgeschaffenen Planetenwelt in Frage, indem er sagte: "Ole, Flummiland ist doch eine Phantasiewelt, nicht wahr?" Hierauf entgegnete der Schüler recht erbost: "Das ist keine Phantasie! Das ist Wirklichkeit!"

Eine weitere Zeichnung von Ole (Abb. 28) zeigt ein dicht gedrängtes Geschehen. Im Zentrum des Bildes befindet sich ein Mischwesen[10] aus Pferd, Schwein und Hund, auf dessen Rücken ein Mann in Stiefeln, mit Sporen, Hut, Gürtel, Colt und Geldsack in der Hand daherreitet. Bei dem Tier wurden, wie in vielen anderen Zeichnungen auch, besonders die Genitalien und die Ausscheidungsorgane hervorgehoben (vgl. auch die Abbildungen 27 und 33). Diese Figuration ist, folgt man der Erläuterung des Zeichners zu seinem Bild, als Karikatur des Bruders gedacht. Von links kommt eine Art Sheriff mit Hut und Stern, Handschellen am Gürtel, ein Gewehr in der Hand, um den Bruder festzunehmen: „AU SI SIND FERHAFTET" ist in der zugehörigen Sprechblase zu lesen. Auch der Sheriff kommt in Stiefeln und Sporen daher. Seine Genitalien (Penis, Hoden) und sein hinteres Ausscheidungsorgan liegen merkwürdigerweise frei, ähnlich dem Tier in der Bildmitte. Dieses Wesen gibt die Laute „RORO RORO" von sich, wohl eine namentliche Bezeichnung für den König von Flummiland, wie wir in Erfahrung bringen konnten. Der Zeichner macht hier Anleihen bei einem Wild-West-Szenario. Hat man erst einmal die dominierenden Figurationen dieses überladenen Bildes benannt, wird das Auge durch eine Fülle kleinerer Bildelemente abgelenkt, ja irritiert, kleinere Figuren, Fahrzeuge usw., die sozusagen Nebenschauplätze markieren, eine Vielfalt an Details, ein äußerst dichtes Geschehen, das einem äußerst privaten System an Vorstellungen entspringt und nicht ohne weiteres in einen übergreifenden Sinnzusammenhang gebracht werden kann.

Das folgende Bild (Abb. 29) zeigt den König von Gummiland mit seiner Frau. Nach Oles Erläuterungen essen sie ihren eigenen Kot und trinken ihren eigenen Urin. Unten auf dem Boden befinden sich „Kotzeimer". Die Szene spielt „noch vor der Hochzeit. Die beiden machen die Probe, ob sie es miteinander aushalten." Unter formalem Aspekt (vgl. wiederum Rennert, S. 56) läßt sich hier von „Umformungen des bildnerischen Ausdrucks", d.h. von „Neomorphismen", sprechen. In Oles Darstellung kommt es zu einer „Disproportionierung von Figuren", man beachte die verstümmelten Leiber des Königs und seiner zukünftigen Frau, das Fehlen der Beine, das Weglassen des zweiten Armes. Bader (1976, 55) spricht hier von „Deformation als Prinzip im schöpferischen Gestaltungsprozeß". Für Navratil (1976) werden Gesichter durch Disproportionierungen und Entstellungen oft besonders ausdrucksvoll (Physiognomisierungstendenz). Im Vordergrund muß jedoch das seelische Leiden gesehen werden, daß den Jungen zu den „anatomischen Veränderungen", zu der Darstellung der „fratzenhaften Gesichter", der „obszönen, sadistisch-masochistischen" Szene (vgl. Rennert, S. 57) treibt. Wir haben es hier sehr wahrscheinlich mit Depersonali-

---

[10] Verschmelzungstendenzen, hier von tierischen und menschlichen Darstellungselementen, verweisen nach Richter (1997, 144) meist auf schwere psychische Störungen. Sie können etwa mit wahnartigen Erscheinungen in Verbindung stehen und der Angstabwehr dienen.

sations- und Derealisierungsvorgängen zu tun, die ihre bildnerische Entsprechung in Formen der Fragmentierung, der Deformation und Verschmelzung finden (vgl. Benedetti 1975, 253 ff.; zit. n. Richter 1997, 192).

2.5.4 Eine familiäre Symptomatik

In gewissen zeitlichen Abständen wurden Elternabende veranstaltet, bei denen die anwesenden Väter und Mütter sich nicht nur untereinander austauschen, sondern in deren Verlauf sie auch Bildgestaltungen zu ihrer Familiensituation anfertigen konnten. Interessant ist nun, den bereits diskutierten Zeichnungen von Ole eine Bildcollage seiner Mutter, einer etwa 35jährigen Hausfrau, gegenüberzustellen. Nachdem diese ihre Sorge geäußert hatte, nicht gut genug zeichnen zu können, wurde ihr ein System an Hilfsmitteln zur Verfügung gestellt, das an anderer Stelle (Bröcher 1991, 1997 f) als "collage-unterstütztes Zeichnen" beschrieben worden ist.

In der anschließenden Auswertungsrunde, in der auch andere Mütter und Väter ihre Bildergebnisse erläuterten, berichtete Oles Mutter von ihrem Ehemann, einem Laborangestellten, der selbst an jenem Abend nicht anwesend war, und ihren zwei Söhnen, die in „abgehobenen Computer- und Planetenwelten" leben würden. Die drei lebten nach Angaben der Mutter in einer "Welt hochfliegender Ideen und Phantasien". Zu diesen Welten habe sie, die Mutter und Ehefrau, keinen Zugang. Die so entstehende Entfremdung von ihrem Mann und den beiden Söhnen empfinde sie als schmerzhaft. Berührungspunkte gebe es nur noch während der Ferien, wenn sie alle gemeinsam campen würden. Sie wies auf ihr Bild (ohne Abb.) hin und meinte, daß sie im Urlaub alle miteinander ein recht "bodenständiges Leben" führen würden. Ein Leben in Zelten und mit Lagerfeuer. In der Tat befinden sich die Figuren auf dem Bild in einem sehr direkten Kontakt mit der sie umgebenden Natur. Es wird auf offenen Feuerstellen gekocht und gebraten. Einige Waldtiere sind zu sehen. Das Geschehen spielt direkt auf dem Boden. Die Zeichen der modernen Zivilisation fehlen völlig. Ihre Bildgestaltung weckte bei Frau N. auch Assoziationen wie „Ritterleben" oder „vergangene, naturverbundene Lebensformen, jenseits der modernen Computer- und Medienwelt." Das Thema "Ritter" stelle wiederum eine Verbindung zu den Interessen ihres Mannes und der Söhne dar. Während der übrigen Zeit des Jahres schwinde der Kontakt zu den dreien beinahe völlig. Sie fühle sich als Hausmädchen und Köchin. Bereits als die beiden Jungen noch klein gewesen seien, habe sie sich überwiegend als "Futterquelle" gefühlt. Einen intensiven emotionalen Austausch zwischen ihr und dem Säugling habe es nie gegeben. Hier zeigen sich auf seiten der Mutter die Reaktionsformen der Anpassung an die Eigenheiten und Bedürfnisse von Ehemann und Söhnen, eine deutliche Zurückstellung der eigenen Bedürfnisse sowie eine Tendenz zu depressiven Reaktionsformen. Ferner ergeben sich ätiologische Hinweise im Hinblick auf die wahrgenommenen autistischen Tendenzen, die möglicherweise auf dem Hintergrund der fehlenden oder konflikthaften emotionalen Austauschprozesse zwischen Mutter und Säugling zu sehen sind (vgl. hierzu Mahler 1952, 1965).

Was die gegenwärtige Problematik betrifft, so handelt es sich bei diesem Beispiel offensichtlich um eine konflikthafte Daseinsthematik, die sich nicht nur als besonderes Beziehungsgeschehen zwischen Mutter und Sohn darstellt, sondern um eine Problematik, die das gesamte Familiensystem umschließt. Ein wesentliches Element dieser Familienthematik könnte kompensatorischer Natur sein. Der als Laborangestellter tätige Vater litt nach seinen eigenen Angaben darunter, daß ihm akademische bzw. wissenschaftliche Ausbildung verwehrt blieb. Er hätte gerne Naturwissenschaften, Physik, Astronomie o.ä. studiert. Aufgrund besonderer lebensgeschichtlicher Ereignisse, sozioökonomischer und soziokultureller Begleitumstände, die hier nicht genauer eruiert werden konnten, wurde ihm dieser Wunsch verwehrt und er mußte als „kleiner Angestellter" sein Leben fristen. Mit kompensatorischer Absicht machte er sich zum Urheber und Manager einer Phantasiewelt, die nur ihm und seinen Söhnen, die hier als Verlängerungen des eigenen Selbst angesehen werden dürfen, zugänglich war bzw. ist. Diese phantasierte Welt hat sozusagen ein Niveau, das noch *über* der irdischen Wissenschaft, Forschung, Philosophie usw. angesiedelt ist. Auf diese Weise wird das System, das in der Wahrnehmung des Vaters die narzißtischen Kränkungen herbeigeführt hat, entwertet, das eigene Selbst rehabilitiert. Unter diesem Aspekt trägt die vorherrschende Thematik auch Züge der "sozialen Abhebung", auch Elemente einer "kreativen Thematik" (vgl. Thomae 1968), obgleich das kompensatorische, regulative Moment von der hervorstechendsten Dominanz zu sein scheint. Wir sind hier möglicherweise mit einem Phänomen konfrontiert, das Wynne (1961, zit. n. Bleuler 1964, 149) als „teaching of irrationality" bezeichnet hat, d.h. „Eltern mit weltfremdem, schizophrenem Wesen" beeinflussen in pathologischer Weise das Wirklichkeitsverständnis ihrer Kinder.

2.5.5 Didaktische Variation I: Der Motivzusammenhang „Ritter, Könige, Burgen"

Das Thema „Ritter, Könige, Burgen" wurde von uns in der betreffenden Schulklasse 1.-3. einer Schule für Erziehungshilfe über einige Monate in Form eines halboffen und fächerübergreifend angelegten „Handlungsrahmens" (Kuhn 1990) durchgeführt, weil sich bei diesem Thema erstens eine hohe Motivation auf Seiten der Schüler zeigte, zweitens in Oles Phantasiewelt Ritter und Könige eine dominierende Rolle spielten und hier drittens ein weites Feld an handlungsbezogenen und spielerischen didaktischen Möglichkeiten (z.B. Bauen einer Ritterburg aus Holz und Pappe, Herstellen von Kostümen und Requisiten wie Ritterhelmen, Hellebarden, Wappen usw., Verkleiden, Nachspielen einer Fürsten-hochzeit, eines mittelalterlichen Marktes u.a.) gegeben war. Von hier aus ließen sich sachbezogene Bearbeitungsprozesse (Aufbau einer Burganlage, Struktur des höfischen Lebens, Leben der einfachen Leute, Ausbildung eines Knappen usw.) ableiten und anbahnen, die je nach individuellen Interessen der einzelnen Schüler anhand einer eigens zusammengestellten Arbeitsbibliothek und einer Serie von Filmen vertieft werden konnten (vgl. hierzu Bröcher 1993 b). Interes-sant ist nun zu sehen, wie sich Ole zu diesem durch das Thema „Ritter, Burgen, Mittelalter" strukturierten Arbeitsprozeß, der ja unter anderem auch durch seine eigenen Erzählungen von den „Flummiland-Rittern" und das höfische Leben auf jenem Planeten inspiriert war, verhalten hat. In den Phasen, wo die anderen Schüler Bretter zu einer Burg zusammenzimmerten, sich Schwerter aus Pappe bauten, Gewänder bemalten und kämpfend im Klassenraum agierten, blieb Ole nach wie vor am Rand des Geschehens. Filme, etwa zu einer Fürstenhochzeit, oder Bild- und Textmaterial zur Bauweise von Burgen, zur Ausbildung eines Ritters usw. schaute er zwar an, setzte das Gesehene jedoch nicht in Aktionen oder sachbezogene Weiterarbeit um. Die empfangenen thematischen Impulse wurden vielmehr in das eigene private, phantastische Vorstellungssystem, wie es sich in den Zeichnungen widerspiegelte, mitaufgenommen. Die Inhalte des Unterrichts tauchten dort in einer verfremdeten und eigentümlichen Art und Weise wieder auf.

Abbildung 30 dokumentiert die Zeichnung einer phantasievoll dargestellten Burganlage. Das Gebilde auf der linken Seite setzt sich aus schmal zulaufenden Felsformationen und hochaufragenden Türmen zusammen. Unter formalem Aspekt ist diese Zeichnung durch die Verfremdung bekannter Zeichenschemata, ein In-die-Länge-Ziehen der Felsformationen, die hierin wirksame Übersteige-rung und Verzerrung sowie durch eine „Physignomisierung" (Navratil 1979) im Sinne von besonderer „Ausdrucksverleihung", „emotionaler Beziehungsset-zung" bzw. einer „Verlebendigung der Außenwelt" gekennzeichnet. Daneben zeigt sich eine „Flächenhaftigkeit" im Sinne des „Fehlens von Schattierungen und Dunkeltönungen" (Rennert, S. 56). Auf den einzelnen Felsplateaus spielt sich ein hastig hingekritzeltes Kampfgeschehen ab. Von einer weit oben in der Mitte gelegenen Plattform werden aus einem Rohr Kanonen auf ein Luftfahr-zeug abgefeuert, das sich annähernd in der Bildmitte befindet. Welchen Plan die beiden Figuren am unteren Bildrand verfolgen, konnte auch in der Exploration zum Bild nicht geklärt werden. Auch die Rolle des turm- oder trutzburgartigen Gebildes mit der angehängten Ritterfigur auf der rechten Seite blieb im Dun-keln. Der von hier aus weit nach links ausladende Greifarm mischt sich in das Geschehen auf der linken Seite ein. Es zeigt sich eine Verbindung zu einem an-deren Bild des Schülers, in dem zwei mit Schwertern gegeneinander kämpfende Türme dargestellt sind, möglicherweise eine Symbolisierung der dauerhaften Spannungen zwischen den Brüdern, eventuell auch eine bildhafte Darstellung

von Wahrnehmungen der unterschiedlichen Weltbilder der Eltern, die ja ebenfalls zu den familiären Differenzen und Auseinandersetzungen beitrugen.

Die folgende Zeichnung von Ole (Abb. 31) präsentiert einen Ritter mit Pferd.
Im Gegensatz zu den Zeichnungen und Inszenierungen der meisten anderen
Schüler wird die eigentlich zu Idealisierungen bzw. positiven Identifkationen
herangezogene Figuration des Ritters einem Prozeß der Deformation, Dekonstruktion bzw. Fragmentierung unterworfen. Die Gliedmaßen des Ritters und
des Pferdes werden verformt, verkürzt, gestaucht. Die krallenartigen Fortsätze
an den Händen und Füßen des Ritters sowie die gefletschten Zähne, das spitze
Horn auf der Nase des Pferdes, zeugen von einer gewissen Aggressivität, die in
den Zeichenvorgang eingeflossen ist. Die Schnörkel und Manierismen im Bereich des Kopfes tragen gleichzeitig Merkmale der Karikatur, der ja letztlich
ebenfalls ein aggressives Motiv zugrundeliegt.

2.5.6 Didaktische Variation II:
Der Motivzusammenhang „Himmelskörper, Planeten, Flugobjekte"

Um Ole noch direkter als zuvor in das didaktische Geschehen einzubeziehen,
wurde ein etwa mehrwöchiger Handlungsrahmen geplant, in dem es um
„Himmelskörper, Planeten und Flugobjekte" gehen sollte. Die Schüler konstru-
ierten etwa phantastische Flubobjekte aus Karton und Folie, bemalten diese und
brachten sie unter der Decke des Klassenzimmers an. Ferner bauten sie eine Art
Raumschiff aus Pappen, Holzbänken, Folie o.ä. mit Schaltgriffen und elektroni-
schen Anzeigetafeln. In diesem Raumschiff wurde gespielt. Mit Schablonen,
farbigen Folien und Overheadprojektor stellten die Jungen weltraumähnliche
Lichteffekte her. Anhand einer speziell zusammengestellten Arbeitsbibliothek
sowie eines kleinen Bild- und Kartenarchivs konnten sie sich mit Astronomie,
Sternen, Planeten, Raumflügen sachbezogen befassen usw. Unter Anleitung des
Lehrers - auch unter Einsatz von Musikstücken (elektronische Musik wie
„Tangerine Dream" o.ä.) - wurde eine Phantasiereise zu einem unbekannten
Planeten unternommen. Die zehn Jungen bestanden etwa auf einem (fiktiven)
Planeten namens „Cobo" diverse Abenteuer, die sie anschließend zeichnerisch
bzw. malerisch darstellten. Doch Ole reproduzierte vor allem sein eigenes Vor-
stellungssystem (vgl. das von Rennert [S. 56] genannte Merkmal der
„stereotypen Wiederholung [Perseveration] einzelner Motive durch ganze Bild-
serien"). Die Gruppe von Freunden taucht in Oles Bildern nicht auf. Es ist keine
Rede von den gemeinsam durchgestandenen Abenteuern, den Schauplätzen, den
Handlungen. Seine Zeichnung (Abb. 32) zeigt stattdessen den König von
Flummiland, umgeben von Insignien seiner Macht, inmitten von aufgetürmten
Schatzkästchen, Kronen, Zeptern, die mehrfach variiert und wiederholt werden,
ganz rechts den Thron. An formalen Merkmalen treten ein weiteres Mal

Schnörkel und Manierismen hervor. Die ohne Zweifel originelle bildnerische Realisierung der Gegenstände folgt den Prinzipien der Schematisierung und Geometrisierung.

Auf die Frage, warum er es vorgezogen hätte, ein weiteres Bild zu „Flummiland" statt ein Bild zu „Cobo" zu zeichnen, meinte Ole, daß Flummiland eben viel interessanter sei. Hierauf fragte ihn der Lehrer, ob er evtl. bereit sei, seine Klassenkameraden sowie Lehrerin und Lehrer in der Phantasie nach Flummiland zu führen. Ole sagte zu und am folgenden Tag hob das Klassenraumschiff mit allen Offizieren und Admirälen, die sich nach den aktuellen Fernsehsendungen benannt hatten, unter Oles Leitung in Richtung Flummiland ab. Bis kurz nach der Landung dort hielt die Aufmerksamkeit der übrigen Schüler an, doch schon bald erwiesen sich Oles Instruktionen und Beschreibungen als derartig zusammenhanglos und bizarr (Ideenflucht, Inkohärenz), sie entbehrten einer tragfähigen Handlung, die für die anderen nachvollziehbar gewesen wäre, daß die anfangs interessierten Mitschüler nacheinander das Raumschiff verließen und sich anderweitig in der Klasse betätigten. Lediglich Klassenlehrer und Co-Lehrerin hörten bis zum Schluß zu. Ich-unterstützende Strukturierungen von seiten des Lehrers waren erforderlich, um die Phantasiereise ausklingen zu lassen und wieder in der Realität des Klassenzimmers zu *landen*, in der längst andere Interventionen nötig geworden waren. Die Lehrpersonen gaben dem Achtjährigen ein positives Feedback, bedankten sich für die gemeinsam unternommene Reise und den Einblick, den Ole in seine Welt gestattet hatte. Der Klassenlehrer erkundigte sich noch nach einigen, vorher nicht verstandenen Details. Auf ein Feedback durch die anderen Schüler wurde bewußt verzichtet, um keine negativen Äußerungen zu provozieren, die den Achtjährigen möglicherweise wieder in seinem Rückzugsverhalten bestärkt hätten.

2.5.7 Auftauchen des Lehrers in den Bildern

Mit der Zeit, und hier kündigte sich eine erneute Veränderung in Oles Bildproduktion an, wurde der Klassenlehrer selber zum Gegenstand der Auseinandersetzung in den Zeichnungen des Jungen. Ole zeichnete ein Bild (Abb. 33) in das Klassentagebuch und legte es seinem Lehrer vor mit dem Hinweis: „Das sind Sie!", wobei er auf eine Art Mischwesen - halb Mensch (mit Brille) und halb Tier (Elemente von Hund, Schwein oder Pferd sind erkennbar) - zeigte. Es handelt sich hier um eine „Bildagglutination" (Navratil 1969, 100 f.). Durch die Verschmelzung einzelner Teile von Mensch und Tier (vgl. auch Abb. 28) wurde ein Mischwesen geschaffen (vgl. auch Rennert, S. 56). Richter (1987, 122) spricht zur Kennzeichnung solcher zeichenhafter Neubildungen, Umformungen und Abwandlungen - in Zusammenhang mit der Diskussion eines von Leske (1979) dokumentierten und analysierten Fallbeispiels, bei dem frühkindlicher

Autismus diagnostiziert wurde - von „Neoikonismen" bzw. „Neoikonologismen". Wir zitieren im folgenden Richter (a.a.O., 123 f.):

„Viele der Zeichnungen [...] dieses (von Leske über einen Zeitraum von zwölf Jahren untersuchten, J.B.) Heranwachsenden zeigen Merkmale, die vom Autor als ˋskurrilˊ, ˋabsurdˊ, ˊdeformiertˊ beschrieben werden und die er (Leske, S. 122 ff.) ˋFabelwesenˊ nennt. Er charakterisiert sie als Formen von ˋBildverschmelzungenˊ [...], von Elementen des Menschzeichens mit Merkmalen von Objektdarstellungen [...]". Die Bilder zeichnen sich durch eine „Kombinatorik aus, wie sie in der sog. Modernen Kunst als Ergebnis von Abstraktionsprozessen (Picasso u.a.) entwickelt wurde."

Ähnliches gilt für die „Verbindung von Wortzeichen und Bildsymbolen (vgl. Abb. 25) [...]. Der radikale Egozentrismus (Leske: magisches Denken), der in dieser Gruppe von Zeichnungen deutlich wird, prägt auch andere Verhaltensweisen dieses tendenziell überdurchschnittlich intelligenten Heranwachsenden: das abweisende Verhalten, das Vermeiden sozialer Kontakte, die eigentümlich veränderte Sprachproduktion in Form von Abbreviaturen, Neologismen u.ä. sowie die motorischen Stereotypien. Leske (S. 140) sieht diese zeichnerischen und sprachlichen Produktionen bestimmt von dem „Streben nach Gleicherhaltung der Umwelt" und dem „Versuch der Angstbewältigung". Das „Stilmittel" der Deformation [...] hält er allerdings auch für einen „Ausdruck aggressiver Phantasien." Interessant ist zunächst, daß hier der Lehrer *überhaupt* in Oles Bilderwelt mit aufgenommen wurde. Dies ist als signifikante Veränderung zu verbuchen. Stand bisher auf Oles Seite der Wunsch nach Anerkennung und Aufmerksamkeit durch den Lehrer, gemeinsames Ansehen der Zeichnungen, das Besprechen von Bilddetails usw. im Vordergrund, rückt der Lehrer als Kommunikationspartner, der allerdings ambivalent erlebt wird, zunehmend in das Zentrum des Interesses. Etwa zwei Dutzend Zeichnungen drehen sich um diese Thematik. Berücksichtigt man die Hervorhebung der Geschlechts- bzw. Ausscheidungsorgane (ähnlich wie in Abb. 27 bei der Darstellung des Königs von Flummiland), ein Merkmal, daß in vielen weiteren Darstellungen des Lehrers anzutreffen ist, lassen sich prä-ödipale und ödipale Konflikte - die sich aus dem Nebeneinander von Nähewünschen (Symbiose), Rivalitäten und Identifikationsbestrebungen ergeben und die hier auf den Lehrer übertragen werden - vermuten. Diese Konflikte werden hier im Sinne einer komplizierten Übertragungsbeziehung und in mehrdeutigen Bilddarstellungen (Ole = König; König = Vater = Lehrer) inszeniert. Die Bildagglutinationen und karikaturhaften Neubildungen wären hier als bildnerische Mittel zum Ausdruck dieser Mehrdeutigkeit, der Gleichzeitigkeit unterschiedlicher, zum Teil entgegengesetzter, psychischer Vorgänge anzusehen.

2.5.8 Möglichkeiten und Grenzen der dargestellten diagnostischen bzw. didaktischen Bemühungen

Wir schilderten den Fall eines achtjährigen Jungen, dessen Persönlichkeit, wie sich diese vor allem in seinen zahlreichen Zeichnungen ausdrückte (ausgeprägte „Symbolisierungstendenz im Sinne des Findens neuer Bedeutungen und Bedeutungsträger", Navratil 1976), autistische und schizophrene Züge aufweist. Vieles spricht dafür, daß wir es hier mit einer psychosenahen Persönlichkeitsstruktur (vgl. die Beschreibung der „schizophrenen Psychose des Kindesalters" durch Hartmann 1971, 262 ff.; 1979, 61 ff.) zu tun haben, d.h. mit einer Störung der Stimmung und des Antriebs, mit einer Zersplitterung bzw. Zerfahrenheit des Denkens, Fühlens und Wollens und mit Störungen in der Wahrnehmung. Ole behauptete etwa während des Schwimmunterrichts allen Ernstes, er besitze messianische Kräfte und könne übers Wasser gehen. Als ihn seine Mitschüler dann aufforderten, diese angebliche Fähigkeit unter Beweis zu stellen und Ole im Wasser versank, weinte er und ließ sich kaum beruhigen. Ferner zeigen sich Auffälligkeiten und Eigentümlichkeiten des Ausdrucksverhaltens im sprachlichen und bildnerischen Bereich, in denen häufig primärprozeßhafte Denkabläufe vorkommen. Die umfangreiche Bildproduktion ist auf der einen Seite durch Perseverationen, Stereotypien, Formalismen und Automatismen gekennzeichnet. Auf der anderen Seite handelt es sich - aufgrund von Destruktion und Neubildung - um sehr originelle und schöpferische Bildrealisationen.

In die Persönlichkeitsstruktur des Achtjährigen, wie sie sich im didaktischen Kontext zeigte, scheinen weiterhin autistische Tendenzen eingelagert zu sein (vgl. „autistisches Syndrom", Hartmann 1979, 62; „frühkindlicher Autismus", Kanner 1943). In den Phantasien unseres Schülers, in seinen Identifikationen mit Königen, Göttern, großen Forschern, Erfindern und Entdeckern usw. spielen ferner „narzißtische" Tendenzen eine Rolle. Mit Kohut (zit. n. Kernberg 1982, 304) ließe sich hier von einem „grandiosen Selbst", einem „pathologischen Größenselbst" sprechen, in dem Selbstvorstellungen von Allmacht, Reichtum, Allwissenheit, Großartigkeit, Einzigartigkeit usw. vorkommen. Diese Tendenzen müssen jedoch auch mit den kompensatorischen Bestrebungen des Vaters in Zusammenhang gebracht werden. Das allgemeine Bewußtsein des überdurchschnittlich intelligenten Schülers ist klar, die intellektuellen Fähigkeiten sind erhalten. Der Bezug zur Realität wirkt dagegen gestört (Realitätsverlust, Realitätsverleugnung). Der Achtjährige kann nicht immer sicher sagen, wer er eigentlich ist (Ole, König oder Gott). Es kommt zu Derealisations- und Depersonalisationsvorgängen, in denen wechselweise die Umwelt und die eigene Person verfremdet werden. Das wahnhafte, phantastische System hat zum einen die Funktion der Abwehr (schulischer, emotionaler und sozialer Anforderungen) und die des Ausdrucks. Zweifel an der tatsächlichen Existenz der wahnhaften

Phantasiewelt, etwa in Form von kritischen Nachfragen des Lehrers, lösten Ängste und Aggressionen aus (vgl. auch Dörner & Plog 1987, 150 ff.).

„Offensichtlich kommt es unter dem Einfluß bestimmter *psychosenaher* Erkrankungen auch in der Kindheit schon *ausnahmsweise* zum Aufbau von Bildvarianten, welche den Rahmen der Sonderentwicklungen und Strukturveränderungen (bei verhaltensauffälligen oder lernbehinderten Schülern usw.) sprengen und Elemente von grundsätzlich anderen Repräsentationsformen (z.B. Bildverschmelzungen) in die kindliche Bildnerei einbringen" (Richter 1987, 26).

Diese „anderen Repräsentationsformen" im Werk des achtjährigen Ole weisen zum Teil inhaltliche und formale Merkmale auf, wie sie von Rennert, Bader und Navratil in den Bildgestaltungen von Schizophrenen beobachtet und wie sie von Leske in den Zeichnungen eines Jungen ausgemacht worden sind, bei dem frühkindlicher Autismus diagnostiziert worden ist. Das Herstellen einer kommunikativen Beziehung zwischen Lehrer und Schüler erfolgte zunächst über das Zugestehen eines Freiheitsraumes, in dem der Junge zeichnen konnte, wann und wie er wollte. Die dargestellten Themen und Inhalte wurden zunehmend zum Gegenstand verbaler Kommunikation zwischen Lehrer und Schüler. Bestimmte Schlüsselmotive wie „Ritter" oder „Planeten" wurden vom Lehrer in den Schülerzeichnungen identifiziert und zum Anlaß unterrichtlicher Konstruktionen genommen, an denen auch die anderen Schüler mit ausreichend hoher Motivation partizipieren konnten. Dieser didaktische Planungsprozeß folgte dem Ziel, den Achtjährigen in einen gemeinsamen Lern- und Arbeitsprozeß der gesamten Klasse einzubeziehen. Die Handlungsrahmen „Ritter, Könige, Burgen" sowie „Planeten, Weltall, Flugobjekte" sollten Ole und allen anderen Schülern ein Aktions- und Betätigungsfeld anbieten, in dem die Erst-, Zweit- und Drittklässler (einer Schule für Erziehungshilfe) über Werken, Bauen, Herstellen von Objekten und Requisiten, Gestaltung, Spiel usw. ihren alterstypischen Interessen nachgehen konnten. Gleichzeitig sollten in diesem didaktischen Feld mögliche Lebenskonflikte und Lebensweltprobleme der Schüler symbolisiert oder inszeniert werden können, eine handelnde Auseinandersetzung mit den Konfliktthemen erreicht werden. Schließlich ging es darum, wo bereits möglich, auf der Basis von Handlungs- und Lebensweltorientierung stärker sachbezogene Lernprozesse (Aneignung von Wissen und Arbeitstechniken) anzubahnen.

Die zuletzt genannten Ziele ließen sich bezogen auf den achtjährigen Ole im Untersuchungszeitraum eines Schuljahres nicht in vollem Umfang erreichen. Zwar zeigte sich auf seiten des Schülers eine gewisse Öffnung für die sozialen und thematischen Prozesse im Klassengeschehen, zu einer aktiven Mitgestaltung dieser Prozesse kam es jedoch nur in Ansätzen. Stattdessen richtete sich Oles Aufmerksamkeit auf die Person des Lehrers, der eine Art Brückenfunktion zwischen ihm selbst, seiner privaten, phantastischen Welt und der äußeren Realität, zu der auch die Klassenkameraden zählten, übernommen hatte. Das

Beziehungsgeschehen zwischen Lehrer und Schüler, wie es sich in einigen Dutzend Zeichnungen enthüllte, wird von dem Achtjährigen offenbar ambivalent erlebt. Zweifellos wurde der Lehrer zu einem zuverlässigen, interessierten und aufgeschlossenen Kommunikationspartner, der Ole half, sich aus seiner zurückgezogenen inneren Welt ansatzweise herauszulösen. Gleichzeitig wird unter Rückgriff auf das Stilmittel der Karikatur eine offenbar lebensnotwendige Distanz zur Person des Lehrers aufrechterhalten, die von diesem auch respektiert worden ist. Von einer sonderpädagogischen *Einzel*förderung wurde in diesem Fall abgesehen, weil die Zweiersituation als zu belastend für den Jungen angesehen wurde. Kommunikation wäre möglicherweise auf eine zwanghafte Weise forciert und - durch das Hervorrufen von Ängsten - womöglich ganz verhindert worden. Der Verbleib in der Gruppe der Schüler ermöglichte Ole jederzeit den Rückzug an seinen Arbeitsplatz, der eine deutliche räumliche Trennung zu den Tischen der anderen Schüler aufwies. Zum Abschluß sei hier ein gegen Ende des Schuljahres geführtes Gespräch mit dem, inzwischen 9jährigen, Jungen wiedergegeben (vgl. Lehrertagebuch, 1993):

J.B.: Sicher würdest du dich gerne ganz nach Flummiland zurückziehen?
Ole: Das wäre gut.
J.B.: Was müßte denn auf der Erde anders sein, damit du dich hier wohler fühlen würdest?
Ole: Vieles. Kann ich nicht so direkt ausdrücken.
J.B.: Hm.
Ole: Schule darf nicht so streng sein. Bei Klassenfahrten soll es auch nicht so streng sein. Bei Klassenfahrten schnellere Verkehrsmittel benutzen. Statt Zug mit einer Rakete oder besser direkt beamen.
J.B.: Noch was?
Ole: Z.B., daß man nicht soviel aufräumen muß. Und daß nicht alles so teuer sein soll.
J.B.: Und Zuhause?
Ole: Daß die Stromrechnungen nicht so teuer wären. Daß jeder einen eigenen Fernseher, seinen eigenen Computer und einen Gameboy hätte.
J.B.: Aber hast du nicht schon Einiges davon?
Ole: Computer? Der ist für uns alle. Außerdem habe ich keinen Gameboy.
J.B.: Angenommen alle deine o.g. Wünsche würden jetzt sofort erfüllt, bräuchtest du dann noch Flummiland?
Ole: Ja.
J.B.: Warum?
Ole: Das ist mein Lieblingsplanet. - Außerdem komme ich nicht so lange allein zurecht. Die greifen uns ja immer an, die Gummiländer.
J.B.: Also immer noch der Ärger mit den Gummiländern.
Ole: Und natürlich mit Elias (dem älteren Bruder, J.B.).
J.B.: Hm. Wie soll das Ganze denn weitergehen?
Ole: Daß ich nach Flummiland zurückkomme. Ich muß jetzt bald per Funk mit denen dort in Verbindung treten.

J.B.: Mit wem genau?

Ole: Mit Prince Adam, dem König von Flummiland.

J.B.: Ich denke, *du* wärst der König.

Ole: Nein, ich bin der *Gott* von Flummiland. Prince Adam ist mein größter Helfer. Wir sind beide für die Waffen zuständig.

Die vom Lehrer intendierte Annäherung der beiden getrennten Welten erfolgte schrittweise über die kontinuierliche Bildproduktion und nachfolgende explorative Gespräche während eines Schuljahres. Das oben wiedergegebene Gespräch macht deutlich, daß der Neunjährige, im Vergleich zu dem Zeitpunkt seiner Überweisung an die Sonderschule, eine beachtliche Kommunikationsfähigkeit bzw. -bereitschaft erlangt hat. Das Gespräch zeigt aber auch, daß der Junge noch nicht bereit ist, das bizarre, magische, realitätsverzerrende Element in seinem Denken, die Spaltung in seiner Vorstellungswelt aufzugeben. Als Ergebnis dieser im Bereich der Didaktik betriebenen Einzelfallstudie läßt sich festhalten: Auch schwer zugängliche Formen von Verhaltensauffälligkeiten, hier in Form von autistischen, narzißtischen und schizophrenen Tendenzen im Verhalten und Erleben eines achtjährigen Jungen, der zunächst jede Teilnahme am Unterricht verweigerte, lassen sich in Ansätzen in ein didaktisches Geschehen einbeziehen. Dies kann dann gelingen, wenn die kindlichen Interessen und Themen, die die Konflikte transportieren und symbolisieren, identifiziert und zum Anlaß fächerübergreifender unterrichtlicher Konstruktionen gemacht werden. Im Sinne von Prävention - und hier läge das eigentliche Aufgabegebiet einer pädagogisch orientierten Kunsttherapie bzw. einer lebensweltorientierten Didaktik - kommt es nach Dörner & Plog (1987, 177 f.) darauf an, „Gespaltenes, Brüchiges, Zerreißendes wahrzunehmen als in uns und in unserer Welt enthaltene Möglichkeit des Lebens". Ein solcher Unterricht hat seine Aufgabe evtl. dann erfüllt, wenn es gelingt, weitere Fragmentierungsprozesse (Haan 1977, 34 ff.) zu verhindern, etwa indem die kontinuierliche Verbindung zwischen den lebensweltlichen bzw. psychosozialen Eigentümlichkeiten eines Schülers und den didaktischen Realisationen bzw. den pädagogisch-therapeutischen Interventionen gesucht wird.

2.6 Ablösungsprozesse und Ausbruchsversuche

2.6.1 Der Rückgriff auf ein Idol aus der Popkultur

Der elfjährige Leo zeichnete in gewissen Abständen Häuser, die auf einer grünen Standlinie stehen, eine Wiese mit vereinzelt stehenden Blumen, einige blaue Wölkchen am Himmel, einen rauchenden Schornstein auf dem Dach. Insgesamt ein stereotyp anmutendes Bildschema, das von seinem morphologischen Aufbau der mittleren Kindheit zuzurechnen ist. Interessant war zu beobachten, daß plötzlich bei einem dieser Bilder eine weitere Differenzierung des Hausschemas in Form von Türen, Fenstern usw. unterblieb (Abb. 34). Stattdessen schrieb der Schüler in großen Buchstaben den Namen des, von ihm verehrten, Popidols "Michael Jackson" in den Umriß des Hauses hinein. Hierdurch wird ein Übergang hin zur frühen Adoleszenz markiert. Das noch dem Bereich der Kindheit zugehörige Darstellungsschema und damit die kindliche Weltsicht erfährt eine inhaltliche und formale Veränderung. Die Welt der Popmusik und der Popstars dringt ein in den familiären Bereich. Um die nun anstehenden Entwicklungsaufgaben anzugehen, d. h. die emotionale Loslösung von den Eltern, die Lösung aus dem engen familiären Zusammenhang und den weiteren Aufbau seiner Identität zu bewerkstelligen, greift der 11jährige Leo auf die Reaktionsform der Identifizierung mit dem Popstar Michael Jackson zurück. Dieser Prozeß der Identifizierung ist begleitet von der Reaktionsform der Selbstbehauptung. Ohne diese Selbstbehauptung können Unabhängigkeit, ein eigenes Identitätsprofil und der bevorstehende „ökologische Übergang" (Bronfenbrenner) in die Welt der Jugendlichen, die Welt der Jugendkultur mit ihren spezifischen alltagsästhetischen Zeichen - Prozesse, wie sie sich in dem gezeigten Bild andeuten - nicht erreicht werden.

Michael Jackson ist - im Umfeld der hier untersuchten Schülerpopulation und im Bereich der frühen Adoleszenz - offenbar eine sehr häufig anzutreffende Identifikationsfigur. Die Jungen bewundern an diesem androgyn wirkenden Star seine Kleider, daß er „so cool angezogen" sei und „gute Musik" mache. Ferner wurden als bewundernswert hervorgehoben die Haarfrisur des Stars, sein Singen und Tanzen, daß er reich sei, daß er alles machen könne, daß er ein eigenes Haus besitze.[11] Die fünfzehnjährige Gabriella meinte, daß er etwas von einem Jungen und von einem Mädchen habe und daß ihr das gefallen würde. Speziell die Hervorhebung der Androgynität des Stars durch diese Jugendliche, verweist auf die bisexuellen Tendenzen der Früh-Adoleszenz (vgl. Blos 1989, 91 ff.), die mitunter zu einer Konfliktthematik werden können.

[11] Was die Jugendlichen an Stars wie Michael Jackson so faszinieren dürfte, bringen Hilbig & Titze 1981, 32 f.) auf den Punkt: "Der Name der Stars wird zur Chiffre von Glück überhaupt, [...] ihre vermeintliche Freiheit von den Zwängen des Alltags, ihr Reichtum, ihr Zustand der Bewunderungswürdigkeit, [...] die Tatsache, daß sie ungestraft normative Zwänge durchbrechen, denen ihre Bewunderer selbst ausgeliefert sind und bleiben, all das verleiht ihnen eine Aura, die nahezu kultische Dimensionen trägt."

Abb. 34

Abb. 35

2.6.2 Das Motorrad als Symbol der Ablösung

Vor einem dörflichen Landschaftshintergrund mit Einfamilienhäusern hat der 12jährige Oliver eine Eltern-Kind-Figuration und einen Jugendlichen mit Motorrad plaziert (Abb. 35). Der Jugendliche steht mit dem Rücken zu der Familiengruppe, die Eltern gehen ihres Weges, nur das kleine Geschwisterkind schaut sich noch mal um. Der Junge scheint, zunächst noch in der Phantasie, die innere Abgrenzung und Loslösung von der Herkunftsfamilie zu erproben. Der soziale und emotionale, durch das Familienleben vorgeprägte, Rahmen rückt in den Hintergrund. Das Bild kündet von Tendenzen in Richtung auf Selbständigkeit, eigene jugendkulturelle Lebensformen und -stile, die sich jetzt zunehmend durchsetzen werden. Die Motorradfiguration als Symbol für Kraft, Gewalt, Schnelligkeit vermittelt den Eindruck von Opposition und Konflikt (vgl. auch Richter 1997 a, 128). An Reaktionsformen deuten sich an: Selbstbehauptung, eventuell Widerstand gegen Erwartungen und Ansprüche der Eltern und die Identifikation mit der Gruppe der Gleichaltrigen im Rahmen einer Motorradszene o.ä. Es findet ein sozialökologischer Übergang statt. Der Schüler erschließt sich neue Settings, in denen er mit anderen Gleichgesinnten neue Mikrosysteme bildet. Daseinssteigerung und Spannungsschema auf der einen Seite sowie die Arbeit am innerseelischen Gleichgewicht (regulative Thematik) auf der anderen Seite halten sich die Waage. Beide thematischen Tendenzen realisieren sich, vorläufig noch symbolisch, in den typischen alltagsästhetischen Episoden, wie sie die Szene der jugendlichen Zweiradfahrer bestimmen.

2.6.3 Das Nebeneinander von Ablösungswünschen und dem Bedürfnis nach familiärer Geborgenheit

Eine Illustriertencollage der fünfzehnjährigen Gabriella (Abb. 36) mit italienischer Herkunft enthält eine fragmenthafte Anordnung nachträglich kolorierter Bildteile. So unverbunden wie diese Bildelemente scheint unter sozialökologischen Gesichtspunkten die Lebenssituation der Schülerin wie auch die ihrer gesamten Herkunftsfamilie zu sein. Nach Aussagen des Vaters versucht die Familie, mit viel Engagement, ihre eigene kulturelle Identität zu wahren. Fast alle Familienmitglieder nahmen zum damaligen Zeitpunkt an italienischen Tanz- und Folkloregruppen teil. Der Vater zeigte sich sehr darum bemüht, Anerkennung bei den deutschen Mitbürgern im näheren Umfeld zu finden, aus seiner Sicht zum größten Teil vergeblich. Es dominieren Fremdheitsgefühle. Man lese in diesem Zusammenhang den verschlüsselt wirkenden, in das Bild hineingeschriebenen, Satz: "Verkleidet in fremder Schießbude." Die Spannungen scheinen hier vor allem im Bereich des „Mesosystems" (Bronfenbrenner) *Familie-ge-*

sellschaftliche Umgebung zu liegen. Gespräche mit den Eltern zeigten, daß sich aus dieser Situation permanent Spannungen herleiten, die das soziokulturelle Leben der Familie aber auch die Beziehungen untereinander negativ beeinflussen. Der an kultureller Entwurzelung und an seiner fehlenden gesellschaftlichen bzw. beruflichen Rolle leidende Vater sieht sich offenbar gezwungen, seine frustrierten Bedürfnisse nach Beachtung, Geltung und Anerkennung sowie hieraus resultierende Aggressionen durch einen despotischen Umgangsstil mit seiner Familie zu kompensieren. Die emotionalen Bedürfnisse der insgesamt sechs Kinder scheinen dabei zu kurz zu kommen. Wir hätten es demnach unter anderem auch mit indirekten Wirkungen des „Exosystems" (Bronfenbrenner) *Arbeitswelt* auf Gabriellas Lebenswelt zu tun. Eine Zuspitzung erfuhr die Situation dadurch, daß sich auch die Mutter, ähnlich einem hilflosen Kind, von ihrem sich paschahaft gebärdenden Mann bevormunden ließ und kein Gegengewicht darstellte, von dem die Kinder hätten profitieren können. Das Mädchen schrieb denn auch in ihre Collage: „Wir brauchen ein Zuhause." Die familiäre Problematik erscheint zugespitzt. Es finden sich Hinweise auf Ausbruchsphantasien aus der familiären Isolierung: "Ein Frauenclub auf `heißen Öfen´. Ich brauche eine Freundin oder einen Freund." In einer ähnlichen Richtung ist wohl auch das Graffiti-Fragment im oberen Bildbereich zu sehen. Es weckt Assoziationen an Provokation, aggressive Selbstbehauptung und den Drang nach Unabhängigkeit. Das taschenartige Bildelement rechts unten mit der Aufschrift "infektiös" könnte auf einen situativen Umstand hindeuten, nämlich daß die Schülerin wegen einer ansteckenden Hautkrankheit, die auch einige ihrer Geschwister befallen hatte, mehrere Wochen nicht zur Schule kommen durfte und sich somit wahrscheinlich zusätzlich isoliert fühlte.

Zusammenfassend darf davon ausgegangen werden, daß sich die Familie der Schülerin, auch nach fast zehnjährigem Aufenthalt in Deutschland, noch immer in der Auseinandersetzung mit dem ökologischen Übergang von der einen zur anderen Kultur befindet. Soziale Spannungen, die aus dem Mesosystem *Familie-Umwelt* und dem Exosystem *Arbeitswelt des Vaters* herrühren, wirken auf das Mikrosystem der Familie ein und beeinflussen ebenfalls die Mikrosysteme der Schulklassen, in denen Gabriella lernte und lernt. Aus der Perspektive der Fünfzehnjährigen dürfte es sich in erster Linie um eine „regulative Thematik" (Thomae) handeln, d.h. die augenblickliche Situation ist durch ein fehlendes innerpsychisches Gleichgewicht, schulische und familiäre Spannungen gekennzeichnet. Der „subjektive Lebensraum" (ebd.) unterliegt überdies starken Restriktionen. Auf der einen Seite zeigt die Jugendliche - speziell im familiären Bereich - Reaktionsformen, die sich mit „Anpassung an die institutionellen Aspekte der Situation" sowie „Anpassung an die Eigenheiten und Bedürfnisse anderer" (ebd.) umschreiben lassen. Auf der anderen Seite, besonders im Bereich der Schule, läßt sich eine aggressiv gefärbte Selbstbehauptung beobachten.

Abb. 36

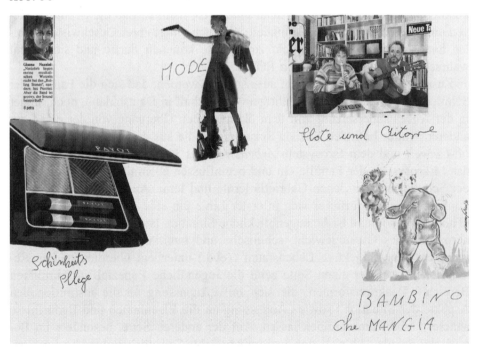

Abb. 37

102

Aufschlußreich, mit Blick auf das adoleszente Konfliktgeschehen, ist eine Illustriertencollage von Gabriella (Abb. 37). Diese Bildgestaltung zeigt das Nebeneinander von Ablösungswünschen und dem anhaltenden Bedürfnis nach familiärer Geborgenheit. Als Thema wurde hier vom Lehrer gegeben: „Ich zwischen Kindheit und Erwachsensein" (vgl. Schottenloher 1992, 74). Rechts im Bild das musikalische Zusammenspiel von Vater und Tochter auf Gitarre und Flöte, ergänzt durch ein eisleckendes Kind. Dieser Teil des Bildes könnte als Hinweis auf die weiterbestehenden, nicht nur oralen, Versorgungswünsche der Schülerin zu verstehen sein. Auf der linken Bildseite befindet sich die, einer Illustrierten entnommene, Darstellung von Gianna Nannini. Es handelt sich um eine Sängerin, deren, z.T. aggressiv vorgetragene, Texte unter anderem ihren Ausbruch aus den engen familiären Verhältnissen in der italienischen Provinz schildern. Gabriella, ebenfalls italienischer Herkunft, hat ihr Idol mit einem auffallend großen Schminkset unterklebt. Dieses Schminkset könnte als Symbol für die libidinösen Wünsche der 15jährigen aufgefaßt werden, aber auch für ihren Wunsch, aus dem als zu eng und einschränkend erlebten familiären Rahmen auszubrechen. Die kess und reizvoll auftretende junge Frau in der oberen Bildmitte trägt ein schulterfreies Kleid, wodurch sie ihre Körperlichkeit besonders betont. Ihre Jacke hat sie locker über die Schulter geworfen, ein Zeichen für Unternehmungsdrang und Spontaneität. Sie ist der Sängerin und dem Schminkset deutlich zugewandt, dem familiären Geschehen kehrt sie dagegen den Rücken. In die Reaktionsform der Identifikation mit der um Unabhängigkeit kämpfenden Sängerin fließen die Formen der Selbstbehauptung und des Widerstandes mit ein. Wie sich das thematische Geschehen, das gleichermaßen regulative Züge wie auch Merkmale von „Daseinssteigerung und Aktivation" (Thomae) zeigt, weiterentwickeln wird, ist - von diesem Bild ausgehend - schwer zu prognostizieren. Die Darstellung des familiären Geschehens, das auch regressive Tendenzen enthält, befindet sich ungünstigerweise auf der rechten Bildseite, d.h. der auf die Zukunft gerichteten Seite (vgl. Schetty 1974).[12] Von einer solchen Links-Rechts-Aufstellung, ordnet man wie Schetty die Figurationen auf der linken Bildseite der Vergangenheit, die auf der rechten Bildseite der Zukunft zu, wäre evtl. das Auftreten besonderer psychosozialer Konflikte im Prozeß der Ablösung aus dem Elternhaus zu erwarten.

---

[12] Wir beziehen uns hier auf ein von Schetty (1974) verwendetes Interpretationsschema, nach welchem Bildinhalte, die sich auf der linken Seite befinden oder die nach links gerichtet sind, sich der Vergangenheit zuordnen lassen. Motivelemente auf der rechten Bildseite sowie Rechtsgerichtetheit lassen sich dagegen mit der antizipierten Zukunft des Zeichners, der Zeichnerin in Verbindung bringen (zit.n. Richter 1987, 184 f.).

Abb. 38

Abb. 39

104

2.6.4 Tiefe Verstörungen behindern die „Fahrt" in die Zukunft

Ebenfalls als Hinweis auf eine regulative bzw. konflikthafte - im Erlebnis-bereich des Mikrosystems Familie angesiedelte - Thematik, ist das in den beiden folgenden Bilddarstellungen des 16jährigen Harald aktualisierte Geschehen. Unser nächstes Beispiel (Nr. 38) zeigt eine Szene, die vom Schüler unter Rück-griff auf photokopierte Bildelemente von Grosz und Ungerer zusammengesetzt und zeichnerisch ergänzt wurde. Die linke Bildhälfte zeigt den Oberkörper eines Mannes, der ansatzweise durch Fuß- und Beinteile ergänzt worden ist. Sein Blick und seine rechte Hand richten sich auf eine nackte Frau, deren Beine wahrscheinlich deshalb unvollständig geblieben sind, weil ihr Körper aus einer Photokopie der Künstlerzeichnung herausgeschnitten wurde. Die dargestellten Personen befinden sich mit hoher Wahrscheinlichkeit in einem erotisch-sexuell gefärbten Kontext. Das Paar lagert auf einer Art Teppich oder Bett, von dem die Bettdecke angedeutet ist. Der Gesichtsausdruck und die geballte Faust des Mannes erwecken den Eindruck einer gewissen Rohheit des Aktes und der Praktiken. Von rechts nähert sich der Szene ein weiterer Mann im Anzug. Diese karikaturhafte Figur wurde von Ungerer übernommen und geringfügig zeich-nerisch ergänzt. Die parallele Darstellung von Gesicht und Genitalbereich, das assoziative Wechselspiel zwischen Nase, Penis und Zigarre dürfen als Attribute angesehen werden, die ein sexuell gefärbtes Motiv dieser zweiten Männerfigur nahelegen. Der Schüler selbst hat diesen Eindruck verstärkt. Der Mann trägt ei-nen Koffer mit der Aufschrift "Kondome". Dem "Mund" im Genitalbereich ist eine Sprechblase zugeordnet: "Da mal backen", eine Inschrift, die der Schüler mündlich als "Woll'n die mal höcken" erläuterte. Mit dieser regionalsprachlich gefärbten Kennzeichnung dürfte sicherlich der Wunsch des Mannes benannt sein, sich der dargestellten Frau ebenfalls intim zu nähern. Biographische Daten legen - ähnlich wie der oben entwickelte Deutungsansatz - die Vermutung nahe, daß im Hause der früh verwitweten Mutter des Schülers die Männer ein- und ausgegangen sind. Möglich ist auch, daß der Schüler hier einen "simultan-sukzessiven Bildtypus" (Luquet) realisiert hat. D.h. in ein und demselben Bild werden Ereignisse, handelnde Figuren mehrfach dargestellt. Das Geschehen würde demnach auf der rechten Bildseite mit der Ankunft des Mannes beginnen (erste Szene) und sich in der sexuellen Interaktion zwischen Mutter und Besu-cher auf der linken Seite fortsetzen (zweite Szene).

In einer anderen Arbeit desselben Schülers (Abb. 39) wird das oben be-schriebene Motivgeschehen variiert. Eine leicht bekleidete Frau sitzt an einem kleinen Gartentischchen oder sie beugt sich darüber. Ihre Brüste sind in auffäl-liger Weise sichtbar. Vom Gesicht her betrachtet wirkt die Frau vergnügt und ausgelassen. Hinter ihr steht ein Mann im Anzug, eine brennende Zigarre im Mundwinkel. Die beiden Figuren wirken trotz des fehlenden Blickkontaktes aufeinander bezogen. Das Vorherrschen eines libidinösen Kontextes ist nicht direkt nachweisbar, klingt jedoch an. Daß sowohl der Mann als auch die Frau ohne Unterleib dargestellt wurden, könnte bedeuten, daß der Schüler erinnerte Beobachtungen von sexuellen Handlungen nicht weiter in sein Bewußtsein vordringen lassen möchte. Das Auge in der Bildecke oben links scheint anzuzeigen, daß der Zeichner hier Dinge beobachtet hat, die er eigentlich nicht sehen durfte. Die Szene an dem Tischchen wirkt wie aus der Froschperspektive gesehen, d.h. aus der Perspektive eines kleinen Kindes. Es könnte sich demnach um relativ frühe biographische Erinnerungen handeln. Vorne in der Mitte befindet sich ein Motorrad, das am Lenker mit einem Totenkopf ausstaffiert wurde, auf dem Sitz befinden sich zwei unvollständige, deformiert wirkende Figuren mit Helm und Gewehr. Der Hintergrund zeigt ein Haus, das von Bäumen und Buschwerk umgeben ist. Explorative Gespräche mit dem Schüler sowie die Analyse biographischer Daten erbrachten an Anhaltspunkten, daß Harald das jüngste von fünfzehn Kindern seiner Mutter ist, die jedoch von verschiedenen Vätern stammen. Das Intimleben der Mutter war offenbar durch Vielfalt und häufig wechselnde Partner gekennzeichnet. Eine der Töchter wurde "von einem der Väter" schwanger, diese Schwangerschaft sei abgebrochen worden. Eine andere Tochter wurde unter ungeklärten Umständen ermordet.

Das familiäre Klima erweist sich - in der Retrospektive - offenbar als hochgradig sexualisiert und von Gewalt durchsetzt. Wiederum steht eine regulative, d.h. konfliktbestimmte Thematik im Vordergrund, weil innerhalb dieser Schülerbiographie bis hinein in die Gegenwart nicht familiäre Geborgenheit und stabile Elternbeziehungen dominieren, sondern Versagungen, Ängste und Bedrohungen, die eines Ausgleiches bedürfen. Die Welt des Kindes erscheint in der Retrospektive als stark eingeengt: Die Erwachsenen bestimmen, welches Spiel gespielt wird. Dominierende Reaktionsformen des Schülers sind offenbar die Anpassung an die Bedürfnisse und Eigenheiten anderer (der Mutter, der Freier) und die Situation den Umständen zu überlassen. Das Motorrad könnte für den im Jugendalter beginnenden Loslösungs- und Emanzipationsprozeß stehen, der hier aggressiv vollzogen wird. Der vorne aufmontierte Totenschädel könnte eine provokative Funktion erfüllen und ein Zunehmen der Reaktionsformen Selbstbehauptung und Widerstand angesichts der wenig förderlichen Lebensbedingungen ankündigen. Allerdings wirken die Figuren auf dem Motorrad, die mit hoher Wahrscheinlichkeit als bildhafte Repräsentationen des Schülers selbst und evtl. eines Bruders o.ä. aufzufassen sind, schlecht gerüstet für ihre Fahrt in die Unabhängigkeit. Es fehlen ihnen vor allem Arme und Beine. So können sie weder die Maschine in Bewegung setzen, noch wären sie in der Lage, diese zu steuern und während der Fahrt das Gleichgewicht zu halten. Die Gesichter wirken wie von Säure zerfressen und deformiert. Die speziellen biographischen Erfahrungen haben deutlich ihre Spuren hinterlassen. Daß das Motorrad nach links, d.h. auf die Vergangenheit gerichtet ist, könnte als ungünstiges prognostisches Zeichen interpretiert werden. Der Weg in die Zukunft wäre demnach als versperrt anzusehen, weil der Sechzehnjährige an die belastenden, evtl. traumatisierenden Erfahrungen der Vergangenheit gebunden bleibt. In den aggressiven Eindruck, den diese Motorradfiguration zunächst macht, mischen sich daher zunehmend Momente von Angst und Schrecken. Es erwies sich als äußerst schwierig, mit Harald in einen Dialog über das dargestellte Geschehen, das in einer Reihe weiterer Bilddarstellungen variiert wurde, zu gelangen. Der 16jährige, der vom Verfasser als Fachlehrer unterrichtet wurde, zeigte - wohl auf dem Hintergrund eines mehrjährigen autokratischen, lehrer- und stoffzentrierten Unterrichts sowie auf der Basis der bisher an Schulen erfahrenen Bestrafungen und Stigmatisierungen - kaum Vertrauen zu einer Lehrperson. Als weitere erschwerende Faktoren wirkten hier Sprachstörungen und ein hochgradig „restringierter" (Bernstein 1972), milieuspezifischer Sprachcode („Woll'n die mal höcken."), der dem Jugendlichen lediglich einige stereotype Muster für die soziale Kommunikation zur Verfügung stellte. Aufnahmebereit zeigte sich der Schüler dagegen für Hilfestellungen und Impulse auf der (kunstdidaktischen) Ebene der verwendeten Darstellungs- bzw. Bildmittel. Im Laufe von zwei Schuljahren ließ sich hier die Variationsbreite und der Ausdrucksgehalt in einem gewissen Maße erhöhen. Auf der Ebene des manifest sichtbaren Bildgeschehens ließ der Schüler zunehmend Verständnisfragen des Lehrers zu, die er dann kurz und bündig beantwortete. Zu einer vertieften Exploration des dargestellten Geschehens kam es jedoch nicht. Eine gewissermaßen indirekte Auseinandersetzung mit dem Konfliktgeschehen konnte dagegen in einem Handlungsrahmen zum Thema „Menschenrechte und Menschenrechtsverletzungen" erreicht werden. Eine Gruppe von Schülerinnen und Schülern befaßte sich hier mit dem Aspekt „Gewalt und Mißhandlung im Bereich der Familie". Im Verlauf dieser Arbeit wurde Filmmaterial der Stadtbildstelle gesichtet und ausgewertet. Es wurden die einzelnen Menschenrechte erarbeitet und von den Heranwachsenden auf ihre eigene Lebenssituation bezogen. Zwar hielt sich Harald hier zurück, doch wurden von den anderen Schülerinnen und Schülern eigene Gewalterfahrungen aus dem Bereich der Familie erinnert und thematisiert. Auf diese Weise wurde insgesamt ein Lern- und Arbeitsklima geschaffen, das Harald immerhin *indirekt* eine gewisse Teilhabe am Auseinandersetzungsprozeß der Lerngruppe sicherte.

2.7 Zwischen Regression und Progression: Die mühselige Erweiterung des familiären Raumes

Gelegentlich gelingt es, die Entstehung ganzer Bildreihen eines Schülers über einen längeren Zeitraum zu beobachten. Das Sammeln der Bilder wird dann zu einem Instrument der Ordnung der Zeit. Regressionen und Progressionen, die einander ablösen, sich gegenseitig aufheben, die sich zum Teil einen erbitterten Kampf liefern, werden sichtbar. In der Rückschau werden die Bilddokumente zu Zeichen und Belegen der Erinnerung. Entwicklungsverläufe lassen sich retrospektiv betrachten.

Der zehnjährige Donald entstammt einem soziokulturell anregungsarmen Umfeld und ist das einzige Pflegekind von Eltern, die bereits über 75 Jahre alt sind. Aufgrund der offenkundigen Unfähigkeit, ihre Kinder zu versorgen (chronischer Alkoholismus, Prügeleien mit dem Ehemann und Geldmangel) hatte eine Nichte der jetzigen Pflegemutter, die in direkter Nachbarschaft wohnt, ihrer - bis dahin kinderlosen - Tante den drei Monate alten Donald zur Pflege und Versorgung dauerhaft überlassen. Anlaß der zuerst gezeigten Zeichnung (Abb. 40) war das im Unterricht vorgelesene und besprochene Märchen „Der Geist im Glas". Der Schüler verwendete seine Energie ausschließlich darauf, mit Deckfarben einen hellgrünen Kugelbaum mit massivem braunem Stamm zu malen. Die Ausmalung der Krone wurde kurz vor dem Ziel abgebrochen. Der Stamm wirkt zwar massiv, jedoch auch etwas unbeweglich und starr. Er entbehrt eines Grundes, auf dem er stehen könnte. Das Märchen spricht eine spezielle Problematik zwischen Vater und Sohn an. Der Vater, ein armer Holzhacker, hat lange Zeit das Geld für den Schulbesuch des Sohnes aufgebracht, bis es eines Tages nicht mehr reicht. Der Sohn will jetzt mit im Wald arbeiten, um das nötige Geld zu verdienen, stellt sich jedoch recht ungeschickt an. Hierdurch zieht er sich den Zorn seines Vaters zu. Durch einen glücklichen Zufall stößt der Junge am Fuße einer dicken Eiche, die Donald hier ausschließlich dargestellt hat, auf einen Geist in einer Flasche, der ihm zu unverhofftem Reichtum verhilft. Die Beziehungsproblematik zwischen Vater und Sohn wird von dem Schüler in seinem Bild in keiner Weise aufgegriffen. Vielmehr muß davon ausgegangen werden, daß der gesamte Märcheninhalt vehement abgewehrt worden ist, wahrscheinlich, weil Donald selbst in einer hochgradig konfliktbesetzten Beziehung zu seinem Vater (Großonkel) steht.

Ein zwei Monate später entstandenes Bild desselben Schülers (Abb. 41) zeigt einen schwarzen Hausumriß und zwar anläßlich einer unterrichtlichen Auseinandersetzung mit dem Märchen von „Hänsel und Gretel". Der Zehnjährige hatte das Bild ziemlich bald zusammengeknüllt und auf den Boden geworfen. Dort wurde es am Ende des Schulvormittags vom Lehrer aufgehoben. Donald unternahm zunächst tatsächlich den Versuch, sich gestalterisch mit dem genannten

Märchen auseinanderzusetzen. Mit dem Pinsel und schwarzer Deckfarbe hat er den Umriß eines Hauses mit Giebel und Dachüberstand gemalt. Eine horizontale Linie scheidet die Hauswand in Erd- und Dachgeschoß. Links und rechts vom Haus befinden sich einige braune und graue Pinselstriche bzw. Flecken, die bereits auf das abrupte Ende des Gestaltungsprozesses verweisen und die sich eventuell beim Vorgang des Zusammenknüllens zufallsbedingt verändert, vergrößert o.ä. haben könnten. In der Mitte des unteren Wohngeschosses befindet sich ein kurzer schwarzer Pinselstrich, vielleicht als Anfang zu einer Figur o.ä. gedacht, jedoch nicht weiter ausgeführt. Das Bild zeugt, wie das vorhergehende auch, von einer hochgradigen Abwehr, sich mit den im Märchen angesprochenen Konfliktthemen auseinanderzusetzen. Im Zentrum von Hänsel und Gretel steht wohl das Verlassenwerden durch die Eltern, eine sicher traumatische Erfahrung, die Donald ja selbst gemacht hat. Die jetzigen Pflegeeltern (Großtante und Großonkel), die direkt neben den leiblichen, alkoholabhängigen Eltern wohnen, gehen jedoch nicht offen mit dem Thema um. Gegenüber den Lehrern wird gesagt, daß der Junge das Geheimnis seiner Herkunft nicht kennt. Andererseits sprechen die Pflegeeltern bei einem Hausbesuch der Lehrer offen über die leiblichen Eltern, während Donald - für alle sichtbar - an der Tür lauscht. Vergleicht man einmal dieses ambivalente, durch die fehlende Offenheit bzw. die mangelnde Konsequenz in der Geheimhaltung gekennzeichnete Geschehen mit der zu Abbildung 2 geschilderten Situation des Jungen (Albert), der ja auch durch seinen Vater verlassen wurde, wird verständlich, warum hier keine Gefühle der Trauer und Enttäuschung aufkommen können und der gesamte konfliktbesetzte Inhalt abgewehrt werden muß.

Etwa drei Wochen später kam es zu einer Bildgestaltung zu dem Märchen „Allerleirauh" (Abb. 42). Donald hat ein kastenartiges braunes Schloß mit Deckfarbe gemalt. Auf das Dach wurden rote Zinnen gesetzt und das ganze Gebäude an den Seiten mit Rot eingerahmt. In der Wand sehen wir drei quadratische, dunkelblau ausgemalte Fenster. Auf dem Dach befinden sich drei Figuren, bei denen es sich - von links - um den König, den Koch und die Königin handelt. Die Figuren weisen entsprechende Differenzierungen auf. Bei dem König ist in Ansätzen eine Krone, beim Koch eine Kochmütze zu erkennen. Die Figur der Königin erscheint mit ihrer flachen, halbrunden Kopfbedeckung eher sparsam ausgestaltet. Im Gegensatz zu den bisherigen Arbeiten des Schülers läßt sich hier eine intensivere Auseinandersetzung mit der Märchenhandlung und den darin aktualisierten Lebenskonflikten feststellen. Bereits beim Gespräch über das Märchen scheint sich Donald lebhaft mit dem Koch zu identifizieren. Er gibt der Märchenhandlung beim Nacherzählen einen veränderten Verlauf. In seiner Version ist es der Koch, der dem König, wohl als Stellvertreter für Vater und/ oder Lehrer, eine Suppe kocht und einen Ring (Beziehungsangebot, Beziehungswunsch) beilegt.

Abb. 40

Abb. 41

Abb. 42

Abb. 43

111

Abb. 44

Abb. 45

112

Abb. 46

Abb. 47

Einen Tag später entstand zum Märchen „Schneewittchen" eine weitere bildnerische Arbeit desselben Schülers (Abb. 43). Sie weist in der Persondarstellung weniger Sorgfalt auf, obwohl die graphischen Materialien - hier Bleistift - eine größere Differenzierung ermöglicht hätten. Die Ausmalung der Figuren enthält Kritzelreste, die auf eine momentane Regression hindeuten können. Der Burgturm ist zwar ein zusätzliches, strukturierendes Bildelement; auf eine farbige Spezifizierung wurde jedoch fast völlig verzichtet. Der Grund liegt unter anderem in einer erneuten Abwehr gegen die Auseinandersetzung mit dem Märcheninhalt und Vorkommnissen während des Unterrichtsverlaufs, die zu Frustrationen führten. Die Bedürfnisse des Schülers nach intensiver, auch körperlicher Zuwendung durch den Lehrer wurden nicht befriedigt. Das drückte sich nicht nur in der Ausführung, sondern auch in der Verweigerung einer kommunikativen Auseinandersetzung nach Beendigung der Arbeit aus. „Kein Kommentar", vermerkte der Schüler und warf das Bild mit einer mürrischen Geste hin.

Die Darstellung des festungsartigen Schloßbaues kehrt in einer weiteren Arbeit des Zehnjährigen zum Märchen vom "gestiefelten Kater" (Abb. 44) wieder, die genau eine Woche nach dem zuletzt gezeigten Bild entstanden ist. Diesmal präsentiert sich das Gebäude in feurigem Rot. Es entsteht der Eindruck einer weiteren Regression. Das spezifische Märchengeschehen findet keinen von außen erkennbaren Eingang in die Bildgestaltung des Schülers. Die lebendige Beziehungswelt, die das Märchen bereithält, wurde offenbar eingemauert oder ausgesperrt in der stereotypen Wiederholung des Schemas *Märcheninhalt = Burg bzw. Schloß*. Das Burgfragment mit den vier gleichförmig angeordneten Fenstern, das ja auch jeder landschaftlichen Einbettung entbehrt, schwebt bezugslos im Raum wie ein unbewohnter Container. Die starre Form des Gebäudes weist auf ein geschlossenes System im Bereich der Wahrnehmung, des Denkens unseres Schülers hin. Der kastenartige Bau erscheint als eine Art Selbstrepräsentanz, die sich nach außen hin in sichtbarer Umgrenzung präsentiert. Der Schüler bleibt seinen Prinzipien, vor allem der Abwehr, treu. Es besteht eine deutliche Tendenz der Erstarrung im Bereich des Denkens und im Bereich der Affekte.

Am Ende der Unterrichtssequenz, etwa drei Monate nach dem zuletzt beschriebenen Bild, entstand eine Darstellung zum "König Drosselbart" (Abb. 45). Die Farbe ist zwar nach wie vor kaum differenziert, aber im Bereich des Formrepertoires sind viele Veränderungen sichtbar. Das Schloß hat zwei Türme mit Fenstern, ein Tor mit angedeuteter Zugbrücke, eine Flagge. Rechts davon befindet sich eine Kutsche mit Kutscher und Gespann, das letztere ist nur ausschnitthaft sichtbar, da offenbar der Platz fehlte. Für die Bildanordnung wurde, abweichend von allen vorhergehenden Bildgestaltungen, das Hochformat gewählt und das Schloß auf einen Hügel gesetzt. Bedingt durch die Bildordnung und die größere Feinmotorik in der Bearbeitung des Motivs, wirkt diese Bildnerei weniger kompakt und massiv, sondern leichter. Trotzdem zeigen sich auch hier konflikthafte Momente, besonders im Motivischen. Nach Angaben des Schülers befindet sich in der Kutsche ein Sarg und darin liegend "der Alte". Er weist auf das "kackende Pferdehinterteil" hin. Zum ersten Mal werden wahrscheinlich Haßgefühle auf den übermäßig kontrollierenden und wegen des erreichten Rentenalters ständig zuhause anwesenden Pflegevater bzw. Großonkel sichtbar. Die symbolische Bearbeitung der konflikthaften Erfahrung dieses Schülers wird beweglicher. Der Schüler steht kurz vor dem Durchbrechen des abgeriegelten, abgedichteten familiären Mikrosystems. Die Kutsche befindet sich am rechten Bildrand, der sich mit Schetty, wie auch die Fahrtrichtung des Gefährtes, als antizipierte Zukunft auffassen läßt. Allerdings scheint der weitere Verlauf eher unsicher zu sein, denn Pferd und Kutsche gehen *den Berg runter*.

Im zeitlichen Abstand von einer Woche wurde den Schülern vom Lehrer eine Phantasiereise erzählt, die unter anderm zu einem geheimnisvollen Schloß führte und darin schließlich zu einer (zunächst) verschlossenen Tür, hinter die die Schüler einen Blick werfen sollten. Der zehnjährige Donald imaginierte allerdings kein phantastisches bzw. projektives Geschehen, sondern in seinem Bild erscheint nur die Tür selbst (Abb. 46). Die Zensur steht ihm im Wege. Aufgrund von internalisierten Verboten und/ oder tiefliegenden Ängsten/ Hemmungen kommt es zu einer Weigerung, die Tür zu öffnen und in den Raum dahinter zu schauen. Die braune Farbe wurde sorgfältig in zwei Schichten aufgetragen. Ein helleres Braun im Hintergrund scheint dabei die Tür darzustellen. Diese wurde anschließend mit dickflüssiger, pastos aufgetragener dunkelbrauner Farbe übermalt, wodurch die Tür symbolisch versiegelt wird und überhaupt nicht mehr zu öffnen ist. Als der Lehrer die dunkelbraun übermalte Tür sah, ermutigte er Donald, doch noch einen Blick in den Raum dahinter zu tun. Überraschenderweise nahm Donald ein neues Blatt und setzte sich erneut bildnerisch mit der Thematik auseinander (Abb. 47). Er malte wiederum ein dunkelbraunes Quadrat und arbeitete dieses zu einer „Totenkutsche" bzw. zu einem „Totenwagen" aus. In diesem Gefährt mit einigen kreisförmigen und T-förmigen Aufbauten sowie einem Sitzplatz für den Kutscher, steht nach Angaben des Schülers ein Sarg und darin liegt sein Klassenlehrer. Haßgefühle, Wut und Todeswünsche gegenüber dem Lehrer, der zwar als liebevoll, jedoch auch als einschränkend und fordernd erlebt wird, brechen hervor. Möglicherweise werden hier auch affektive Impulse, die eigentlich dem extrem kontrollierenden Pflegevater gelten, auf den Lehrer übertragen.

Etwa drei Wochen nach der Totenkutsche malte Donald morgens früh, direkt nach Erscheinen im Klassenzimmer und noch bevor der Unterricht begonnen hatte, ein brennendes Haus (Abb. 48). Er kam anschließend mit dem Bild zu seinem Klassenlehrer und sagte in dem ihm eigenen, etwas penetranten Ton: „So geht es mir heute!" Als der Lehrer sich dem Schüler zuwandte und sich nach den genaueren Hintergründen erkundigen wollte, wandte sich Donald wieder ab, zerriß und zerknüllte das Bild und warf es in eine Ecke des Klassenzimmers. Der Lehrer sammelte die Papierfetzen im Verlauf des Vormittags auf und klebte diese später wieder zusammen. Ein Gespräch mit dem Schüler über sein Bild oder über den eigentümlichen Produktionsprozeß und seine abrupte Beendigung war nicht möglich.

Das Bild zeigt ein Haus mit Dach, Fenster und Tür. Nach unten hin ist es offen, es steht auf keiner Bodenlinie, es hat keine tragende Basis (vgl. auch Abb. 41). Der Dachstuhl steht in lichterlohen Flammen. Auch aus dem Fenster und der Tür schlagen Flammen heraus. Das Feuer hat bereits einige Schäden angerichtet, betrachtet man die Schwärzungen an den oberen Rändern von Fenster und Tür. Von rechts ragt die Leiter eines Feuerwehrwagens mit Feuerwehrmann und Wasserschlauch in den Bildraum. Im Vergleich zu den kräftigen Pinselstrichen bei der Gestaltung des Feuers, handelt es sich hier um eine zarte Zeichnung mit blauem Filzstift oder Füller. Der dünne Wasserstrahl wird die gewaltig lodernden Flammen kaum zum Stillstand bringen. Die blaue Himmelslinie und die gelbe Sonne stehen in denkbar großem Kontrast zu der sich hier vollziehenden Tragödie.

Mögliche Hintergründe sind in der Angst des Jungen zu sehen, auch sein jetziges Zuhause zu verlieren, Angst vor dem Verlust des „sicheren Gehäuses", eine „existentielle Verunsicherung" (vgl. Richter 1997, 368). Die Pflegeeltern, die bereits über 70 Jahre alt sind und mit gravierenden gesundheitlichen Problemen zu kämpfen haben, fühlen sich mit der Erziehung des 10jährigen Donald zunehmend überfordert. Es hat des öfteren Gespräche mit einer Vertreterin des Jugendamtes gegeben, die eine Heimunterbringung ins Gespräch gebracht hat. Donald belauscht in der Regel solche Gespräche, weil er spürt, daß es um seine weitere Zukunft geht.

Neben der Angst könnte das brennende Haus auch auf Gefühle des Überdrusses, der Wut gegenüber den übermäßig kontrollierenden und zu zwanghaften Verhaltensweisen (Ordnung, Sauberkeit, Sparsamkeit usw.) neigenden Pflegeeltern hindeuten. Donald wird auf Schritt und Tritt von seinem Großonkel überwacht. Es gibt für ihn keine Privatsphäre, auch hat er in der Nachbarschaft keine Freunde, mit denen er spielen könnte. Mit dem Fahrrad darf er nur auf einem kleinen geschotterten Terrain, das unmittelbar vor der Haustür liegt, herumfahren. Die Beziehung des Jungen zu diesem Haus ist mehr als ambivalent. Es stellt einen Schutz dar, um den gefürchtet wird und es stellt ein Gefängnis dar, das der Junge niederbrennen möchte, um ihm zu entkommen. Das Feuer steht demnach auch für Energie, Dynamik, Lebenskraft, den Wunsch nach Befreiung, nach Verwandlung, nach Veränderung der Lebenssituation. Die aufbrechende Kraft der Flammen soll Hindernisse aus dem Weg räumen.

Drei Monate später setzte sich die Schülergruppe innerhalb eines Unterrichtsprojektes zum Thema „Mittelalter" mit dem Thema „Fürstenhochzeit in einer mittelalterlichen Stadt" auseinander. Der Lehrer hatte einen Film zu diesem Thema gezeigt und die Schüler aufgefordert, Szenen daraus nachzuspielen und anschließend in Bildgestaltungen zu überführen. Donald hat eine Kutsche mit Pferd gezeichnet (Abb. 49). Im Wagen befindet sich eine Prinzessin. Neben der Kutsche läuft ein Hund. Die gesamte Figuration bewegt sich nach links, als Zeichen für die Gebundenheit des Schülers an seine frühere Lebensgeschichte, als Hinweis auf seine Neigung zur Regression. Es gibt keine Standlinie, das ganze Gefährt droht daher, im Boden zu versinken. Das erschöpft wirkende Pferd mit dem langen Giraffenhals besitzt weder Füße noch Hufe, es wirkt steif und ungelenk. Es hat einen kurzen, stachelartigen Schwanz, der waagerecht nach hinten absteht. Der Kutscher hat weder Arme noch Zügel in der Hand. Auch findet er wenig Halt auf dem Bock und droht abzurutschen. Die Haltung des Wagenlenkers läßt die nötige Bestimmtheit vermissen, sichtbar wird vielmehr Zaghaftigkeit, ein Ausgeliefertsein an ein Geschehen, das sich nicht steuern läßt. Auf keinen Fall kann er so das Pferd und den Wagen lenken. Die Räder liegen weder auf Achsen, noch ist die Deichsel in einer Weise mit dem Pferd verbunden, daß das gesamte Gefährt vorankommen könnte. Während sich im Film in der Kutsche eine Prinzessin und ein Prinz befinden, hat Donald hier den Prinz weggelassen. Der Prinzessin stehen die Haare zu Berge. Der Wagen gleicht eher einem Käfig, die Assoziation eines Gefangenentransportes liegt näher als der Gedanke an eine festliche Hochzeit mit vielen bunt gekleideten Menschen, mit Blumen und Trompeten, wie sie in dem Film gezeigt wurde. Am Himmel kreisen insgesamt elf Vögel. Das Bild des Schülers spiegelt kaum etwas von dem bunten Hochzeitstreiben wider. Aus dem nachfolgenden szenischen Spiel, das seine Mitschüler veranstaltet haben, hat sich Donald herausgehalten und stattdessen gleich mit Zeichnen angefangen. Das durch den Film präsentierte Thema der Ausgelassenheit, der Sinnlichkeit, der Ausschweifung, der Erotik, es wurde bespielsweise genau vorgeführt, welche Mengen im Zuge der Hochzeitsfeierlichkeiten gegessen und getrunken wurden, wie gefeiert und getanzt wurde, all diese Aspekte werden in dem Bild des Schülers unterdrückt und ausgeblendet, abgespalten.

Sieben Monate nach dem Bild zur Fürstenhochzeit malte Donald zum Thema „Erlebnisse vom Wochenende" ein Bild, das sich beinahe als Fortsetzung des in Abbildung 48 dargestellten Geschehens lesen läßt. Das Bild (Abb. 50) zeigt die Überreste eines abgebrannten, ausgebrannten Hauses, ein verkohltes schwarzes Stück Mauer, aus dem eine Türöffnung ausgespart wurde. Eine Tür ist jedoch nicht mehr vorhanden. Die zunächst mit einem Lineal durchgeführte Vorzeichnung mit einem Bleistift ist noch sichtbar. Die Verwendung des Lineals läßt sich als Versuch des Schülers auffassen, seine Emotionen zu kontrollieren. Die schwarzen Flecken auf der linken Seite, speziell im Bereich der Türöffnung lassen sich als Spuren des Feuers, als Überreste, Asche o.ä. auffassen. In diesem Haus ohne Dach, ohne Tür und Fenster ist kein Leben mehr und auch kein Leben mehr möglich. Im Vergleich zu den aggressiv-destruktiven Tendenzen in Abbildung 48 zeigen sich hier stärker depressiv-resignative Züge.

Abb. 48

Abb. 49

118

Abb. 50

Abb. 51

Als Abschluß dieser Bildreihe zeigen wir eine Arbeit von Donald, die er etwa drei Monate nach dem zuletzt beschriebenen Bild im Anschluß an eine Klassenfahrt auf die Insel Sylt angefertigt hat (Abb. 51). Im Vergleich zu den meisten anderen Bildgestaltungen des Schülers haben wir es hier mit einem helleren, lichteren, farbigeren Entwurf zu tun. Das Bild wird oben durch eine hellblaue Himmelslinie und eine kleine strahlende Sonne begrenzt. Im Zentrum des Bildes sehen wir eine gelbe Kutsche mit rotem Pferd. In der farbigen Gestaltung der Kutsche wird das warme Gelb der Sonne wieder aufgenommen. Dieses Motivgeschehen geht unmittelbar auf eine Kutschenfahrt auf der Hallig Hooge zurück, die während der oben genannten Klassenfahrt unternommen wurde. Das Thema lautete: „Zeichne etwas, was Dir während der Klassenfahrt besonders gut gefallen hat". Unser Schüler, über dessen räumlich und sozial eingeengte Lebenssituation wir anhand der oben beschriebenen Bilder bereits einiges gehört haben, nimmt hier auf ein neues, überwiegend positiv besetztes Erlebnis Bezug. Das Bild spiegelt etwas von der Weite des landschaftlichen Raumes wider, wie er sich insbesondere auf einer Hallig erfahren läßt. Im Vergleich zu Abbildung 49 hat der Kutscher jetzt die Zügel in der Hand. Andererseits wurde die Deichsel, als Verbindung zwischen Kutsche und Pferd ganz weggelassen. Das Pferd verfügt über Hufe und zieht den Wagen über eine - wenn auch dünne - Bodenlinie. Die Räder wirken solide und sie sind mit dem Wagen verbunden.

Die anfänglichen Darstellungsprobleme, der erste Bleistiftumriß des Pferdes wurde mit dem Radiergummi wieder entfernt, führte diesmal nicht zu Frustration und dem Abbruch der Zeichentätigkeit, Zerknüllen und Zerreißen des Blattes usw. Das Auftauchen dieser Pferdekutsche, die letztendlich als Symbol für die Klassenfahrt als Ganzes anzusehen ist, während der Donald erstmalig eine längere Zugfahrt und eine Schiffsfahrt unternommen hat, eine ganze Woche außer Haus übernachtet hat usw., stellt einen Hinweis auf einen bevorstehenden Neuanfang, einen möglichen Umbruch in der Entwicklung des Schülers dar. Es hat eine Erweiterung der Lebensmöglichkeiten und -perspektiven stattgefunden, die nicht mehr rückgängig zu machen ist. Gegenüber der Kutsche in Abbildung 49 lassen sich einige Fortschritte in der detaillierten Darstellung der Bildelemente feststellen, wenngleich Donald immer noch viel Lebensstoff aus seinen Bildgestaltungen ausblendet. Zu denken wäre hier etwa an die zehn Mitschüler sowie die Co-Lehrerin, die Sozialpädagogin und den Klassenlehrer, die sich ja allesamt hinten in der Kutsche befanden. Die Kutsche im Bild des Schülers bleibt dagegen leer, ein Zeichen für seine soziale Isolierung, für die Abwehr sozialer Kontakte. Ferner bewegt sich das Gefährt nach wie vor nach links, in Richtung auf die lebensgeschichtliche Vergangenheit. Donald bleibt gebunden an die frühen Traumatisierungen und die nachfolgenden Konditionierungen, Wahrnehmungsstereotypien, zwanghaften Verhaltensmuster, rigiden Einstellungen, Abwehrstrategien usw.

120

Wir halten abschließend fest: Explorative Gespräche mit dem Schüler und den Eltern führten zu dem Eindruck, daß es sich speziell bei den Burgdarstellungen um eine Symbolisierung des häuslichen und familiären Erlebens des Schülers handeln mußte, welches durch überhöhte Kontrolle seitens der Pflegeeltern sowie das Fehlen sozialer Beziehungen und kultureller Betätigungen *außerhalb* der Familie gekennzeichnet ist. Das Mikrosystem der Dreipersonenfamilie erweist sich als in hohem Maße abgedichtet, abgeriegelt bzw. *zugemauert* gegenüber der weiteren Umwelt. Die Abriegelung nach außen korrespondiert mit einer nahezu totalen, zwanghaften Öffnung nach innen. Der Einzelne kann in diesem Haushalt kaum einen Raum für sich beanspruchen. Toilette und Badewanne befinden sich hinter einer völlig durchsichtigen Glastür (ohne Rollo o.ä.). Dieses einzige Bad des Hauses kann vom Wohnbereich aus direkt eingesehen werden. Mit Prost (1993, 73) ließe sich hier von einer „verhinderten Intimität" sprechen, die unter dem Aspekt der „Geschichte des privaten Lebens" längst nicht mehr zeitgemäß erscheint. Donald ist ständig vom Pflegevater beaufsichtigt. Der Junge ist *sein Lebensinhalt*. Es existieren keine Beziehungen zu anderen Mikrosystemen, außer zu dem der Schule. Das Mesosystem *Elternhaus - Schule* ist darüberhinaus durch Vorwürfe der Eltern an den Klassenlehrer belastet, dieser arbeite zuwenig leistungsbezogen und übe zu wenig Kontrolle aus. Es gibt für Donald wenig neue Settings, die erobert werden könnten. Die Eltern lassen ihn kaum im "ökologischen Nahraum" (Baacke) herumstreifen und schlagen auch die Vermittlungsangebote der Schulsozialarbeiterin aus, die auf die Teilnahme des Jungen an den Kursen einer sozialpädagogischen Einrichtung abzielen. Das Spektrum der von Donald verwendeten Reaktionsformen pendelt zwischen den Polen Selbstbehauptung, Widerstand, Aggression auf der einen und evasiven, expressiven, depressiven und resignativen Tendenzen auf der anderen Seite.

Mit der Zeit wurden ansatzweise Veränderungen in den Bildgestaltungen des Zehnjährigen erkennbar. Eines Morgens griff der Schüler gleich nach der Ankunft im Klassenraum zu Pinsel und Farbe und malte in kräftigen Rot- und Orangetönen einen ausbrechenden Vulkan. Er hielt seinem Lehrer das Bild hin mit dem Kommentar: "Hier, das bin ich !" Den Hintergrund bildete, wie das darauf folgende Gespräch zeigte, ein Streit mit dem Pflegevater am frühen Morgen. Der Umgang des Schülers mit der geschilderten Konfliktthematik erfährt dennoch zunehmend - auf mehr Unabhängigkeit und Freiräume gerichtete - Veränderungen, wenn diese zunächst auch nur im Bereich der Schule sichtbar werden. Er beginnt zu erkennen, welche Möglichkeiten der Selbstbestimmung und Selbstentfaltung in dem von seinem Klassenlehrer angebotenen, weitgehend offen angelegten, Unterricht liegen. Er beginnt Chancen aufzugreifen, statt den Unterricht als bloße Fläche zum Abreagieren im familiären Bereich angesammelter psychischer Spannungen zu benutzen.

3 Der Bereich der Schule

3.1 Unterrichtsformen, Unterrichtsinhalte

3.1.1 Von den Problemen eines Schülers, an einer Gesprächsrunde teilzunehmen

Das in einer Zeichnung des 10jährigen Gereon (Abb. 52) dargestellte Geschehen ist tendenziell unter einer Thematik der "sozialen Integration" (Thomae) zu sehen. Der Zeichner bemüht sich um die tiefenräumliche Darstellung einer Unterrichtsszene, genauer gesagt, einer Sozialform des Unterrichts, die vom Lehrer über zwei Jahre hinweg als eine Art Gesprächsrunde verwendet wurde. In der Mitte des Bildes befinden sich in halbkreisförmiger Anordnung sechs Sitzbänke, denen etwa sieben Schüler zugeordnet werden. Es ist anzunehmen, daß Gereon sich diese Schüler auf den Bänken sitzend *vorgestellt* hat, daß ihm jedoch die Mittel zur zeichnerischen Umsetzung dieser Darstellungsabsicht fehlten. Die Schülerfiguren wachsen quasi ab der Gürtellinie aus den Sitzbänken heraus. Die Gesichter der Jungen wirken fröhlich und ausgelassen, von der Stellung der Mundwinkel her zu urteilen. Die abgespreizte Haltung von Armen und Händen zeigt Lebendigkeit und Bewegung an. Die Körper berühren sich, stoßen aneinander, ein Signal dafür, daß sich die Schüler untereinander in verbaler und nonverbaler Kommunikation befinden. Zu einigen Figuren hat der Zeichner die entsprechenden Namen hinzugesetzt.[1] Eingezogene Verbindungslinien zeigen an, welcher Name zu welcher Figur gehört. Unten in der Mitte befindet sich eine Tafel und daneben wohl der auf einem Stuhl sitzende Klassenlehrer. Tafel und Lehrer, wie auch die gesamte Unterrichtsszene, werden quasi von außen durch die Wand des Klassenzimmers betrachtet. Der Lehrer wurde hier neben die Tafel gesetzt, um ihn überhaupt mit ins Bild bringen zu können, obwohl er in Wirklichkeit *vor* der Tafel gesessen hat. Auf der Tafelfläche, hier der Tafelrückwand, befinden sich nach einigen Buchstabenfragmenten am Anfang eine Reihe von Linienschwüngen, die wohl einen geschriebenen Text darstellen sollen.

Von Interesse sind die Größenunterschiede zwischen der Bildfiguration „Schüler auf den Bänken" und dem Bildzusammenhang „Lehrer - Tafel". Dieser zunächst *unrealistisch* anmutende Größenunterschied erweist sich als *subjektiv* richtig, sobald man das Bild aus der entgegengesetzten Richtung - nämlich der Blickrichtung des Zeichners - betrachtet. Es liegt die Vermutung nahe, daß das turbulente Geschehen auf den Sitzbänken, die Interaktionen der acht- bis zehnjährigen Schüler untereinander, die Rempeleien, die Tritte, die Kaspereien usw.

---

[1] Diese Eintragungen von Schülernamen wurden aus Gründen der anonymen Auswertung aus der Zeichnung entfernt.

aus der Sicht des Zeichners im *Vordergrund* von Wahrnehmung und Erleben gestanden haben und die didaktischen Interventionen des vor der Tafel sitzenden Lehrers dagegen als *hintergründig* erlebt worden sind. Das hier sichtbar werdende Phänomen ließe sich in etwa als „Bedeutungsperspektive" (Richter 1987, 53) benennen.

Die etwa zehnminütigen Gespräche in dieser Runde institutionalisierten sich als ein Ort der Reflexion, der Konfliktklärung, des Einstiegs in Themenbearbeitungen, des Austausches von Arbeitsergebnissen, des Ziehens von Zwischenbilanzen usw. Es wurde z.B. der folgende Impuls an die Tafel geschrieben: "Das Halbjahr ist bald zuende. Was habe ich hier gelernt?" Von der geforderten Disziplin im Verhalten, etwa Stillsitzen, Zuhören, sich am Gespräch beteiligen, stand dieses methodische Instrument immer wieder neu in Frage. Für einen Schüler wie den zehnjährigen Gereon, der hier aus eigener Initiative eben diese Runde aufgezeichnet hat, bedeutete es jeden Morgen eine enorme Herausforderung, an diesem Kreis teilzunehmen, d.h. sein diesbezügliches Verhalten besser zu steuern. Daß von ihm gezeigte Verhaltensweisen, wie zielloses Reden, Dazwischenreden, Aufstehen und Herumlaufen in der Klasse, Rumkaspern auf der Sitzbank, Treten anderer Schüler usw. in dieser Runde immer wieder thematisiert werden mußten, könnte dazu geführt haben, daß er sich nun bildhaft mit dieser Problematik auseinandergesetzt hat. Das Vorliegen der Zeichnung ermöglichte es erneut, die vorhandenen Verhaltensprobleme mit dem Schüler durchzusprechen. Der Zehnjährige ringt mehr oder weniger erfolgreich um das Erfüllen der „Entwicklungsaufgaben" des Lernens, des Erwerbs der Kulturtechniken und der sozialen Kooperation (vgl. Havighurst). In diesen Prozeß mischen sich Elemente hinein, die einer „psychosozialen Krise" (Leistung versus Minderwertigkeit, vgl. Erikson) zugerechnet werden können. Entsprechend finden Schwankungen in den Reaktionsformen statt. Die Anpassung an die institutionellen Aspekte der Situation als Reaktion auf die Anforderungen, die durch die Ziele, die Methoden und Inhalte des Unterrichts gestellt werden, konkurriert bzw. wechselt mit evasiven Reaktionen (wie z.B. aus der Runde weggehen, herumlaufen, rumkaspern), Widerstand (sich nicht äußern wollen) oder destruktiven Aggressionen (andere Schüler boxen, treten, schlagen, vom Sitz herunterstoßen usw.). Trotz der bestehenden Schwierigkeiten und Rückschläge darf nicht verkannt werden, daß neben der zweifellos dominanten Konfliktthematik, die sich sowohl im schulischen wie im familiären Leben (vgl. Abb. 14 und 15) manifestiert, hier in Ansätzen eine Thematik der "sozialen Integration" auf den Plan tritt. Soziale Bindungen und Getragenheit durch den Klassenverband werden vom Schüler offenbar als Wert erkannt, im Grundsatz bejaht und angestrebt.

Abb. 52

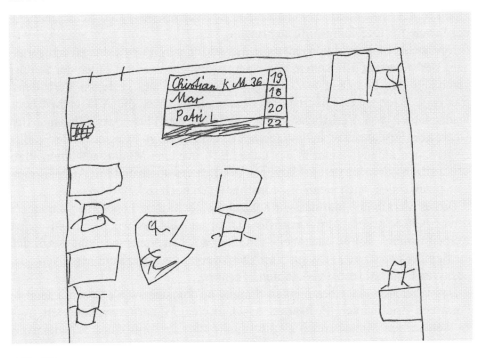

Abb. 53

3.1.2 Das Verfahren der Verhaltensmodifikation in der Wahrnehmung eines Schülers

Der zehnjährige Leo setzt sich in seiner Zeichnung (Abb. 53) mit Aspekten der Unterrichtsmethodik, den erzieherischen Praktiken seines Klassenlehrers auseinander.

Unter perspektivischem Aspekt haben wir es mit einer Mischung aus Draufsicht und Innenansicht zu tun. Während wir die verstreut stehenden Stühle und Tische von oben betrachten, die Stuhlbeine spreizen sich käferartig nach außen, sehen wir die Tafel von vorne, als säßen wir mitten im Raum. Oben links befindet sich die Tür zum Klassenzimmer. Nach unten, zur Fensterseite hin, bleibt der Klassenraum völlig offen. Das gezackte Element in der linken Bildmitte scheint die halbkreisförmige Sitzmöglichkeit anzudeuten, auf die wir uns bereits in Zusammenhang mit Abbildung 52 bezogen haben. Oben links ein gitterartiges Gebilde, eventuell als Hinweis auf eine Bücherkiste o.ä. Weitere Möblierungen des Klassenzimmers wie Schränke, Bücherregale usw. wurden weggelassen, auch eine Anzahl von weiteren Schultischen. Im Zentrum des Bildes steht zweifellos die Tafel mit den dort aufgeschriebenen Schülernamen bzw. Namensfragmenten und den daneben in einer eigenen Spalte notierten Punktzahlen.

Diese Punktzahlen gehen auf den Versuch des Klassenlehrers zurück, mit Hilfe eines der Verhaltensmodifikation entlehnten Punktesystems etwas mehr Disziplin in das anfängliche Durcheinander eines gemischten 1.-3. Schuljahres einer Schule für Erziehungshilfe zu bringen.

Ein hochkomplexes Ineinander von Lernstörungen, Entwicklungsverzögerungen, Verhaltensauffälligkeiten, Beziehungsstörungen usw. auf seiten der Schüler veranlaßte den Lehrer, eine Zeitlang auf der Basis eines gezielten Verhaltenstrainings, einer nahezu pausenlosen Rückmeldung über die Adäquatheit bzw. Inadäquatheit von Verhaltensweisen mit Hilfe von Plus- oder Minuspunkten Überblick, Struktur usw. in das Geschehen der Klasse zu bringen. Viele Schüler zeigten sich anfangs kaum in der Lage, auch nur eine Minute auf ihrem Platz stillzusitzen oder sich den Erklärungen des Lehrers überhaupt mit Aufmerksamkeit zuzuwenden, auch wenn diese Instruktionen noch so kurz waren.

Dieses Verfahren - auf das wir aufgrund einer extrem hohen, nervenraubenden Arbeitsbelastung zurückgegriffen haben und für das wir hier nicht weiter werben wollen - wurde eine Weile mit einer solchen Vehemenz eingesetzt, daß die Schüler bereits von sich aus Verhaltensweisen unentwegt mit negativen oder positiven Punktzahlen zu verknüpfen bekannen.

Das Erreichen einer bestimmten Summe an Punkten wurde anschließend in Form von Briefmarken, Postkarten, ausländischen Münzen usw. honoriert. Wer zu weit in den Minusbereich abglitt, mußte dies in Form eines Schwimmverzichts *sühnen*. Über die Angemessenheit und den Sinn solcher, an der Verhaltensmodifikation orientierter Verfahren kann und soll hier nicht weiter debattiert werden.[2] Tatsache ist, daß sich unser Schüler hier bildhaft mit dieser (sicherlich fragwürdigen) unterrichtlichen/ erzieherischen Mechanik auseinandersetzt, im Sinne eines Bestandteiles seiner schulischen Wirklichkeit. Aufschlußreich ist, daß der Junge das Verfahren als objektiv und gerecht empfand, da ja die Kriterien für ein unterrichtsangemessenes Verhalten offenlagen und von jedem auf einem Plakat nachgelesen werden konnten. Lediglich in Augenblicken extremer emotionaler Verstörung wurde hinter dem Verfahren der Verhaltensmodifikation eine willkürlich vom Lehrer installierte Machtstruktur vermutet, die es zu bekämpfen galt.

3.1.3 Die frontale Sitzordnung im Bild

Der neunjährige Tassilo hält in seinem Deckfarbenbild (Abb. 54) eine Szene aus dem Klassenzimmer eines dritten Schuljahres an einer Grundschule fest. Das Bild präsentiert zwölf braun angemalte Schultische, an denen jeweils zwei Schüler sitzen. Lediglich der Zeichner selbst, der sich in einer Sprechblase mit Namen vorstellt, sitzt allein an einem Tisch. Am unteren Bildrand befindet sich ein grüner Streifen, wohl die Tafel, davor der Sonderschullehrer, der eine Vertretungsstunde hält oder aber die - wegen einer Erkrankung - nicht anwesende Klassenlehrerin. Der als verhaltensauffällig geltende Schüler stellt sich hier dem neu erschienenen Sonderschullehrer vor. Das Bild ist gleichzeitig als unbewußte Übermittlung von Informationen über den Unterrichtsstil und den Erziehungsstil der Klassenlehrerin zu verstehen, der möglicherweise in Beziehung zu den Verhaltensauffälligkeiten des Zeichners, seiner isolierten Sitzposition am äußersten Rand der Klasse zu bringen ist. Die Anordnung der Tische wirkt einförmig, monoton, geradlinig, uniform. Es befindet sich sonst kaum etwas in diesem Klassenzimmer, etwa Leseecke, Gruppentisch, Bücherregal usw. Von den Schülern erscheinen im Bild lediglich die Köpfe, keine Körper, als kämen sie in diesem unterrichtlichen Geschehen gar nicht vor. Die Körper der Schüler befinden sich irgendwo unter den Tischen, nichts weiter als Anhängsel. Speziell der Kopf der Lehrperson hätte unter räumlichem Aspekt eine körperliche Ergänzung gestattet. Wahrscheinlich tritt auch die Lehrerin wenig körperlich in Erscheinung, bringt mehr ihren Kopf als ihren Körper ins Spiel. Das Bild ist somit auch als Aussage über die Erfahrungsebenen des Unterrichts zu werten.[3]

[2] Vgl. zu diesem Thema die von uns unter dem Titel „Lebenswelt und Didaktik" (1997, 44 ff.) geführte Diskussion.
[3] Vgl. hierzu die Analysen von Rumpf (1981) unter dem Titel „Die übergangene Sinnlichkeit. Drei Kapitel über die Schule."

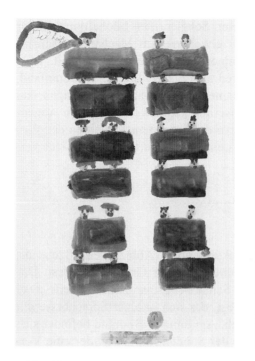

Abb. 54   *Abb. 55*

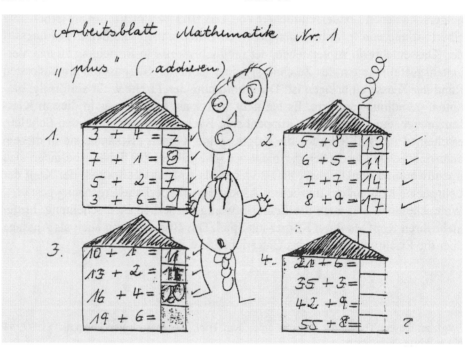

Arbeitsblatt Mathematike Nr. 1

„plus" (addieren)

1.

3 + 4 =	7
7 + 1 =	8
5 + 2 =	7
3 + 6 =	9

2.

5 + 8 =	13	✓
6 + 5 =	11	✓
7 + 7 =	14	✓
8 + 9 =	17	✓

3.

10 + 1 =	11
13 + 2 =	15
16 + 4 =	
19 + 6 =	

4.

21 + 6 =	
35 + 3 =	
42 + 4 =	
55 + 8 =	

?

Abb. 56

128

3.1.4 Bildhafte Kommentare zu einem als inadäquat erlebten Unterrichtskonzept

"Oh, wo hat das Mädchen denn die Beine? Oh, wo ist denn das Stück vom Kopf da?" So kommentierte der 9jährige Arno, von dem wir bereits eine ganze Bildserie zu dem obsessiven Beziehungsleben seiner Eltern (Abb. 17 - 23) gesehen haben, lustvoll kichernd seine, von der Fachlehrerin nicht intendierte, Umgestaltung eines Arbeitsblattes (Abb. 55). Die eher konventionelle Aufgabenstellung im Rahmen einer Sprache-Stunde bestand darin, Sätze wie z.B. "Ute hüpft Seilchen" entsprechenden Bilddarstellungen zuzuordnen. Dazu war es erforderlich, die Bilder, hier das seilhüpfende Mädchen, sowie den dazugehörigen Satz auszuschneiden und wiederum auf ein Blatt aufzukleben. Bei Arno zeigt sich nun ein nicht sachbezogener, sondern vielmehr ein destruktiv-aggressiver Umgang mit dem Gegenstand des Unterrichts: Er hat dem Mädchen die Beine und ein Stück des Kopfes *abgeschnitten*. Dieser Akt beruht in keiner Weise auf einem manuellen Mißgeschick, wie vielleicht vermutet werden könnte. Vielmehr war diese Episode für den Schüler offenbar mit einer gewissen Lust verbunden. Er zeigte die von ihm zerstückelte Mädchenfigur in der Klasse herum. Die Fachlehrerin wird mit der Tatsache konfrontiert, daß der Neunjährige hier einen sachfremden Weg einschlägt, der nicht zum geplanten Unterrichtsziel führt. An dieser Stelle sind verschiedene Interpretationsrichtungen denkbar. Eine Bedeutungsebene könnte sich auf das bildhafte Aktualisieren selbst erlebter Gewalt und Deformationsprozesse durch den Schüler beziehen. Ein weiterer Deutungsansatz, der hier in den Vordergrund gestellt werden soll, dreht sich um den Zusammenhang zwischen der destruktiv-aggressiven Reaktionsform des Schülers (im symbolischen Bereich), der Reaktionsform des Widerstandes gegenüber den sachbezogenen Aspekten der Aufgabe und gegenüber dem Unterrichtskonzept, das hinter Übungen wie „Ute hüpft Seilchen" steckt. Das vom Schüler hergestellte Bildfragment eines verstümmelten Mädchens, das *so* ja nicht Seilchen hüpfen kann und ohne Beine auf die Nase fallen würde, bedeutet nichts anderes als die Infragestellung der Angemessenheit der unterrichtlichen Methodik und eine, wenn auch dem Schüler bewußt nicht zugängliche, „Bitte um Hilfe" (Thomae), die da lautet: „Bitte machen Sie doch einen anderen Unterricht, damit auch ich mitarbeiten kann!"

Ähnlich verhält es sich mit einer Einzeichnung desselben Schülers in ein Rechenarbeitsblatt (Abb. 56). Nachdem der Neunjährige die leichteren Aufgaben erfolgreich gelöst hatte, ging er bei ansteigendem Schwierigkeitsgrad "aus dem Felde" und zeichnete eine nackte, defäkierende Frauenfigur zwischen die Rechenkästchen. Wiederum läßt sich hier, man betrachte die Hervorhebung der Brüste und der Scheide im Vergleich zu der reduzierten Darstellung des übrigen Körpers, die Wirksamkeit eines Konfliktgeschehens vermuten. Innerhalb dieser - möglicherweise auf die Lehrerin übertragenen - Problematik, könnte es um die Beziehung des Schülers zu seiner Mutter, um Vorgänge wie Gestilltwerden,

Versorgtwerden sowie Vorgänge der Entleerung und des Saubergemacht-werdens aber auch um das Intimleben der Mutter selbst und die diesbezüglichen Beobachtungen bzw. die ödipal gefärbten Phantasien des Jungen gehen. Auf der Ebene des Schulunterrichts bedeutet die Einzeichnung der defäkierenden Nack-ten in das Arbeitsblatt jedoch vor allem, wie das in Abbildung 55 gezeigte Bild-fragment auch, eine Infragestellung des Unterrichts in seinen Inhalten und in seiner Methodik, eine Provokation der Fachlehrerin, die diesen Unterricht hält. Möglicherweise macht sich hier eine länger angestaute Frustration bzw. Wut Luft. Die aggressiv vorgetragene Botschaft des Bildes könnte dann, auf eine knappe Formel gebracht, lauten: „Scheiß-Unterricht". Zwar geht der Schüler zunächst "aus dem Felde", d.h. er verläßt den Arbeitsrahmen, in dem er Un-wohlsein und Spannung empfindet und drückt sich eventuell alles schwer Ver-dauliche, Belastende aus dem Leibe. Gleichzeitig setzt er ein Zeichen im Sinne einer „Bitte um Hilfe", das entziffert und verstanden werden will. Der Unter-richt scheitert, weil er vom Vorherrschen einer „normativen Thematik" (Tho-mae 1968), im Sinne eines reibungslosen Funktionierens, auf seiten des Schü-lers bzw. der Schüler ausgeht, d.h. er ist auf eine fiktive "normale Ordnung des Alltags gerichtet" und er ignoriert, daß hier mit hoher Wahrscheinlichkeit "Unzufriedenheit, physischer Mangel oder Leiden, Enttäuschung, Versagen, Be-drohung oder Angst" (a.a.O., 312 f.) auf seiten des Schülers bestehen.

3.2 Zwischen Macht und Ohnmacht

3.2.1 Kritik an einer überkommenen Machtstruktur

Der 13jährige Peter, der einige Wochen als Förderkandidat mit dem Verfasser (J.B.) in einer kleinen Gruppe arbeitete, hat sich aus der verfügbaren Sammlung an Zeichnungen, Kunstbänden usw.[4] eine Zeichnung von Ungerer ausgewählt. Sein eigenes Photoportrait hat er kopiert, verkleinert und auf den Körper einer Lehrperson, die eine *herrschsüchtige* Pose einnimmt, aufmontiert (Abb. 57). In der Position dieses Lehrers steht er nun auf erhöhtem Podest vor einer Gruppe von Schülern, die sich in streng frontaler Sitzordnung befinden und die über lange Fäden marionettenartig gesteuert werden können. Die zweite Schülerfigur von links wird von Peter selbst an einer Leine nach oben gezogen. An diese Fi-

---

[4] Den Schülerinnen und Schülern stand eine Sammlung von etwa 60 Bänden zur Kunst ver-schiedener Epochen (vor allem Malerei und Graphik) zur Verfügung. Die Bildreproduktionen dienten dem Suchen nach Ideen und Anregungen. Die Bildmotive wurden von den Schüle-rinnen und Schülern in der Regel abgezeichnet, photokopiert, weiterentwickelt und umgestal-tet.

gur hat der Dreizehnjährige den Namen seiner Klassenlehrerin geschrieben.[5] Die Leine schnürt ihr den Hals zu, ihr Körper hängt schlaff herunter. Der Hintergrund dieser destruktiv-aggressiven Reaktionsform in der Zeichnung des Schülers ist, wie ein exploratives Gespräch mit dem Jugendlichen zeige, in Straf- und Ordnungsmaßnahmen zu sehen, die seine Klassenlehrerin wegen problematischer Verhaltensweisen gegen ihn ergriffen hatte. Durch diese Bildgestaltung fand Peter zunächst die Möglichkeit, seinen Ohnmachtsgefühlen, aber auch seinen Rachephantasien gegenüber seiner Lehrerin Ausdruck zu verleihen.

Eine Variation bzw. Fortsetzung dieser regulativen, konfliktbestimmten Thematik, in der es nicht nur um den aktuellen Anlaß, sondern auch um den Kampf um Autonomie im Sinne einer psychosozialen Krise gehen dürfte, ist in einer weiteren Bildgestaltung des Schülers zu sehen (Abb. 58). Aus der rechten Bilddecke bewegt sich ein massiver und schwer bewaffneter Roboter[6] auf die Bildmitte zu. In dieser Identifikation macht sich Peter nun unangreifbar und unverletzlich. Eine Inschrift informiert uns, daß es sich hier um Peter, den "Unsterblichen"[7] handelt. Auf der linken Bildseite saust eine, von Schüssen durchlöcherte, Figur durch den Bildraum nach oben. Die Gesichtsmerkmale dieser Figur sind deutlich ausgezeichnet, der Mundwinkel zeigt nach unten. "X stirbt", lautet der zum Bildgeschehen hinzugefügte Kommentar.[8] Der Hintergrund zu dieser Bildgestaltung war, wie die Exploration zeigte, darin zu sehen, daß die Klassenlehrerin aufgrund der zugespitzten Situation in der Lerngruppe den Schulleiter hinzugezogen hatte. Dieser verschärfte die repressiven Maßnahmen unter anderem gegen Peter. Der 13jährige antwortete mit den Reaktionsformen der Selbstbehauptung, des Widerstandes und der Aggression. Zu übersehen ist jedoch nicht, daß er auch eine dritte, neutrale Person um Hilfe bittet, indem er die Angelegenheit in einer kleinen Fördergruppe über seine Bildproduktionen anspricht, um die Konfliktthematik in seinem schulischen Leben zu einem Ausgleich zu bringen.

Die beiden Bilder lassen sich vor allem als Kritik an einer längst überkommen geglaubten Machtstruktur lesen. Herrschaft steht nicht im Dienste des Wandels und des Neubeginns. Die Macht ist nicht wohltätig, sie wird eingesetzt, um Bestehendes zu festigen. Die Strukturen sind erstarrt, Entschlossenheit hat sich in Härte verwandelt. Es herrscht nicht auf Weisheit gegründete Autorität, sondern autoritäre Dominanz, die jeden Widerspruch ängstlich im Keime er-

---

[5] Dieser Name wurde aus Gründen der zu wahrenden Anonymität aus der Zeichnung entfernt.
[6] Die Herkunft dieses Bildelements ist nicht mehr zu rekonstruieren. Der Schüler brachte es zur Förderstunde mit.
[7] Diese Inschrift wurde aus Gründen der Anonymität aus dem Bild entfernt.
[8] An dieser Stelle befand sich ursprünglich der Nachname einer Amtsperson. Dieser wurde durch ein X ersetzt.

stickt. Die Schule bzw. der Unterricht erscheinen als Instrumente der Kontrolle und der Unterdrückung. Statt echte emotionale Erfahrung zu ermöglichen, statt alte Konditionierungen zu überwinden, werden diese erneut befestigt. Die sozialen Beziehungen sind nach dem Muster einer „Ihr"-Beziehung (Schütz & Luckmann) konstruiert.

Die real in die Tat umgesetzte und die bildhaft symbolisierte Rebellion des Schülers steht dagegen im Dienste von Klarheit, Offenheit und Wahrheit. Der 13jährige schreckt nicht vor dem Alteingesessenen, dem Etablierten zurück. Er ist bereit zu zerstören, was unfrei macht. Er räumt gründlich auf mit überkommenen Strukturen, die wirkliches Leben unterdrücken oder verhindern. Sein aggressives Nein entspringt einem ungebrochenem Ja gegenüber sich selbst und dem Dasein. Zwar entfaltet der aufgestaute Ärger des Schülers eine gewisse destruktive Energie, doch handelt es sich grundsätzlich um eine Rebellion mit konstruktivem Ziel, nämlich eine gewisse Selbstbestimmung und Mitbestimmung der Schülerinnen und Schüler in der täglichen Realität des Unterrichts zu erreichen.

Einmal abgesehen von den geschilderten Ereignissen, wie sie auf der Ebene konkreter schulischer Interaktionen, auch an Sonderschulen, vorkommen können, deutet sich hier ein vielschichtiger - erziehungsgeschichtlich relevanter - Problemzusammenhang an, der sich um die Mechanismen der Macht, um die Disziplinierung normabweichenden Verhaltens - hier: von Heranwachsenden - in gesellschaftlichen Institutionen dreht, ein Zusammenhang, wie er insbesondere von Foucault (1975) in „Überwachen und Strafen" und von Thiemann (1985) in „Schulszenen. Vom Herrschen und vom Leiden" analysiert worden ist. Aggression und Gewalt gehören nach unseren Beobachtungen, neben der Sexualität, zu den Schlüssel*themen*, mit denen wir durchgängig an Schulen für Erziehungshilfe konfrontiert sind. Mit den Mechanismen der Macht und der Kontrolle ist von pädagogischer Seite kaum wirksam an diese Themenbereiche, ihre wechselseitigen Überlagerungen und ihre Verzweigungen im schulischen Alltag und in die anderen Lebenswelten hinein, heranzukommen. Damit wird nicht bestritten, daß es bestimmte Grenzfälle gibt, in denen, rein situativ betrachtet, nichts anderes mehr bleibt, als die sog. „Ordnungsmaßnahmen" zu ergreifen, um Schaden von Personen oder Gegenständen abzuwenden. In unserer früheren Untersuchung „Lebenswelt und Didaktik" (1997 a) haben wir aufgezeigt, wie die Phänomene Gewalt, Macht, Disziplinierung usw. zum Gegenstand des Unterrichts gemacht werden können, um den Schülern eine aktive Auseinandersetzung mit diesen Themen zu ermöglichen, diese Mechanismen gemeinsam der Kritik zu unterwerfen, ihren destruktiven Gehalt durch das *Erfahren* einer demokratischen, emanzipatorischen Pädagogik schrittweise aufzulösen.

Abb. 57

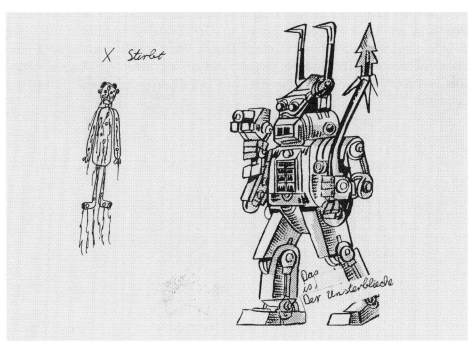

Abb. 58

Eine Variation des Themas „Schule und Macht" finden wir in dem folgenden Bild wieder: Über einer blassen, geduckten Schar von Schülerinnen und Schülern erhebt sich machtvoll und feist ein Lehrer mit Weste, Krawatte und Jacket. Die Hände sind lässig in die Hosentaschen geschoben, das Jacket ist geöffnet, der wohlgenährte Bauch nach vorne gestreckt (Abb. 59). Der glatzköpfige Mann, sieht mit einer Zigarre im Mund erhaben über die Köpfe der Schüler hinweg in einen nicht näher definierten Raum. Eine Karikatur schulischer Machstrukturen, die hier eine kleine Gruppe von jugendlichen Sonderschülern unter Anleitung und Mitarbeit einer Künstlerin[9] zustandegebracht hat. Die Darstellung des Lehrers erfolgte in Anlehnung an Zeichnungen von Grosz.

Auf der einen Seite dürfte diese krasse Form eines schulischen Machtverhältnisses zwischen Lehrer und Schüler heute nicht mehr den Tatsachen entsprechen. Andererseits läßt sich die hier bildhaft zugespitzte, übertriebene Machtordnung in subtilerer Form auch in den erzieherischen Strukturen der Gegenwart wiederfinden. Die am Herstellungsprozeß des Bildes beteiligten Schülerinnen und Schüler erinnerten sich denn auch an Episoden aus ihrer Schulbiographie ("Weißt Du noch, beim dem durfte keiner ....", „An der Grundschule, da war eine Lehrerin, die ..."), in denen sie sich ungerechtfertigterweise einer Machtordnung unterworfen sahen, die auf keinen objektiven Kriterien basierte und die an Willkürherrschaft grenzte. Die Schüler erscheinen als eine zu unterwerfende amorphe Masse. Das Bild wurde zusammen mit anderen Werken (z.B. Abb. 60) im Foyer der Schule aufgehängt, um einen Diskussionsprozeß unter den Schülern (und Lehrern) anzuregen. Die Lehrerschaft dieser konkreten Schule, die bis dahin offenere Unterrichtstile, einen schülerorientierten Unterricht usw. nur vom Hörensagen, jedoch nicht aus eigener Praxis, kannte, mußte hier *eine Kröte schlucken*, die ihr eine vom Schulbetrieb unbelastete Künstlerin servierte.

---

[9] Wir bedanken uns an dieser Stelle bei Julia Prejmerean-Aston (freie Künstlerin, Nümbrecht-Winterborn).

Abb. 59

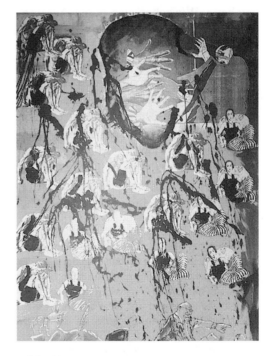

Abb. 60

3.2.2 Beeinflussung, Überwältigung und Verführung

Ein dem oben gezeigten durchaus vergleichbares, in seiner Bildaussage jedoch vielschichtigeres Werk kam in einer anderen Kleingruppe zustande, die von zwei weiteren Künstlerinnen betreut wurde (Abb. 60).[10] Wir sehen in der linken Bildhälfte 11 sitzende Männer, immer in derselben Körperhaltung, die aus einem Aktzeichenbuch[11] photokopiert und in einen blutroten Bildhintergrund eingeklebt worden sind. In der rechten Bildhälfte sitzen acht gleiche Frauen, die Photokopien eines Bildes von Matisse[12] darstellen. Die ursprünglich nackten Körper der jungen Männer und Frauen wurden mit schwarzer Farbe eingekleidet. Es ist wohl nicht abwegig, in dieser Ansammlung von Körpern eine Schulklasse zu sehen, die von einer - an Dracula erinnernden - Figur in der Bildecke oben rechts beschworen wird. Eine Reihe aufcollagierter Hände (oben Mitte) streckt sich diesem Zerrbild eines Lehrers entgegen, während die sitzenden Männer und Frauen kaum von ihm Notiz zu nehmen scheinen, wenn sie nicht gar paralysiert, hypnotisiert, d.h. durch die erzieherischen Einwirkungen in ihrer Persönlichkeit dauerhaft deformiert worden sind. Andererseits stellt ihre ursprüngliche Nacktheit eine Provokation des Lehrers, aber auch des ganzen Systems Schule dar. Zur Übermalung der weiblichen Brüste und der Ankleidung der männlichen Körper kam es ja nur, weil die Schuladministration ansonsten kein grünes Licht zum Aufhängen des Bildes im Treppenhaus der Schule gegeben hätte. Wir gehen also in der Analyse des Bildes davon aus, daß die Männer völlig nackt und die Frauen mit nacktem Oberkörper und „indischen Hosen" (Matisse) dasitzen. Die nun immerhin spärlich bekleideten jungen Männer und Frauen scheinen sich dem Geschehen schlafend oder träumend zu entziehen. Andererseits scheinen sie den Vampir zu locken, zu provozieren. Der zum Dracula entstellte Lehrer wirkt aus dem dunklen Hintergrund. Er versucht mit beschwörender Geste Einfluß zu nehmen, wehrt zugleich etwas ab und weicht ins Dunkel des Bildraumes zurück. Die auf die Leinwand geschleuderte blaue Farbe setzt die Vampir-Symbolik des Aussaugens, des Abhängigmachens usw. fort, indem Assoziationen an *blaues Blut* geweckt werden. Der blutrote Grund des Bildes verweist auf die erotischen und (potentiell) gewalttätigen Unterströmungen in einer Gruppe von Jugendlichen, in die auch der Lehrer, die Lehrerin

---

[10] Die Entstehung dieses Bildes wurde von Barbara Rühl (Lehrerin und Künstlerin mit kunsttherapeutischer Zusatzausbildung, Hamburg-Haseldorf) und Shirley Lindemann-Glaap (Pädagogin und Künstlerin mit kunsttherapeutischer Zusatzausbildung, Xanten) begleitet. Da es sich um einen vom Verfasser (J.B.) organisieren Kunst-Projekttag handelte, an dem ca. 50 Jugendliche anwesend und aktiv waren, ist nicht mehr genau zu rekonstruieren, welche konkreten Schülerinnen und Schüler an diesem Bild beteiligt gewesen sind. Dasselbe gilt für Abbildung 59.

[11] Tank (1963): Kopf- und Aktzeichnen.

[12] Matisse (1925): „Die indischen Hosen".

selbst verstrickt sein kann. Natürlich kommen hier die eigenen Sichtweisen, biographischen Erfahrungen aus dem Bereich der Schule usw. der Künstlerinnen selbst mit ins Spiel. Es werden tief liegende Schichten des Zusammenhanges von Erziehung, Macht und Sexualität sowie - durch die erzwungene Übermalung der Körper zusätzlich - von Sexualität, Institution und Öffentlichkeit freigelegt.

Im unteren Teil befinden sich nachträglich von anderen Schülern eingearbeitete Bildszenen, die unter Rückgriff auf Zeichnungen von Hickel[13] entstanden sind. Die Zeichnungen des Künstlers wurden auf Folie kopiert, mit einem Overheadprojektor auf die Leinwand projiziert und ausgemalt, koloriert. Die Bildszenen thematisieren die Dualität/ Polarität der *Macht* bzw. der *Machtlosigkeit/ Hilflosigkeit des Lehrers*, womit sie der tatsächlichen/ realen Situation wohl am nächsten kommen. Während der Lehrer in der rechten Szene einem Schüler zeigt, *wo es lang geht*, fleht der Lehrer in der linken Szene geradezu seine Klasse an, z.B. Ruhe zu geben o.ä.

3.2.3 Zwischen Anpassung und Widerstand

Ebenfalls unter Rückgriff auf zeichnerische Figurationen von Hickel ist die folgende Arbeit des 15jährigen Gerrit (Abb. 61) zustande gekommen. Ganz rechts sehen wir den Lehrer, lesend oder vorlesend an seinem Pult sitzen. Er hat die Beine bequem übereinander geschlagen und lehnt sich auf seinem Stuhl zurück. Im Klassenzimmer befinden sich insgesamt vier Schüler an ihren Tischen, wohl stellvertretend für eine üblicherweise größere Gruppe. Der Versuch des Schülers, dem Klassenzimmer eine tiefenräumliche Organisation zu geben, erscheint etwas mühsam. Immerhin sind eine Art Fußboden, eine Tür, eine unter der Decke befindliche Lampe sowie eine gelbe Neonleuchte o.ä. zu sehen. Schließlich wurde ein zweiter Boden in den Raum eingezogen, zu dem hinauf eine Leiter führt und auf dem sich ein weiterer Tisch mit einem Schüler befindet. Dieser Tisch wurde wohl deshalb so schräg nach unten fallend plaziert, damit das Geschoß in der Gummischleuder, die der dort sitzende Schüler gerade spannt, den brav aufzeigenden Schüler, der unmittelbar vor dem Lehrer sitzt, treffen kann. Die Bravheit und Unterwürfigkeit dieses Schülers findet ihre Verdoppelung in der übertriebenen Beflissenheit des Schülers ganz links, der seinem ausgestreckten Finger beinahe hinterherfliegt. Es liegt auf der Hand, daß sich der Produzent des Bildes eher mit dem devianten, d.h. abweichenden, querschießenden Schü-

---

[13] Hickel (1980): Sanfter Schrecken. Blätter aus dem pädagogischen Alltag.

ler-Typ oben links identifiziert („Ich treffe ihn, he, he...").[14] Dieser findet wiederum seine Verdoppelung in dem rauchenden und Zeitung lesenden Schüler, der seine Beine auf den Tisch gelegt hat. Vor dem Hintergrund der Verhaltensnormen, die üblicherweise in einer Schulklasse gelten, haben wir es hier mit einer unübersehbaren Provokation zu tun. Der Lehrer reagiert auch prompt mit der Frage: „Wer raucht hier?" Das Bild ist zwar in einer heiter gelösten Atmosphäre (im Fachunterricht „Kunst") entstanden, doch stellt es grundsätzlich die Frage, wie der Zeichner mit den Anpassungszwängen der Institution Schule umgeht, wie er sein eigenes Vermögen zur Anpassung einerseits und sein rebellierendes Infragestellen der schulischen Ordnungssysteme andererseits einschätzt. Daß die Anpassung als solche verachtet *und* gleichzeitig als notwendig erkannt wird, führt zu einem Konflikt, der vom Zeichner symbolisch dadurch gelöst wurde, daß beide Tendenzen, also die Anpassung *und* der Widerstand, die Rebellion auf verschiedene Figuren verteilt werden und eine ironische Distanzierung von den braven wie auch den devianten Figuren erfolgt.

3.2.4 Wortgefechte

Die nächste Zeichnung (Abb. 62), bestehend aus eilig hingekritzelten Schultischen und vage angedeuteten Personen, gewährt einen Einblick in die zweijährige Leidensgeschichte des Grundschülers Deno. Links oben sehen wir den Neunjährigen, mit erhobenen Armen und das Wörtchen „Du" rufend. Unten vor der Tafel sehen wir seine Lehrerin. Die Kreise über den Rechtecken der Tische stehen hier für die anderen Schülerinnen und Schüler, die den Hintergrund dieser Szene abgegeben haben. Verbale Provokationen des Schülers, Maßregelungen von seiten der Lehrerin, ein Wortgefecht, hier abgekürzt als einfaches „du", das wohl für Sätze steht wie „Du sollst nicht...", „Du machst jetzt ..." oder „Du kannst mich mal". In Zusammenhang mit Abbildung 7 bezogen wir uns bereits auf diesen Fall. Die Situation ist inzwischen sehr verfahren. Die anderen Schüler wollen wegen seines störenden Verhaltens nicht neben Deno sitzen. Erhält er einen Arbeitsauftrag, ruft er: „Scheiße, Scheiße, Scheiße!" Während einer Unterrichtsstunde packt er plötzlich sein Brot aus und beginnt zu essen, springt auf, will die Fußbodenplatten zählen, trommelt auf dem Tisch oder er sagt laut das ABC auf. Deno bemüht sich auch nicht mehr, Aufgaben zu lösen. Er will sich nicht helfen lassen. Er sagt: „Ich stell mich einfach dumm, damit ich auf eine andere Schule darf." (Deno lebte offenbar immer noch in der - durch seine Mutter - gestützten Annahme, daß er bald an eine Schule für Lernbehinderte gehen würde. J.B.). „Wann darf ich endlich alleine an einem Tisch sitzen?" Oder:

---

[14] Vgl. zu dieser Thematik Zinnecker (1978): „Die Schule als Hinterbühne oder Nachrichten aus dem Unterleben der Schüler."

„Wann wirfst Du mich endlich raus?" sind Fragen, die fortwährend von ihm gestellt werden. Während des Schreibens oder Rechnens läuft er mit seinem Holzlineal durch den Klassenraum und spielt damit, als sei es ein Gewehr, mit Schußtönen als Begleitung. Es folgen Auseinandersetzungen und Wortgefechte der oben beschriebenen Art und der Rauswurf aus der Klasse.

3.2.5 Von der Unbegrenztheit der allgemeinen Destruktivität und der Hilflosigkeit der Lehrer

Bei der Zeichnung des 16jährigen Chris (Abb. 63) handelt es sich um eine Arbeit zum Thema „Schule, Gewalt und Freiheit"[15]. Das Bild reflektiert die aggressiven Auseinandersetzungen zwischen jugendlichen Schülern einer Schule für Erziehungshilfe, hier auf dem Schulhof während der Pause. Da hier immer unterschiedliche Gruppen aufeinandertreffen und Schüler ihre im Unterricht aufgebauten oder bereits in die Schule mitgebrachten seelischen Spannungen ausagieren/ abreagieren, ist gerade die Hofpause als ein sehr störanfälliger Bereich des schulischen Lebens anzusehen. Häufig ist es auch so, daß Streitigkeiten, die im Schulbus oder im Unterricht begonnen haben, hier ihre Fortsetzung finden. Die Schüler finden hier mehr Handlungsspielräume für Aktivitäten dieser Art, denn es gibt immer Nischen und Winkel, Treppenaufgänge, Toiletten usw., die für die aufsichtführenden Lehrerinnen und Lehrer schwer einsehbar sind. Die von Chris gezeichnete Szene zeigt nun einen heftigen Streit zwischen zwei Schülern. Während der eine bereits verletzt auf dem Boden liegt, angezeigt durch die Schmerzstelle in der Bauchgegend und die Blutlache um den linken Arm herum, holt der Schüler mit einer dicken - wohl metaphorisch zu verstehenden - Keule erneut zu einem Schlag aus. Chris gibt die folgende Erläuterung zu seinem Bild: „Die Schüler kloppen sich und die Lehrer klatschen Beifall. Freiheit haben nur die Vögel. Die können machen, was sie wollen." Die Lehrer auf der rechten Seite wirken daher in erster Linie hilflos und überfordert. Sie haben sich in eine sarkastische Haltung geflüchtet, um diese Hilflosigkeit zu überspielen. Die „Aufsicht", wie wir auf dem Pulli des Lehrers lesen können, kapituliert vor einem endlos scheinenden Potential an destruktiver Energie, die mit jedem neuen Schülerjahrgang herangeschwemmt wird. Hat man, etwa während der Pause, die eine Gruppe mit viel Mühe und Geduld beruhigt und zu einer verbalen Konfliktregulierung angehalten, fordert schon ein anderes Geschehen auf der gegenüberliegenden Seite des Schulhofes erneute Interventionen.

---

[15] Wir verdanken dieses Bild Frau Sylvia Mandt (Sonderschullehrerin und Gestalttherapeutin). Es entstand anläßlich eines gleichlautenden Beitrages des Verfassers (J.B.) zu einem Symposion „Verhaltensauffällig, na und?" an der Universität zu Köln 1993.

Abb. 61

Abb. 62

140

Abb. 63

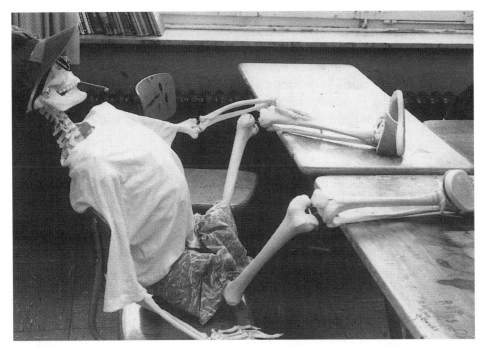

Abb. 64

3.2.6 Befreiung aus den Fesseln des Alten

Der 15jährige Ralf, in dessen häusliches Zimmer wir bereits einen Blick geworfen haben (vgl. Abb. 9), hat mit viel Mühe und Engagement eine Art Installation zuwegegebracht (Abb. 64). Im Kern haben wir es hier mit einem Skelett zu tun, das Ralf an seinen Schultisch gesetzt hat. Ralf hatte im Medienraum *zufällig* dieses Skelett entdeckt und die Idee entwickelt, diesem seine eigene Sportkleidung anzuziehen. Der Hut und die Leinenschuhe wurden einer Verkleidungskiste o.ä. entnommen. Ralf brachte extra eine angerauchte Zigarre mit, die er dem Skelett in den Mund steckte. Die gesamte Figuration wurde dann so lange hin- und hergesetzt, bis sie sich an der richtigen Stelle befand: die Füße auf dem Tisch und mit lässiger Geste nach hinten gelehnt. Das Spiel mit der Metaphorik des Todes mutet eventuell etwas makaber an. Der Gestaltungsprozeß vollzog sich jedoch in einer für diesen Jugendlichen selten konstruktiven Weise, daß wir es für ratsam hielten, ihn nicht zu unterbrechen. Die Botschaft der ungewöhnlichen Gestaltung dürfte denn auch vielschichtig sein. Assoziationen wie *Der Unterricht/ die Schule ist tödlich* oder *Die Schule bringt mich um* sind genauso denkbar wie die Manifestation suizidaler Tendenzen als Ausweg aus einer hoffnungslosen Lebenssituation. Die Gestaltung des Schülers verweist jedoch auch auf den Vorgang der Transformation, des Vergehens und Neuwerdens, auf die Befreiung aus alten Verstrickungen, auf sich anbahnende äußerliche Veränderungen. Die alten Beziehungsverhältnisse, das als zu eng empfundene Zusammenleben mit der Tante, symbolisiert in dem Kaninchenkäfig (Abb. 9), drängen nach Auflösung. Dieser Prozeß kann durchaus mit schmerzhaften Erfahrungen verbunden sein. Die Metapher des Todes ist doppelgesichtig: Vernichten und Entreißen auf der einen Seite, Befreiung aus den beengenden Fesseln des Alten andererseits. Das Ganze ist allerdings gemischt mit einer gehörigen Portion Selbstironie, was es nicht leichter macht, den wahren Sinn zu entschlüsseln.

3.3 Der Schultisch als Fläche zur Symbolisierung von Erfahrungen und zur Abfuhr von Spannungen

Das Photo (Abb. 65) zeigt einen Holztisch, wie es sie bis vor einiger Zeit noch an finanziell schlecht ausgestatteten Sonderschulen gegeben hat. In das Holz sind eine Reihe von Spuren eingraviert. Der Tisch weist Rillen, Kerben, Einritzungen usw. auf, in die zum Teil Tinte, Tusche o.ä. hineingelaufen ist. Eine Reihe von Schülernamen, Namensfragmenten oder Namensabkürzungen lassen sich entdecken. Ferner sind Popgruppen wie Pink Floyd oder Popstars wie Madonna im Holz verewigt worden. Auch gegenständliche Zeichnungen sind zu entdecken, etwa ein Flugzeug unter dem oberen Bildrand. Sätze wie „I love you" deuten auf libidinöse Vorgänge hin. Die Linien folgen zum Teil bestimmten Ordnungsprinzipien. Sie laufen zum Beispiel auf eine Art Fluchtpunkt am oberen Bildrand zu. Es lassen sich parallele Muster, rechte Winkel und dergleichen erkennen. An einigen Stellen wurde die Lackschicht flächig abgekratzt, wodurch der Tisch hier grau erscheint. Ein solches Stück Holz ist ein Dokument von quasi archäologischer Bedeutung. Es zeugt von langen, zum Teil bis ins unermeßliche gedehnten Zeiträumen, die über einen solchen Tisch hinweggegangen sind. Wieviele Schülerinnen und Schüler haben an diesem Tisch gesessen? Wieviele Bücher und Hefte haben hier gelegen? Wieviele Bleistifte und Füller wurden hier bewegt und von wem? Welche Körper haben sich über diese Holzplatte gebeugt? Wieviel Interesse, Langeweile, Wut, Haß und Verzweiflung wurde genau an diesem Tisch produziert? [16]

Unser nächstes Photo (Abb. 66) zeigt ebenfalls einen Schultisch aus Holz, der nicht mehr einer einzigen Schülerin oder einem Schüler zugeordnet werden kann. Tatsache ist, daß dieser Tisch über mehrere Jahre an einer Schule für Erziehungshilfe Verwendung gefunden hat und daß in seine Oberfläche Spuren der verschiedensten psychosozialen Prozesse eingegangen sind. Beim genauen Hinsehen ist eine ungewöhnliche Detailarbeit zu erkennen. Ein Meer von Linien, Kratzern, Kerben und kleinen Bildsymbolen wie Kreuz, Anarchie-A, Inschriften wie „Airwalk", das Logo einer Skateboardfirma. Ganz rechts befindet sich ein rotes, schneckenhausähnliches Gebilde, vielleicht als Metapher für den Wunsch nach völligem Rückzug aus der schulischen Wirklichkeit. Spuren von abgerissenen Klebebildern. Die tief eingeritzte Senkrechte in der linken Bildmitte teilt den Tisch in zwei ungleiche Hälften. Eine Welt für sich, ein Ausschnitt aus einer weiten Landschaft, deren Untersuchung mit einer Lupe oder einem Mikroskop sich lohnen würde. Sicher würden beeindruckende Bilder von in den Kerben zerlaufener Tinte zutage gefördert.

Auf dem Schultisch von Chris, 14 Jahre (Abb. 67) finden sich neben Zeichen, die auf Popgruppen, Musiktitel u. a. verweisen, bildhafte Hinweise auf das Themenspektrum der Sexualität: Inschriften wie z.B. "I love you, Petra", C. + S. = Herzsymbol oder "Sex", zweimal in großen Buchstaben auf das Holz geschrieben. Bildmotive wie z.B. zwei nackte Frauentorsos, die bis zum Becken reichen und dann beinlos bleiben, die Nacktdarstellung einer Frau diesmal mit Beinen und zwei schwer einzuordnende Objekte, in die männliche Genitalen eingearbeitet worden sind. Weiterhin tauchen isolierte männliche Genitalien auf, umgeformte bzw. nachträglich umgestaltete Genitalszenen, ein Elefant mit einem dicken horizontal aufgerichteten penisartigen Rüssel, Busen.[17]

---

[16] Vgl. zu der sogenannten „Schultischgraffiti" auch die Analysen von Bracht (1978, 1982) und Hilbig & Tietze (1981).
[17] Koch (1984) spricht hier von sog. "erotographischen Mitteilungen".

Abb. 65

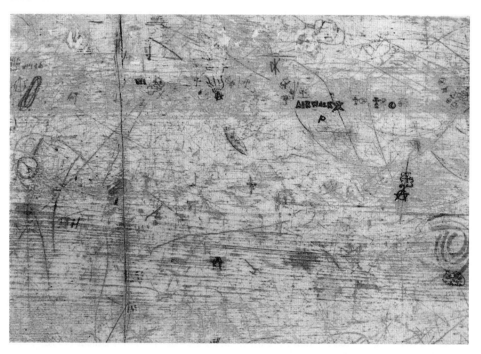

Abb. 66

144

Abb. 67

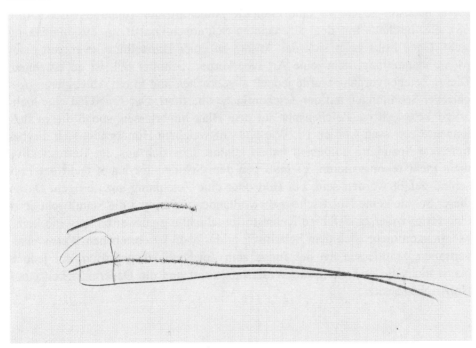

Abb. 68

145

Richter (1987, 356) führt folgende Merkmale „erotographischer" Bildnerei an, die auf die Bildfigurationen auf Chris′ Tisch in besonderer Weise zutreffen, speziell das „besondere Verhältnis von Detaillierung und Regression sowie Ausdruckssteigerung und Umstrukturierung im Dienste der Verdeutlichung, Klärung und Verarbeitung sexueller Angstvorstellungen", die hier als Teil einer regulativen Thematik betrachtet werden können.

Die Aufschriften "Scorpions", einmal in grün und sehr hervorstechend, ein weiteres Mal klein, "Sex Pistols", ebenfalls zwei Mal, "Emils" weisen auf die von Bracht (1978, 1982) aufgeführte Kategorie "Sänger und Musikgruppen" in der Beschreibung und Analyse von sog. Schultischgraffiti hin. Ebenso die Bezeichnungen "Punk, Sucks, Rebels". Allerdings scheint diese Zusammenstellung hier nicht den "Charakter einer magischen Zauberformel", jener Aura von kulthafter Bewunderung aufzuweisen, wie sie Hilbig & Tietze (S. 32 f.) in Zusammenhang mit Idolen annehmen. Die Bereitschaft zur Identifizierung mit den im Holz verewigten Popstars scheint hier subtiler und distanzierter. Der Vierzehnjährige stützt sich auf einen Bedeutungszusammenhang kreisend um "Scorpions, Rebels, Emils", der etwas Merkwürdiges, Subversives, etwas Unterschwelliges in sich trägt. Chris' Ich dokumentiert dadurch eine gewisse Stärke. Es kapituliert nicht vor der künstlich aufgemotzten Fassade von Popstars, sondern instrumentalisiert deren subversive Bedeutungsschichten im Sinne der Reaktionsformen der Selbstbehauptung und des Widerstandes.

Als nächstes sehen wir eine bildhafte Äußerung des 10jährigen Leo (Abb. 68), die durchaus mit den sogenannten Schultisch-Graffiti in Zusammenhang steht. Ganz links zeigt sich der Ansatz zu einer Darstellung, eventuell einer Menschdarstellung, denn eine Art Oberkörper, Schulter o.ä. ist zu erkennen. Dieser Zeichenvorgang wurde jedoch abgebrochen und in ein Abreagieren psychischer Spannungen auf der Zeichenfläche überführt. Der Junge hat eine hiebartige, sehr kräftige Zeichenspur auf dem Blatt hinterlassen, sodaß dieses stellenweise zerrissen worden ist. Wie und auf welchem Hintergrund sich die betreffende Spannung aufgebaut haben könnte, läßt sich aus der Retrospektive nicht mehr rekonstruieren. Es muß von dem Schüler überhaupt nicht der Entschluß gefaßt worden sein, ein Bild oder eine Zeichnung anzufertigen. Da an dieser Schule keine Holztische mehr vorhanden waren und die Schultische jetzt eine feste, widerstandsfähige Kunststoffbeschichtung aufweisen, bestand keine Möglichkeit mehr, sich dem Schultisch in der oben beschriebenen Weise anzuvertrauen. Stattdessen hat der Junge zum Zeichenblock gegriffen, der jedoch längst nicht die Festigkeit, die Widerstandskraft und die Dauerhaftigkeit eines Holztisches besitzt.

146

Abb. 69

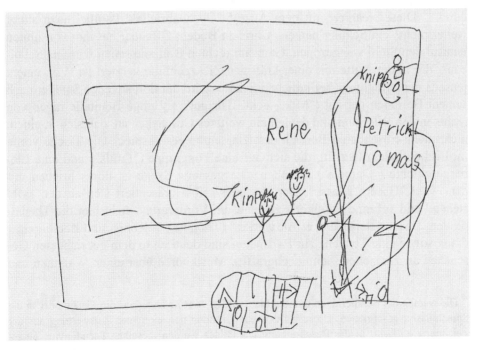

Abb. 70

3.4 Gemeinschaftsleben

3.4.1 Das Thema der sozialen Integration

Eine Zeichnung des 14jährigen Boris (Abb. 69) zeigt einen Ausschnitt aus dem „Mikrosystem" (Bronfenbrenner) seiner Schulklasse. Es handelt sich um eine annähernd tiefenräumliche Darstellung des Klassenzimmers. Darin befinden sich plastisch gezeichnete Tische, Stühle, eine Waschecke, Tafel und Tür. Der Lehrer sitzt an seinem Schreibtisch. Sein Kopf bzw. sein Gesicht ist in eine Wolke eingehüllt, nach Angaben des Schülers ein Zeichen dafür, daß er dem Geschehen in der Schülergruppe jetzt weitgehend freien Lauf läßt und mit Eintragungen ins Klassenbuch, dem Durchlesen einer Schülerarbeit o.ä. beschäftigt ist. Unterdessen vollzieht sich im Klassenraum ein buntes Treiben. Der Schüler unten rechts schreitet forsch auf einen von links unten kommenden Jungen zu. Die Sprechblasen enthalten Dialogfetzen ("Matthias Du Arsch!" o.ä.). Der Schüler links wirft, man beachte die gestrichelte Linie, die die Flugbahn des Objektes anzeigen soll, etwas Eiartiges durch den Raum und auf den Tisch, vor dem der andere steht. In der Bildmitte spielen sich weitere Handlungen ab. Ein Schüler namens Niko sitzt mit Kopfhörer an seinem Platz und hört offenbar Musik. Vor ihm auf dem Tisch liegt ein Walkman-Kassettengerät. Von der gegenüberliegenden Seite bewegt sich Gabriella unter den beiden Tischen zu Niko durch.[18] Dieser reagiert mit dem Ausruf "Oh, Gabriella!" Parallel dazu stürzt weiter rechts ein Schüler namens Chris zu Boden. Offenbar hat ihm von hinten jemand den Stuhl weggezogen. Ganz am rechten Bildrand sehen wir eine Schulbank, die in der Mitte mit einer kräftigen Zickzacklinie verziert ist. Von einem jenseits der Bildgrenze befindlichen Schüler wird der dort sitzende Schüler nach seinem Befinden gefragt ("Mike, geht's Dir gut?"). Einige Beinteile ragen von rechts in den Bildraum und deuten ein weiteres Geschehen an, daß sich in einem nicht mehr einsehbaren Bereich des Klassenraumes abspielt. Die Tische vorne im Bild enthalten Graffiti, die sich auf eine Popgruppe ("Emils") und eine Liebesgeschichte ("Daniela") beziehen. Die gesamte Szene ist überschrieben mit dem Titel "Unsere Klasse". Der Zeichner selbst präsentiert sich an der Tafel stehend und auf eine Tafelnotiz zeigend. Im Vordergrund steht hier die Thematik der „Daseinssteigerung & Aktivation" (Thomae). Erlebnis- und Betätigungsdrang sowie eine Tendenz zur Expansion sind deutlich in dem gezeichneten Geschehen auszumachen. Schultischgraffiti, Musikhören über einen Walkman und

---

[18] Die Namen der Schülerinnen und Schüler wurden vom Zeichner auf die Tische oder in die Sprechblasen geschrieben. Diese wurden aus Gründen der anonymen Auswertung aus der Zeichnung entfernt. In der Beschreibung des Bildes wurden dieselben Pseudonyme eingesetzt, die auch bei den anderen Bildbeschreibungen dieser Untersuchung verwendet worden sind.

die - zum Teil beschrifteten - Kappen, die die Schülerfiguren tragen, erweisen sich als bedeutungsgebene alltagsästhetische/ jugendkulturelle Zeichen. Gleichzeitig werden auch Elemente einer Thematik der „sozialen Integration" (Thomae) erkennbar. Der 14jährige bejaht offenbar ausdrücklich die bestehenden sozialen Bindungen und Regelungen im Rahmen der Schulklasse, in den Beziehungen zu seinen Mitschülern und in der Beziehung zum Lehrer. Die sozialen Beziehungen sind nach dem Muster der „Wir-Beziehung" (Schütz & Luckmann) konstruiert. Dominierende Reaktionsformen sind die „Stiftung und Pflege sozialer Kontakte" in Kombination mit „Anpassung an die Eigenheiten und Bedürfnisse anderer" sowie „Anpassung an die institutionellen Aspekte der Situation" auf der einen Seite und „Selbstbehauptungstendenzen" auf der anderen Seite (vgl. a.a.O., 1968, 1988).

3.4.2 Streit auf dem Pausenhof: Bildnerische Betrachtungen eines Außenseiters

Der zehnjährige Donald saß nach der großen Pause halb weinend und halb vor Wut kochend an seinem Platz. In der Pause hatte es offenbar einen heftigen Streit gegeben, in den auch dieser Schüler verwickelt war. Mehr war im Augenblick nicht zu erfahren. Der Lehrer ließ ihm Zeit und schlug nach einer Weile vor, die Ereignisse aufzuzeichnen und anschließend über das Erlebte zu sprechen. Donald akzeptierte. Das Zeichnen schien dem Jungen zu helfen, seine Erinnerungen an die Pausenszene zu ordnen, eine Reihenfolge in den erlebten Handlungsablauf zu bringen. Der Schüler begann seine Zeichnung (Abb. 70) mit einer rechteckigen Eingrenzung in der Mitte des Bildes, die einen speziellen Abschnitt des Schulhofes bezeichnet. Es folgten zwei, zunächst parallel laufende und anschließend sich zweifach überkreuzende Linienschwünge, von denen eine wohl die Bewegungsspur des Schülers selbst darstellt, die er auf dem Schulhof genommen hat. Die andere Linie könnte für die Bewegungsspur eines anderen Schülers stehen. An den Überkreuzungsstellen kommen sich die Linien gegenseitig in den Weg. Es kommt zu ersten Reibungs- und Konfrontationspunkten mit zwei anderen Schülern, die mit lachenden Gesichtern ins Zentrum des Bildes gesetzt sind. Um den weiteren Verlauf rekonstruieren zu können, müssen die in der Exploration gewonnenen Informationen hinzugenommen werden. Donald schilderte sich als Opfer der willkürlichen Angriffe von seiten seiner Mitschüler. Einer von den beiden, in der Mitte befindlichen, Schülern habe ihn "Professor" genannt. Daraufhin habe er zugeschlagen (Selbstbehauptung, Aggression). Doch dann seien drei weitere Schüler hinzugekommen. Er verweist auf die drei rechts oben eingetragenen Namen von Schülern.[19] Diese drei hätten

[19] Diese Eintragungen von Schülernamen wurden aus Gründen der anonymen Auswertung aus der Zeichnung entfernt.

zuerst „Coladosen aus einem Mülleimer gefischt". Er zeigt auf das Motivgeschehen oben rechts im Bild, zieht dann eine Verbindungslinie nach unten bis hin zu einem Viereck, das einen vom Schulhof aus schwer einzusehenden Treppenhausabschnitt darstellt, wo die fünf Schüler dann auf Donald eingeschlagen und eingetreten haben. Das am unteren Bildrand eingezeichnete Treppenhaus mit den Richtungspfeilen zeigt den Fluchtweg nach oben an. Die beiden Kreise dort dürften wohl Schülerköpfe darstellen. Donald befindet sich zwar endlich auf dem Weg nach oben ins Schulgebäude, hat jedoch noch einen Verfolger hinter sich. Überhaupt deutet die Eingrenzung der Gesamtszene an, daß der Zehnjährige in diesem Augenblick mit der Unmöglichkeit konfrontiert gewesen sein dürfte, in einen geschützten Bereich zu entkommen. Das explorative Gespräch mit dem Schüler brachte ferner an den Tag: Die Bezeichnung "Professor" besaß negativen Charakter für Donald im Sinne eines Schimpfwortes. Dieser negative Charakter schien für den Jungen jedoch nicht auf inhaltlichen Aspekten dieses Wortes zu beruhen. Vielmehr war es die von ihm als abwertend empfundene Art, mit der die anderen Schüler das Wort "Professor" mit ihm in Verbindung brachten. Es schienen eher begleitende Botschaften zu sein, die ihn ärgerten und verletzten. Nämlich die Art, wie sie ihre gesamte Verachtung in die sprachliche Betonung und in ihren Gesichtsausdruck legten, wenn sie Donald "Professor" nannten. Arno, einer dieser anderen, am Konflikt beteiligten, Schüler kam hinzu und sagte:

"Er soll endlich aufhören, so daher zu quatschen. Das nervt doch jeden. Kein Wunder, wenn er eins aufs Maul kriegt." Lehrer: "Was sagt er denn genau? Wie redet er denn aus Deiner Sicht?" Arno: "Ach, so ein blödes, schlaues Zeug." Arno erinnerte keine konkreten Aussagen von Donald. Was er aber erinnerte, war evtl. ein diffuses Gefühl, das die Aussagen und die Sprechweise des anderen in ihm hervorriefen. Donald spulte tonbandartig auswendig gelernte Sätze ab wie z.B.: "Ein Schüler geht zur Schule, um etwas zu lernen", "Ein ordentlicher Schüler prügelt sich nicht" oder "Man räumt seine Sachen alle ordentlich in die Schultasche". Wahrgenommen wird hier von den Schülern vor allem Donalds übertriebene Anpassung an die institutionellen Aspekte der Situation. Sie griffen Donald verbal und körperlich an, weil er in ihren Augen der bessere, bravere Schüler zu sein vorgab. Der Zehnjährige spulte in der Tat die von den Pflegeeltern mit auf den Schulweg gegebenen Leitsätze („Ein ordentlicher Schüler [...]". „Man tut dies, man läßt das [...]") ab, ohne diese jedoch wirklich internalisiert zu haben. Das Aufsagen dieser Leitsätze schien vor allem eine Art Anpassung an die Bedürfnisse und Zielvorstellungen der Pflegeeltern darzustellen.

Donald wurde wegen seines Verhaltens in doppelter Weise von den anderen Schülern abgelehnt. Er brachte ständig die Ermahnungen der Erwachsenen in Erinnerung, ein ordentlicher Junge zu sein, eine Erwartung, die sie nicht erfüllen konnten bzw. wollten. Außerdem verachteten sie ihn, weil er es selbst nicht schaffte, dem verkündeten Verhaltensprogramm gerecht zu werden. Was sich

150

hier, unter Rückgriff auf die Kategorien von Barker und Bronfenbrenner innerhalb des Settings *Schulhof* und im Rahmen des Mikrosystems *Schulklasse* abspielt, verweist auf eine regulative Thematik. Das soziale Leben der Schüler ist aus der Sicht des Zehnjährigen aus dem Gleichgewicht und durchsetzt von Konflikten und Spannungen. Die Entwicklungsaufgaben des „Spielens im Team" und der „sozialen Kooperation" werden weder vom Zeichner selbst noch von den anderen Schülern bewerkstelligt. An Reaktionsformen auf seiten des Zeichners herrschen vor: Depressive Tendenzen (ausgiebig weinen, sich beklagen und bemitleiden, sich bedauern) im Wechsel mit einer aggressiven Selbstbehauptung, parallel zu einer Art (Pseudo-)Überanpassung an die institutionellen Bedingungen. Es wurde deutlich, daß dieses Wechselspiel nur systemisch-zirkulär nachzuvollziehen ist. Daß der Schüler indirekt "um Hilfe bittet" und ein situationsbezogenes und problemzentriertes Gespräch über das Konfliktgeschehen sucht (vgl. „life space intervention", Goetze 1995; Wood & Long 1991), bietet diesem langfristig die Chance, sich stärker an die Bedürfnisse und Eigenheiten der anderen Schüler anzupassen, die eigenen Erwartungen an die Mitschüler zu korrigieren und so den Weg zu ebnen für ein konfliktärmeres soziales Leben im Rahmen der Schulklasse, auf dem Schulhof usw.

3.4.3 Gefühle der Fremdheit

Das Thema bei der als nächstes dokumentierten Schülerarbeit (Abb. 71) war, sich kurz vor der Entlassung aus der Grundschule an Erlebnisse, Erfahrungen aus den vier vergangenen Schuljahren zu erinnern. Diese Erinnerungsarbeit sollte anhand eines vorgegebenen Bildrahmens in Form von kleinen gezeichneten Szenen, farbigen Ausmalungen usw. geschehen. Der 10jährige Antonio, der uns bereits in Zusammenhang mit einem Wohnungsgrundriß (Abb. 10) beschäftigte, hat nun einen Teil der Felder ausgestaltet, ohne sich jedoch in irgendeiner Form verbal zu seinem gestalterischen Produkt zu äußern. Das rote Feld ganz oben könnte auf ein besonderes affektiv bedeutsames Ereignis hindeuten, dessen konkreten Charakter wird hier nicht benennen können. Vier weitere Felder wurden mit Filzstiften verschiedener Dicke ausschraffiert. Die Schraffuren erfolgten entweder diagonal oder es wurden gitterartig mehrere Linienschichten übereinander gelegt. Eine ritualisierte Vorgehensweise, die von einer gewissen Tendenz zur Abwehr der Themenstellung zeugt und auch auf depressive Momente hinweisen dürfte (vgl. hierzu Richter 1997 a, 359).

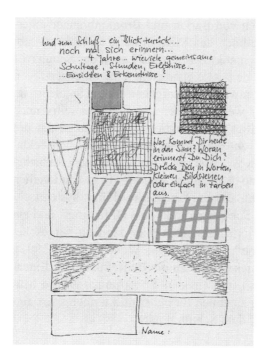

Abb. 71

Abb. 72

Ein Seitenblick auf die Bildentwürfe der nicht verhaltensauffälligen Grundschulkinder, in denen sich die Felder mit kleinen, comicartigen Bildszenen oder farbigen Feldern aus dem Deckfarbkasten füllten, verstärkte diesen Eindruck. Eventuell ist Antonio auch Darstellungsproblemen aus dem Weg gegangen. In zwei der Felder hat er gegen Ende des Bearbeitungsprozesses hineingeschrieben: „Ich fühlte mich fremd" (Mitte) und „Ich hatte viel Streit" (oben rechts), Sätze, die etwas von der sozialen Isolierung des Jungen in der Schulklasse widerspiegeln. Die beiden auf ihren Spitzen stehenden Dreiecke auf der linken Seite vermitteln den Eindruck einer Krise, des fehlenden Gleichgewichts, der Labilität. Sie wirken wie der zaghafte Versuch, doch noch ins Zeichnerisch-Bildhafte zu gelangen, ein Ansatz, der jedoch nicht weiter verfolgt wird. Das breite Feld unten zeigt eine Art perspektivisch dargestellten Weg mit Steinen o.ä., der zu beiden Seiten von schwarzem Gras gesäumt wird. Die schwarze Farbe des Grases unterstreicht die depressive Gestimmtheit des Jungen. Der Weg erscheint als eine Metapher für Schulweg, für Lebensweg. *Soviel habe ich jetzt hinter mich gebracht. Wieviel und was habe ich noch vor mir?* Der Weg in Antonios Zeichnung wird von der oberen Bildkante abgeschnitten. Es wird nicht erkennbar, wo dieser Weg hinführt. Unser Schüler kann noch nicht sehen oder will nicht wissen, was ihn erwartet.

3.5 Aussonderung: Die Überweisung an eine Sonderschule

Der 14jährige Georg stand kurz vor seiner Rückschulung an eine Gesamtschule. In einer der letzten gemeinsamen Unterrichtsstunden wurde dem Schüler vorgeschlagen, eine Art Rückblick auf seine drei Jahre an der Schule für Erziehungshilfe zu versuchen. Im Laufe des Gespräches kamen Lehrer und Schüler unter anderem auf Georgs ersten Tag an der Sonderschule zu sprechen und der Junge zeichnete seine Erinnerungen daran auf (Abb. 72). Die Filzstiftzeichnung zeigt die Mutter des Schülers (links) und den Schüler (rechts), wie sie sich den Schulgebäuden nähern. Während die Mutter mit leicht gesenktem Kopf auf das Gebäude zuzugehen scheint, steht der Sohn da und zuckt mit den Achseln. Die beiden Figuren wurden im Detail wenig ausdifferenziert, sie erscheinen regressiv und doch sind sie von intensivem Ausdruck, indem sie etwas von dem Unbehagen vermitteln, das vor allem der Schüler selbst an jenem Tage empfunden haben dürfte. Die Schulgebäude wirken karg und ausdruckslos. Die eingezeichneten Türen und Fenster sind leer und schmucklos. In der Erinnerung des Schülers regnete es. Ein Hinweis darauf, daß den Schüler retrospektiv oder aktuell ein besonderes Konfliktgeschehen belastete oder belastet. Die gesamte im Bild dargestellte Szene vermittelt eine deprimierende Atmosphäre. Dieser Eindruck deckt sich mit den retrospektiven, verbalen Mitteilungen des Schülers. Die Umschulung zur Sonderschule für Erziehungshilfe bedeutete für den zu jener Zeit

Elfjährigen einen krassen sozialökologischen Einschnitt. Er fühlte sich von heute auf morgen in ein völlig anderes schulisches Umfeld versetzt, allerdings, wie er im Rückblick meint, zu seinem Vorteil. In der Grundschule habe man ihn nur als "Spinner" und "Eigenbrötler" angesehen, entsprechend habe er sich in sich selbst zurückgezogen. Er habe eben manchmal auch zugeschlagen, wenn ihn ein anderer provoziert habe. An der Sonderschule sei das dann anders gewesen. Durch den Wechsel in ein anderes ökologisches System konnten evasive und aggressive Reaktionsformen schrittweise zugunsten von Formen wie Leistung, Anpassung an die institutionellen Aspekte der Situation, Aufgreifen von Chancen und Bitten um Hilfe aufgegeben werden. Die während der Grundschulzeit dominierende Konfliktthematik wandelte sich zunehmend zu einer Daseinsthematik der „sozialen Integration" (Thomae). Auf diesem Hintergrund erschien die Rückschulung des Jungen an eine Gesamtschule erfolgversprechend.

4 Die Welt der Kinder- und Jugendkultur

4.1 (Gebrauchs-)Gegenstände der späten Kindheit

4.1.1 Die Erhöhung der räumlichen und sozialen Reichweite durch ein Fahrrad

Der 9jährige Kolja hat ein Fahrrad gezeichnet (Abb. 73), bei dem sich im Prinzip alle wesentlichen Bauteile ausmachen lassen. Allerdings zeigen sich Probleme in Form von Verzerrungen bei der gegenstandsadäquaten Darstellung von Details wie Speichen, Kettenantrieb usw. Das Gestänge wurde in Rot hervorgehoben. Über den genauen Antriebsmechanismus eines Fahrrades scheint noch Unklarheit zu bestehen, denn die Kette ist zwar mit einem Zahnrad auf der Höhe der Pedalen verbunden, bewegt sich jedoch in die entgegengesetzte Richtung, d.h. auf die Lenkstange zu, statt daß sie mit der Hinterachse verbunden worden wäre. Andererseits wurden bestimmte Details wie Handgriffe, Bremszüge, Lampe, Dynamo, speziell die Ventile an den Reifen besonders hervorgehoben. Bedeutsam ist an dieser Fahrraddarstellung, neben all den Hinweisen auf Retardierungen in den Bereichen von Wahrnehmung, Kognition und bildhafter Realisierung, daß das Fahrrad selbst für eine Erhöhung der räumlichen und sozialen Reichweite des Jungen steht und von daher eine besondere affektive Komponente erhält. Kolja lebt in einer Pflegefamilie, die einen kleinen Hof in einem abgelegenen Tal bewohnt. Um zu benachbarten Dörfern oder zu der nächsten Kleinstadt zu gelangen, ist der Neunjährige auf ein Fahrrad angewiesen. Die älteren Jugendlichen aus seiner Pflegefamilie verfügen bereits über diese Mobilität. Der Besitz eines eigenen Fahrrades gibt nun auch Kolja die Möglichkeit, seinen räumlichen und sozialen Erfahrungshorizont auszudehnen.

Der Umgang mit Zweirädern, d.h. Fahrrädern, Mofas usw. scheint etwa im Gegensatz zum Gebrauch des Skateboards weniger eingebettet in eine Szene, sondern eher individuell zu verlaufen. Eine Zeichnung des 14jährigen Chris zeigt eine Szene im Keller des Mietshauses, in dem der Schüler wohnt (Abb. 74). Nach seinen eigenen Angaben, hat der Junge vor einigen Tagen Reparaturen an seinem Fahrrad vorgenommen. Er nimmt die Pflege und Reparatur seines Rades sehr wichtig, denn es gibt ihm die Möglichkeit, in den verschiedenen Stadtteilen herumzustreifen, es verschafft ihm eine gewisse Mobilität und Unabhängigkeit. Er scheut sich deshalb auch nicht, bei komplizierteren Reparaturen im Werkunterricht die Hilfe eines Lehrers in Anspruch zu nehmen (Bitte um Hilfe, Pflege sozialer Kontakte, Aufgreifen von Chancen). Auf diesem Wege gelingt es dem 14jährigen, sich neue Kenntnisse und Fertigkeiten im Umgang mit seinem Fahrrad und dem erforderlichen Werkzeug anzueignen (Reaktionsform der Leistung) sowie in der Stadt herumzukommen, mit Freunden gemeinsam Fahrten zu unternehmen usw.

Abb. 73

Abb. 74

156

Abb. 75

Abb. 76

157

4.1.2 Leben in der Offensive: Schießen, Krieg spielen

Ein in verschiedenen dritten und vierten Klassen einer Grundschule durchgeführtes Thema lautete, Gegenstände aus der „Kramschublade" in ein „Kleines Museum" zu montieren.[1] Zunächst wurde der Deckel eines Schuhkartons mit Packpapier oder einfarbigem Geschenkpapier ausgeschlagen; anschließend die von den Schülerinnen und Schülern mitgebrachten Gegenstände in dem Deckel arrangiert und mit Klebstoff oder Nadel und Faden befestigt. Wir zeigen im folgenden fünf Beispiele von sogenannten verhaltensauffälligen Grundschülern, alles Jungen, die durch einen Sonderschullehrer (J.B.) im Rahmen des gemeinsamen Unterrichts betreut worden sind.

Wir zählen einmal auf, was Arik (3. Klasse) in sein *Museum* (Abb. 75) hineinmontiert hat: zwei Armeehubschrauber aus Kunststoff, ein Maschinengewehr, einen Waffengürtel mit Messer, Handgranaten usw., eine Schreckschußpistole, ein Soldatenbein, ein tellerartiges Gebilde aus Metall, eine kleine Plastikfigur, die eventuell einem „Überraschungsei" o.ä. entstammt. Der Objektkasten läßt sich als Aussage über die individuellen Interessen des Schülers lesen: Schießen, Krieg spielen, Kriegsfilme ansehen usw. Zieht man das abgerissene Soldatenbein (oben links) in Betracht, ist eventuell auch an einen sozialkritischen Bezug der Objektgestaltung zu denken. Es gab hierfür jedoch keine eindeutigen Hinweise in Form eines Kommentars durch den Schüler o.ä. Eher scheint es so, daß von dem Miniaturkriegsgerät eine besondere Faszination auszugehen scheint, daß der spielerische Umgang mit Armeehubschraubern, Handgranaten, Pistolen, Gewehren usw. ein Ausagieren aggressiver bzw. destruktiver Impulse ermöglicht. Die Zusammenstellung eines solchen „kleinen Kriegsmuseums" bietet darüberhinaus eine willkommene Gelegenheit zur Selbstdarstellung: *So einer bin ich. Nehmt euch vor mir in Acht!* Ein eher labiles Ich geht hier in die Offensive und kaschiert möglicherweise seine sozialen Ängste.

4.1.3 Die „blaue Geige" oder:
Ertrinken unter den hochaufgetürmten Erwartungen der Eltern

Im „kleinen Museum" des 10jährigen Edelmar (4. Klasse) (Abb. 76) sehen wir zunächst einen Kerzenstummel und ein Teelicht, zwei Objekte, die Assoziationen an Licht und Wärme nahelegen. Ferner entdecken wir zwei Münzen (Lire, Kronen), die auf bereits unternommene Reisen oder den Wunsch danach hindeuten. Die Münzen stehen jedoch auch für den Bereich der Materie und der Fi-

---

[1] Anregungen bezogen wir hier aus den Arbeiten/ Texten von Eid (1974), Wichelhaus (1981), Ohlmann (1988), Kämpf-Jansen (1981), Walch (1988) und Klas (1988).

nanzen. Eine Bayern-München-Plakette deutet auf die Fußballinteressen des Schülers hin. Im Zentrum des Kästchens befindet sich eine blaue Plastikgeige. Sie zeigt an, daß der Schüler nun seit zwei Jahren Geigenunterricht bekommt, an dem er jedoch wenig Spaß zu finden scheint (Selbstaussage des Schülers). Rechts davon sehen wir das Bild eines Fernglases, aus einem Katalog ausgeschnitten, wohl eher ein gewünschter Gegenstand, schließlich ein kreisrundes, bedrucktes Pappscheibchen, das zum „Caps"-Spiel gehört, dem sich die Schüler mit Leidenschaft in den Pausen hingeben. Das zufällig auf einem Regal des Klassenzimmers entdeckte Sägemehl wurde von Edelmar, wie von einigen anderen Schülern auch, als Beigabe mit eingestreut. Die Schüler in dieser Klasse erhielten nun den Auftrag, eine Geschichte zu ihrem kleinen Museum zu verfassen. Edelmar schrieb unter dem Titel „Der gerettete Junge" den folgenden Text:

> „Ich war an der [...]talsperre und bin auf den Turm gegangen. Ich habe mit dem Fernglas auf die Spere geguckt. An der Sperre kam ein Taucher hoch. Er hatte einen Jungen gerettet. Dann kam ein Rettungsboot und hat den Jungen auf die Untersuchungsstation gebracht. Es hat nicht einmal eine halbe Stunde gedauert, dann war er wieder in Ordnung. Da haben wir eine Party gemacht, denn der Junge war mein Freund. Er hat erzält, wie es war, als er ertrunken ist. Dann waren wir alle froh, daß er wieder da war."[2]

Die manifeste Beziehung zwischen Objektkasten und Text ist zunächst nur über das Fernglas gegeben. Gleichzeitig zeigt sich hier ein dichtes Geflecht an symbolischen Einkleidungen und Querverbindungen, die es zu entschlüsseln gilt. Um noch mehr Hintergrund für unsere abschließende Auslegung zu erhalten, referieren wird zunächst den Inhalt eines explorativen Gespräches zwischen Edelmar und dem Sonderschullehrer, einige Wochen nach der Entstehung von Museum und Text. Zunächst fragten wir den Jungen nach den Erlebnissen des vergangenen Wochenendes.

Edelmar erzählte, er sei zum Fußballspiel England-Deutschland zusammen mit Freunden nach London gefahren und zwar mit der Fähre. Sie hätten ein Taxi zum Stadion genommen und in einem Hotel übernachtet. Zufällig sei es genau dasselbe Hotel gewesen, in dem auch die deutsche Nationalmannschaft übernachtet hätte. Er habe von allen Spielern Autogramme bekommen und auch die Trikots, in denen sie zuvor gespielt hätten. Seine Freunde hätten aber in einem anderen Hotel übernachtet, nur Edelmar selbst war mit den Fußballern in einem Hotel. Es war sogar zufällig so, daß er ein Zimmer mit Berti Vogts, dem Mannschaftstrainer geteilt habe. Vogts habe ihm auch einen Trainingsanzug geschenkt, der ihm jedoch noch zu groß sei. Er treffe Berti Vogts bald wieder bei

---

[2] Die Rechtschreibfehler im Originaltext wurden nicht korrigiert.

einer anderen Gelegenheit. Zuhause habe Edelmar eine Geheimkammer in seinem Zimmer, wo er all die Geschenke, Pokale, Trikots usw. aufbewahre.

Der Lehrer lenkte nun das Gespräch auf das Geige-Spielen, fragte Edelmar nach seinen Fortschritten, bevorzugten Komponisten, Musikstücken usw.. Edelmar räumte ein, daß er lieber heute als morgen mit dem Geigespielen aufhören würde. Er würde lieber in einen Fußballverein eintreten. Seine Eltern würden dagegen den Standpunkt vertreten: *Was man angefangen hat, muß man auch zu Ende führen.* Und: *Man kann nicht jedes halbe Jahr etwas Neues machen.* Zweieinhalb Jahre spiele er nun schon die Geige, zwei Jahre müsse er noch durchhalten, dann dürfe er vielleicht in einen Fußballverein eintreten.

Gehen wir nun zu Edelmars kleinem Museum zurück, wird deutlich, daß die kleine blaue Geige aus Kunststoff und die Fußballplakette sich nicht grundlos im Zentrum des Kästchens befinden. Geigenhals und Plakette überschneiden sich, geraten miteinander in Konflikt. Die Interessen und Sehnsüchte des Jungen, die er in die Welt des Fußballs hineinprojiziert und die Welt der aufstiegsorientierten Eltern fallen auseinander. Die aus Rußland ausgesiedelten Eltern, der Vater arbeitete dort als Schweißer und die Mutter als Schneiderin, folgen den Grundsätzen *Arbeiten, Karriere machen, sozial Aufsteigen, Bildung erwerben, Durchhalten.* Trotz einer eher mittelmäßigen Begabung und wenig ausgeprägten Interessen nicht nur im Bereich der Musik - der Junge wußte etwa nach zweieinhalb Jahren Geigenunterricht spontan keinen Komponisten anzugeben, dessen Stücke er besonders gerne spielt, und auch das sprachliche Niveau des Aufsatzes zum „kleinen Museum" zeigt es - bestanden die Eltern anfangs auf einer Anmeldung Edelmars am Gymnasium. Die von der Grundschullehrerin empfohlene Gesamtschule wurde aus „ideologischen" Gründen abgelehnt. Man versteifte sich fortan auf die Realschule, trotz der grundlegenden Probleme des Schülers in den Kulturtechniken und im Lernverhalten. Der soziale und kulturelle Aufstiegszwang der Eltern setzt das älteste von drei Kindern derartig unter Druck, daß der Junge nur noch ins Phantastische/ Irrationale ausweichen kann. Er erfindet unentwegt tolldreiste Geschichten, die er seinen Klassenkameraden und dem Lehrer auftischt, mit dem Ergebnis, daß er nicht mehr ernstgenommen wird und immer weiter ins soziale Abseits gerät. Die Geschichte vom „geretteten Jungen" erscheint auf diesem Hintergrund als Hilfeschrei. Der Junge in der Geschichte ist niemand anderes als das alter ego unseres Schülers. Edelmar droht unter den hochaufgetürmten Erwartungen, an den Sohn delegierten Karrierewünschen seiner Eltern unterzugehen. Er spürt, daß er deren Ansprüche nie erfüllen kann und sieht zur Zeit keine Möglichkeit, einen eigenen Weg zu gehen, der ihm mehr entspricht. Die Macht der aufstiegsbesessenen Eltern ist noch zu groß. Der Kerzenstummel und das Teelicht erscheinen eventuell als ein Hoffnungsschimmer.

Abb. 77

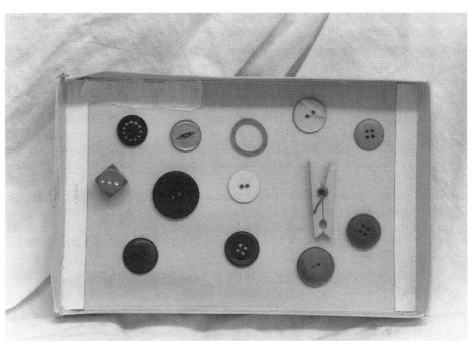

Abb. 78

161

4.1.4 Eine Schreibfeder als Symbol einer zurückliegenden, glücklicheren Zeit

Als nächstes wenden wir uns dem „kleinen Museum" des 10jährigen Martin
(Abb. 77) zu. Einige Anmerkungen zu den gezeigten Auffälligkeiten im Lern-
und Sozialverhalten seien vorausgeschickt. Martin zeigte sich kaum in der Lage,
sich über einen längeren Zeitraum zu konzentrieren und ließ sich sehr schnell
ablenken. Auffällig waren seine extreme motorische Unruhe und seine überschießenden Reaktionen auf Bewegungsangebote oder szenisches Spiel. D.h. er
lief sehr oft durch die Klasse, konnte kaum ruhig auf dem Stuhl sitzen, *lag* eigentlich mehr auf dem Tisch und tobte exzessiv bei Bewegungsspielen. Berührungen - etwa bei psychomotorischen Übungen - erfolgten oft heftig und der
Situation unangemessen. Bei szenischen Spielen oder Pantomimen etc. warf er
sich oft auf den Boden. Für Gefühle wie Zuneigung oder Trauer fehlte ihm häufig ein adäquater Ausdruck. Er zog entsprechende Situationen ins Lächerliche
und agierte emotionale Spannungen exzessiv aus. Viele seiner Bilder sind in
dunklen Farben gehalten und stellen Waffen, Foltermethoden und Fäkalsituatio-
nen dar. Oft sind sie, wie Martins übriges Verhalten, hochgradig sexualisiert.
Von seinen Mitschülerinnen und Mitschülern wurde er oft wegen seiner Kaspereien und Clownerien nicht ernst genommen oder kritisiert. Daß auf dem Hintergrund der bestehenden Auffälligkeiten überhaupt ein künstlerisch produktives
Ergebnis zustande gebracht worden ist, muß als besonderes Ereignis gewürdigt
werden. Die in Martins Karton befindlichen Gegenstände sind rasch aufgezählt:
Ein mit Sägemehl gefülltes Plastikkästchen, eine Plastikspule, wohl von einer
Garnrolle, zwei weiße Knöpfe, eine leere Patrone, ein Federkiel aus Holz, eine
Schreibfeder und auf den Boden des Kästchens gestreutes Sägemehl. Martin hat
die folgende Geschichte zu seinem „kleinen Museum" geschrieben:

> „Ich und mein Opa und mein Füller.
> Ich war gespannt auf meine erste Wanderung. Also ging ich los. um zu meinem Opa
> zu kommen Ich machte mich auf den Weg. Als ich bei meinem Opa war, hatte er
> schon gewartet und wir gingen los. Als wir angekommen waren, war es 3.00 Uhr
> nachmittags und wir ginen los zum ferstele (eventuell: Feuerstelle?, J.B.) im Wald als
> wir angekomen waren haben wir Rast gemacht und ich fand meinen Federkiel. Da
> sagte mein Opa: Ich habe noch ein altes tintenfaß das kannst du haben, ich brauche es
> nicht mehr. Also gingen wir los. Und wir gingen und gingen bis wir bei einem Baum
> waren. Dort holte mein Opa ein Messer raus und fragt mich, ob ich einen Stock ha-
> ben will. Ich sagte: „Ja" und er machte einen schönen Stock. Danach gingen wir nach
> Hause und ich schrieb den ganzen Tag mit meinem neuen Federkiel Mein Opa sagte
> wenn du das nächste Mal kommst gehen wir angeln."[3]

---

[3] Die Rechtschreibfehler im Originaltext wurden nicht korrigiert.

Dieser Text handelt von frühen, positiv besetzten Kindheitserinnerungen. Die erzählte Handlung gliedert sich in bestimmte zeitliche Episoden wie Losgehen, Rastmachen, Weitergehen, Ankommen an einem Baum, nach Hause gehen usw. Die erzählte Abfolge wirkt stellenweise fragmentarisch, die Übergänge sind zum Teil etwas *hart*, ein Merkmal, daß sich in allem mündlichen oder schriftlichen Erzählen des Jungen wiederfindet. Neben den eher zufällig aufgefundenen Gegenständen wie den Knöpfen, der Garnspule, dem Plastikkästchen ist es - folgt man dem Text des Jungen - wohl vor allem der „Federkiel", der hier unsere Beachtung verdient. Dieses Schreibwerkzeug ist in hohem Maße affektiv besetzt, weil es den Jungen an seinen Großvater erinnert, dem er eine Reihe unvergeßlicher Kindheitserinnerungen verdankt. Der Vater der Mutter hat sich - vor seinem Tod - sehr um Martin und dessen älteren Bruder gekümmert, während die Eltern sehr mit dem Aufbau einer kleinen Baufirma beschäftigt waren. Im Grunde war der Großvater eine Zeitlang stärker für den Jungen präsent als der leibliche Vater. Der Großvater ist viel mit Martin und dessen älterem Bruder in die Natur, in den Wald gegangen, hat ihnen die Pflanzen erklärt und hat sich überhaupt viel gekümmert. Sein langsames Sterben an einem Krebsleiden stellte für Martin einen schweren Einschnitt dar. Mit dem Großvater hat er einen Menschen verloren, der speziell in den Jahren der mittleren Kindheit eine sehr wichtige Rolle für ihn gespielt hat. In der Gegenwart ist Martin viel sich selbst überlassen. Er schaut sehr viel Fernsehen, besitzt einen eigenen Apparat in seinem Schlafzimmer, auch mit Satellitenanschluß und schaut abends oft solange fern, bis er einschläft. Aus dieser kurzen Beschreibung läßt sich bereits ein Teil der aktuell gezeigten Verhaltensauffälligkeiten aufklären. Der Federkiel erscheint als Symbol einer längst zurückliegenden, fernen, glücklicheren Zeit.

4.1.5 Von Knöpfen, zu denen es keine persönlichen Geschichten zu erzählen gibt

Das „kleine Museum" des 10jährigen Pedro (Abb. 78), Schüler einer vierten Klasse, enthält vor allem Knöpfe, daneben eine Wäscheklammer, einen Würfel, einen Dichtungsring. Der Kartondeckel, als er nach mehreren Wochen endlich mitgebracht wurde, ist so geblieben, wie er war. Den Deckel mit einem Stück Packpapier, Geschenkpapier o.ä. auszuschlagen, erschien dem Schüler nicht als erforderlich oder sinnvoll, eventuell als zu aufwendig. Die gleichmäßig in dem Kästchen aufgereihten oder besser gesagt: die in den Deckel eingestreuten Gegenstände stellen im Grunde nichts Persönliches dar. In ihrer Kargheit weisen sie eher auf ein anregungsarmes Elternhaus hin. Das Gefühlsleben des zum Bereich der Lernbehinderung neigenden Schülers erweist sich als flach, seine Wahrnehmungen und Kognitionen folgen einfachen Schemata. Was mit der lebendigen Beziehung zu den kleinen Gegenständen des Alltags gemeint ist, wird von Pedro nicht wirklich nachvollzogen. Da die Klassenlehrerin auch von ihm ein „kleines Museum" *verlangt*, kommt es zu einer Ersatzlösung. Es werden Gegenstände *aufgetrieben*, zu denen es jedoch keine persönlichen Geschichten gibt, die der Junge erzählen könnte.

4.1.6 „Fliegen müßte ich können. Ich würde ganz weit wegfliegen."

Im Objektkasten des 10jährigen Knut (4. Klasse) (Abb. 79) entdecken wir zwei Uhren, eventuell eine Erinnerung des Jungen an den Augenblick, als er zum ersten Mal eine Uhr am Handgelenk getragen hat. Gleichzeitig deuten sich hier die zeitlichen Strukturen und Zwänge des Alltags an, das Aufstehen, das zur Schule gehen, das Zurückkehren nach Hause, in einen recht hektischen Haushalt, in dem die Unruhe regiert und Kontemplation ein Fremdwort ist. Daneben sehen wir Knöpfe, Münzen, einen Schlüssel und einen Schlüsselanhänger, ganz rechts unten eine Art Salzkristall, den ein Elternteil als Souvenir von einer Reise mitgebracht hat. Oben rechts befindet sich ein kleiner Balkon aus Papier, ein kunstvoll angebrachtes Detail, aufgehängt und abgestützt durch einen Zwirnsfaden, auf den zusätzlich ein paar Perlen aufgezogen worden sind. Die auf dem Balkon sitzende Figur macht ein ernstes, etwa zerknittertes Gesicht - ein Sinnbild des eigenen Selbst? Auf dem balkonartigen Gebilde sitzt es fest, kann nicht herunter, wirkt wie hochgezogen, festgezurrt, umrahmt von Gegenständen, die auf Aufschließen, Zuschließen (Schlüssel, Schlüsselanhänger), Kommen und Gehen (Uhren) verweisen. Hinweise auf ein extrem hektisches, unruhiges Leben, das auch deshalb nicht zur Ruhe kommt, weil die Eltern arbeitslos sind, weil Geldmangel herrscht, weil sich die künstlerischen, zum Teil etwas unrealistisch wirkenden Karrierewünsche der Eltern nicht erfüllen, weil die Mutter mit dem jüngeren Bruder wegen eines gravierenden Organleidens dauernd zum Arzt muß, weil der Vater die Kindererziehung an die Mutter delegiert, weil der jüngere Bruder immer schwieriger wird, zum Beispiel im Kinderzimmer Feuer gelegt hat, und jetzt in einer psychiatrischen Klinik untergebracht werden soll. Der kleine Balkon wirkt wie ein Fluchtpunkt, zu dem sich unser Schüler hin gerettet hat, doch wird er auch bewegungs- und handlungsunfähig dort. Rettung verheißt allein die senkrecht nach oben zeigende Feder. „Fliegen müßte ich können", sagt Knut. „Ich würde ganz weit wegfliegen".

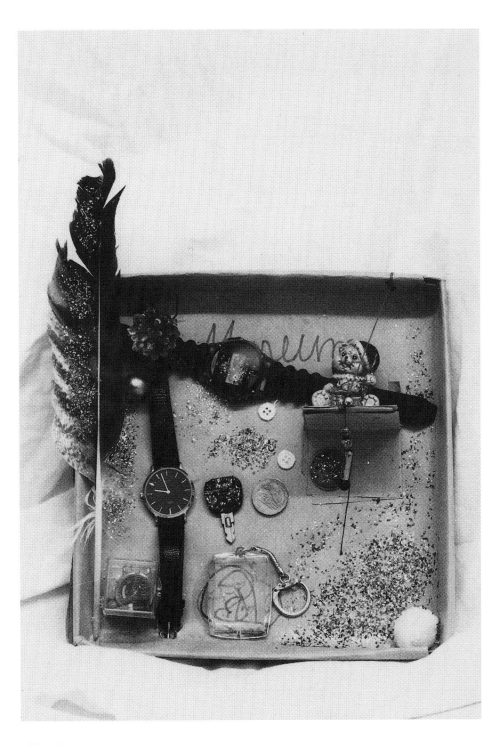

Abb. 79

Abb. 80

Abb. 82

166

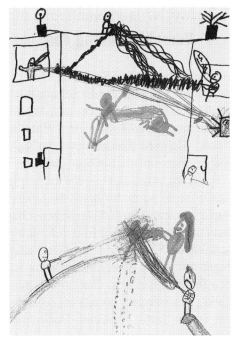

Abb. 81

Abb. 84

Abb. 83

4.2 Motivzusammenhänge aus Filmen als Einkleidung/ Verschlüsselung des familiären Verfallsprozesses

Als Auftakt zu einer Serie von fünf Zeichnungen des neunjährigen Malte, einem Schüler der Schule für Erziehungshilfe, haben wir es mit einem Bild (Abb. 80) zu tun, in dem sich zwei verschiedene Erzählstränge ausmachen lassen. Die Szene unten zeigt Kinder beim Spiel und wird auch vom Zeichner als solche benannt. Mehrere Kinder bewegen sich auf Fahrzeugen wie Kett-Car o.ä. nach rechts über ein nicht näher charakterisiertes Gelände hinweg. Vorneweg fährt ein kleines Auto mit einem eingezeichneten Gesicht. Zu diesem Erzählstrang gehört wohl auch die blaue Himmelslinie und die Sonne auf der linken Seite. Auf einer zweiten erzählerischen Ebene haben wir es mit einem Geschehen zu tun, das einem Actionfilm o.ä. entnommen sein könnte. Auf die bereits beschriebene Szene wird ein Geschehen *draufgesetzt*, in dem eine halbliegende Figur mit einem Maschinengewehr Schüsse abgibt in Richtung der auf dem Boden fahrenden Autos. Ganz rechts schwebt eine Figur in der Luft, die nach Angaben des Schülers bereits „von Schüssen durchlöchert" ist. Der obere Bildrand der ersten Szene wird zum Dach eines Gebäudes o.ä. umfunktioniert, von dem aus in der beschriebenen Weise agiert werden kann. Sieht man beide Erzählebenen zusammen, so greift hier ein zerstörerisches Element in die kindliche Welt des Spiels ein. Der Raum des unschuldigen kindlichen Spiels, hier symbolisiert durch die Kinder auf ihren Fahrzeugen, wie Roller, Fahrrad usw. wird gleichsam geschluckt durch den übermächtigen Raum einer bösen Umgebung, die hier mit bestimmten Medienwelten, Actionfilmen usw. gleichgesetzt werden kann. Kriegs- oder Bürgerkriegserfahrungen scheiden in diesem Falle als Erlebnishintergrund aus. Das zerstörerische Element in seiner massenmedialen Einkleidung läßt sich unmittelbar auf einen spezifischen, belastenden familiären Hintergrund zurückführen. Ein arbeitsloser, alkoholabhängiger Vater, der bereits mehrere Entziehungskuren erfolglos abgebrochen hat und regelmäßig von seiner Frau und seinen beiden Kindern „in seinen Ausscheidungen und seinem Erbrochenem schwimmend" aufgefunden wird (Aussage der Mutter). Die Mutter, am Rande der Verzweiflung angelangt, versuchte bereits mehrfach, sich von ihrem Mann zu trennen, um sich und den beiden Kindern einen Neuanfang zu ermöglichen. Sie weiß jedoch nicht, wo und wie sie ihren Mann unterbringen soll. Auch weigert er sich, die Wohnung zu verlassen.

Das folgende Beispiel (Nr. 81) zeigt zwei gegenüberliegende Seiten aus einem Klassentagebuch, die etwa drei Monate nach Abbildung 80 entstanden sind. Raketenartige Flugzeuge jagen durch den Raum, LKWs fahren zwischen Bergspitzen, die so nicht ohne weiteres überwunden werden können. Ein Fahrzeug befindet sich vorne auf dem oberen Fluggerät. Zwei rot übermalte Figuren fallen durch den Raum, andere Figuren befinden sich auf den Fluggeräten, wieder andere schießen auf das untere Flugzeug oder zielen aufeinander. Auf dem Boden sehen wir eine Blutlache. Ein Geschehen voller Hast und exzessiver Unruhe. Nach einem aufklärenden Hinweis gefragt, benennt der Schüler die von ihm dargestellten Figuren als "Iceman", "Spiderman" und "Feuerman". Mehr ist nicht zu erfahren. Es handelt sich wohl um ein TV-Serien, Comics oder Gameboy-Programmen o.ä. entnommenes Figurenensemble, über das stellvertretend seelische Spannungen ausagiert werden.

Das folgende Bild (Abb. 82) ist etwa vier Wochen später entstanden. Im Zentrum befindet sich ein Liniengewirr, ein Linienknäuel, an dessen Rändern sich ein Gefecht o.ä. abspielt. Es handelt sich wohl um das Dach eines Gebäudes, auf dem das Kampfgeschehen spielt, Fenster und Türen sind vage angedeutet. Auch an den Seiten befinden sich die Umrisse von Gebäuden, in die hinein sich das Geschehen fortsetzt. Die zeichnerische Ausführung der Figuren beschränkt sich auf das absolut Notwendige. Sie bestehen aus wenigen Kreisformen und Linien bzw. Punkten. Ganz rechts befindet sich ein extrem minimalisiertes, frühes Menschzeichen. Die gesamte Szene vermittelt den Eindruck des Hektischen, Abgehetzten, Atemlosen, Unruhigen und Bedrohlichen. Das Leben erscheint als Gangster-Story. Die Figuren rotieren haltlos umeinander, zwischen Flucht und Verfolgung.

Bei der nächsten Zeichnung des 9jährigen Malte (Abb. 83) handelt es sich um die Rückseite des gerade beschriebenen Blattes. Im Zentrum befindet sich wiederum ein Haus, das diesmal deutlicher ausgezeichnet ist. Aus den Fenstern heraus und vom Dach herunter fallen Schüsse aus Maschinengewehren o.ä. Die Schüsse scheinen vor allem in Richtung des gepanzerten Fahrzeugs unten rechts abgefeuert zu werden. Die hellroten Übermalungen der Figuren lassen sich als Hinweise auf Blut, Verletzungen, Verwundungen der Angeschossenen verstehen. Das Haus wird auch von der linken Seite angegriffen. Zwei angeschossene oder erschossene Figuren/ Leiber liegen zwischen dem Haus und einer Art Stein. Das Kampfgeschehen findet seine Fortsetzung bis in den Luftraum hinein. Möglicherweise handelt es sich um eine hochgradig verschlüsselte Darstellung des tatsächlichen häuslichen Geschehens. Das eigentliche Thema wäre dann in Angst und Schrecken, in der Bedrohung der familiären Existenz zu sehen. Der Feind sitzt demnach im *Inneren*, wie wir bereits in Zusammenhang mit Abbildung 80 dargelegt haben. Die Zerstörung der familiären Sicherheit und Geborgenheit erfolgt von innen, nämlich durch die Alkoholexzesse des Vaters. Gleichzeitig setzen im zirkulären, wechselseitigen Sinne Bedrohungsprozesse von außen ein: in Form von Arbeitslosigkeit, Geldmangel, Problemen, die Mietwohnung zu halten usw. Es ist davon auszugehen, daß sich im Verfallsprozeß dieser Familie die individuellen Symptomatiken (Alkoholabhängigkeit des Vaters, Depressionen der Mutter, Verhaltensauffälligkeiten des Sohnes usw.) und gesellschaftliche Prozesse der Benachteiligung, Deprivation, Stigmatisierung und Ausgrenzung in unheilvoller Weise gegenseitig verstärken und in

Gang halten. Die den Medien entnommenen Helden "Iceman", "Spiderman" und "Feuerman" werden zur Verteidigung des familiären Lebens, ja der gesamten Existenz herangezogen. Sie dienen der Identifikation eines bedrohten Selbst, das sich durch den Rückgriff auf diese Heldenfiguren zu restituieren sucht, durch das symbolische Mobilisieren aggressiver Reaktionsformen dem drohenden Absturz/ Zusammenbruch zu entgehen versucht.

Als Abschluß dieser Bildreihe widmen wir uns zwei übereinandergelagerten Bildszenen von Malte (Abb. 84), die wiederum dem Klassentagebuch entnommen sind. Sie sind wiederum vier Wochen nach Abbildung 83 entstanden und variieren den Kampf von "Iceman", "Spiderman" und "Feuerman" gegen das Böse, wie unser Schüler sein Bild erläutert. Die Zeichnung vermittelt ein Szenario, das den bereits gezeigten durchaus ähnlich ist. Wieder die Gebäude, die Schießereien, verletzte, angeschossene oder getötete Figuren. Die Verletzung, aber auch die Aggression selbst, ihre Kehrseite, werden in leuchtendem Rot hervorgehoben. Es sind hier weniger die zeichnerischen Details, die auf spezielle, verborgene Bedeutungen untersucht werden müssen, sondern es ist ein bestimmtes, immer wiederkehrendes Bildgeschehen, das durch Gewaltexzesse, Angriff und Verteidigung, Schießen und Sterben gekennzeichnet ist. Die verschiedenen, von uns betrachteten Bilder, als Teil einer Serie von Dutzenden ähnlicher Bilder, lassen sich zu einer Art Bildgeschichte zusammensetzen, in der die grundlegende Daseinsthematik unseres Schülers immer wieder neu variiert wird. Mit der Zeit kommen mehr und mehr Erlebnisse aus dem Bereich des Familiären zur Sprache, etwa die Gewaltexzesse des Vaters, der sich in seiner geistigen Umnachtung nicht scheut, seine Frau und seine Kinder zu mißhandeln, zu schlagen usw. Das konflikthafte familiäre Geschehen steuert auf immer neue Tiefpunkte zu. Wut auf den Vater wird von Malte nicht geäußert. Seine verbalen Mitteilungen diesbezüglich zeugen eher von Resignation, von stiller Verzweiflung.

4.3 Welt der Kindheit versus Welt der Jugendkultur

Das vorliegende Bild (Abb. 85) stellt eine Partnerarbeit dar, an der zwei Drittkläßler einer Grundschule beteiligt waren. Einer der beiden, Andrej, der die dritte Klasse wiederholte und der als "verhaltensauffällig" gemeldet und somit die Anwesenheit des Sonderschullehrers überhaupt verursacht hatte, sorgte im Kontext des sogenannten gemeinsamen Unterrichts für eine nicht abreißende Kette an Streitigkeiten innerhalb seiner Lerngruppe. Andrej schien sich speziell mit einem Schüler namens Lukas regelmäßig zu verhaken, ein Umstand, den der Sonderschullehrer zum Anlaß nahm, die beiden in Form des Partnermalens (vgl. „dialogisches Gestalten", Wichelhaus 1991) miteinander ins Gespräch zu bringen.

Abb. 85

Die hier verwendete Themenstellung, eine von vielen möglichen Varianten, lautete, auf der eigenen Bildseite mit dem Zeichnen bzw. Malen zu beginnen und den Bereich der Blattmitte, wenn möglich, gemeinsam zu gestalten. Zu einer solchen gemeinsamen Gestaltung kam es allerdings nicht, um dies bereits jetzt vorwegzunehmen. Andrej hat auf seiner Seite zunächst mit einer Art Eisenbahnwaggon begonnen, auf den Graffiti aufgebracht werden sollten. Wohl aufgrund von Darstellungsproblemen wurde dieser ursprüngliche Plan fallengelassen zugunsten der einfacheren Darstellbarkeit einer Mauer, einer Wand o.ä. In das schwarze, noch dem Eisenbahnwaggon zugedachte, rasterartige Gebilde, das auch auf depressive, abwehrende Tendenzen hindeutet, hat Andrej in großen roten Buchstaben das Wörtchen "FUCK" geschrieben. Dieser Schriftzug wurde anschließend braun überkritzelt, übermalt. Andrej ahnte wohl bereits, daß seine Klassenlehrerin, die während dieser Kriseninterventionsstunde zu dritt nicht anwesend war, einen Blick auf das Partnerbild werfen wollte. Aus früheren Situationen wußte er um die schockartige Wirkung solcher Bildproduktionen auf seine Lehrerin.

Vor der besprühten Wand befinden sich nun zwei Jungen bzw. Jugendliche mit den für diese Szene typischen Kappen und Sprühdosen. Auf der anderen Seite sehen wir nun ein in sich abgeschlossenes Bild des ein Jahr jüngeren Lukas. Es besteht aus einer kleinen Insel im Meer. Auf einer Art Felsen befindet sich eine Palme mit Kokosnüssen. Am Himmel zeigen sich Wolken, Regentropfen, eine Sonne und ein Regenbogen. Die kunsttherapeutische Sitzung war ja in Absprache mit der Klassenlehrerin vom Sonderschullehrer arrangiert worden, um den ewigen Zwist zwischen den beiden Schülern zu ergründen und - wenn möglich aufzulösen. Lukas´ Regenbogen übernimmt in diesem Zusammenhang wohl eine doppelte Funktion. Zum einen stellt er eine deutliche Abgrenzung gegenüber Andrej und dessen Welt dar. *Bis hierher lasse ich Dich kommen, solltest Du Dich bis in die Bildmitte vorwagen, aber nicht weiter.* Zum anderen dürfte der Regenbogen den Wunsch des Schülers nach Frieden, nach Beendigung des Streits usw. ausdrücken.[4] Im folgenden wurde - auf der Basis dieser Bildgestaltung - ein Gespräch über die akzeptierten bzw. nicht akzeptierten, die abgelehnten Verhaltensweisen und Einstellungen des anderen möglich. Das bildhafte Ergebnis dieses Auseinandersetzungsprozesses zeigt aber auch die unüberbrückbaren Gegensätze/ Diskrepanzen zwischen den beiden Schülern. Lukas, ein regressiv wirkender, verwöhnt-abhängiger Junge, der durch seine eher *sanften* Auffälligkeiten die Aufmerksamkeit seiner Klassenlehrerin genossen hatte, sah sich durch den neu in die Klasse gekommenen Andrej, der durch sein massives Problemverhalten die Kräfte seiner Lehrerin in einem noch stärkeren

---

[4] H.-G. Richter (1997, 77 und 175) interpretiert den Regenbogen im Bild als einen Ruf nach Hilfe, als Hoffnung auf Versöhnung und/ oder den Wunsch nach einer positiven Veränderung.

Maße absorbierte, an den Rand des Geschehens gedrängt. Dieser Umstand führte zu der Strategie, Andrej mit seinem potentiellen Sonderschulstatus zu hänseln, ihn zu aggressiven Verhaltensweisen zu provozieren, um ihn - so seine Hoffnung - langfristig ganz an die Sonderschule *loszuwerden*. Für Andrej, der zu aufbrausenden Reaktionen neigte, war diese Situation eine enorme Herausforderung, die er ohne sonderpädagogischen Beistand wohl kaum bewältigt hätte. Vor allem fühlte er sich der Welt dieser Grundschulklasse nicht (mehr) zugehörig. Mit einem Bein befand er sich bereits in der Welt der Jugendlichen: "Alles Kinderkram hier in der Klasse!"

4.4 Streifen durch den Raum

Eine Zeichnung des 14jährigen Chris (Abb. 86) zeigt eine nächtliche Szene in einer Stadt. Eine an dem Gebäude rechts angebrachte Uhr, die gleichmäßige Einschwärzung des Bildes und die leere Fahrbahn zeigen an, daß sich das Bildgeschehen nachts abspielt. Zwei Jugendliche, der Zeichner selbst und sein Freund, streifen über einen Bürgersteig und befinden sich gerade vor einer Apotheke. Das Bild läßt etwas von der Stimmung erahnen, die wohl mit vielen delinquenten Aktivitäten einhergeht. In der Tat mußte Chris etwa zwei Jahre später eine Haftstrafe wegen verschiedener Eigentumsdelikte absitzen, eventuell ein Hinweis auf den prospektiven Charakter des Bildes.

Der zehnjährige Volker verfaßte eine Art Bildbericht über seine Wochenendaktivitäten (Abb. 87), der sich in drei Tage gliedert und für jeden Tag eine bestimmte Tätigkeit, in den Vordergrund stellt.[5] In seiner Welt leben die, selbst auf dem Lande, kaum noch anzutreffenden naturbezogenen Aktivitäten fort, wie auf Bäume klettern, Radfahren, Ponyreiten usw., Tätigkeiten, wie sie im „ökologischen Nahraum" (Baacke) angesiedelt sind. Entsprechend sind natürliche sozialökologische Übergänge, Erweiterungen durch das Erobern neuer Settings (Reiterhof u.a.) möglich. Der ökologische Nahraum wird mit lebendigen, realen Tätigkeiten gefüllt. „Daseinssteigerung" (Thomae) und „soziale Integration" (Teilnahme an Reitturnieren, Kontakte mit anderen Pony- oder Pferdebesitzern usw.) stehen thematisch im Vordergrund. An Reaktionsformen dominiert die „Stiftung und Pflege sozialer Kontakte" (Absprachen in der Pflege der Tiere, Herumstreifen bzw. Fahrradfahren mit Freunden u.a.). Formen der „Leistung" (Beherrschen der Reittechniken, regelmäßiges Ausmisten und Füttern) sind ebenso erkennbar wie Formen der „Anpassung" (an das Pony, an die Regeln des Sports) wie das „Aufgreifen von Chancen" (Teilnahme an Wettbewerben).

---

[5] Das Modell der Bilderzählung wäre hier mit Luquet als "Bilderbogentypus" zu bezeichnen (zit. n. Richter 1987, 94).

Abb. 86

Abb. 87

4.5 Die Szene der Skater

„Irgendwann spielte das Skateboard bzw. das Skaten in der Klasse eine immer größe-re Rolle. Es war die Rede von `Faky´, `R´ und `Half-Pipe´. Ich griff dieses Interesse der Schüler auf. Ralf schilderte, wie es auf einer Half-Pipe zugeht. Boris 14 Jahre, zeichnete eine solche Fahrbahn auf. Ich schlug vor, daß alle, die ein Skateboard be-sitzen, dieses mitbringen und wir vormittags alle gemeinsam zu einer nahegelegenen Half-Pipe gehen könnten [...].

Es kostete die Schüler echte Anstrengung, das eigene Skateboard im Klassen-zimmer stehen zu lassen und nicht dauernd im Unterricht damit herumzufahren. Eini-ge Schüler beklagten sich, weil sie nicht zu Fuß zur Half-Pipe gehen wollten. Dann ging es mit den Brettern über Bürgersteige und Straßen. Auf einer Anhöhe am äu-ßersten Stadtrand standen wir dann vor einer Holzkonstruktion [...]. Erhöhungen auf zwei Seiten. Dazwischen eine halbrohrartige Senke zum Fahren und Rumturnen. Der Fahrboden bestand aus rautenförmigen Sperrholzplatten. Darauf standen gepinselt und gesprüht die Namen von Interpreten wie Herbert Grönemeyer, Tina Turner, Tote Hosen, BAP. Ebenso Skateboard-Marken. Ich ließ mir das alles von den Schülern erklären, etwa: `T-Bones´, `Powel & Peralta´, `Santa Cruz´. Diese Zeichen wurden von den Schülern im Unterricht sehr häufig reproduziert (vgl. Abb. 88 - 90), eine Zu-sammenstellung der Produktionen von Axel und Ralf). Boris fuhr recht flink auf und ab und zeigte mir ein `Faky´, eine spezielle Drehung mit Sprung. Ralf zeigte mir, was ein `R´ ist und was es sonst noch so gibt. Ich lernte das *kulturelle Vokabular* meiner Schüler, etwa, daß mit `Air´ ein Flugtrick, mit `Bail´ ein Sturz, mit `Freestyle´ eine Art Skateboardtanz und mit `Rippen´ das Fahren selbst gemeint ist. Ralf kündigte an, ein Skater-Magazin mitzubringen. Sein Skateboard trug Graffiti-Zeichen. Von `Rap´, einer monoton-rhythmisch klingenden Funk-Musik war viel die Rede. Diese ganze Richtung organsierte und entfaltete sich in besonderer Weise um Ralf. Skaten, die dazugehörigen Verhaltensstile, Sprachmuster bis hin zum Outfit, das Tragen einer weiten, etwas schlotternden schwarzen Jeans und spezieller schwarzer Leinenschuhe eingeschlossen (im Szenejargon der Skater `street style´ genannt), schienen für den Jugendlichen eine Art *Lebenseinstellung* zu sein. Ralf zog einen Teil der anderen Schüler in seinen Bann. Chris ergatterte auf einem Trödelmarkt billig ein Skate-board.“

Wir zitierten einleitend aus den Tagebuchaufzeichnungen des Lehrers (J.B.) aus dem Jahre 1990. Der Text schildert, wie sich das Skaten und die in diesem Um-feld versammelten alltagsästhetischen Zeichen peu à peu zu einer Art *Szene* entwickelt haben, wie sie von Maik (16 Jahre) und Axel (14 Jahre) in Collagen (Abb. 92 und 93) dargestellt worden ist. Einige Schüler bemühten sich offenbar auch, sich gegen andere Szenen und Stilrichtungen abzugrenzen, etwa ge-genüber den Poppern oder Punkern usw.

Abb. 88

Abb. 89

Die Namen bestimmter Skateboardfirmen oder entsprechende Produktnamen wurden von dem 14jährigen Boris zu einem gestalterischen Entwurf angeordnet (Abb. 88). Im Zentrum der Gestaltung befindet sich der ellipsenförmig umrandete Schriftzug "SANTA CRUZ". Drumherum wurden weitere Produktnamen wie "AIRWALK", "TRACKER" usw. angeordnet. Die gestrichelten Linien verweisen eventuell auf bestimmte Bewegungsmuster, energetische Aspekte, die in Zusammenhang mit dem Skaten relevant sind und an denen man sich auf dieser Szene gegenseitig erkennt. Das gesamte Bildensemble stellt ein Spiel mit Wörtern, Buchstaben usw. dar, die für den Zeichner eine magische Aura zu besitzen scheinen, die hochgradig libidinöse Besetzungen aufweisen. Es schwingt etwas mit, was über die Schriften im engeren Sinne hinausgeht. Assoziationen an bestimmte sozial und kulturell überformte Erfahrungszusammenhänge werden angestoßen. Die Arbeit des 15jährigen Ralf (Abb. 89) ist der zuletzt besprochenen durchaus vergleichbar. Lediglich die Bildsymbole, die Schriftzüge, die Produktnamen sind hier andere. "RAP-X" signalisiert eine besondere Beziehung zur Rap-Musik. Aspekte eines spezifischen Lebensgefühls, ausgedrückt in Kleidung/ Outfit, einer rhythmischen, etwas abgehackten Art zu sprechen, zu singen, sich zu bewegen usw. klingen an.

Mit der folgenden Reproduktion (Abb. 90) wollen wir unsere Reihe jugendkultureller Symbole, wie sie sich speziell im Umfeld der sog. Skaterszenen auffinden lassen, beenden. Interessant ist hier vor allem das Firmen- bzw. Produkt-Logo "X-Bones", da es in einer personalen Figuration (Abb. 135) desselben Schülers (Ralf, 15 Jahre) wieder auftauchen wird. Das dreieckige, kapuzenartige Element hinter den zum X gekreuzten Knochen wird dort zur Maskierung/ Vermummung der Person herangezogen und auf der Basis des Prinzips Umgestaltung in einen eigenständigen Bildentwurf eingearbeitet.

Der 14jährige Boris hat hier eine sogenannte Half-pipe dargestellt, eine halbrohrartige Konstruktion zum Fahren auf dem Skateboard (Abb. 91). Diese Half-pipe wurde integriert in einen parkähnlichen Landschaftsraum mit Kugelbäumen (Akazien o.ä.), Zaun, Weg usw. Zwei Figuren mit Kappen auf dem Kopf fahren gerade. Die eine befindet sich in der Schräge links. Die andere liegt quasi waagerecht in der Luft an der obersten/ höchsten Stelle der Fahrbahn auf der rechten Seite. Vor der Half-pipe, zum vorderen Bildrand hin, liegt ein herrenloses Skateboard auf dem Boden. Das über die gesamte Szene geschriebene Motto "Skate or die" drückt die Leidenschaft aus, mit der sich der Zeichner (und seine Freunde) dem Skaten hingeben. *Wer nicht Skateboard fährt, der lebt nicht. Fahr oder stirb.* Dem Skaten kommt hier wohl deutlich eine kompensatorische Funktion zu. Während der 14jährige auf der einen Seite unentwegt mit schulischen und familiären Problemen konfrontiert ist, kommt dem jugendkulturellen - durch die *peer-group* bestimmten - Bereich deutlich ein restitutives Potential zu.

Abb. 90

Abb. 91

178

Abb. 92

Abb. 93

179

Der Bildentwurf des 16jährigen Maik (Abb. 92) gewährt einen Einblick in die jugendkulturelle Szene der Skater, ihre spezifischen Kommunikationsstile und Sprachmuster. Es wurden verschiedene Figuren aus Jugendzeitschriften entnommen, photokopiert, ausgeschnitten und in einen eigenständigen Bildentwurf integriert. Diese didaktische Vorgehensweise war bei dem zu jähzornigen Ausbrüchen neigenden Schüler italienischer Herkunft mehr als angebracht, führten doch die geringsten Darstellungsprobleme unmittelbar zum Abbruch der bildnerischen Arbeit, zu hochaggressiven Beschimpfungen des Lehrers, zu Gefuchtel mit einem Taschenmesser oder - in den schlimmsten Fällen - zum Werfen eines Stuhles durch den Klassenraum. Maik hat nun eine Reihe von Figuren auf einer Half-pipe angeordnet und wir können in den angefügten Sprechblasen lesen, was sie einander mitzuteilen haben. Der Jugendliche ganz links sagt etwa: "Womm. Ich habe Bock zu skaten." Und: "Hy, was ist jetzt? Los fahren wir jetzt endlich." Der Junge in der Mitte links scheint zu antworten: "Hey, warte mal, o.k. Wir warten noch auf andere." Und: "Mein Gott. Du kannst nicht mehr warten. Wa. Wir warten noch etwas, alles Rooger." Auch die Figur oben rechts gehört in diesen kommunikativen Zusammenhang: "Hy. Sascha und Michael, kommt schon her." Und: "Sascha und Michael sind auch da."

Man muß sich die einzelnen Aussagen wohl in ihrer Abfolge, als kommunikatives Wechselspiel vorstellen. Das in der rechten Bildmitte sitzende Punk-Pärchen mit der Tasche mit der Aufschrift "Infektiös" verschiebt den thematischen Schwerpunkt des Bildes von den kommunikativen Prozessen innerhalb der Skatergruppe hin zu den Abgrenzungsproblemen verschiedener Jugendszenen untereinander. Der junge Mann mit den Springerstiefeln sagt: "Kuck dir mal die Skaterschweine an". Darauf die Jugendliche mit den hochtoupierten Haaren:" Das sind Menschen wie Du." Er:" Trotzdem, das sind Ficker." Das Bild erfährt somit eine Erweiterung, in dem es Identitätsfragen, Abgrenzungs- bzw. Ausgrenzungsmechanismen thematisiert, die letztendlich der Stabilisierung der eigenen Identität dienen. Die in den Umriß der Half-pipe eingeschriebenen Parolen entfalten diese Bedeutungsebenen weiter: "Punks raus. Nazis raus. Ausländer rein." Es geht also auch um die nationale Identität als Italiener in Deutschland, um die Angst des Jugendlichen vor dem deutschen Nationalismus, seinen gewalttätigen und extremistischen Auswüchsen, denen er schnell zum Opfer fallen könnte. Angst und destruktive Aggressivität erscheinen - wie so oft - als Kehrseiten ein- und derselben Medaille. Auch Maik bekräftigt das Skatermotto; die Zugehörigkeit bedarf einer ständigen Absicherung und Erklärung: "Es leben die Skater - for ever."

Die Collage des 14jährigen Axel (Abb. 93) zeigt ähnlich Abbildung 92 ein Gruppe von Jugendlichen, die für uns unter jugendkulturellem Aspekt relevant ist. Der Schüler hat ebenfalls Figurenelemente aus Szenezeitschriften entnommen, zum Teil photokopiert und zu einer dichten Figuration vor einer Mauer oder Half-pipe mit Graffiti-Fragmenten arrangiert. Ferner hat der 14jährige eine

Reihe von zeichnerischen Ergänzungen vorgenommen, etwa bei der Hose und den Stiefeln der Figur ganz rechts, dem tragbaren Kassettenrekorder vorne links, dem Holzgerüst der Half-pipe im Hintergrund. Wiederum geht es um die Frage der jugendkulturellen Identität. Die beiden an den äußeren Bildrändern stehenden Jugendlichen bringen es auf den Punkt: "Rapper und Popper sind out", meint der eine. "Skater sind in", ergänzt der andere.

Zusammenfassend läßt sich festhalten, daß der Gebrauch des Skateboards in erster Linie in Zusammenhang mit „Daseinssteigerung und Aktivation" (Thomae) als Thematik gesehen werden darf. Beim Skaten kommen typische „alltagsästhetische Episoden" (Schulze 1992) zum Tragen, etwa eine spezielle Kleidung anlegen, rumwippen, fahren, drehen, stoppen, einen Walkman aufsetzen, fahren, einem Freund etwas zurufen, eine Zigarette rauchen, weiterfahren, ein paar Sprünge und Drehungen absolvieren, eine Schraube festziehen usw. Innerhalb dieser Episoden werden eine Reihe von Reaktionsformen (im Sinne von Thomae) sichtbar, etwa das „Herstellen und Pflegen sozialer Kontakte" zu den Gleichaltrigen, „Leistung" (Drehungen, Sprünge machen, sich Fahrtechniken aneignen, Reparaturen durchführen), „Bitte um Hilfe" (bei einem Jugendzentrum einen Schraubenschlüssel ausleihen), „Selbstbehauptung" (bei Konflikten der Skater untereinander, bei Auseinandersetzungen mit anderen Gruppierungen, z.B. Punkern usw.). Gelegentlich ist eine beinahe halsbrecherische, evtl. autoaggressiv zu verstehende, Artistik zu beobachten (vgl. die sog. „hard cores", eine Bezeichnung für „besessene" Skateboardfahrer). Der Nervenkitzel wird auf die Spitze getrieben, Stürze und Verletzungen bleiben nicht aus. Es entsteht der Eindruck, als seien hier hinter dem Erleben von Spannung und Aktivität auch Elemente einer konflikthaften Thematik am Werk.

4.6 Ausbrechen, Freiwerden:
Der Rückgriff auf das subkulturelle Repertoire der Punks

Der 15jährige Ralf, der uns im vorhergehenden Kapitel noch in Zusammenhang mit der Skaterkultur beschäftigte, begann etwa ein Jahr später, sich für die Szenen und die Stile zunächst der Punks, später der Skinheads zu interessieren. Abbildung 94 zeigt einen Jugendlichen allein vor einem Gebäude stehend, das als Diskothek oder Kneipe („Getaway") gekennzeichnet ist. Haarkamm, Ohrring, Stiefel und Kette um die Taille weisen den Jugendlichen als Punk aus. Die Beschriftungen auf seinem Pullover (oder Jacke) zeigen seine Musikinteressen („Emils") und einen politischen Standpunkt („gegen Nazis") an. Das Zeichen „Emils" und die für einen Punk typische Haartracht erfahren eine Verdoppelung durch eine Art Graffito an der Außenwand der Diskothek.

Abb. 94

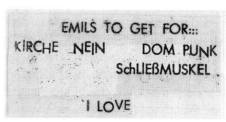

Abb. 95

Abb. 96

Der Name „Getaway" spiegelt eskapistische Tendenzen wider. „Getaway" als Leitthema legt die Assoziation nahe, daß es auf dieser „Szene" darum geht, zu entfliehen, einer als unerfreulich erlebten, Realität zu entkommen, aber auch dazuzugehören.[6] Der zweifach zum Anarchie-Zeichen ausgestaltete Buchstabe „A" im Schriftzug „Getaway" spielt auf das im Punk verkörperte subversive, provokative Element an. Der Weg von der Tür der Diskothek zu dem Jugendlichen hin ist unterbrochen. Es könnte sich hier um ein Zeichen dafür handeln, daß der Anschluß des Schülers an die Punk-Szene bzw. seine Identifikation mit dieser Szene noch nicht vollständig vollzogen ist.

Mit Hilfe einer (Freinet-)Druckerei setzte Ralf den im folgenden reproduzierten Text (Abb. 95). „Emils" und „Schließmuskel" sind nach seinen Angaben Namen von Punkbands. Durch das Wort „Schließmuskel" werden Assoziationen an Entleerungsvorgänge, evtl. „auf etwas Scheißen" o.ä. geweckt. Die Verneinung des Wortes „Kirche" wirkt heutzutage nicht mehr sonderlich subversiv. Vielleicht handelt es sich um eine Absage diesbezüglicher Ambitionen der Tante, bei der Ralf lebt. „DOM PUNK" könnte eine spezielle lokale Punkszene bezeichnen. Der Text endet mit einer Liebeserklärung an ein Mädchen, deren Namen wir aus dem Text herausgenommen haben.

Abbildung 96 zeigt ein von Ralf entworfenes Werbeplakat für ein Konzert der „Emils". Unter dem Logo dieser Musikgruppe sehen wir einen Punk mit blaugefärbtem Haarkamm. Dieser ist wohl als ein Zeichen der Provokation aufzufassen. In einem ähnlichen Kontext sind Zigarette und Ohrring zu sehen. Die herabfallenden Schultern, das fliehende Kinn und die einander überlagernden Augen zeigen die dargestellte Figur dagegen eher von ihrer ängstlichen, ja verletzlichen Seite. Der Text auf der rechten Seite informiert über weitere Einzelheiten des Konzerts wie Ort, Eintrittspreis, Getränke, Veranstalter usw.

Schüler wie Ralf lassen sich dem *Vorfeld* der Punkszene zuordnen, das heißt sie gehören nicht *wirklich* dazu, sie scheinen nur ein wenig von der subversiven Kraft einer solchen Subkultur zu zehren, indem sie deren alltagsästhetische Zeichen übernehmen. Der Jugendliche im Bild (Abb. 94) steht denn auch etwas isoliert bzw. vereinzelt vor der Diskothek. Die Zeichnung erscheint geradezu als Symbolisierung der Einsamkeit. Der Anschluß an die Szene scheint noch nicht geglückt. Gleichzeitig lassen sich Schüler wie Ralf als die *Nachhut* der Punks bezeichnen, da die große Zeit der Punks längst vorbei ist. Was wir heute vorfinden, ist ein Zitieren, ein ständiges Ausprobieren und Verwerfen von Stilmerkmalen, alltagsästhetischen Zeichen, die immer neu in die jugendkulturelle

---

[6] „Jugendästhetik [...] sichert Zugehörigkeit durch Rückkopplung mittels bestimmter Einstellungen und Bilder (`Images'). Es werden Geschmacksurteile gefällt, Beobachtungen mitgeteilt, Rituale veranstaltet, Wahrnehmungen gemacht, und mit der Zugehörigkeit zu einer *symbolischen Fraktion* können Einsamkeitsgefühle aufgehoben, intensive Erlebnisse ermöglicht, Wunschvorstellungen vergegenwärtigt werden" (Maset 1997, 16).

„Bricolage" (Levi-Strauss) eingebaut werden (vgl. Baacke 1987, 151 ff.). Bricolage, wörtlich zu übersetzen als „Bastelei", meint eine Verhaltensweise, die aus vorhandenen Systemen Einzelelemente herauszieht und umwidmet. Stil wird mit Mode identisch. Verbindlichkeiten werden nicht eingegangen. Der Wechsel ist Prinzip. Man kann eigentlich „alles tragen, wenn es kleidet". Das, was den Menschen ausmache, so Baacke (1985, 197) über das Erscheinungsbild der Jugendkulturen nach der Protestbewegung, liege nicht „tief innen", in der Gesinnung. Das Tiefste am Menschen sei vielmehr seine Kleidung.

Wenn diese Überlegungen auch den allgemeinen Trend treffen mögen, einem Schüler, wie dem 15jährigen Ralf werden sie nicht gerecht. Wir haben es hier mit einem Phänomen zu tun, das sowohl jenseits der inneren Überzeugungen der Protestbewegung liegt, als auch jenseits der neuen postmodernen Oberflächlichkeit und Flachheit. Einem Schüler wie Ralf geht es nicht um das bloße Spiel mit alltagsästhetischen Zeichen, hier: Kleidung, Accessoires usw., vielmehr ist er auf der Suche nach einem alltagsästhetischen Ausdruck für seine individuellen Konflikte. Im Aufnehmen von Stilen der Punks wird im Fall von Ralf vor allem eine „regulative Daseinsthematik" (Thomae) sichtbar. Der Kampf um Autonomie im Sinne einer psychosozialen Krise, das Ringen um emotionale und materielle Unabhängigkeit von der ihn versorgenden Tante, - wir verweisen schon jetzt auf die in Zusammenhang mit den Abbildungen 167 und 168 angestellten Überlegungen - das verzweifelte Auflösen dieser ursprünglich *rettenden* Beziehung und das Herstellen von Beziehungen zu gleichgesinnten Altersgenossen stehen im Sinne von Entwicklungsaufgaben im Vordergrund. Daß diese Entwicklungsaufgaben nicht ohne weiteres gelöst werden, zeigen die gehäuften Konflikte im schulischen und im familiären Bereich, offenbar auch im außerschulischen Bereich der peergroup-Aktivitäten. An Reaktionsformen werden bei Ralf vor allem Selbstbehauptung, Provokation, Widerstand und Aggression sichtbar. Dieser Eindruck verstärkte sich in der unterrichtlichen Auseinandersetzung der Schüler mit den verschiedenen Jugendszenen.

Hierzu wählte der Lehrer (J.B.) unter anderem den Film „Randale und Liebe"[7] aus. In diesem Dokumentarfilm geht es um Jugendliche in der Großstadt. Teds, Rocker, Popper, Punks und andere Gruppierungen stellen sich dar, zeigen ihre gruppenspezifischen Regeln und Riten. Es wurde versucht, mit den Schülerinnen und Schülern, unter anderem mit Ralf, die im Film gezeigten Szenen und die von den Jugendlichen dort gemachten Aussagen zu problematisieren, auf deren Erfahrungshorizont zu beziehen, Erlebnisschichten, Hintergründe, Widersprüche herauszuarbeiten, etwa die Aussage einer 16jährigen Punkerin: „Rumhängen, Saufen ist langweilig und es ist geil." Die Jugendlichen im Film sagen ferner Sätze wie: „Punk ist Auflehnung gegen den Mittelstand, die Bullen, die Spießer. Wir sind nicht so verklemmt und machen gern Randale. Bei uns gibt es

---

[7] Schmitt, T.: Randale und Liebe. Dokumentarfilm. BRD 1981.

nur ein Gesetz, daß es keine Gesetze gibt." Ralf findet die Punks von allen gezeigten subkulturellen Gruppen am besten. Auch er will vorläufig „keine vorgegebene Ordnung akzeptieren" und ab und zu „Randale machen."

Interessant ist der weitere Entwicklungsverlauf dieses Schülers. Ralf ließ sich als nächstes die Haare kurz rasieren, kam mit Bomberjacke und schwarzen Springerstiefeln zur Schule und äußerte zunehmend rechtsradikale Parolen wie z.B. „Kühnen an die Macht !" oder: „Raus mit den Pollacken". Er hob des öfteren seinen Arm zum Hitlergruß und definierte sich jetzt als rechtsextremen Skinhead, wobei unklar bleibt, inwieweit tatsächlich der Anschluß an eine lokale Szene gegeben war. Die Identifikationen sowie die jugendkulturellen Zeichen wechseln also vom Skater über den Punk bis hin zum Skinhead. Sie sind alle nicht von Dauer und sie bleiben in sich widersprüchlich. Während Ralf sich als Punk noch gegen Nazis wandte und für Randale und Chaos plädierte, wendet sich der Skinhead in aller Schärfe gegen Ausländer, betonterweise aber nicht gegen Homosexuelle, deren Aktivitäten er als völlig *natürlich* ansieht. Die tieferliegenden Konfliktkonstellationen sind auf der Suche nach einem angemessenen alltagsästhetischen Ausdruck.

4.7 Die rechtsgerichteten Szenen: Wege und Irrwege der Identifikation

4.7.1 „Heh, geh´n wir gleich Leute wegklatschen?"

Der einer Collage des fünfzehnjährigen Helmut entnommene Ausschnitt (Abb. 97) zeigt eine Gruppe von sog. Skin Heads mit kahlgeschorenen Köpfen, in Röhrenjeans mit Hosenträgern und Springerstiefeln. Es handelt sich um eine Figuration, die zweifellos auf die Schattenseiten der jugendkulturellen Szenen, auf die „dunklen Seiten der Adoleszenz" (Bröcher 1993 a) verweist. Die Figuren wurden sorgfältig mit einer Schicht brennbaren Klebstoffes überzogen und mit einem Feuerzeug bearbeitet. Die Einbrennungen in den Körpern erzeugen eine bedrohliche Wirkung und signalisieren hohe Destruktivität und Gewaltbereitschaft. In den eingezeichneten Sprechblasen ist zu lesen: „Heh, gehn wir gleich Leute wegklatschen?" - „Ja klar, Benni!"

Entstanden ist diese Schülerarbeit im Jahre 1991. Da gewalttätige Tendenzen dieser Art in diesem Jahrzehnt und in dieser Gesellschaft einen neuen Höhepunkt zu erreichen scheinen, brauchen wir Erklärungen, Wissen, damit wir als Pädagogen, speziell Sonderpädagogen, handlungsfähig werden. Ansatzpunkte bietet Streek-Fischer (1992, 750 ff.). Diese Autorin analysiert den Zusammenhang von „Adoleszenz und Rechtsradikalismus" anhand folgender Aspekte:

Abb. 97

Abb. 98

Abb. 99

Abb. 101

Abb. 100

„Das destruktive Verhalten dieser Jugendlichen, das unter anderem vor dem Hintergrund eines traumatisierten, labilen Selbst zu verstehen ist; den abgebrochenen Dialog und die Erfahrung von Ausgrenzung, die diese Jugendlichen gemacht haben; die Funktion der rechtsextrem orientierten Gruppe als Elternersatz; die Verteufelungen von Fremdem und Andersartigem sowie die Naziideologie der Skinheads als einen Versuch, innere Kontinuität herzustellen."

Nehmen wir diese Aussagen als möglichen Erklärungshorizont; konkrete Handlungsmöglichkeiten für einen kunsttherapeutisch arbeitenden Sonderschullehrer ergeben sich indessen noch nicht. Angesichts der offenkundigen Schwierigkeit, erzieherische *und* therapeutische Absichten miteinander zu vereinbaren, gilt es wohl zunächst, die eigenen Omnipotenzphantasien, nämlich alles auf einmal lösen zu wollen, im Zaum zu halten. Denn so mancher destruktiv-sadistischen Verhaltensweise der Schüler gilt es ja im schulischen Alltag in gewalthemmender oder -unterdrückender Absicht, zunächst einmal die Stirn zu bieten, indem wir sie erst einmal *verbieten*. Gleichzeitig sind wir sehr an der symbolischen Verarbeitung von Gewaltpotentialen, Gewaltphantasien bzw. den diesen zugrundeliegenden psychosozialen Konflikten usw. interessiert. Nur, daß dieser Schritt vom Ausagieren hin zum Sublimieren für manch einen Schüler zunächst nicht gangbar erscheint. Diese „mangelhafte Ausbildung von Sublimierungen" (Kernberg 1988, 43) stellt wohl eines der größten Hindernisse für ein breit angelegtes kunsttherapeutisches Arbeiten im Bereich der sonderpädagogischen Erziehungshilfe dar. Deshalb ist schon ein Fortschritt darin zu sehen, daß die Feuereinbrennungen in der Bildgestaltung von Helmut auf dem Papier und diesmal nicht auf seinen eigenen Unterarmen oder an den Körpern der Mitschüler stattgefunden haben. Manch einer lernt die enormen Darstellungs- und Ausdrucksfreiheiten im Bereich des Künstlerischen mit der Zeit doch noch zu schätzen und auszunutzen.

4.7.2 Die rechtsgerichtete Partei als Identifikationsangebot

Als nächstes wenden wir uns einer Bildgestaltung des 15jährigen Jochen (Abb. 98), einem Schüler mit kurzgeschorenem blondem Haar, zu. Das gezeigte Bild entstand nach einem mehrtägigen Großtreffen auf einem „Herrensitz", veranstaltet von der FAP. Auch unser Schüler hatte hieran teilgenommen. Die vor eine Art Hotelgebäude[8] gesetzte Figurengruppe enthält zwar in erster Linie historische Anspielungen (Kaiserreich, Machthaber im III. Reich, Fahne mit Hakenkreuz, Kirche usw.). Vor allem scheint jedoch in dem braven Aufgestelltsein der

---

[8] Dieses Bildelement hat der Schüler einer Zeichnung von T. Ungerer entnommen und überarbeitet (Sammlung „Freut Euch des Lebens").

Figuren etwas von der Weltanschauung und den sozialen Mechanismen der rechtsgerichteten Partei zum Ausdruck zu kommen: Während in Abbildung 97 *Randale und Action* zu dominieren scheinen, stehen hier *Ordnung und Disziplin* im Vordergrund. Nicht blindes Abreagieren von Spannung - etwa beim sogenannten „Leute wegklatschen" - ist hier das Thema, sondern ein eher pragmatisches, intellektuelles und machtorientiertes Kalkül. Die Kontaktpersonen des Schülers waren denn auch eher sozial gut integrierte, höhere Angestellte als Skin Heads oder Hooligans. Auf diese Weise fand der 15jährige eine außerfamiliäre Entsprechung zum relativ wohlhabenden, aufstiegsorientierten Integrationsmilieu (Schulze 1992) des Elternhauses. Bei genauerer Betrachtung schienen auch in diesem Falle Elemente einer regulativen Thematik eine Rolle zu spielen. In den explorativen Gesprächen zwischen Lehrer und Schüler wurde zunehmend deutlich, daß es in der engen Orientierung an bzw. der Identifizierung mit Führungskräften aus den Reihen der FAP (höhere Bankangestellte o.ä.) auch um die Absicherung, Stabilisierung der männlichen Identität des Heranwachsenden im Sinne einer Entwicklungsaufgabe ging. Dieser Prozeß war offenbar im familiären Bereich, aufgrund eines dichten Konfliktgeschehens[9] nicht erfolgreich zuende gebracht worden.[10]

Andere, hier relevante, thematische bzw. entwicklungsbezogene Aspekte sind im Gewinnen emotionaler Unabhängigkeit von den Eltern und im Entwickeln einer Zukunftsperspektive zu sehen. Neben den destruktiv-aggressiven Reaktionsformen, die dem 15jährigen bereits eine Reihe von polizeilichen Untersuchungen, Gerichtsverfahren und Gefängnisaufenthalten eingebracht haben, dominieren bei diesem Beispiel die Anpassung an die Strukturen und Mechanismen der rechtsgerichteten Partei-Szene und das Herstellen und Pflegen sozialer Kontakte im Rahmen eines ideologisch vorgeformten Kontextes.

Unsere nächste Reproduktion (Abb. 99) präsentiert zwei Seiten aus einem Klassentagebuch, die der 15jährige Jochen gestaltet hat. "Blut, Ehre und Hass", das „SS" in Form der NS-Runen (hier: Zeichen der Waffen-SS) geschrieben, steht auf der linken Seite des Tagebuches, in das die Schülerinnen und Schüler zu beliebigen Zeitpunkten Eintragungen vornehmen konnten. Das Copyright dieser Bildgestaltungen liegt „by KEN", wie wir erfahren. Die Inschrift auf der

---

[9] Jochen kennt seinen Vater nicht. Die Beziehung zum Stiefvater ist gespannt. Der Großvater, der in der frühen Kindheit als eine Art Ersatzvater fungierte, verstarb, als Jochen 10 Jahre alt war. Die Mutter wurde nach dem Verlust ihres Vaters depressiv und wurde psychiatrisch behandelt. Ab diesem Zeitpunkt begann die negative Karriere unseres Schülers.

[10] Hierzu ließe sich mit H.-E. Richter (1994) die Hypothese entwickeln, „daß vorwiegend Jungen mit Vater-Defiziten von suggestiven Neonaziführern angezogen werden, die sich ihnen zuwenden und ihnen versprechen, sie zu Männern zu machen. Die Entwicklung des Nazi-Autoritarismus ist ein typisches Männerstück mit einer komplizierten Mischung von Idealisierung, Identifizierungs- und homoerotischen Prozessen, wie sie Freud schon in ` Massenpsychologie und Ich-Analyse´ (1921) analysiert hat."

190

rechten Tagebuchseite "WHITE POWER" stellt eine Variation des zuerst genannten Schriftzuges dar. Mit Hingabe und Detailgenauigkeit hat der Jugendliche seine rechtsextremen Parolen zu graphischen Realisationen ausgearbeitet.
Eine Fülle ähnlicher Gestaltungen bzw. Eintragungen, in denen rechtsradikale
Einstellungen und Gedanken immer neu variiert werden, durchzieht die Seiten
des Tagebuches, aus dem die zwei Zitate entnommen sind. Jochen läßt seinem
ungezügelten Haß auf Asylbewerber, Schwarze, Mischlinge, von denen sich ja
auch einige an der Sonderschule befinden, freien Lauf. Daß ein halbschwarzer
Schüler, der sich in derselben Klasse wie Jochen befindet, seinen individuellen
Diskrimierungserfahrungen gerade in jenem Tagebuch Ausdruck verliehen hat,
wird von Jochen durch einen geringschätzigen schriftlichen Kommentar zu jener
Tagebuchseite beantwortet: "Husch, Husch, Husch - Neger in den Busch".

4.7.3 Die künstlerische Auseinandersetzung mit der „Gewalt von Rechts"

Eine Gruppe von Schülern hat sich während eines Kunst-Projekttages unter der
Anleitung von zwei Künstlerinnen bzw. Pädagoginnen[11] mit dem Thema der
"Gewalt von rechts" bildnerisch auseinandergesetzt (Abb. 100). Aus dem Zentrum der Mitteltafel des Triptychons stoßen geballte Fäuste, Unterarme hervor.
Die Gestaltung dieser Arme bzw. Fäuste in blau, schwarz und weiß unterstreicht
die Kälte, die Härte dieser Geste, weckt Assoziationen an das Material Stahl,
hart wie Stahl... Daneben befindet sich eine Ansammlung uniformer, gleich-
förmiger Gesichter mit geöffneten Mündern. Unten eine Ansammlung schwarzer Stiefel, die jedoch nicht mehr direkt mit den Körpern in Zusammenhang stehen. Diese künstlerische Realisierung läßt sich als psychische Fragmentierung
rechtsgerichteter Persönlichkeiten lesen. Die Reduzierung auf die Fäuste, die
gleichförmigen Gesichter, die Stiefel als charakteristische Elemente einer vor-
politischen Szene stellt in aller Schärfe und Konzentration das Motiv der Gewalt
in den Vordergrund. Die fahlgelben Gesichter, die von den Fäusten an den linken Bildrand gedrückt werden, geben hier die Opfer bzw. Zielscheibe der Aggression ab. Das dichte Geschehen auf der mittleren Tafel des Triptychons wird
flankiert von zwei kleineren Seitentafeln, die jeweils die Hälfte eines monsterartigen Kopfes enthalten. Ein Schüler hat hier eine Darstellung aus dem Bereich
der Fantasy Art oder Heavy-Metal-Szene übernommen, vergrößert und nach eigenen Vorstellungen farbig ausgestaltet. Die Ausarbeitung der beiden Reihen
mit überlangen, spitzen Zähnen erforderte eine akribische Feinarbeit und stellte
höchste Anforderungen an einen Jugendlichen, der sich im Bereich des Bildnerischen sonst wenig zutraute und schnell das Handtuch warf. Die beiden Künstlerinnen haben es offenbar verstanden, die durchaus unterschiedlichen Vorstel-

---

[11] Wir bedanken uns bei Irma Meinold/ Neuss und Gunhild Lorenzen-Golby/ Brüssel.

lungen, Darstellungsabsichten und Realisationskonzepte der hier beteiligten jugendlichen Sonderschüler im Rahmen des Triptychons als Ganzem zu integrieren. Speziell im mittleren Teil ist eine dichte künstlerische Aussage zustandegekommen.

4.8 Die Welt der Jugendmusik und der Popstars

Wir beginnen dieses Kapitel mit zwei Ausschnitten aus den Tagebüchern des Lehrers (J.B., 1990 und 1995), um etwas von der Atmosphäre deutlich werden zu lassen, die sich um die Welt der Popmusik und der Idole herum konstituiert:

„Eine Zeitschrift wird aufgeblättert, das Auge bleibt an irgendeiner auffallenden Photographie eines Stars hängen, es wird eine Überschrift gelesen, weitergeblättert, eine andere Überschrift gelesen, das Auge wandert zu einem neuen Photo, es werden einige Textelemente gelesen, es folgt ein verbaler Kommentar an einen anderen Schüler gerichtet, eine Musikkassette wird eingelegt, der Schüler blättert weiter in seiner Zeitschrift. Einer geht raus, um eine Zigarette zu rauchen, kommt wieder rein, steckt einem anderen sein Feuerzeug zu, geht zum Kassettenrekorder, kritisiert die Musik, die gerade läuft, stoppt das Gerät, spult das Band vor, schaltet wieder an, setzt sich hin, nimmt eine Bravo, trennt ein Poster raus, spricht einen anderen Schüler an, wo das Poster aufgehängt werden könnte, ein anderer erhebt Einspruch, schimpft über den abgebildeten Star, nennt diesen einen ´Penner´, eine ´Tunte´ usw." [...] (1990).

„Zwei 15jährige Mädchen, Natascha und Melanie, werfen ihr Haar nach hinten, eine geht zu einem Wandspiegel im Kunstraum, schaut hinein, wirft ihren Kopf in den Nacken, dreht sich um, schaut zu ihrer Freundin, schaut ein zweites Mal in den Spiegel, nimmt eine Haarbürste aus ihrer schwarzledernen - mit silbernen Beschlägen verzierten - Schultasche. Sie kämmt sich ein wenig, scheint jetzt den Gesamteindruck noch einmal zu überprüfen, den ihr Gesicht macht, zieht die Lippen nach innen, läßt Ober- und Unterlippe übereinandergleiten, als hätte sie gerade frischen Lippenstift aufgetragen. Sie packt die Haarbürste wieder ein, ein letzter flüchtiger Blick in den Spiegel, als wollte sie sagen: *Ja, so geht es.* Beide Mädchen verlassen den Klassenraum, um schon Sekunden darauf wieder hereinzukommen. Eine Gruppe von Jungen sitzt auf Tischen, leicht zum Rhythmus der selbst mitgebrachten Musik wippend, während andere malen, zeichnen oder collagieren. Aus dem Kassettenrekorder dröhnt es immerfort und monoton gleichbleibend `Run away´ oder `Get away´. Feuerzeuge und Zigaretten werden etwas verstohlen untereinander weitergereicht. Der Kragen einer Jeansjacke wird erneut hochgestellt, es wird wenig gesprochen, die Musik durchflutet den Raum. Der sonst übliche Lärm, das verbale Streiten hat sich verflüchtigt" (1995).

Abb. 102   *Abb. 105*

Die Schulklasse wird zu einem Ort der Gesten, eines Gehabes, das sich spezifischer alltagsästhetischer Zeichen bedient. Die Jugendlichen scheinen wirklich *davongelaufen* („Run away", „Get away") zu sein, in eine Welt, die nach anderen Gesetzmäßigkeiten funktioniert als das offizielle Schulleben. Für einen Moment scheinen „Peace, Love und Unity" im Sinne des Techno-Mottos (Paasch 1995) dort zu regieren, wo sonst überwiegend Streit und Zank herrschen. Aus dem Rekorder klingt es immer wieder „eternity, eternity, eternity...." (Ewigkeit, Unsterblichkeit, ewiges Leben). Man meint „so etwas wie Glück spüren zu können, gemeinsam in einem endlos zerdehnten Augenblick" (ebd.). Allerdings muß sich dieser Eindruck nicht immer auch in harmonischen Bildgestaltungen niederschlagen, wie die von uns dokumentierten Beispiele zeigen.

Neben den rechtsextrem gefärbten Parolen hat der 15jährige Jochen auch kunstvoll ausgearbeitete Schriftzüge im Klassentagebuch hinterlassen, die sich um music channels wie "MTV" oder "VIVA" drehen (Abb. 101). Die einzelnen Buchstabenkonfigurationen auf den beiden reproduzierten Tagebuchseiten sind in dekorativer Absicht in Form von Umrahmungen, Verbreiterungen, Punkten, Sternchen usw. ausgestaltet worden. Möglicherweise signalisiert die bildnerische Auseinandersetzung mit den music channels den Wunsch des Jugendlichen, der als trist und langweilig empfundenen schulischen Realität zu entkommen. Gleichzeitig könnte hier auch ein gewisses Abwehrverhalten deutlich werden, denn der Sonderschullehrer, der hier die Einzelförderung über einen längeren Zeitraum durchführte, sah sich aufgrund der Eskalationen im Verhalten des Schülers gezwungen, ein *ernstes Wort* mit diesem zu sprechen. Der bildnerische Rückgriff des Jugendlichen auf die standardisierten Buchstabenkonstellationen könnte somit auch der Spannungsabfuhr ebenso wie dem Ausweichen vor einer aktiven Auseinandersetzung mit den angesprochenen Verhaltensproblemen, den sozialen Konflikten in der Klasse und den ständigen Streitereien mit der Klassenlehrerin, gedient haben. Mit Bezug auf Richter (1997 a, 430) läßt sich in dem Rückzug auf Buchstabenkonstellationen auch ein Vorgang der „Entsymbolisierung", ein „Verlust von Bildlichkeit" sowie „Widerstand gegen eine interpretatorisch nachvollziehbare Gestaltung" erkennen bzw. vermuten.

Das längliche Rechteck, die Seitentafel eines Triptychons zum Thema "Jugendkultur", enthält die Spuren einer Gruppenarbeit, an der sowohl Jungen wie Mädchen einer Sonderschule beteiligt waren (Abb. 102). Die Bildtafel dreht sich um Jugendszenen (Punks, Skater, Rapper usw.) Aufgrund der Vielfalt, des komplizierten In- und Nebeneinanders der aufgetauchten jugendkulturellen Phänomene, lag die Verwendung des *Prinzips Collage* nahe, d.h. es wurde gemalt, gesprüht, gezeichnet. Bildteile, hier vor allem als vergrößerte Photokopien aus Jugendzeitschriften usw., wurden zerrissen, eingeklebt wieder abgerissen, übermalt, überklebt, übersprüht usw. Zum Teil wurden in früheren Abbildungen bereits dokumentierte Bildcollagen von ihren Herstellern erneut photokopiert und am oberen Bildrand mit in die Seitentafel des Triptychons eingearbeitet, integriert, zum Teil verkleinert, zerrissen und koloriert. Besondere Detailarbeit fand an der kopierten Photographie des Mädchens in der Lederjacke - links neben dem Schriftzug "RAP" - statt. Die Haarsträhnen und die Ränder des hochgestellten Kragens der Lederjacke wurden von einer Schülerin mit einem silbernen Lackstift sorgfältig nachgezogen, nachgearbeitet, die Lederjacke selbst gelb koloriert. Ganz unten links befinden sich aus Skatermagazinen herausgerissene Bildteile, die die Sprünge der Skateboardfahrer über eine Mauer hinweg zeigen. Rechts daneben schlagen vor feuerrotem Bildhintergrund - das Rot zeugt von Leidenschaft, Lebenskraft und flammender Energie - blaue Flammen empor. Möglicherweise sind es die tiefen emotionalen Bereiche des Unbewußten, die sich in diesen blauen Flammen manifestieren. Die explorativen Gespräche brachten hier etwas aus den alltagsästhetischen Episoden der Jugendlichen an den Tag. Die sich übereinanderlagernden, zum Teil miteinander verschmelzenden Bildausschnitte reflektieren die Gesten, Verhaltensmuster, Rituale, die Formen sich zu geben, sich zu kleiden, sich zu bewegen (etwa auf Skateboards oder zu Rap-Musik), zu sprechen (vgl. die den Skatern hinzugefügten Sprechblasen) usw. sowie die in diesen Symbolzusammenhängen enthaltenen Wünsche nach Anerkennung durch eine spezifische Jugendgruppe, die Wünsche nach Nähe und Zärtlichkeit, aber auch nach Abgrenzung, Distanz, Autonomie und Unabhängigkeit.

Bei der folgenden Arbeit (Abb. 103) handelt es sich um die Seitentafel eines Triptychons, dessen Gestaltung durch acht - zu hochaggressivem Verhalten neigende - Schüler erfolgte. Um das bereits erhebliche Konfliktpotential während der künstlerischen Gemeinschaftsarbeit nicht noch weiter zu verschärfen, wurde jedem Schüler ein genau abgegrenztes Feld - die reproduzierte Seitentafel enthält zwei solcher Felder - zugeteilt. Als thematischer Rahmen wurde gesetzt, daß in der Gestaltung der Bildtafeln in irgendeiner Form auf jugendkulturelle Inhalte/ Phänomene Bezug genommen werden sollte. Im oberen Feld sind verschiedene, aus Jugendzeitschriften wie Bravo, Tempo usw. entnommene, Bildteile zu sehen, die zum Teil karikierende Elemente enthalten oder die durch Übermalen, Überkleben usw. verfremdet worden sind. Der Schriftzug "EMILS" wurde in Gelb eingesprüht, die kleinen Bildszenen mit roter Sprühdose eingerahmt, der leere Raum zum Teil mit blauen oder grünen Farbspuren gefüllt. Die bildnerische Realisierung bewegt sich noch im Bereich des Experimentellen, weniger des reflektierten Gestaltens. Im unteren Feld dominiert der rot eingesprühte Schriftzug "RAP", auf den wir inzwischen mehrfach gestoßen sind, sozusagen ein jugendkulturelles Schlüsselwort. Dieser Schriftzug ist von einer blauen Aura umrahmt, das Ganze wurde in ein gelbes Hintergrundfeld eingelassen. Einige kleinere Schriftelemente, die in dem gelben Untergrund herumzutanzen scheinen, sind unter semantischem Aspekt nicht ohne weiteres zu entschlüsseln. Das Photo oben links zeigt ein Mitglied der Popgruppe „Die Ärzte", als Hinweis auf spezielle Musikinteressen, eventuell ein Orientierung gebendes, libidinös besetztes, der Identifikation dienendes Idol. Unten rechts finden wir die Photokopie eines Photos wieder, das der Lehrer vom Schultisch des Produzenten gemacht hat. Daß der bildnerische Hinweis auf diesen Schultisch hier mitaufgenommen worden ist, darf als Ergebnis didaktischer Einwirkungen betrachtet werden. Der Schüler beginnt wahrzunehmen, daß seine Schultischkritzeleien affektiv, lebensgeschichtlich und/ oder kulturell relevante Objektivationen sind.

Als nächstes haben wir die andere Seitentafel des bereits genannten Triptychons vor uns (Abb. 104). Das obere Feld wurde von dem 15jährigen Harald ausgestaltet, das untere von dem 16jährigen Timo. Im Gegensatz zu Abb. 103 wurde hier von den beiden benachbarten Produzenten eine gewisse Einigkeit in der Gestaltung des Bildhintergrundes erzielt. Zumindest gehen die aufgesprühten Farbtöne fließend ineinander über. Es gibt keine scharfe Trennlinie mehr zwischen den ursprünglich isolierten Bildfeldern. Bei dem oberen Teil fällt eine ausgeprägte Experimentierfreude auf. Es wurde in die aufgesprühten Farben wiederum mit dem Pinsel hineingemalt, die aufgeklebten Bildteile wurden farblich ausgestaltet, am linken Bildrand wurde mit dem umgedrehten Pinsel in die Farbschichten hineingekratzt. Der soziokulturell extrem deprivierte Jugendliche, mit dessen Familiendarstellungen wir uns bereits beschäftigt haben (Abb. 38 und 39) kommt hier zu grundlegenden, für ihn neuen, bildnerischen Erfahrungen.

In dem unteren Feld von Timo fällt - neben dem bereits hinreichend gewürdigten Schriftelement "RAP" - vor allem die Ansammlung von Bildelementen mit erotischem Inhalt auf. Nachdem der Schüler, wie die meisten anderen dieser Gruppe, mit der Realisierung von Schriftelementen wie RAP, SNAP sowie mit dem Einarbeiten von skateboardfahrenden Jugendlichen begonnen hatte, tauchen die leicht bekleideten Frauen, zum Teil in sogenannter Reizwäsche, am unteren Bildrand auf. Die Frauen sind in ein erotisch bestimmtes Geschehen verwickelt, Vorgänge der Körperpflege, aber auch der gegenseitigen Stimulation werden erkennbar. Zwei auf einem Mann *reitende* Frauen, von denen die eine durch Ersetzen des Kopfes verfremdet wurde. Am unterem Bildrand eine Sequenz, die ein junges Paar beim Liebesspiel zeigt. Schließlich eine bekleidete Liegende, daneben Michael Jackson. Die genannten Bildelemente erscheinen wie verschiedene Zustände des adoleszenten Selbst. Einmal scheint der Jugendliche fassungslos und zweifellos erregt vor der intimen Welt des Weiblichen zu stehen. Die Frauen vergnügen sich untereinander. Der Mann in Timo hat hier noch keinen unmittelbaren Zugang gefunden. Die Frauen provozieren und locken, sie schneiden ihm aber auch Gesichter und Fratzen. Sie tanzen ihm auf dem Kopf herum, benutzen ihn für ihre ausgelassenen, selbstbezogenen Spiele. Ein anderes Mal erscheinen die Frauen mehr als prinzipiell erreichbare bzw. verfügbare Liebesobjekte. Während der androgyne Michael Jackson noch zögernd, möglicherweise gehemmt, mit den Händen in den Taschen neben der bekleideten Liegenden steht, fängt der Junge in der Bildsequenz am unteren Bildrand an, mit den Zähnen seine Partnerin zu entkleiden.

Wir beenden unsere Bildreihe zur Welt der Popmusik, der Stars und Idole mit der Betrachtung einer Bildtafel (Abb. 105), an der drei Jugendliche unter Anleitung von zwei kunsttherapeutisch geschulten Pädagoginnen[12] gearbeitet haben. Das Bild gliedert sich, um nicht zu sagen zerfällt, in zwei Teile, ein Zustand, der etwas von den gruppendynamischen Prozessen aus dieser Arbeitsgruppe widerspiegeln dürfte. Möglicherweise bildeten sich hier zwei konkurrierende Entwürfe heraus, die von zwei Teilgruppen verfolgt wurden und die sich als zwei verschiedene Ansichten des Popstars Eros Ramazzotti lesen lassen. Der Sänger unten befindet sich in einer ekstatisch wirkenden Körperhaltung, wie wir sie aus Konzerten, Bühnenauftritten der Stars usw. kennen. Er hält das Mikrophon und dessen Unterbau mit beiden Händen umschlossen, Oberkörper und Kopf werden zurückgeworfen. Als Hautfarbe wurde hier ein helles Rot gewählt, sicher als Zeichen für die erhöhte Erregung des Stars während seines ekstatischen Auftritts, aber auch ein Hinweis auf die libidinöse Besetzung des Sängers von seiten seiner jugendlichen Fangemeinde. Der Körperumriß wurde zur einen Hälfte mit zerrissenem Zeitungspapier auscollagiert, ein Verfahren wie es aus dem Bereich der sogenannten Modernen Kunst bekannt ist. Die Figur des Sängers erhebt sich aus dem dunklen Untergrund, in dem sie fest verwachsen zu sein scheint. Sie ist umstrahlt vom hellgelben Licht der Scheinwerfer, in das sich von den Seiten rote und grüne Farbfelder hineinmischen. Im Gegensatz dazu wurde bei der Figur oben ein eher naturalistisches Darstellungskonzept verfolgt. Die - einer Jugendzeitschrift entnommene - Photographie des Pop-Sängers Ramazzotti wurde auf Wunsch eines Schülers auf Folie kopiert und auf den Malgrund projiziert, nachgezeichnet und realitätsnah ausgemalt. Besondere Detailarbeit fand im Bereich des Gesichts statt, ebenso bei der bildnerischen Realisierung des Hemdausschnitts, der einen vagen Blick auf des Sängers Brust gestattet sowie in der Darstellung des umgeschlagenen Hemdärmels. Das Gesicht des Sängers wirkt vertieft. Was Eros Ramazzotti in seiner rechten Hand hält, ist nichts weiter als die Schnur, an der sein Mikrophon hängt. Wenn hier andere Assoziationen geweckt werden, dürften diese - aufgrund von Problemen in der bilderischen Ausarbeitung, eventuell bereits in der gestaltgliedernden Wahrnehmung - eher von untergeordneter Bedeutung sein. Der künstlerische Produktionsprozeß wurde an dieser Stelle vorzeitig abgebrochen, als zu schwierig empfunden. Auch drückt sich hier ein Zurückweichen vor der unteren Bildszene aus. Eine Fortsetzung der Mikrophonschnur nach unten hätte auch eine Konfrontation mit dem anderen, konkurrierenden Team bedeutet.

[12] Wir bedanken uns bei Maja König/ Ostfildern und bei Natalie von Hoyningen-Huene/ Neckargmünd.

Abb. 103

Abb. 104

198

5 Übergreifende soziale Ordnungen

5.1 Das beschützende Haus in Gefahr

Eine Zeichnung des 9jährigen Arno (Abb. 106) präsentiert, als Teil einer Serie von Hausbildern, ein Haus, dessen Dach dunkel ausgemalt ist.[1] Auf dem Dach befindet sich ein rauchender Schornstein, wahrscheinlich als Hinweis auf eine gewisse Wärme im Familienleben sowie eine Fernsehantenne, die die Bedeutung des Fernsehers als kulturellem Medium, evtl. Unterhaltungsmedium, unterstreichen dürfte. An der Giebelseite und an der dem Betrachter zugewandten Längsseite des Hauses befinden sich differenzierende Details in Form von Tür, Türlampe, Türbogen und vor allem Fenster. Die Fenster im mittleren Bereich der Längsseite sind nicht ohne weiteres einer Etage zuzuordnen, ein Merkmal, das auf noch unzureichend ausgebildete Raumvorstellungen des Zeichners hindeuten könnte. Um das Fenster oben links an der Längsseite wurde eine orangefarbene Ausmalung begonnen, die abgebrochen wurde. Das Orange als Farbe der Vitalität weist diesem speziellen Raum evtl. eine besondere affektive Bedeutung zu. Das Haus entbehrt einer tragenden Basis, auf der es stehen könnte. Es scheint nach unten abzurutschen. Der Schüler sprach von sich aus die Befürchtung an, die Familie müsse bald aus dem gemieteten Haus ausziehen. Das Haus sei verkauft worden und der neue Eigentümer sei dabei, die Familie wegen Eigenbedarfs herauszuklagen. Versuche der Eltern, für die insgesamt fünf Personen sowie einige Haustiere eine andere Unterkunft zu finden, die für die Familie auch bezahlbar gewesen wäre, waren bislang erfolglos geblieben. Das dunkel ausgemalte Dach des Hauses erscheint auf diesem Hintergrund als drückende Last. Die Lage spitzte sich, den täglichen Berichten des Schülers nach zu urteilen, immer weiter zu. In seinen Reaktionen wechselten Hoffnung und Resignation. Mit dem näherrückenden Räumungstermin wuchs die Sorge des Schülers, nicht zuletzt wegen der zunehmenden Spannungen zwischen den Eltern, die sich in Verbindung mit der ungeklärten Wohnsituation zeigten. Arno zeichnete immer wieder das Haus, in dem er noch wohnte, als könne er es dadurch festzuhalten. In der Zeit des Auszugs und des Umzugs in eine Obdachlosensiedlung reagierte er depressiv bis resignativ. In der von der Stadt gestellten Übergangswohnung mußte sich die Familie räumlich sehr einschränken. Ein Hund mußte wegen Raummangels noch vor dem Umzug eingeschläfert werden. Durch das heruntergekommene Wohnumfeld fühlte sich der Neunjährige in seinem gesellschaftlichen Status weiter herabgesetzt.

---

[1] Vgl. zu diesem speziellen Bild auch die Interpretation von H.-G. Richter in „Leidensbilder" (1997, 100 f.)

Abb. 106

Abb. 107

Abb. 109

200

Das gesamte Geschehen bedeutete für den Schüler einen schwer zu verkraften-den sozialökologischen Einschnitt, der sich in einer dominierenden regulativen Thematik in Form von Zukunftsängsten, pessimistischen Gedanken und Erwar-tungen usw. äußerte. Ungewißheit, Leiden, Angst und Bedrohung stehen im Vordergrund. Arno zeichnete im Unterricht weiter Häuser. Er verband damit, nach seinen eigenen Aussagen, den Wunsch, bald wieder in einem akzeptablen Haus zu wohnen sowie in einer stabilen Familiensituation zu leben. Vor den Sommerferien nahm er einen großen Teil der Blumen aus dem Klassenzimmer zur Pflege mit nach Hause, vor allem, wie er sagte, um es dort etwas wohnlicher zu gestalten.

5.2 Veränderungen des Arbeitsmarktes als Bedrohung

Eine Collagezeichnung des 14jährigen Axel (Abb. 107) enthält als auffallend-stes Element einen Motorradfahrer, der einen - bereits auf dem Boden liegenden - Mann überfährt. Das Zeichenelement Motorrad bzw. Motorradfahrer wurde von T. Ungerer[2] übernommen. Das Gesicht des Motorradfahrers weist Züge ei-nes Totenschädels auf und ist zu einem sadistisch anmutenden Grinsen verzerrt. Der auf dem Boden liegende Mann besteht zur einen Hälfte (Kopf und Ober-körper) aus einem ebenfalls übernommenen Zeichenelement (zur Zeit un-bekannter Herkunft). Der untere Teil des Körpers (Beine, Füße) wurde vom Schüler mit einem schwarzen Filzstift ergänzt. Das Gesicht dieser liegenden Fi-gur wirkt durch die weit geöffneten Augen und den aufgerissenen Mund schmerzverzerrt. In dem Bereich, wo der Körper durch das anrollende Motorrad niedergewalzt wird, nämlich in der Höhe der Genitalien, hat der Schüler einige Linien hinzugesetzt, die evtl. Blutspritzer o.ä. darstellen sollen. Die Gesamtfigu-ration wurde auf ein streifenartiges System von Linien gesetzt, eine Art gepfla-sterten Platz o.ä. Im Hintergrund befindet sich eine Gruppierung von Menschen, die zum Teil bewaffnet sind, ein Torbogen, eine Mauer, einige Bäume sowie in der Ferne eine Hügellandschaft.[3]

Die dem Motorradfahrer hinzugefügte Sprechblase könnte die Verbindung zwischen Vorder- und Hintergrund des Bildes herstellen: "Tötet die DDR-ASIs, Verrecke Du ASI !" Das Bild entstand etwa ein Jahr nach der Öffnung der Mau-er und ist als ein Stück subjektiver Geschichtsschreibung zu lesen. Mit der Öff-nung der deutsch-deutschen Grenze veränderte sich nicht nur die sozio-ökono-mische Lage der ehemals ostdeutschen Bevölkerung, sondern auch vieler west-

---

[2] Vgl. die unter dem Titel „Rigor Mortis" veröffentlichten Zeichnungen von T. Ungerer.
[3] Es handelt sich hier um eine von Perugino gemalte Szene („Die Schlüsselübergabe", 1482, Sixtinische Kapelle), die der Schüler übernommen, photokopiert und in seinen eigenen Bil-dentwurf eingearbeitet hat.

deutscher Familien und Haushalte. Ein exploratives Gespräch mit dem Schüler machte deutlich, daß die hier visualisierte Reaktionsform der destruktiven Aggression direkt auf Einstellungen und Meinungsäußerungen der Eltern des Vierzehnjährigen zurückzuführen war. Der Vater machte sich offenbar Sorgen um seinen Arbeitsplatz, weil jetzt viele besser qualifizierte Ostdeutsche auf den Arbeitsmarkt im Westen drängten. Die Mutter suchte seit längerem erfolglos eine neue Anstellung und sah sich jetzt durch die in den Westen übergesiedelten ostdeutschen Arbeitskräfte endgültig ins berufliche Abseits gestellt. Hinzu kam, daß der schon lange geplante Umzug in eine größere Wohnung aus der Sicht der Eltern jetzt endgültig vereitelt schien, weil sich bereits wenige Monate nach Öffnung der Mauer auf dem Wohnungsmarkt kaum noch etwas bewegte. Wohnungsmarkt und Arbeitsmarkt wirken hier als „Exosysteme" (Bronfenbrenner) über die Einstellungen, Ängste und Befürchtungen der Eltern auf die subjektive Weltsicht des Schülers ein. Das ins Bild gesetzte Geschehen ist entsprechend als Hinweis auf das Vorherrschen einer grundlegenden regulativen Thematik anzusehen, die das gesamte Familiensystem umfaßt.

5.3 Die Bedrohung durch Krieg oder Bürgerkrieg

Eine Monotypie des 11jährigen Aldo (Abb. 108) zeigt Häuser an einem Fluß oder an der Küste. Auf dem Gewässer treibt ein Segelboot. Durch den Himmel über dieser Szenerie zucken Blitze. Aus den Wolken ergießt sich Regen. Die Einfärbung, hier die Einschwärzung, von Teilen des Bildes ist beim Flachdruckverfahren zwar nicht vollständig zu steuern, beruht also zum Teil auf Zufallswirkungen, doch kommt hier - ob nun bewußt gesteuert oder nicht - eine in sich sehr stimmige bildnerische Aussage zustande. Aldo und seine alleinerziehende Mutter sind Bürgerkriegsflüchtlinge aus dem Gebiet des ehemaligen Jugoslawien. Der Schüler selbst hat sein Bild "Gewitter" genannt. Es dürfte als durchaus plausibel erscheinen, wenn man in diesem Gewitter die kriegerischen Auseinandersetzungen auf dem Balkan sieht und die Zerstörung der in dieser Heimat verwurzelten Lebenswelt unseres Schülers. Die strichartigen Regentropfen lassen an Kugelhagel oder Gewehrschüsse denken. Die Blitze wecken Assoziationen an Bomben und Granaten. Die Behausungen der Menschen sind diesen Kräften schutzlos ausgeliefert. Unter den Gebäuden befindet sich nur noch der Wasserstrom, statt eines haltgebenden Bodens, ein Strom, der alles mit sich fortreißt. Das Boot könnte für die in der ehemaligen Heimat empfundenen Ängste und die Erleichterung über die gelungene Flucht aus dem Bürgerkriegsgebiet stehen.

Die folgende Reproduktion zeigt ein großformatiges Bild (1,20 m x 1,60 m) des 13jährigen Elias (Abb. 109), des älteren Bruders des 8jährigen Ole, dessen phantastische Welten sich in den Abbildungen 24 bis 33 entfalteten. Entweder Elias war aus der „Gummiland/ Flummiland-Welt" herausgewachsen oder diese war für ihn ohnehin nicht so relevant wie für seinen jüngeren Bruder. Jedenfalls sprach er das Thema innerhalb eine Sequenz von 10 Einzelförderstunden nicht an. Elias interessierte sich eher für Themen wie Meditation, Wiedergeburt, übersinnliche Kräfte, energetische Schwingungen usw. und brachte diese Aspekte in die Gespräche und die kunstpädagogischen Prozesse mit dem Sonderschullehrer ein.

Das Bild gliedert sich in drei Teile, einen Luftraum, den Raum des Meeres und einen Raum auf dem Meeresboden. Der Luftraum wird beherrscht von einer überdimensional großen gelben Sonne mit roten Streifen - einer Quelle der Energie - und einem Kampfgeschehen, einem Gefecht zwischen zwei Flugzeugen, das sich im Bombardement eines Schiffes fortsetzt. Auf der Wasseroberfläche bewegen sich zwei Figuren, die sich mit Schwertern schlagen. Das Kampfgeschehen des Luftraumes findet seine Entsprechung in den Kämpfen unter der Wasseroberfläche. Der Raum des Wassers ist angefüllt mit U-Booten, die Torpedos usw. mit sich führen, Teilen von Geschossen, Wrackteilen usw., dem „ganzen Müll" - wie der Schüler es nennt - der bei den Gefechten oberhalb des Wassers entstanden ist und der nach unten sinkt. Aufgrund dieser Ablagerungen werde es für die Menschen zunehmend unmöglich, auf der Erde zu leben, so Elias´ Überlegungen. In der Konsequenz, müßten die Menschen in eine künstlich geschaffene Welt auf dem Meeresboden ausweichen. Nur unter einer riesigen Glasglocke, die nur über ein kompliziertes Schleusensystem (links) zu betreten sei, sei weiterhin menschliches Leben möglich. Das Grün der Wiese steht für diese Möglichkeit eines fortgesetzten Lebens, für Kreativität, Fruchtbarkeit und die Fähigkeit, Ideen umzusetzen. In dieser Unterwasserwelt wird Ackerbau betrieben, es wird Getreide angepflanzt, es wird Forschung betrieben, um die begrenzten Ressourcen optimal zu nutzen. Damit die Menschen hier leben können, bedarf es einer speziellen Technik, um ausreichend Sauerstoff zu erzeugen. Das gelbe Schwert auf der rechten Seite zeigt an, daß auch dieser letzte Rückzugsort der Menschen verteidigt werden muß. Das Yin- und Yang-Zeichen als Symbol des Ausgleichs und der Harmonie, des vollkommenen Gleichgewichts, als Symbol für die harmonische Verbindung von männlichen und weiblichen Anteilen, die die Neuwerdung und ausgeglichene Entfaltung aller Lebensbereiche bewirkt, verweist auf die Ganzheit des Menschen, die nur zurückgewonnen werden kann, indem der Mensch ganz zu seinen Ursprüngen zurückkehrt, auf den tiefen Grund des Meeres, dem er entstammt. Technische Phantasie, genährt durch Science fiction-Filme und Romane, und spirituelles Gedankengut, d.h. beide Energiepotentiale, das männlich-analytische Yang und das weiblich-intuitive Yin, fließen zusammen. Elias´ Bild erzählt die Geschichte der Zivilisation von der Technisierung/ der Herrschaft über die Natur, über den Zerfall der menschlichen Ordnungen, die Zerstörung der natürlichen Lebensgrundlagen bis hin zu einer letzten - utopisch anmutenden - Chance. Das Bild erzählt die Geschichte der Vereinigung von Gegensätzlichkeiten, von Feuer und Wasser, hell und dunkel, männlich und weiblich, Tod und Wiedergeburt. Die widerstreitenden Kräfte verwandeln sich zu einer neuen Daseinsweise. Die Vereinigung der Gegensätze ist der Zeugungsvorgang für etwas Neues. Die schöpferischen Kräfte werden erneut mit der Erde in Verbindung gebracht. Das Besondere an diesem Bild ist, das es sich - wie all die anderen Bilder auch - auf dem individuellen biographischen Hintergrund des Zeichners auslegen läßt, daß hier jedoch *darüberhinausgehende* Sinnzusammenhänge eine künstlerische Realisierung/ Gestalt finden, die mehr als viele der anderen Bilddarstellungen etwas *Objektives/ Übergreifendes* erfassen, was über das Lebensschicksal des einzelnen hinausweist.

5.4 Ankommen in der Fremde

Die folgende Zeichnung (Abb. 110) wurde von dem 11jährigen Nikolai zum Thema "Meine Familie in Tieren" (Brem-Gräser 1975) im Rahmen eines Sonderschulaufnahmeverfahrens angefertigt. Die Tiere sind zwar alle nach einem ähnlichen Grundmuster aufgebaut, jedoch werden sie im anschließenden Gespräch differenzierter dargestellt. Der Zeichner begann mit dem Tier in der Bildmitte oben, einer Katze. Diese stellt einen der Brüder dar. Das Tier darunter bezeichnet Nikolai als Hund, der die Schwester darstellt, gefolgt von einem Schaf, in das der zweite Bruder verwandelt wird. Die Reihe endet mit einer Kuh, die interessanterweise für den Vater steht. Ganz links oben zeichnet sich der Schüler selbst als Hund, darunter die Mutter als Tiger. Den Tiger mag der Hund (Nikolai selbst) am liebsten von allen Tieren. Diese Ebene der innerfamiliären Beziehungen soll hier jedoch nicht weiter behandelt werden. Von vorrangigem Interesse ist, die Kommentierung des Bildes durch den Schüler zeigt es, vielmehr die *Beziehung der Familie als Ganzes zu ihrer gesellschaftlichen, soziokulturellen Umgebung* im Sinne eines „Mesosystems" (Bronfenbrenner). Die Tiergruppe verharrt reglos vor einem kastenartigen Gebilde, das vom Schüler als Haus bezeichnet wird. Wir baten den recht ängstlich wirkenden Schüler, eine Geschichte zu seinem Bild zu erzählen. Nikolai erzählte wie folgt:

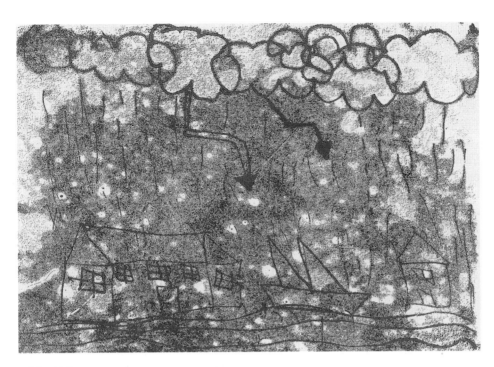

Abb. 108

Abb. 110

205

"Das Haus ist zugeschlossen, die Tiere wollen rein, können aber nicht. Ganz böse Menschen haben das Haus abgeschlossen und lassen sie nicht rein. Die Tiere wollen ins Haus, sich aufwärmen, weil ihnen kalt ist. Die bösen Leute wollen die Tiere in einen Käfig stecken und einschläfern, weil sie sie nicht mögen."[4]

Auf der einen Seite dürfte hier retrospektiv die individuelle und die familiäre Lage in Kasachstan anklingen, d.h. wie das sozialökologische Eingebettetsein *vor* der Auswanderung nach Deutschland von dem Schüler und von der übrigen Familie erlebt wurde. Als deutschsprachige Minderheit fühlten sich die Familien häufig wirtschaftlich und kulturell an den Rand gedrängt. Man sah sich regelrecht angefeindet.[5] Auf der anderen Seite spiegeln das Bild und die Erzählung zum Bild das gegenwärtige Erleben des Aussiedlerjungen bzw. der Aussiedlerfamilie wider. Es klingt eine möglicherweise ambivalente Haltung der deutschen Umgebung an, die einerseits durch Gastfreundschaft, andererseits durch Fremdenfeindlichkeit gekennzeichnet zu sein scheint. Die Familie lebte zum Zeitpunkt des Sonderschulaufnahmeverfahrens seit etwa drei Monaten in Deutschland in einer Übergangswohnung. Die individuelle Welt des Jungen ist offenbar kaum zu trennen von der seiner gesamten Familie, die in einem sehr existentiellen ökologischen Übergang, von einem Makrosystem in ein anderes, begriffen ist. Die Daseinsthematik von Familie auf der einen und Schüler auf der anderen Seite erweist sich in hohem Maße als regulativ. Der Junge antwortet mit den Reaktionsformen der (Über-)Anpassung, sowohl in institutioneller als auch in personeller Hinsicht. Er sitzt da und lächelt sanft, der Blick wirkt nach innen gerichtet. Auf der anderen Seite zeigen sich auch evasive und depressive Reaktionen, d.h. Nikolai schweigt, antwortet nicht, zieht sich in sich selbst zurück und verpaßt den Anschluß in den schulischen Lernprozessen.

---

[4] Der Junge besaß zu jenem Zeitpunkt so gut wie keine Deutschkenntnisse. Eine Dolmetscherin war die ganze Zeit über anwesend und übersetzte vom Russischen ins Deutsche und umgekehrt.

[5] In einer ganzen Serie von Gesprächen mit ausgesiedelten Familien aus den GUS-Staaten, die im Rahmen des Sonderschulaufnahmeverfahrens stattfanden, wurde dieser Zusammenhang so von den Vätern und Müttern berichtet.

5.5 Leben am Rande der Gesellschaft

Dokument Nr. 111 ist eine Zeichnung des 13jährigen Mustafa. "He-Man" befindet sich hier im Kampf mit einem Drachen. Der Schüler ist der älteste Sohn eines kurdischen Asylsuchenden. Die siebenköpfige Familie lebt in nahezu vollständiger sozialer und kultureller Isolierung in einer Zweizimmerwohnung in einem Mietshauskomplex. Diese Ansammlung etwa fünfstöckiger, würfelförmiger und ökonomisch preiswert errichteter Häuser drückt für sich bereits ein *Fremdsein* gegenüber den benachbarten - über ein Jahrhundert gewachsenen - dörflichen Strukturen aus. Die Mutter dieses kurdischen Schülers teilte dem Klassenlehrer ihres Sohnes mit, daß sie ihre Kinder nicht mehr nach draußen zum Spielen gehen läßt, aus Angst, diese könnten verprügelt oder mißhandelt werden. He-Mans Kampf mit dem Drachen erscheint auf diesem Hintergrund als Kampf mit einer als feindlich erlebten sozialen Umgebung. Dieser Kampf wirkt nicht sehr aussichtsreich: He-Man hat weder Füße noch Hände, auch hat er keinen tragenden Boden unter den Füßen. Ohren und Nase fehlen, ein Zeichen für eine eingeschränkte Wahrnehmung, ein durch Störungen und Spannungen belastetes Verhältnis des Schülers zu seiner Umgebung. Der fehlende Mund, als Sprachlosigkeit aufzufassen, könnte auf die eingeschränkten bzw. fehlenden kommunikativen Möglichkeiten hindeuten. Zwar versucht der Zeichner seiner Figur durch die gespreizte Beinhaltung eine gewisse Standfestigkeit zu verleihen. Als Ganzes wirkt sie jedoch, trotz Schwert, eher kraftlos und nicht wirklich in der Lage, den Kampf mit dem Ungeheuer aufzunehmen. Schulische Leistung und intellektuelle Weiterentwicklung läßt sich aus der räumlichen Enge, dem pausenlosen Konfrontiertsein mit den fünf jüngeren Geschwistern, den fehlenden Rückzugsmöglichkeiten, die ja erst Denken, Reflexion und Kontemplation ermöglichen, nicht vollbringen. Was darüberhinaus fehlt, ist die lebendige, körperliche Beziehung zu einem Landschaftsraum, Bewegung, Luft, die Möglichkeit herumzustreifen, in der Landschaft etwas zu erkunden und zu entdecken sowie kulturelle Anregung und Betätigung außerhalb der Familie, jenseits des Fernsehens. Die ausbleibenden schulischen Leistungen setzen Mustafa in den Augen seines Vaters, eines PKK-Aktivisten, herab. Der Vater zieht sich in emotionaler Hinsicht von seinem erstgeborenen Sohn enttäuscht zurück. Für die weitere Entwicklung des Schülers ergibt sich so ein verhängnisvoller Kreisprozeß. Dieser bewirkt eine weitere Zuspitzung der ohnehin stark konflikthaften Daseinsthematik, die durch die eingeschränkten Lebensmöglichkeiten gegeben ist. Die Reaktionsformen des Schülers schwanken zwischen Selbstbehauptung, Identifikation mit Heldenfiguren wie He-Man, Supermann, Batman usw., destruktiven Aggressionen auf der einen Seite und depressiv-resignativen Reaktionen auf der anderen Seite, in denen auch suizidale Momente anklingen.

Abb. 111

Abb. 112

208

Eine andere Bildgestaltung des 13jährigen Mustafa (Abb. 112) zeigt ein Haus mit Türen und Fenstern, braun ausgemalten Wänden und schwarzem Dach. Die tiefe Schwärzung des Daches vermittelt den Eindruck einer Bedrohung. Die fehlende Boden- bzw. Standlinie verweist auf das Gefühl der existentiellen Unsicherheit, der nicht vorhandenen Verwurzelung des kurdischen Schülers (und seiner Familie) an diesem fremden Ort. In der Bildmitte befinden sich zwei recht unterschiedlich ausgeführte Bäume. Der eine kugelartig mit sehr dickem Stamm und einem vagen Wurzelansatz, der andere mit hohlem Stamm, ohne Wurzeln, weit ausladenden, nach rechts geneigtem Astwerk, das jedoch weder Zweige noch Blätter aufweist. Möglicherweise haben wir es hier bei den recht unterschiedlichen Baumdarstellungen mit bildhaften Repräsentationen der Eltern zu tun. Die über den Bäumen kreisenden Vögel könnten die Kinder darstellen, denn die Familie hat in der Tat fünf Kinder, von denen Mustafa das älteste ist. Die Fahrtrichtung des Autos zeigt nach links: das gegenwärtige Erleben des Schülers bzw. seiner Familie, vermittelt über die Gespräche zwischen den Eltern, ist eher auf die Vergangenheit als auf die Zukunft gerichtet. Der Vater engagiert sich im Rahmen der PKK für ein eigenständiges Kurdistan; zurück also zu einem verlorenen Zustand in einer längst verlorenen Heimat. Die mittel- bis langfristige Perspektive des Lebens in der Bundesrepublik, speziell die schulische und berufliche Entwicklung des erstgeborenen Sohnes Mustafa, die anderen Kinder befinden sich noch im Vorschulalter, wird aus dem Auge verloren. Die Kinder werden aus Angst vor Übergriffen, Mißhandlungen, Diskriminierungen usw. von Sozialkontakten mit anderen ausgeschlossen, lernen die deutsche Sprache nicht und geraten immer weiter ins soziale Abseits. Die ganze Szene im Bild wird überschattet von einer riesigen Wolke mit dickem, blau ausgemaltem Rand: Ein Zeichen der Angst vor dem Kommenden, ein Signal der Unwissenheit, des Zweifels, des Schmerzes. In der düsteren Wolke verdichten sich Ängste, Sorgen, pessimistische Erwartungen und depressive Tendenzen. Die Wolke erscheint als Zeichen einer grundlegenden Bedrohung einer Existenz am Rande der Gesellschaft.

Das Triptychon einer Arbeitsgruppe von jugendlichen Schülern dreht sich inhaltlich um die Themen Krieg, Bürgerkrieg, Dritte Welt, Menschenrechtsverletzungen, Diskriminierung von Farbigen usw.[6] Die drei Bildtafeln (Abb. 113) enthalten photokopierte und in den Bildgrund eingearbeitete Elemente aus Zeitungen, Informationsmaterial von amnesty international usw. Im Zentrum der Mitteltafel befindet sich die Reproduktion einer Weltkarte. Rundherum sehen wir kreisförmig angeordnete Handflächen, in verschiedenen Farben ausgemalt, als Symbol der Verständigung über die nationalen und internationalen Streitig-

---

[6] Diese künstlerische Arbeit wurde betreut von Ursula Henk (Ergotherapeutin mit kunsttherapeutischer Zusatzausbildung, Dobra) und Marlene Isermann-Scholz (Pädagogin mit kunsttherapeutischer Zusatzausbildung, Rödermark).

keiten, Differenzen usw. hinweg. Auf der rechten Seitentafel unten erscheint Michael Jackson als Repräsentant eines bestimmten Sektors der Popkultur, der sich interkulturellen Themen, Problemen usw. widmet und der für den Abbau von Vorurteilen, gesellschaftlichen Diskriminierungsprozessen usw. wirbt. In der Figur des Michael Jackson verdichten sich folglich nicht nur die androgynen, bisexuellen Phantasien/ Vorstellungen/ Wünsche usw. der Frühadoleszenz, sondern der halbfarbige Popsänger, der es geschafft hat, sich aus deprivierenden Lebensverhältnissen *herauszuarbeiten* und ganz nach *oben* zu kommen, wird von den jugendlichen Produzenten dieses Wandbildes, die ja auch aus aller Herren Länder kommen und sich in der Regel in Deutschland benachteiligt fühlen, zu einer übermenschlichen Erlöserfigur erhöht bzw. hochstilisiert.

Abb. 113

Abb. 114

211

Abb. 115

Abb. 116

212

5.6 Die Sanktionierung devianter Verhaltensweisen und das ambivalente Verhältnis der Heranwachsenden zur Staatsmacht

Die folgende Bildgestaltung (Abb. 114) ist eine Collage-Arbeit des 17jährigen Lex. Vor die Kulisse verschiedener Fachwerkhäuser wurden von dem Jugendlichen eine Reihe von Figuren plaziert, die an eine Hinrichtung denken lassen. Ein Verurteilter, gefesselt, kniend, betend. Hinter ihm steht ein Geistlicher mit einem Kreuz in der Hand, den Blick zum Himmel gerichtet, daneben ein Mann mit Zylinder und Beil, wohl der Henker. Rechts entfernt sich eine Figur, die dem Verurteilten den letzten Trank gebracht haben könnte. Die Figurenelemente hat unser Schüler von Grosz übernommen, den Bildhintergrund von Ungerer. Die Figur mit dem Krug entstammt einem Zeichenlehrbuch, die Behälter vorne rechts sind Bestandteile eines Stillebens unbekannter Herkunft. Zeichnerische Ergänzungen, Eigenleistungen hat der Jugendliche vor allem an der Kleidung der drei Hauptpersonen vorgenommen und zwar in Form von Ausmalungen, Schraffierungen mit dem Bleistift oder Kugelschreiber. Auch wurde versucht, hier gewisse Abstufungen und Variationen zu entwickeln, etwa bezüglich verschiedener Grautöne oder stofflicher Hervorhebungen. Die Hose des Verurteilten enthält durch die kringelartige Ausarbeitung mit dem Kugelschreiber etwas Fell- oder Pelzartiges, eventuell Animalisches. Dasselbe Merkmal findet sich in der Jacke des Henkers wieder, wodurch bereits eine gewisse Wesensähnlichkeit zwischen dem Delinquenten und seinem Verfolger festgestellt ist. Aber auch an den Gebäuden wurden eine Reihe von Differenzierungen unternommen. Mit besonderer Mühe wurde ferner - passend zum historischen Ambiente der Fachwerkhäuser - ein Kopfsteinpflaster angelegt, jedoch nicht ganz bis zu Ende ausgeführt. Die zeichnerischen Ergänzungen im Hintergrund links sind nicht ohne weiteres zu entziffern. Lex kam - im Kontext eines thematisch offen angelegten Unterrichts - zu dieser Bildgestaltung, nachdem er aus dem Jugendgefängnis entlassen worden war. Weil er einen Mitschüler mit dem Messer verletzt und diesem im Zuge einer Prügelei mehrere Rippen gebrochen hatte, mußte er eine sechswöchige Haftstrafe in einer Jugendvollzugsanstalt verbüßen. Lex kam am Rande des unterrichtlichen Geschehens auf seine Erfahrungen im Jugendgefängnis zu sprechen. Hinter der „nervtötenden Langeweile" dort, tauchten erste Umrisse von Einsamkeit auf, auch Ängste vor der Macht der gesellschaftlichen Institutionen wie Polizei und Justiz ("Wenn die dich erst mal geschnappt haben."). Die Figur des Henkers in seinem Bild erscheint als doppelsinnige Figuration. Auf der einen Seite könnte sie für den zu unbeherrschten, zum Teil brutalen Ausbrüchen neigenden Schüler selbst stehen. Auf der anderen Seite könnte sie die als kompromißlos erlebte Staatsmacht darstellen. Der Mann mit Zylinder, Weste, Jackett und Uhrkette steht möglicherweise auch für Wohlstand, gesellschaftliche Konventionen, Kleiderordnungen. Er ist ein Sinnbild des Arrivierten und Etablierten. Er erscheint als Repräsentant der Macht, die sich zugleich von ihrer feisten, schmuddeligen, hintertriebenen und gewalttätigen Seite zeigt. Der Priester im Hintergrund leistet dem Delinquenten seelischen Beistand, scheinheilig gibt er aber auch seinen Segen zu dem Geschehen. Das Bild des Schülers ist eine Parabel, die den zwangsläufigen gesellschaftlichen Niedergang der Benachteiligten, der sozial Deprivierten zum Thema hat. Lex gehört zu einer zehnköpfigen Familie, der Vater arbeitslos, lebt man vom Sozialamt. Eine gewisse Delinquenz wird nicht als Widerspruch zu den familiären Wertvorstellungen gesehen. Die gelegentlichen Einbrüche, Überfälle dienen dem nackten Überleben. Die hier angesprochenen Verhältnisse erinnern an das von P.P. Pasolini in seinen Romanen „Ragazzi di vita" (1955) und „Vita Violenta" (1959) geschilderte Milieu der römischen Vorstädte, den täglichen Überlebenskampf der Kinder und Jugendlichen dort.

Der 15jährige Jochen hat eine Reihe von kunstvoll ausgestalteten Schriftzügen im Klassentagebuch hinterlassen (Abb. 115), die sich als aversive Reaktionsformen gegenüber der Polizei, wohl auch der Justiz, lesen lassen. "COP KILLER" und "Fuck the police" sind Parolen, hinter denen Ärger und Wut zum Vorschein kommen, weil man den Jugendlichen bereits mehrfach nach Straftaten gestellt und interniert hat. Unter formalem Aspekt sind wir ähnlichen Gestaltungen des Schülers bereits in den Abbildungen 99 ("Blut, Ehre und Haß...") und 101 ("MTV, ..." usw.) begegnet. Speziell die in Abbildung 99 reproduzierte Tagebucheintragung drückte ein ähnlich aggressiv-destruktives Potential aus, wie es hier in der Auflehnung gegen die staatlichen Institutionen vorliegt.

Eine weitere Bildgestaltung des fünfzehnjährigen Jochen (Abb. 116) ist ebenfalls nach einem mehrwöchigen Aufenthalt in einem Jugendgefängnis entstanden. Der Schüler hat eine Art Henkersfigur in einen Raum gestellt, der sich in seinen Abmessungen und funktionalen Bedeutungen nur sehr schwer erfassen läßt. Es finden sich Andeutungen von Tischen, Stühlen, Türen. Die Gesichtszüge der den Raum beherrschenden henkerartigen Figur bleiben verborgen. Sie steht breitbeinig da und stützt sich auf ein Beil ab. Die gesamte Szene wirkt unheimlich und bedrohlich.[7] Wahrscheinlich fließen in der Figur des Henkers und der gesamten Szenerie vom Schüler selbst empfundene Ängste im Angesicht der Staatsmacht und eigene destruktiv-aggressive Reaktionstendenzen zusammen. Angst und Aggression scheinen einander zu überlagern und sich gegenseitig zu durchdringen. Der Wut dürfte hier auch eine Schutzfunktion zukommen. Mit ihrer Hilfe läßt sich die Verletzlichkeit des Selbst verteidigen, indem sie der Angst

---

[7] Bei dem Hintergrund des Bildes handelt es sich um eine Arbeit von K. Kollwitz (1890/1891): „Königsberger Kneipe".

zuvorkommt (vgl. Richter 1997, 439).[8] Der Kriminelle selbst entgeht nicht der Angst, die er erzeugt. Das Bild könnte jedoch auch eine progressive, prospektive Bedeutungsschicht enthalten. Das Schwert bzw. die Axt des Henkers läßt sich auch gebrauchen, um sich von diffusen Stimmungen und störenden Gedanken sowie aus emotionalen (familiären) Verstrickungen - hier mit der Mutter, zu der eine symbiotische, libidinös gefärbte Beziehung besteht - zu befreien. Die Figur im Bild wäre demnach kurz davor, aus der Umwölkung/ Umnachtung in die Klarheit zu treten in Richtung auf eine geistige und emotionale Erneuerung, die ansatzweise im Verlauf einer kontinuierlichen sonderpädagogischen Einzelförderung auch erreicht werden konnte (vgl. Bröcher 1994, 122 f.).

[8] Mit H.-G. Richter (1995, 40) können wir solche „Repräsentationen, die Merkmale und Motive mehrerer Personen in sich verbinden, auf dem Hintergrund der Traumtheorie Freuds als `Sammelpersonen´ bezeichnen und damit die besondere Form der Verschmelzung antagonistischer symbolischer Inhalte, Motive charakterisieren".

6 Körper, Identität und Sexualität

6.1 Vorbilder, Heldenfiguren

6.1.1 Sich lösen aus alten Rollen und Konditionierungen

Bei der Darstellung des Reiters mit Schwert (Abb. 117) handelt es sich um die freihändige Nachzeichnung/ Kopie einer Vorlage aus dem Bereich der Fantasy-Art, die der 15jährige Jörg vorgenommen hat.[1] Die äußerst gelungene Nachzeichnung mit einem Kugelschreiber zeigt nun den Reiter im Galopp, mit gezogenem Säbel und wehendem Umhang, eine Mischung zwischen Indianer und Robin Hood. Die Detailgenauigkeit in der Wiedergabe des Pferdes, des Reiters usw. stellt nicht nur ein überdurchschnittliches Zeichentalent unter Beweis, sondern verweist ebenfalls auf eine hochgradig affektive Besetzung dieser Figuration. Es handelt sich um ein Sinnbild männlicher Kraft, von Mut und Entschlossenheit, ein Wunschbild des eigenen Selbst. Das Pferd steht für Jugend, Kraft, Männlichkeit und die erwachende Sexualität.

Dieses Idealbild kontrastiert jedoch mit dem realen Lebenszusammenhang des Sonderschülers, der durch eingeschränkte Entfaltungsmöglichkeiten persönlicher und beruflicher Art gekennzeichnet ist. Der Jugendliche, der einer russischen Aussiedlerfamilie entstammt, wurde nach der Ankunft der Familie in Deutschland auffällig, wahrscheinlich in Folge einer ungünstigen Verkettung von kulturellen, sozialökologischen Umstellungsproblemen und eingeschränkten kommunikativen Möglichkeiten aufgrund der fehlenden deutschen Sprachkenntnisse. Die Wertvorstellungen und Verhaltensnormen dieser Aussiedlerfamilie standen - wie unsere Gespräche mit dem Schüler zeigten - bald in einem eklatanten Widerspruch zu den in Westdeutschland üblichen Einstellungen. Unterordnung unter überkommene religiöse und familiäre Strukturen auf der einen Seite, das Postulat der freien Selbstverwirklichung auf der anderen Seite. Der bildnerische Rückgriff auf den kämpferischen Reiter signalisiert auch den enormen Freiheitsdrang, den Wunsch, das enge familiäre Milieu zu überschreiten. Das gezogene Schwert steht für einen ausgeprägten Intellekt, für eine unbestechliche Unterscheidungskraft, für klares Denkvermögen und für das Sich-Lösen aus alten Rollen und Konditionierungen, für das Überwinden von Hindernissen und Blockaden, für die Befreiung aus begrenzenden Vorstellungen und alten Verstrickungen. Das Bild spiegelt jedoch auch den Konflikt wider, diese Veränderungen so schnell nicht erreichen bzw. bewirken zu können.

---

[1] Künstler und Titel lassen sich nicht mehr rekonstruieren, weil der entsprechende - bei den Schülern recht beliebte - Bildband aus dem verwendeten Repertoire an Kunstbüchern verschwunden ist.

Abb. 119

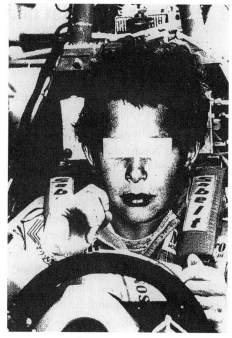

Abb. 117

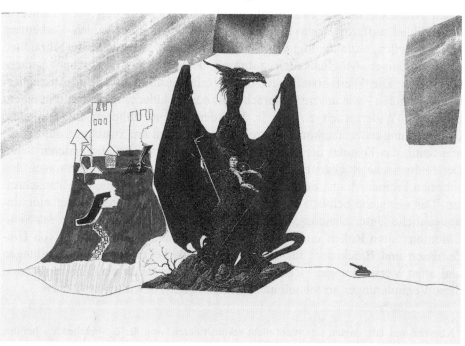

Abb. 118

218

6.1.2 Das Helden-Epos als Familiengeschichte

Eine Bildgestaltung des 14jährigen Boris (Abb. 118), von dem wir bereits eine Darstellung des Klassenzimmers (Abb. 69) und die Darstellung einer Half-Pipe (Abb. 91) betrachtet haben, zeigt einen Helden, der von den Schwingen eines drachenähnlichen Wesens umschlossen wird. Diese, einem Bildband der Fantasy-Art entnommene Figuration wurde in einen unbestimmten landschaftlichen Raum gesetzt. Im Hintergrund links erhebt sich eine Burg. Wir haben es mit einer Umkehrung, einer Varation des St.Georg-Motivs zu tun. Der Drache wird nicht angegriffen, besiegt und getötet, sondern der hier abgebildete Held erscheint als sein Verbündeter - und umgekehrt. Mit wehendem Schal und aufgerichtetem Speer steht der junge Mann in einer uneinnehmbaren Schutzzone, die von den krallenbewehrten Flügeln des Drachen und seinem schlangenartigen Schwanz gebildet wird. Die gesamte Figuration befindet sich auf festem Grund. Aus dem Gestein wächst ein zarter, blattloser Strauch. Der rechte Flügel des Drachen überschneidet sich perspektivisch mit der Burg, zu der von einer hellgrün schraffierten Wiese Treppenstufen hinaufführen. Zwischen dem Treppenanfang und der oberen Burg befindet sich jedoch ein Hindernis und eine Leerstelle. Die Ausarbeitung der Burg mit einem braunen Filzstift wurde an dieser Stelle unterbrochen und erst weiter oben wieder aufgenommen. Der Zugang zur Burg ist auf diese Weise versperrt. Der Turm rechts weist an der Außenseite eine starke Beschädigung auf, ein Stück des Mauerwerks wurde herausgebrochen, möglicherweise verursacht durch den Drachen oder den kleinen Panzer rechts unten.

Als biographischer Hintergrund sei erwähnt, daß die Eltern des 14jährigen sich getrennt und erbittert um den einzigen Sohn gestritten haben. Der Vater hat inzwischen erreicht, daß Boris in seinem Haushalt lebt, den er zusammen mit einer neuen Lebensgefährtin führt. Gleichzeitig versucht er, die Kontakte des Jungen zu seiner Mutter zu unterbinden. Bei Problemen in der Schule ist der Vater der unmittelbare Ansprechpartner für die Lehrer. Bei einer entsprechenden Gelegenheit sagt er: "Ich stehe unter, über und neben meinem Sohn", wohl ein Schlüsselsatz für die Auslegung des vorliegenden Bildes. Boris´ Vater tritt gegenüber den Lehrern in einer hochaggressiven Weise auf, die an die bildhaft dargestellten Merkmale des Drachen erinnert (Zähne, rote Augen, rauchender Mund, Krallen an den Schwingen, schlangenartiger Schwanz). Die Burg könnte dagegen verschiedene Bedeutungsebenen repräsentieren. Zum einen steht sie für die Mutter, die in dem Streit mit dem Vater um das Kind den kürzeren gezogen hat und zu der der Zugang versperrt ist. Zum anderen haben wir die Ruine eines ehemals Sicherheit und Geborgenheit vermittelnden Gebäudes vor uns. Das Haus der Kinderzeit unterliegt einem Prozeß der Demontage, der Zerstörung. Während der väterliche Turm (links) unbeschädigt geblieben ist, befindet sich der mütterliche Turm (rechts) in einem Zustand des Verfalls. Der demontierte

Turm könnte jedoch auch auf Vorgänge der inneren Transformation verweisen. Die vermeintlichen Sicherheiten sind zum Teil ins Wanken geraten. Altes wird zerstört und macht Platz für Neues. Die eingeklebten grauen Flächen entstammen Illustrierten und stellen wohl den Versuch des Produzenten dar, einen landschaftlichen Gesamtzusammenhang zu erreichen. Diese Strategie wurde jedoch nicht weiter verfolgt. Die grauen Flächen am Himmel erscheinen wie dunkle Wolken oder Schatten. Während sich von der Held-Drachen-Figuration in der Bildmitte nach links hin ein Blick in die lebensgeschichtlichen Verwicklungen der Vergangenheit eröffnet, bleibt uns das Bild den Ausblick auf das kommende - betrachtet man den unausgefüllten Raum rechts - schuldig.

6.1.3 Phantasien von Wagemut und Leichtsinn

Der 13jährige Rupert hat ein photokopiertes schwarzweiß-Portrait von sich selbst ausgeschnitten und in die Photographie eines Rennwagenfahrers hineinmontiert (Abb. 119). Der Jugendliche schafft ein idealisiertes Bild von sich selbst, ein Sinnbild von Wagemut und Heldenhaftigkeit, in dem freilich auch Leichtsinn und Waghalsigkeit anklingen. Er phantasiert sich in eine Rolle hinein, die ihm mehr Aufmerksamkeit, Anerkennung und Befriedigung verspricht als die gegenwärtige schulische bzw. familiäre Realität.

6.1.4 Die Symbolisierung von Depression und Aggression

Im Zentrum des "kleinen Museums" von Carlo (Abb. 120), eines Schülers der 4. Klasse an einer Grundschule, befindet sich ein sogenannter "Power Ranger", eine unter Jungen beliebte Spielfigur, die auf eine gleichnamige Fernsehserie zurückgeht. Der 10jährige hat seinen Namen in großen bunten Buchstaben exakt über dieser Figur in sein Kästchen eingeklebt,[2] ein Hinweis auf die identitätsbildende, kompensatorische Rolle, die der Power Ranger hier übernehmen dürfte. Drumherum wurden streubildartig Kleinteile wie Dübel, Unterlegscheiben, ein Munitionsring aus einer Schreckschußpistole, also Gegenstände aus der Kramschublade, angeordnet. Die Vater-Sohn-Szene in der Bildecke oben links verweist möglicherweise auf die Sehnsucht des Schülers nach seinem Vater, der sich schon seit Monaten wegen eines psychischen Leidens, das schon seit Jahren in bestimmten Episoden auftritt, in einer Klinik befindet. Unten rechts sehen wir eine mit einem comicartigen Wesen bedruckte runde Pappscheibe, die zum sogenannten "Caps"-Spiel gehört und auf eine aktuell sehr beliebte Pausenak-

---

[2] Zur Wahrung der Anonymität des Produzenten wurde dieser Name von uns überklebt.

tivität der Schüler verweist. Oben rechts sehen wir eine Art Krieger mit Speer, wohl eine Verdoppelung des Power-Rangers, der mit seinen weit ausladenden Armen die gesamte Szene bestimmt. Das kleine Museum erzählt die Geschichte einer anhaltenden Depression. Auch die im Kästchen befindlichen Werkzeugteile mögen schmerzlich an den wegen der anhaltenden Erkrankung abwesenden Vater erinnern. Die Mutter ist während dieser Phasen allein mit den drei Kindern, von denen Carlo das älteste ist, konfrontiert, eine Situation, aus der sich eine Vielzahl von Spannungen ableiten. Der 10jährige antwortet auf die familiäre Krise zum Teil mit destruktiven Reaktionsformen, wie sie der maskierte Power Ranger vermittelt.

6.1.5 Metamorphosen: Erstarren, Vereisen, Absterben

Das Kästchen des 10jährigen Fred (Abb. 121) zeigt eine Ansammlung von Gegenständen aus der Kramschublade wie Spielgeld, Handy, Plastikschere, Munition für eine Schreckschußpistole, eine leere Füllerpatrone. Im Mittelpunkt des Geschehens, das durch ein wenig eingestreutes Sägemehl angereichert worden ist, steht ein dinosaurierartiges Wesen, zu dem Fred unter dem Titel „Der furchtlose Reno" die folgende Geschichte geschrieben hat:

„Vor vielen, vielen Jahren, als die Dinosaurier noch die Erde beherrschten und die Welt noch in Ordnung war, geschah eine ungewöhnliche Verwandlung. Ein tapferer Krieger namens Reno durchstreifte gerade den Dschungel, der nicht weit vom Taurusgebirge liegt. Es war schlechtes Wetter, es blitzte und donnerte aus allen Wolken. Plötzlich stand er vor einem riesigen Tryhkeratops. Er war in Panik. In seiner Angst warf er seinen Speer in den Leib des Dinos. Es schien alles in Butter zu sein, aber als Reno den Speer wieder herausziehen wollte, schlug ein Blitz in den Speer. Sie, also der Dino und der Krieger, begannen sich zu verwandeln. Reno sah so aus wie der Dino, und der Dino sah so aus wie Reno. Von nun an war Reno der Schrecken des Tals. Als er an einem kalten Vollmondabend in seiner Höhle lag, verspürte er ein seltsames Gefühl. Er fing an zu schrumpfen. Als er ungefähr die Größe eines Tannenzapfens hatte, fing er an, wie wild zu fluchen, und rannte auf den höchsten Berg des Gebirges. Es war dort oben so kalt, daß er so fror, daß er einem Eiszapfen ähnlich sah. Er konnte sich auch nicht mehr festhalten. Er plumpste den ganzen Berg hinab und landete sehr unsanft auf dem harten Boden. Als er dann merkte, daß er sich nicht mehr bewegen konnte, starb er erbärmlich an Hungertod. Ich fand ihn unter einer Fliese im Urzeitmuseum und nahm ihn mit nach Hause. Als wir in der Schule dieses Kästchen machten, habe ich mir überlegt, ihn dort hereinzubinden. Ich fand (und finde immer noch), daß mein Kästchen schön geworden ist. Dank Reno."

Abb. 120

Abb. 121

222

Das Thema der Geschichte ist der Überlebenskampf, das Beweisen von Mut und Kraft, das Überwinden von Ängsten. Auch das Thema der Verwandlung klingt an. Der Dinosaurier und Reno der Held nehmen jeweils die Gestalt des anderen an. Das Böse und das Heldenhafte durchdringen sich gegenseitig. Es folgt ein Prozeß der Schrumpfung und Vereisung, der schließlich zum Tod des Mischwesens, zu dem der Held Reno mutiert ist, führt. Ein deprimierendes Ende. Der Verwandlungsprozeß führt offenbar nicht zu Wachstum, Erkenntnis und zu einer Erweiterung der Lebensmöglichkeiten, sondern zu Stagnation und Erstarrung. Der Satz "Vor vielen Jahren, als die Welt noch in Ordnung war..." läßt sich auch übersetzen in "als das familiäre Leben noch intakt war". Nach erbitterten Steitigkeiten der Eltern um den Jungen, die in dem Versuch des Vaters gipfelten, seinen Sohn ins Ausland zu entführen, lebt Fred in der Gegenwart bei seiner berufstätigen Mutter. Nach der Schule geht er in einen Hort. Das Thema der Erstarrung, der Vereisung und des Absterbens, wie es in der Geschichte entfaltet wird, läßt sich eventuell dahingehend verstehen, daß hier das Lebensgefühl einer unbeschwerten Kindheit, eines ungetrübten Vertrauens in die Welt Schaden genommen hat, daß es zur Abspaltung bestimmter emotionaler Erlebnisschichten gekommen ist. Es handelt sich um das Erleben eines verstörten Kindes, das trotz seiner überdurchschnittlichen Intelligenz nicht die Reife besessen hat, die aus dem Ruder gelaufenen Ereignisse zu bewältigen.

6.1.6 Der Wunsch nach Befreiung und nach dem Ausdruck von Gefühlen

Als nächstes widmen wir uns einer Bildgestaltung der 15jährigen Gabriella (Abb. 122), deren Familienproblematik bzw. deren Ausbruchsphantasien und -versuchen aus dem engen Raum des Familiären, wir uns bereits in Zusammenhang mit den Abbbildungen 36 und 37 gewidmet haben. Das hier vorliegende Bild stellt eine Bearbeitung einer Vorlage von Degas dar.[3] Degas Tänzerin wurde aus einem Kunstband photokopiert, ausgeschnitten und in einen eigenständigen Bildentwurf eingearbeitet. Aus dem knielangen Rock des Originals wurde duch zeichnerische Ergänzungen ein bodenlanges Kleid gemacht, das ganze Kleid mit einem Blumenmuster überzogen, ein Schleier hinzugefügt. Aus der Tänzerin wurde so eine Braut. Das Bild trägt den Titel: "Das Hochzeitskleid". Hinten links im Bildraum ist ein völlig freier Entwurf zu einer weiteren Person bzw. zu einem zweiten Kleid mit hochstehenden Flügelärmeln zu sehen. Diese Figur ist mit dem Gesicht vom Betrachter abgewandt. Im Hintergrund wurde mit einer rechteckigen Raumgestaltung/ Wandverkleidung begonnen, wohl inspiriert durch das Original von Degas, in dessen Hintergrund sich hohe Glasfenster oder Spiegel befinden, in denen vage einige Gebäudefassaden zu erkennen sind. Die-

---

[3] E. Degas (um 1879): "Tänzerin posiert für den Photographen".

ser Hintergrund wurde hier jedoch vernachlässigt zugunsten der beiden Frauen- bzw. Mädchengestalten. Vielleicht handelt es sich um einen bildhaften Hinweis auf die zwei Jahre ältere Schwester, mit der die Jugendliche rivalisiert. Gabriella steht im Vordergrund/ Mittelpunkt des Geschehens. Sie phantasiert sich hinein in die Rolle einer Startänzerin, einer Primaballerina. Sie sehnt sich nach Ruhm und Glanz. Die Schwester dagegen wendet sich ab, sie rückt in den Hintergrund, führt nach den Wünschen der Zeichnerin ein Schattendasein. Die tanzende Gestalt steht für den Wunsch nach Befreiung, Unabhängigkeit, den Ausdruck von Gefühlen. Dieser, von der Jugendlichen herbeigesehnte, Zustand, ist jedoch noch nicht gegeben.

6.1.7 Spielarten des A-Sozialen: Die Mißachtung von Gesetzen

Im Rahmen einer Unterrichtseinheit, in der sich Schülerinnen und Schüler einer dritten Grundschulklasse mit dem Thema „Märchen" beschäftigt haben, wurden innerhalb eines halb-offen angelegten Handlungsrahmens unter anderem Handpuppen zu verschiedenen Märchenfiguren hergestellt. Während der größte Teil der Mädchen und Jungen sich ein Schnittmuster aussuchte oder selbst herstellte, dieses auf ein Stück Stoff übertrug, ausschnitt, zusammennähte, sich die entsprechenden Nähtechniken zeigen ließ, einen Holzlöffel mit Gesichtsbemalung versah, Haare aus Wollfäden, Pelz usw. aufklebte, unterzog sich der neunjährige Kosmas all diesen Mühen nicht. Hastig nahm er einige Stoffetzen, strich sie mit Klebstoff ein und wickelte sie um den Stiel des Holzlöffels herum. Das Gesicht der Puppe wurde mit einer schwarzen Augenklappe versehen, eine Art Kopftuch aufgeklebt, ein Bart aus weißer Watte angehängt und fertig war der „Seeräuber" (Abb. 123). Die Frage des Lehrers, in welchem Märchen denn ein Seeräuber vorkommen würde, tat der Neunjährige mit der Antwort ab: „Ist doch egal".

Der Schüler geht hier aus dem Felde. Der Produktionsvorgang muß schnell gehen und vor allem nach den eigenen Vorstellungen. Die Figur des Seeräubers steht für Wagemut, Unabhängigkeit und Abenteuer. Sie steht jedoch auch für Freibeuterei und die Mißachtung von Gesetzen. Trotz des asozialen Charakters dieser Figur erweist sie sich von hoher Attraktivität, vor allem für einen Jungen dieses Alters, der hier seine eigenen *devianten* Neigungen in einer Idealform verkörpert sieht. Im szenischen Spiel mit den Märchenpuppen, das dem Herstellungsprozeß folgte, übernahm der Seeräuber eine hochaggressive Rolle. Rotkäppchen, Frau Holle, Prinzessinnen, nicht einmal Zauberer und Hexe hatten gegen den Seeräuber eine Chance. Kosmas, seinen Seeräuber in der Hand, brüllte in einem fort auf die anderen Mitspieler ein und schlug ihre Puppen schließlich handgreiflich nieder. In diesem Verlauf lösten sich auch die Kleidungsstücke des Seeräubers ab. Allein der weiße Bart blieb am Kochlöffel hängen.

Abb. 122

Abb. 123

Abb. 124

Der hochaggressive Umgang mit der Puppe ist als *auffällig* anzusehen. Er verweist auf frühe Bindungs- und Beziehungsstörungen (vgl. Richter 1997 a, 304):

> „Geht man von der Auffassung D.C.Winnicotts aus, daß Übergangsobjekte (wie Puppen usw., J.B.) nicht nur Bindungs- und Vermittlungsfunktionen (zwischen Außen- und Innenwelt) haben, sondern auch Vorbereitungen auf kreative und kulturelle Aktivitäten darstellen, so wird deutlich, warum gestörte Heranwachsende solche Schwierigkeiten haben, altersangemessen auf kulturelle Angebote einzugehen und sich produktiv selbst zu äußern" (ebd.).

Das dissoziale Verhalten des Schülers korrespondiert mit der Weigerung seiner Eltern, ihren Sohn sonderpädagogisch betreuen zu lassen. Obwohl der Junge pausenlos die Energie von Klassenlehrerin und Sonderschullehrer - der wegen eines anderen Schülers stundenweise in der Klasse anwesend war - an sich band, wollten die Eltern ihren Teil nicht dazu tun, daß mehr Lehrerstunden für die in Mitleidenschaft gezogene Klasse zur Verfügung gestellt wurden. Auch in dieser Haltung ist eine moderne Form der Freibeuterei/ der Ausbeutung - hier des Gemeinwesens - zu sehen.

6.1.8 Positive Identifikationsmöglichkeiten, durchsetzt mit „quer liegenden" Wahrnehmungen und Einstellungen

Der elfjährige Andrej wurde im Anschluß an eine Entspannungsübung, in deren Verlauf der Lehrer einen Umriß vom Körper des Schülers zeichnete, gebeten, diesen Körperumriß nach eigenen Vorstellungen auszugestalten. Interessant ist nun, daß nicht der vom Lehrer gezeichnete Körperumriß von dem Schüler ausgemalt/ ausgestaltet wurde, sondern eine Art *Bild ins Bild* gesetzt wurde. Die vorgegebene Stellung/ Lage der Beine wurde zwar annähernd eingehalten, doch in einen anderen Maßstab übertragen, verkleinert. Der ursprüngliche Körperumriß wurde dabei nicht mehr beachtet. Der zu hyperaktivem Verhalten, zu aggressivem Ausagieren, sowie zu verbalen, z.T. sexuell anzüglichen Provokationen neigende Schüler malte sich hier im Fußballtrikot (Abb. 124). Wir sehen ihn in halblanger Fußballhose, Strümpfen mit der Aufschrift „Adidas" und in Fußballschuhen der Marke „Nike". Das Bild gibt damit einen Hinweis auf die bevorzugten Freizeitaktivitäten des Schülers, der auch in einer Fußballmannschaft spielt und wöchentlich zum Training geht. Diesem Bereich des Fußballs kommt ohne Zweifel eine persönlichkeitsstabilisierende Funktion zu. Der regelmäßig betriebene Mannschaftssport stellt einen Bereich der positiven Identifikation dar. Der Fußball erscheint hier als eine körperliche Aktivität, in der über soziale Integration Erfüllung und Befriedigung gefunden werden können. Als problematisch erscheint dagegen, daß es auf der bildnerischen Ebene keine Übereinstimmung zwischen der objektiven Lage des Körpers im Raum und den diesbezüglichen subjektiven Vorstellungen/ Repräsentationen gebt. Selbstbild und Fremdbild fallen auseinander. Andrej liegt/ steht *quer* zu den vorgegebenen Ordnungen. Im Sportunterricht kommt es regelmäßig zu erbitterten Auseinandersetzungen zwischen dem Elfjährigen, der inzwischen die vierte Klasse wiederholt, und seinen Mitschülern bzw. seiner Klassenlehrerin, weil Andrej permanent versucht, die Regeln des Spiels nach eigenen Vorstellungen umzuinterpretieren. Die subjektive Sichtweise und die intersubjektiven Wahrnehmungen/ Überzeugungen kommen auf keinen gemeinsamen Nenner. Andrejs Körperausmalung, die ja auch vorzeitig abgebrochen wurde, und damit Durchhaltevermögen und Zielorientierung vermissen läßt, kann als Verbildlichung dieser Tendenz betrachtet werden.

6.2   Maskeraden

6.2.1   Wahrheiten verbergen, Wahrheiten verhüllen: Die Metamorphosen des Schülers Andrej

Wir wenden uns erneut dem 11jährigen Andrej zu, mit dessen Körperumriß bzw. Körperausmalung wir uns soeben (Abb. 124) beschäftigt haben. In Andrejs ästhetischen Produktionen ist insgesamt viel Rollen- und Maskenspiel auszumachen. Wie die in Dokument Nr. 123 gezeigte Seeräuberpuppe ist sein "Joker", eine Art Harlekin (Abb. 125), in einem relativ offen abgestecken Handlungsrahmen zum Thema "Märchen" entstanden. Auch hier bleibt der Bezug zu einem konkreten Märchen mehr als vage und ist für den Produzenten offensichtlich von untergeordnetem bzw. keinem Interesse. Die Näharbeiten an dem grünen Gewand wurden bis zu einem bestimmten Punkt bewältigt, allerdings mit intensiver Beratung, auch unmittelbarer praktischer Hilfe durch den Sonderschullehrer. Ohne diese dauerhafte Unterstützung, etwa beim Einfädeln des Fadens usw. wäre es nicht zu der erfolgreichen Realisierung dieser Puppe gekommen, weil sich der Schüler immer kurz vor dem Punkt befand, wo er *das Handtuch zu werfen* drohte. Eigenständige Leistungen liegen im Aufzeichnen des Gesichtes auf den Holzlöffel sowie im Ausschneiden und Aufkleben einer Art Schürze oder Latzhose o.ä. Einfallsreichtum entwickelte Andrej vor allem bei der Gestaltung des Kopfschmuckes des Harlekins oder Narren - die Mütze dieser Figur ist eventuell als Zeichen ihrer erweiterten Wahrnehmung aufzufassen - der ohne viel Anstrengung, und von daher ohne Frustrationsgefahr, aus einigen Stoffstücken und Styroporkugeln kurzerhand mit Tesafilm zusammengeklebt wurde. Um das Verfahren noch weiter abzukürzen, zu beschleunigen wurde auch der gesamte Kopfputz mit einem Tesastreifen am Holzlöffel festgeklebt. Die Hände, die wiederum mit Hilfe des Lehrers hergestellt und befestigt wurden, da Andrej weder die Ruhe noch die Konzentration aufbrachte, den Faden mehrmals um die Unterarme der Figur zu wickeln und zu verknoten, sind beim nachfolgenden - heftig ausgeführten - Spiel wieder abgefallen. An einer erneuten Befestigung zeigte der Schüler kein Interesse. Während der szenischen Spiele, die frei und improvisiert erfolgten, fiel auf, daß es Andrej zu keinem wirklichen Zusammenspiel mit anderen kommen ließ. Als die Grundschulklasse sich zu kleinen Gruppen zusammenfinden sollte, die jede für sich spielerisch improvisierend mit den Märchenpuppen umgehen sollten, blieb Andrej allein. Auch ein Versuch des Lehrers, den Jungen in eine bestehende Gruppe einzubinden, scheiterte daran, daß Andrej überhaupt nicht auf die Spielansätze der anderen einging. Vielmehr suchte er nach Gelegenheiten, sich über seinen „Joker", wie er seine Puppe nannte, in Form von Monologen zu produzieren, die er als witzige Unterhaltung seiner Mitschüler zu konzipieren versuchte.

Der Narr steht in ikonographischer Hinsicht für Unschuld und Selbstvergessenheit, für Freiheit und Unabhängigkeit sowie die Bereitschaft und den Mut, zu sich selbst zu stehen. Das Auftauchen des Narren könnte auf den Wunsch des Schülers verweisen, sich von Beschränkungen in seiner Lebenswelt (Familie, Schule usw.) freizumachen, sich abzugrenzen, die Lebensmöglichkeiten zu erweitern. Durch den sich manifestierenden Humor wird die Welt ansatzweise in ihrem tieferen Wesen erkannt, denn nur Unwissende sind vollständig ernst und vollkommen mit ihrem Denken und Handeln identifiziert.

Nachdem Andrej eine "Joker" - Maske aus Papier entworfen hatte und kurzfristig mit diesem Maskenentwurf vorm Gesicht im Klassenraum sein Unwesen trieb, diesen Entwurf jedoch nicht weiter ausführte, die Papiermaske schließlich wegwarf, griff Stanislaus, ein zwar stiller, jedoch zu den sozialen Normen des Zusammenlebens ebenso quer stehender, Schüler die Idee der Joker-Maske, wohlgemerkt es ging um "Märchen", erneut auf (Abb. 126). Interessant an diesem Beispiel ist, daß beide Schüler an ein- und demselben Motivzusammenhang partizipieren, wobei der eine führt und der folgt. Stanislaus ahmt den Entwurf des Klassenkameraden sowohl in der Form als auch im Inhalt nach. Er scheint sich mit den entsprechenden Wesenszügen des anderen zu identifizieren. Beide Schüler entstammen einem russischen Aussiedlermilieu, in dem Schminken, Verkleiden, ausgelassenes Spiel usw. verpönt, Figuren wie Hexen, Zauberer usw. tabu sind. Andrej hat diese milieubedingten Schranken zum Teil bereits hinter sich gelassen, neigt jedoch zu überschießenden unausgeglichenen Reaktionen, was wiederum auf das Fortbestehen des kulturellen Konflikts hindeutet. Stanislaus der Stille, der Querköpfige, der Introvertierte, übernimmt nun probeweise das Laute, Spielerische, Witzige, Extrovertierte im Sinne eines Probehandelns. Doch wirkt der gesamte Ausdruck der Maske noch wenig überzeugend, stimmig, sondern eher adaptiert, aufgesetzt. Maske und Selbst bleiben etwas Getrenntes. Das Lächeln des Jokers wirkt erstarrt, eingefroren. Zu einem Maskenspiel im eigentlichen Sinne läßt es der Junge nicht kommen. Die Maske wird nur für einen kurzen Augenblick aufgesetzt: "Schaun Sie mal".

Daß wir in Zusammenhang mit der Thematisierung von "Märchen" hier auf die Figur des "Jokers" gestoßen sind, dürfte ein doppeltes Ausweichen markieren. Der Kasper, Harlekin, Hofnarr usw. braucht sich nicht zu sinnvollen zusammenhängenden Äußerungen gedrängt zu fühlen. Seine Aktivitäten beschränken sich auf das Klopfen witziger Sprüche, auf das Ersinnen von Faxen und immer neuen Maskeraden. Er deutet nur an und springt von einem Thema zum nächsten. Automatisch steht er im Mittelpunkt, weil die anderen ja unterhalten werden wollen. Auch wird auf diese Weise eine soziale Struktur etabliert, die es nicht erfordert, mit anderen zusammenzuarbeiten. Die eigene Aktivität des Joker-Spielers erschöpft sich im Monolog und bleibt daher im Grunde auf ihn selbst bezogen. Hinzu kommt nun, daß aufgrund von religiösen Überzeugungen, die im Herkunftsmilieu begründet liegen, eine Vielzahl von Märchenfiguren, speziell die magischen Figuren, etwa Hexe, Zauberer, Teufel, Fee usw. tabu sind. Der Zugriff auf diese attraktiven Figuren ist den Schülern nicht gestattet. Da ihnen Märchenfiguren wie Hänsel und Gretel vielleicht zu alltäglich oder zu *kindisch* vorkommen mögen, greifen sie auf Figuren zurück, die im strengen Sinne *außerhalb* der Märchenwelt liegen, die jedoch auch Ausdrucksmöglichkeiten beinhalten, wie sie von den Schülern gerade benötigt werden.

Wir kommen erneut auf den 11jährigen Andrej zurück (vgl. Abb. 125). Nachdem er seine Idee einer Joker-Maske aufgegeben hatte, arbeitete er an einer Affenmaske (Abb. 127). Augen, Nase und Mund des Tieres waren schnell aufgezeichnet. Das Ganze wurde eilig ausgeschnitten, Löcher für Augen und Mund ausgespart, ein Gummi zur Befestigung der Maske am Hinterkopf angebracht und dunkelbraune Schafswolle aufgeklebt. Andrej hüpfte nun mit der Affenmaske vorm Gesicht durch die Klasse, ahmte die Bewegungen und Geräusche eines Affen nach und zog kurzfristig die Aufmerksamkeit seiner Mitschülerinnen und Mitschüler auf sich. An welcher Stelle sich hier ein Bezug zum Thema Märchen zeigte, stellte für den Elfjährigen eine irrelevante Frage dar. Zur Integration der Affenmaske in eines der nachfolgenden Märchenspiele kam es nicht. Sie diente lediglich dem unmittelbaren, auf die Gegenwart bezogenen Abreagieren von Affekten, von psychosozialen Spannungen und dem Ausweichen vor der eigentlich gestellten Aufgabe, sich gemeinsam mit den anderen, eine märchenhafte Handlung, in der ruhig Elemente aus verschiedenen Märchen miteinander verknüpft werden konnten, auszudenken und diese in ein szenisches Spiel umzusetzen. Doch eventuell läßt sich dem Geschehen noch eine tieferliegende Bedeutung abgewinnen.

Abb. 125

Abb. 126

Abb. 127

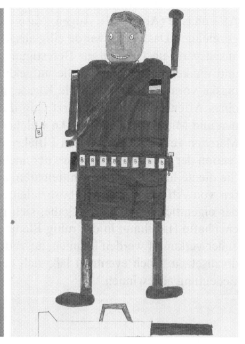

Abb. 128

Ikonographisch betrachtet, stellt der Affe den Begleiter des ägyptischen Gottes Thoth dar. Er veranschaulicht, daß Weisheit niemals auf starre Weise festgelegt werden kann. Die Figur des Affen steht für Flexibilität. Der Affe hält in Bewegung. Möglicherweise stellt der Rückgriff des Schülers auf die Figur des Affen einen Appell an die Klassenlehrerin und an den Sonderschullehrer dar, die eigene Wahrnehmung der unterrichtlichen Prozesse zu erweitern, sich nicht auf das *Befolgen* von Aufgabenstellungen durch die Schüler zu versteifen, sondern die vielfältigen Botschaften der Schüler *zwischen den Zeilen*, d.h. jenseits der gestellten Aufgaben zu entschlüsseln. Die Masken sind auf der einen Seite zwar als Verkleidungen, Verhüllungen, Verschleierungen anzusehen, auf der anderen Seite vermögen sie jedoch auch Wahrheiten zu enthüllen. Andrejs ästhetische Produktionen haben in ihrem Repertoire immer auch etwas Faxenhaftes, es werden viele Dinge in Ironie aufgelöst. Das Moment des Ironischen wird jedoch zum Täuschungsmanöver auch für den Schüler selbst, etwa über seine wahren Motive, hinter denen sich Einsamkeit, Depression und Zukunftsängste verbergen dürften. Geht man davon aus, daß speziell auch in der Handpuppe des Harlekins Spuren eines „Übergangsobjektes" (Winnicott) enthalten sind, deuten sich hier frühe Bindungs- und Beziehungsstörungen an. Diese dürfen vor allem deshalb vorausgesetzt werden, weil der Schüler seine Puppe *zwanghaft* spielt, d.h. er gestaltet das Spiel nicht nach den Erfordernissen der Situation, den Interessen der Zuschauer, dem durch die Schülergruppe festgelegten Thema usw., sondern er folgt einem durch die internen Konflikte festgeschriebenen Drehbuch/ Szenario.

6.2.2 Abrechnen mit den entwicklungshemmenden Verhältnissen

In Zusammenhang mit einem Malwettbewerb[4], bei dem das Thema "Male Dich und Dein Lieblingsspielzeug" gestellt wurde, malte der 9jährige Deno einen grün gekleideten Soldaten mit Maschinengewehr (Abb. 128). Das Gewehr liegt vor dem Soldaten auf dem Boden. Im Gürtel des Soldaten befinden sich „Bomben", mit denen er "herumballert". Die Gestalt ist von mechanischem, roboterhaftem Charakter. Das Eckige, Kantige der Figur wird durch die dünnen, am äußersten Körperrand angesetzten Beine verstärkt. Das Gesicht wirkt durch die Hervorhebung der Zähne aggressiv. Die mechanisch wirkenden Arme sind stark verkürzt, die Hände sind zu einem undifferenzierten Ballen verkümmert. Ein makaber wirkendes Selbstbildnis, eine hochaggressive Darstellung, die deshalb überrascht, weil sich die Situation in der Schule zunächst einmal entspannt hatte. Doch kommen hinter dieser Maske offenbar Spuren traumatisierender Prozesse zum Vorschein, die über einen Zeitraum von mehreren Jahren im Bereich

---

[4] 27. Internationaler Jugendwettbewerb der Raiffeisenbanken, 1997.

der Schule als auch der Familie wirksam gewesen sind. In Zusammenhang mit den Abbildungen 7 und 62 kamen wir bereits auf das Besondere der schulischen und familiären Situation dieses Schülers zu sprechen. Der Soldat erscheint als die Verkörperung einer grenzenlosen Wut. Er zeugt von dem Wunsch des Jungen, mit den entwicklungshemmenden Verhältnissen in Schule und Familie abzurechnen.

6.2.3 Bilder einer zunehmenden Verzweiflung

Der 16jährige Sven kam gegen Ende des Schultages aus seiner Klasse in die sonderpädagogische Einzelförderung, an der er etwa 30 Stunden teilgenommen hat. Das vorliegende Bild (Abb. 129) entstand zu Beginn dieser Serie von Förderstunden in einem Tagebuch. Ein Wesen mit weit aufgerissenem Mund, ein Ungeheuer mit schwarz-roten Zahnreihen, mit weit auseinanderstehenden Augen und nicht näher definiertem, kreisförmigem Körper, der wie ein Anhängsel wirkt. Es geht hier wohl vor allem um das Abreagieren von Affekten, von psychosozialen Spannungen, die sich während des Schulvormittags und/ oder im familiären Bereich aufgebaut haben. Diese Zeichnung wirkt wie ein Spiegelbild des Schülers, der meist Grimassen schneidet, umherläuft, eine Fassade aus Witz und Ulk vor sich herträgt, seine Umgebung an der Nase herumführt und so seine Traurigkeit, seine Depressionen, auf die wir später stoßen werden, zudeckt. Sven gab seinem Bild den Titel „Affenhuhn", ein Titel, der auf die tiefe Verstörung in den identitätsbildenden Prozessen des Jugendlichen verweist.

Vier Monate später kam es im Kontext derselben Einzelförderung zu einer Bildgestaltung, wiederum im Klassentagebuch, in der Sven seine Maskeraden fortsetzte (Abb. 130). Im Vergleich zu dem „Affenhuhn" weist das hier reproduzierte Gesicht deutlich festere Konturen auf, die Gestaltung wirkt in sich konzentrierter. Die kreisrunden Augen und die hochgezogenen Augenbrauen wirken fragend und paralysiert zugleich. Die Nase besitzt einen äußerst scharfen Rükken und eine messerscharfe Spitze. Der große Mund mit den deutlich hervorgehobenen Zähnen vermittelt den Eindruck hoher Aggressivität, die Narben auf der linken Wange und auf der Stirn weisen auf Verletzungen hin. Der langen, roten, weit herausgestreckten Zunge kommt eine Schlüsselbedeutung zu. Sven verführt und weicht aus, er wickelt um den Finger und läßt auflaufen, er lockt und verschwindet. Er treibt "Schabernack" mit seiner Umgebung, ein Schlüsselwort, das er selbst pausenlos im Munde führt. Die rote Zunge besitzt entsprechend auch eine libidinöse Komponente. Um den vorgestellten Bildgestaltungen einen tieferliegenden Sinn abzugewinnen, sehen wir uns veranlaßt, hier einige relevant erscheinende Beobachtungen aus der Lebenswelt des Schülers einzufügen. Wir zitieren zunächst aus dem Tagebuch des Lehrers (J.B.) aus dem Jahre 1993:

Abb. 129

Abb. 130

233

„Kurz vor Svens Dorf kommen wir an einer Stahlfabrik vorbei, wo er in den Ferien gearbeitet hat und wo er auch samstags mal aushilft. Er erklärt mir die einzelnen Gebäude, als wir vorbeifahren. Ich halte kurz an. `Hier werden Kirchenglocken gegossen´, sagt er. `Da vorne ist eine besonders schöne Halle, sie hat fast ein Dach wie eine Kathedrale´, fährt er fort. Dann kommen wir ins Dorf rein. Er zeigt mir eine Reihe von Häusern und nennt die Namen der Leute, die darin wohnen. Wir biegen zunächst ab zum Gutshof. Ich parke den Wagen zwischen herumlaufenden Hühnern und Sven führt mich zuerst in ein Stallgebäude. Er zeigt mir Kälber, Schweine, Pferde, weist mich auf Einzelheiten im Gebäude hin, die alten Dachpfannen, die Löcher im Dach. Einen Bullen hätten sie im Moment keinen. Er meint, daß er keine Bullen leiden könne. Ich erinnere seine länger zurückliegenden Erzählungen, als er in übermütiger Stimmung und nach einigen Flaschen Bier Jungbullen auf einer Weide gereizt hat und sich eine Beinverletzung zugezogen hat. Einer der Bullen habe ihn gepackt und durch die Luft geschleudert.

Sven stellt mir jetzt die Pächterin des Gutshofes vor. Eine Frau um die fünfzig, die er mit Tante anredet. Wir gehen um das Gebäude herum, zwei Jungs aus dem Dorf fahren mit einem Trecker herum. Sven ruft ihnen etwas zu. Anschließend zeigt er mir die Ruine einer Wasserburg. Wir überspringen den Wassergraben und erreichen trockenen Fußes die noch vorhandenen Mauerreste, die wir dann abgehen. Sven erzählt mir vom Besitzer der Anlage, einem Baron, und was er über die Geschichte von Gutshof und Wasserburg weiß. Er komme sehr oft hierher. Zum Mähen der Wiesen, zum Heumachen, zur Kartoffelernte und auch sonst. Im Winter zum Eislaufen auf dem See, im Sommer zum Herumklettern und zum Fische fangen. Wir klettern auf ein noch erhaltenes Mauerplateau, stehen dort und Sven raucht. Wir sehen auf das Wasser. Er sagt, er habe hier einen Eisvogel gesehen. Dann zeigt er mir einen noch erhaltenen Raum in einem ehemaligen Rundturm. Unter der Decke spiegeln sich Lichtreflexe von der Wasseroberfläche her. Durch eines der Fenster würden im Sommer wilde Himbeeren hereinranken, die er sich dann holt. Oben in einem Winkel hat er ein Fledermausnest entdeckt. Ganz kleine Fledermäuse seien drin gewesen. Einmal seien welche runtergefallen auf den Boden und erfroren. Dann fahren wir zum Dorf, zum Haus der verwitweten Mutter.“

Zu einem späteren Zeitpunkt wird deutlich werden, daß dieser Welt-Ausschnitt, wie er sich in Zusammenhang mit dem 16jährigen Sven entfaltet, eine Art *sozialökologische Nische* darstellt. Tatsächlich ist der Lebenskontext dieses Schülers durchsetzt mit Brüchen und Konflikten. Der frühe Tod des Vaters wird kaum verwunden, die Loslösung von der Mutter vollzieht sich auf eine aggressive, destruktive Weise. Svens schulische Leistungen bzw. das, was er seiner Klassenlehrerin als meßbare Leistung zeigt, reichen offenbar nicht für einen Hauptschulabschluß aus. Die berufliche Perspektive ist damit nicht sehr chancenreich. Sven verbringt einen Teil seiner Freizeit mit Freunden, die die Musik der „Böhsen Onkelz“ hören und die sich den sog. „Hooligans“, d.h. rechtsextremen Fußballrowdys, verbunden fühlen. Der Gutshof erscheint auf diesem Hintergrund als Refugium, als ein Rückzugsort, an dem die Welt noch in Ordnung ist. Während diese Gutshof-Welt der späten Kindheit und dem frühen bis mittleren Jugendalter unter Entwicklungsgesichtspunkten durchaus angemessen erscheint, verweist deren ungebrochene Aktualität für das Leben eines beinahe 17jährigen, der sich eigentlich um einen Schulabschluß und eine Lehrstelle kümmern müßte, auf eskapistische Tendenzen im Umgang mit der Lebenswirklichkeit, da der Junge auf einem Gutshof wie diesem und ohne eine entsprechende Ausbildung keine solide berufliche Stellung mehr finden kann. Wir greifen erneut auf die Tagebuchaufzeichnungen des Lehrers (a.a.O.) zurück:

„Nach dem Besuch auf dem Gutshof und dem Gespräch mit der Mutter will mir Sven sein Zimmer zeigen. Er spielt mir Musik von den `Böhsen Onkelz´ vor. Während wir uns unterhalten, spielt er die ganze Zeit über mit einem Butterfly-Messer. Er sagt, dieses Messer sei in Deutschland gar nicht zugelassen. Es falle unter ein Waffengesetz. Ich frage ihn nach seinen Freizeitbeschäftigungen. Er spielt in einer Fußballmannschaft und geht zweimal die Woche zum Training. Mehrfach kommt er darauf, daß ihn die Leute in seinem Dorf für etwas unberechenbar halten würden. Einmal habe er ein kleines Kind mit seinem frisierten Mofa umgefahren. Im großen und ganzen würde er sich jedoch ganz gut mit den Leuten im Dorf arrangieren. Manchmal fährt Sven mit seinen Fußballfreunden ins Stadion und nachher - so der Jugendliche - machten sie dann `Randale´.“

Die Zeichen der Radikalität bzw. Gewalttätigkeit (Böhse Onkelz, Butterfly-Messer, Randale) kontrastieren mit den Zeichen der sog. Normalität (Fußballmannschaft, Training, Kontakte im Dorf, landwirtschaftliche Arbeit auf dem Gutshof). Der rechtsgerichtete Jugendliche scheint auf den ersten Blick gut in sein soziales Umfeld integriert zu sein, ein Zusammenhang, wie er auch von Bergmann & Leggewie (1993) herausgestellt worden ist. Für Heitmeyer (1992, 413) geht es bei den Aktivitäten solcher Fußballfan-Gruppen darum, das "Gefühl von Nutzlosigkeit und Langeweile durch den Aktionismus mit Freunden zu kompensieren" und "der Einsamkeit zu entrinnen", ein "Gefühl der Geborgenheit", der "kollektiven Stärke" (a.a.O., 421) zu erleben. Unter thematischem Aspekt scheint es sich demnach um ein Gemisch aus "Daseinssteigerung & Aktivation" (Thomae) bzw. „Spannungsschema" (Schulze 1992) und regulativ-konflikthaften Aspekten zu handeln.

„Während im Hintergrund mehrere Songs der `Böhsen Onkelz´ laufen, setzen wir unsere Unterhaltung auf Svens Zimmer fort. Irgendwann läuft das Lied vom `netten Mann´. Sven zeigt ein Lächeln auf seinem Gesicht. Er scheint meine Reaktion genau zu beobachten. Zwischendurch fragt er mich, ob ich wüßte, was `Nekrophilie´ sei. Es sieht aber nicht so aus, als wolle er eine Antwort von mir hören. Ich gebe mich gelassen. Sven bringt sich selbst in Verbindung mit den sog. Hooligans. Er ordnet sich als politisch rechts ein. Daß Jugendliche ein paar Orte weiter einen Brandanschlag auf ein Asylantenheim verübt haben, findet er in Ordnung. Als ich nachfrage, was denn die Asylanten verbrochen hätten, mildert er seinen Standpunkt ab. Im Grunde habe er ja nichts gegen diese Leute. Am Wochenende wird in seiner Clique in erster Linie getrunken. Ich versuche auf die Hintergründe des hohen Alkoholkonsums des Sechzehnjährigen und seiner Freunde zu kommen. Er kommt selber auf Worte wie Flucht, Rausch, Vergessen und Glücksgefühle, die leider nur zu kurz andauern würden. Am nächsten Tag, meist sonntags, verspüre er dann eine große Leere" (Lehrertagebuch J.B., 1993).

Unter dem Aspekt der Reaktionsformen wird deutlich: Im Rahmen der rechtsgerichteten Szene, die sich hier sicherlich im *Vorfeld des eigentlich Politischen* bewegt (Fußballfans, Hooligans) dominiert das Herstellen sozialer Kontakte innerhalb der Szene über das gemeinsame Praktizieren aggressiver, destruktiver Reaktionsformen (z.B. Schaufenster einschlagen, Angehörige anderer Gruppierungen zusammenschlagen usw.). Der extrem hohe Alkoholkonsum und das Gefühl der inneren Leere nach solchen Aktivitäten deuten gleichzeitig auf evasive bzw. depressive Reaktionsformen hin. Die Musik und die Texte der „Böhsen Onkelz" findet der Jugendliche „geil".

Der sozialkritische Anspruch, den Farin & Seidel-Pielen (1993 a, 87 f.) in diesen und anderen Texten der „Onkelz" sehen wollen, nämlich die *perversen Neigungen* des sog. Normalbürgers bloßzustellen, scheint vor Ort, in den realen Milieus von Jugendlichen wie Sven, nicht rüberzukommen. Sven scheint die Onkelz-Songs eher zum Verändern von diffusen *Null-Bock-Stimmungen* zu benutzen, zum Hervorrufen von sadistisch-sexuellen und nekrophilen Reizen, die um ein besonderes psychosoziales Konfliktgeschehen oszillieren. Beispielsweise fragt er seinen Lehrer auf eine ambivalent-provozierende Weise, was Nekrophilie sei, ein Phänomen, das offenbar in mehreren der Onkelz-Songs auftaucht und Sven, der immer wieder auf dieses Thema zurückkommt, in Form einer Art Angst-Lust zu faszinieren scheint. Biographische Recherchen vermögen hier Anhaltspunkte für ein vertieftes Verständnis der rechtsradikal und nekrophil gefärbten Alltagsästhetik zu geben:

Der Vater ist gestorben als der Junge 10 Jahre alt war. Seitdem lebt die Mutter allein mit ihrem Sohn in einem Einfamilienhaus. Noch im Alter von 16 Jahren schläft der Sohn bei seiner Mutter im (Ehe-)Bett. Es entsteht der Eindruck, als ginge es bei den Aktivitäten im rechtsradikal orientierten Jugendmilieu um eine Art Bandenzugehörigkeit und zwar als einer Möglichkeit, den belastenden familiären Verhältnissen zu entkommen (vgl. Mâle 1983, 167), die sich hier in einer inzestnahen Mutter-Sohn-Dyade zu verdichten scheinen. Die Befreiung aus diesem inzestnahen Verhältnis wird episodenhaft immer wieder versucht, sie vollzieht sich als Destruktion, als Herumrasen mit dem Mofa, als Randalieren, exzessiv Rauchen und Trinken, Prügeln, mitten in der Nacht betrunken nach Hause kommen, sich übergeben usw. Die Mutter verlangt in solchen Situationen von Sven, daß er „unten auf einem Sofa schläft". Nur wenn er sturzbetrunken ist, lasse sie ihn nicht zu sich ins Bett. Am darauffolgenden Tag sei sie meist sehr verstimmt. Es kommen auf Svens Seite, wie die explorativen Gespräche mit dem Schüler zeigten, Schuldgefühle gegenüber der Mutter zum Vorschein.

Die beiden oben beschriebenen Bilder des Schülers erscheinen aufgrund der dargestellten lebensweltlichen Konflikte, Spannungen und Unsicherheiten als Dokumente einer tiefen Verzweiflung. Die Identitätsentwicklung des 16jährigen ist in einer grundlegenden Weise durch das inzestnahe Verhältnis mit seiner Mutter gefährdet. Die Ablösungsversuche manifestieren sich in hochaggressiver, mitunter hochgradig (auto-)destruktiver Weise. Die gesamte persönliche wie berufliche Zukunft steht unter einem negativen Vorzeichen.

6.2.4 Zwischen tiefer Verunsicherung und plötzlich hochschießender Aggressivität

Timo, ein 16jähriger, zu aggressiven Ausbrüchen neigender, phasenweise auch in sich zurückgezogener Schüler, hat einen Raubvogel, Adler o.ä. aus einem Zeichenlehrbuch abgezeichnet (Abb. 131). Besonders sorgfältige Detailarbeit ist im Bereich des Kopfes, d. h. des Auges und des Schnabels sowie beim Gefieder und den Krallen des Tieres zu erkennen. Der Adler, der König der Vögel, der in ikonographischer Hinsicht für Freiheit, Erkenntnis und die Hingabe an die eigenen emotionalen Tiefen steht, sitzt hier auf einer Stange oder Ast. Die Krallen umschließen das Holz jedoch nicht richtig, sie finden keinen festen Halt. Der Blick des Vogels ist äußerst wachsam, die gesamte Körperhaltung angespannt. Das Tier ist jederzeit bereit, sich zu verteidigen oder selbst anzugreifen.

In einer anderen Bildgestaltung des 16jährigen Timo (Abb. 132) sind drei parallel schwimmende Haie zu sehen. Die drei blau kolorierten Tiere wurden wie der Raubvogel in Dokument Nr. 131, aus einem Buch abgezeichnet. Der obere Hai scheint etwas ängstlich zur Seite zu schauen, der mittlere wirkt vom Blick her etwas starr, vielleicht verträumt. Der untere Hai schließlich läßt sich nicht ins Auge schauen, seine Stimmung ist daher nur schwer einzuschätzen. Die drei verschiedenen Charaktere dieser Haifiguration lassen sich eventuell als unterschiedliche Ichzustände des Jugendlichen auffassen. Die gesamte Figuration bewegt sich nach links und impliziert damit eine Gebundenheit an die zurückliegenden Ereignisse des familiären (und außerfamiliären) Lebens. Der Tod des erstgeborenen Sohnes durch Ertrinken führte zu Schuldgefühlen auf Seiten der Eltern und zu einer verunsichernden Überbehütung des zweiten Sohnes. Timo hat hier ein Tier als Identifikationsobjekt bzw. als Maskierung seiner tiefen Verunsicherung, seiner Lebensängste usw. ausgewählt, das traditionellerweise mit Mordlust, Gier und der Zerstückelung schwimmender oder tauchender Menschen verknüpft wird. Die Botschaft lautet: *Nehmt Euch in Acht vor mir*. Ein im Grunde hochängstliches, scheues Wesen, das sich durch seine aggressiven Ausbrüche zu verteidigen sucht.

Abb. 131

Abb. 132

6.2.5 Das Kaschieren von Lebensängsten durch die Verbreitung von Angst und Schrecken

Ein Bild des 13jährigen Niko (Abb. 133) ist, wie die zuletzt gezeigten auch, ohne einen besonderen thematischen Impuls des Lehrers entstanden. Die Zeichnung präsentiert eine vermummte Figur unter einem kapuzenartigen Gewand. Ohne daß wir hier Hände erkennen können, scheint diese Figur eine Art Axt/ Beil mit sich zu führen, wodurch die Assoziation an einen Henker oder ein Mitglied des Ku-Klux-Klan nahegelegt wird. Unter der Kapuze, d. h. in eigens angebrachten Schlitzen, ist ein Augenpaar zu erkennen. Die ganze Figuration setzt auf das Einflößen von Angst und Schrecken, obwohl unter dieser Vermummung die Angst in Person sitzt, wie wir in der folgenden Zeichnung desselben Schülers sehen werden. Es handelt sich hier um den Versuch, sich in der Phantasie unangreifbar, unverletzbar zu machen. Die Rüstung bzw. Maskierung macht den sich darunter befindlichen Körper jedoch auch steif, starr und unerreichbar für Ereignisse, Impulse usw. aus der äußeren Welt. Beim Selbstbildnis als Tier malte sich Niko als Schildkröte. Der dicke Panzer - in beiden Bildgestaltungen - verweist auf das tiefliegende Bedürfnis nach Schutz vor einer als feindlich erlebten Umgebung. Die Axt bzw. das Schwert des Henkers könnte auch für die unbewußte/ vorbewußte Erkenntnis des Schülers stehen, daß die getragenen Masken nicht nur Schutz und Tarnung bedeuten, sondern auch Trennung von sich selbst und anderen. Das Entfernen der alten Masken stellt entsprechend eine Befreiung dar und führt zu mehr Klarheit und Weite der Wahrnehmung, des Denkens und Fühlens. Hinter den abgelegten Masken zeigen sich Spontaneität, Natürlichkeit und kindliche Unschuld.

Die als nächstes reproduzierte Bildgestaltung des 13jährigen Niko (Abb. 134) zeigt die Ansicht einer Schwimmhalle aus der Vogelperspektive. Das Schwimmbecken, die blaue Oberfläche des Wassers, der Beckenrand, die Startblöcke, die Einstiegsleitern sowie die Trennlinie zwischen dem Schwimmer- und dem Nichtschwimmerbereich wurden detailliert dargestellt. Der Zeichner selbst befindet sich genau in der Mitte des Schwimmerbeckens und zwar an dem Punkt, von dem der Weg an den Beckenrand am weitesten ist. Die zwischen Niko und den Startblock Nr.3 eingezeichneten Striche oder Pünktchen markieren entweder den vorhergehenden Sprung vom Beckenrand ins Wasser oder aber den rettenden Weg zum Beckenrand. Wir sehen nur noch den Kopf des Schülers aus dem Wasser ragen sowie die weit nach oben gestreckten Arme mit übergroßen Händen, die hilflos in der Luft rudern bzw. Hilfe herbeirufen sollen.

Die dargestellte Szene entstammt nach Nikos Angaben einem immer wiederkehrenden Alptraum. Im Verlauf des Geschehens kommt eine schreckliche Panik über ihn. Er hat das Gefühl, als würde er von den tieferen Wasserschichten regelrecht nach unten gezogen. Er könne sich nicht dagegen wehren. Kurz vor dem Ertrinken würde er aufwachen.

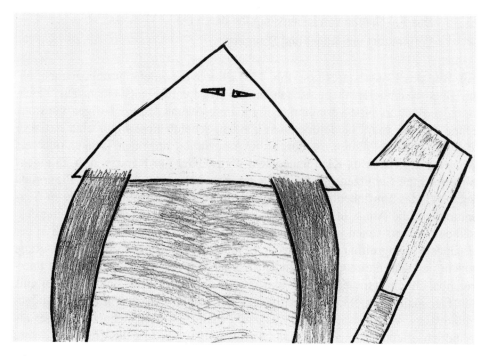

Abb. 133

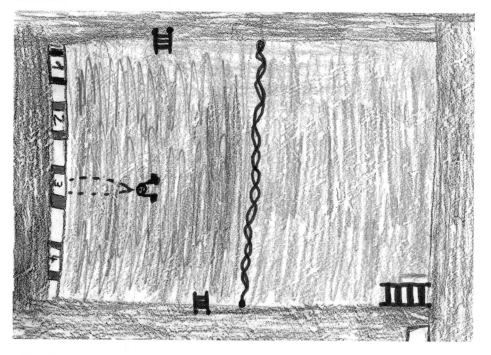

Abb. 134

240

Der manifeste Trauminhalt verweist auf die zweifellos vorhandenen Ängste, in ein Schwimmbad bzw. überhaupt in einem Gewässer schwimmen zu gehen. Es dürften sich hinter diesem Traumszenario jedoch tieferliegende Ängste ankündigen, die möglicherweise auf die übertrieben enge, nahezu symbiotische Mutterbindung des (italienischen) Jugendlichen zurückgeführt werden können: die Angst verschlungen zu werden bzw. wieder zurück in das weibliche Element des Wassers zurückgesogen zu werden sowie die Angst selbständig zu werden und seinen eigenen Weg zu gehen. Sieht man einmal die beiden Abbildungen 133 und 134 zusammen, so wird das Wechselspiel zwischen Angst und Maskierung, zwischen den regressiven Tendenzen, die den Jugendlichen zurück in den Machtbereich der Mutter treiben und seinen nach außen demonstrierten aggressiven Reaktionsformen - hier symbolisiert durch die Axt - offenbar. Angst und Aggression erweisen sich als Kehrseiten ein- und derselben Medaille. Der angstfreie Sprung ins Wasser würde dagegen einer Hingabe an den Reichtum der eigenen Emotionalität gleichkommen. Die Angst vor dem tiefen Eintauchen, dem vorübergehenden Verschwinden (Tod), dem Sich-Überlassen, ist von Niko noch nicht überwunden. Das Gefühl der Erfrischung nach dem Wieder-Auftauchen (Wiedergeburt) kann er aufgrund seiner fundamentalen Lebensängste noch nicht erfahren.

6.2.6 Vermummung als eingeschränkte Wahrnehmung

Es war Nikolaustag und der Lehrer hielt dies für einen günstigen Anlaß, seine Schülerinnen und Schüler einmal einen Nikolaus zeichnen zu lassen, um eventuell vorhandene Projektionen auf diese *mächtige* Kindheitsfigur untersuchen zu können. Der 15jährige Ralf, von dem wir bereits einige Bildgestaltungen, etwa zu seinem Zimmer (Abb. 9) oder zur Punkerszene (Abbildungen 94 und 96) gesehen haben, zeichnete an jenem Tag eine recht·ungewöhnliche Nikolausfigur (Abb. 135), die in ihrer Vermummung - wie die weiter oben gezeigte Figur auch - an den Ku-Klux-Klan erinnert. Diese Wirkung kommt vor allem durch das Einarbeiten eines kapuzenartigen Emblems einer Skateboardfirma zustande (vgl. Abb. 90, eine Bildgestaltung desselben Schülers). Die spitz zulaufenden Finger geben der bildnerischen Darstellung etwas Unheimliches, Destruktives. Auf diese Weise entspricht diese Figuration eher Knecht Ruprecht als Nikolaus, eher dem strafenden, dem sadistischen als dem schenkenden, belohnenden und versorgenden Prinzip. Ein exploratives Gespräch zu dem Bild war nicht möglich.

Abb. 135

Abb. 140

6.2.7 Das Spiel mit den aggressiv-männlichen Persönlichkeitsanteilen

Als nächstes sei hier ein, dem männlichen Heranwachsenden relativ vertrautes, Phänomen behandelt: Der Junge, der gern ein *starker Mann* sein möchte. Der 15jährige Jörg, von dem wir bereits einen hochgradig detailliert abgezeichneten Reiter gesehen haben (Abb. 117), hat sich hier der Darstellung eines sogenannten "Catchers" (Abb. 136) gewidmet. Zusätzlich dürften hier einige Anregungen von Bildvorlagen aus dem Bereich der Fantasy-Art, die den Schülern zur Verfügung gestellt wurden, aufgenommen worden sein, im Kern des Interesses dürfte jedoch die subkulturelle Szene des "Wrestling" stehen. Der entblößte, freilich hochtrainierte und dicht mit Muskeln bepackte Oberkörper kontrastiert in seiner Nacktheit, seinem Freigelegtsein mit der Panzerung der Unterarme und der maskenhaften Starre des Gesichts. In der rechten Hand hält der Mann eine Art Schlagstock oder Schwert, ein Hinweis auf die kämpferisch aggressiven Persönlichkeitsanteile, auf Energie und Tatkraft sowie die männlichen Aspekte der Sexualität, wie auch eine Anspielung auf den Aspekt des Phallisch-Männlichen als eines identitätsbildenden Prinzips. Die Hochstellung des linken Fußes auf einem Podest o.ä. soll der Figur mehr Standfestigkeit, Entschlossenheit usw. verleihen, doch steht die übermächtige Erscheinung des Oberkörpers im Kontrast mit dem eher kraftlos wirkenden Becken, wodurch eine gewisse Zaghaftigkeit der Figur durchscheint. Auf der anderen Seite wird der Schlagstock bereits in Position gebracht, indem er leicht auf der linken Hand des Kämpfers federt. Die Augen der Figur sind verdeckt, d.h. sie ist blind für alles, was von dem geschlossenen System der eigenen Wahrnehmung abweicht. Jeder andersartige Gedanke, jeder neue Impuls wird ignoriert. Die Maske erscheint als Begrenzung des kleinen Ich, einer unausgereiften Persönlichkeit, als Ausdruck von Eigenwillen und Angst. Das Selbst des Jugendlichen ist noch nicht befreit.

6.3 Phantasien vom „starken" Körper

Der 12jährige Oliver hat die Darstellung eines männlichen Körpers von T. Ungerer übernommen (Abb. 137). Die vom Künstler gezeichnete Figur stellt eine Art Kämpfer, Ringer o.ä. dar. Der Schüler hat nun ein kopiertes Photo von sich selbst in die Zeichnungsvorlage eingearbeitet. Einen didaktischen Impuls zu einer solchen bildnerischen Gestaltung von Seiten des Lehrers gab es nur insofern, daß von den Schülern schwarz-weiße Portraitphotos hergestellt, ein breites Spektrum an künstlerischen Darstellungen zur Verfügung gestellt und eine Einführung in bildnerische Prinzipien wie Umgestalten, Collagieren, Montieren usw. gegeben wurde.

Der Jugendliche hat den Umriß seines phantasierten Körpers sorgfältig mit einem schwarzen Filzstift nachgezeichnet. Detailarbeit fand beim Ausführen der Arm- und Brustmuskulatur, der Bauchmuskulatur, der Brustbehaarung und der Hose statt, die im Vergleich zum Original weiter ausgestaltet worden ist. Die fertige Bildgestaltung wurde von dem Zwölfjährigen mit "SUBERMAN" untertitelt. Das Motiv des Kämpfers, Ringers o.ä. verweist letztlich auf das Thema der Identitätsbildung, auf den aktuell sich vollziehenden Vorgang der Ausbildung einer männlichen Geschlechtsidentität. Durch das Prinzip Umgestaltung bzw. Montage wird eine experimentelle Auseinandersetzung mit Aspekten des Selbst möglich. Ein Schüler, der sich vom Alter her betrachtet noch auf der Grenze zwischen später Kindheit und früher Adoleszenz befindet, versucht, für sich Entwicklungsrichtungen auszuloten, ein Prozeß in dem auf vorhandene, kulturell bzw. subkulturell vorgeformte Idealbilder zurückgegriffen wird. Der eher schlank und zart wirkende Schüler, dem es dazu innerhalb seiner Schulklasse an Durchsetzungsvermögen fehlen dürfte, rüstet hier sein Körper-Ich mit überlegener männlicher Stärke aus: Supermann, der unbesiegbare männliche Held. Das Bildermachen tritt in den Dienst der Aufrüstung, führt dem Schüler aber auch eines seiner gegenwärtigen Konfliktthemen vor Augen.

Speziell die Fotos erfolgreicher, von den jugendlichen Schülern bewunderter, "Catcher" werden an den Rändern des unterrichtlichen Geschehens herumgereicht. Diese Muskelprotze, die vor Kraft kaum gehen können, finden, wie wir bereits in Zusammenhang mit Abbildung 137 gesehen haben, auch Eingang in die ästhetischen Produktionsprozesse der Schüler. Meist werden die athletischen Körper von den Photos abgezeichnet. Gelegentlich kommt es auch zu eigenen, freien zeichnerischen Entwürfen. Die sorgfältige zeichnerische Bearbeitung der hier reproduzierten Figur des "HULK HOGAN" (Abb. 138) durch den 15jährigen Steffen verweist wiederum auf die Reaktionsform der Identifikation. Speziell der Rückgriff der Jugendlichen auf die subkulturellen Vorbilder des "Wrestling" liefert ihnen jedoch Bilder einer unausgereiften Männlichkeit. Der Catcher erscheint eher als ein Zerrbild männlicher Identität. Die von diesen voluminösen Kämpfern mit der schimmernden Haut im Ring vollzogenen Maskeraden, ihr Provozieren, Locken, ihr hinterhältiges Versteckspiel, ihr Kokettieren mit eher femininen Persönlichkeitsanteilen etwa in Form der langen oftmals blondierten Haare, ihr Narzißmus, der sich in der solariumgebräunten, eingeölten Haut verrät, ihr Exhibitionismus, der sich in der excessiven Zurschaustellung des überwiegend nackten Körpers manifestiert, die unterschwellige, jedoch uneingestandene Homoerotik in der oftmals pseudoaggressiven Begegnung der auf äußere Wirkung getrimmten Leiber. Dies alles weckt Zweifel an der Eignung der Wrestling-Szene als eines identitätsstiftenden Sinnzusammenhangs. Als nächstes wenden wir uns einer Nachzeichnung des Catchers "GUILE" durch den 16jährigen Radovan (Abb. 139) zu.

Abb. 136

Abb. 137

Abb. 138

Abb. 139

245

Im Zentrum des Bildes befinden sich kraftvolle Arme, die wie *aufgepumpt* wirken. Die Energie spitzt sich in den geballten Fäusten zu. Die kammartige Frisur verweist auf das Extravagante der Wrestling-Szene. Sie weckt Assoziationen an einen Hahnenkamm, an das Sich-Aufplustern eines Hahnes. Über die Gürtellinie hinausgehend ist vom Körper des Catchers nichts zu sehen. Sein Unterleib ist abgetrennt, wodurch der Figur als Ganzes eine gewisse Fragmentierung anhaftet. Bestimmte Zonen des Körpers wie Oberarme, Brustkorb o.ä. werden überbetont, andere vernachlässigt, wenn nicht gar abgespalten. Identität wird von dem Jugendlichen, der serienweise solche Bilddarstellungen produzierte, offenbar kaum noch über eine Arbeit oder eine Aufgabe gewonnen bzw. ausgebildet, deren Sinn außerhalb des Selbst läge. Radovan, der für seine weitere Biographie keine besonderen Bildungs- und Berufschancen mehr erwartet, ist auf sich und seinen Körper als allein übrig gebliebenen Sinnzusammenhang zurückgeworfen.

Die spontan entstandenen Bildgestaltungen der Jugendlichen zum Thema "Catcher" bzw. "Wrestling" (Abbildungen 137 - 139) wurden im Rahmen eines kunstpädagogischen Projektes, an dem auch verschiedene Künstlerinnen[5] teilnahmen, aufgegriffen und eine vertiefte künstlerische Auseinandersetzung mit den dargestellten Themen wie Identität, Körper usw. angestrebt. In der durch die Künstlerinnen angeleiteten Arbeitsgruppe erfolgte zunächst ein erneuter Rückgriff auf die Vorlage von Ungerer, die auf den Malgrund projiziert und mit Farben ausgestaltet wurde (Abb. 140). Der athletische Männerkörper trägt sowohl die Zeichen des Catchers als auch des Skin Heads. Die Hantel, das kleine Männerbildnis darunter, wohl als Verdoppelung der Figur unten, sowie der von Dimitrijevic[6] übernommene Stier im Hintergrund, sowie die im Vordergrund rechts aufgezeichnete Kampfszene[7] können als Attribute aufgefaßt werden, die etwas über die (Lebens-) Geschichte, die Absichten und das Selbstverständnis der dargestellten Figur erzählen. Der Stier steht unter ikonographischem Aspekt für Macht, Kraft, Fruchtbarkeit, Materie und Körperlichkeit. Seine Hörner symbolisieren den Vorstoß in das Neue. Einer der Jugendlichen, der hier mitgearbeitet hat, ist Mitglied in einem Bodybuilding-Studio und damit Teil einer spezifischen Szene geworden. Der Jugendliche rückt seinen Körper in das Zentrum seines lebensweltlichen Interesses. Er konzentriert sich auf seine Stärken und baut diese - eventuell kompensatorisch - aus. Der Körper wird zum Gegenstand einer Sorge, einer Erwartung, er wird kultiviert und instrumentalisiert. Er erfährt narzißtische Besetzungen und Erhöhungen, was jedoch nicht ausschließt, daß er in Teilbereichen als unstimmig erfahren und abgespalten wird.

---

[5] Wir bedanken uns bei Irma Meinold/ Neuss und Gunhild Lorenzen-Golby/ Brüssel.

[6] Dimitrijevic (1983): "My ancestors painted Lascaux".

[7] Diese Szene wurde von Picasso übernommen, auf Folie kopiert und - offenbar spiegelverkehrt - auf den Malgrund projiziert und nachgezeichnet. Der Titel des Originals (von 1954) lautet: „War and peace".

6.4 Der Körper als Produzent und als Adressat von Aggressionen

6.4.1 Gewalt als Rekonstruktion selbst erlittener Verletzungen

Widmen wir uns zu Beginn dieser Serie von Bildgestaltungen, in denen aggressive, destruktive Reaktionsformen dominieren, einer Arbeit des 16jährigen Utz (Abb. 141). Vor dem, aus einem Zeichenlehrbuch stammenden Landschafthintergrund spielt sich eine Schießerei ab. Ein Mann richtet mit der linken Hand einen Revolver in den Bildraum. Ihm zu Füßen liegt ein weiterer Mann, den Kopf unter seinen Händen vergraben. Beide Figuren wurden von Künstlern (Ungerer, Grosz) übernommen und zum Teil weiter ausgestaltet. Die Bäume auf der rechten Seite entstammen, wie die Häuserformation auch, einem Zeichenlehrbuch. Zeichnerische Eigenleistungen liegen in der Ausgestaltung/ Weiterführung der genannten Bildelemente, in Form von Schattierungen, Grauabstufungen, dem Hinzufügen eines Baumes im mittleren Bildbereich. Während der Bildrealisierung wurden eine Reihe von perspektivischen Darstellungsproblemen sichtbar, etwa das inadäquate Zustandekommen von Überschneidungen, die inkonsequente Graufärbung von Hauswänden, die im Schatten liegen sollen usw. Der Jugendliche, der sich gegenüber Instruktionen, Erklärungen usw. in der Regel hochgradig verschlossen verhielt, zeigte sich hier überraschend aufgeschlossen für Ratschläge bezüglich einer adäquateren perspektivischen Gestaltung. Diese Haltung korrespondierte wohl mit der hohen Motivation, die das verwendete künstlerische Verfahren hervorrief.[8] Die Verbindung zwischen Collagieren und Zeichnen umging Darstellungsprobleme und ermöglichte die Inszenierung eines affektiv besetzten Geschehens in einer für den Schüler sehr befriedigenden Form. Die recht friedliche Landschaft, die einzige Trübung liegt hier in der dunklen Fläche des Himmels und der Blattlosigkeit der Bäume, kontrastiert erheblich mit dem gewaltbestimmten Geschehen im Vordergrund. Der Aggressor mit der Pistole ist selbst in seiner Leiblichkeit beschädigt. Sein rechter Arm fehlt, ebenso die Unterschenkel. Mit seltsam versteinerter Miene zielt er über den liegenden Mann hinweg, der entweder bereits getötet ist oder getötet werden soll. Während das „Opfer" dem Aggressor schutzlos ausgeliefert zu sein scheint, besitzt es doch immerhin einen vollständigen, bis dahin unversehrten Leib.

---

[8] Vgl. „Collage-unterstütztes Zeichnen" (Bröcher 1991, 1997 f.).

Abb. 141

Abb. 142

248

Abb. 143

Der Aggressor, mit dem sich Utz hier - ohne seine Befriedigung zu verbergen - zu identifizieren scheint, zeigt dagegen Spuren einer fortschreitenden Deformation der Persönlichkeit. Das Bild eines hochaggressiven Jugendlichen gestattet auf diese Weise einen Einblick in den Zusammenhang von Gewaltbereitschaft und persönlicher Destabilisierung. Das Bild läßt darüberhinaus etwas von dem konkreten familiären Hintergrund anklingen. Utz wurde jahrelang von seinem gewalttätigen Vater geprügelt und scheint so etwas wie "väterliche Liebe" überhaupt nicht zu kennen. Das Bild erscheint auf diesem Hintergrund als eine bildhafte Rekonstruktion der erlittenen Verletzungen, als symbolischer Racheakt, als Ventil für die aufgestaute Wut dem Vater gegenüber. Die entgangene väterliche Zuwendung wird neuerdings in dem sexuell definierten Kontakt zu einem „Freier" kompensiert. Die genannte Beziehung, soweit sie sich dem Sonderschullehrer überhaupt enthüllte, schien jedoch durchsetzt von Ambivalenzen, wie sie für diese Szene typisch zu sein scheint. Die Zuwendung des väterlichen Freundes wird auf der einen Seite in Anspruch genommen, genossen usw. Auf der anderen Seite wird *abkassiert* und versucht, den anderen auszubeuten, wie sich den bruchstückhaften Gesprächen der Jugendlichen untereinander entnehmen läßt.

Eine andere Bildgestaltung des 16jährigen Utz (Abb. 142) ist mit einer Abbildung 141 vergleichbaren bildnerischen Technik entstanden. Im Vordergrund befinden sich zwei massive Motorräder der Marken "BMW" und "HARLEY DAVIDSON". Im Hintergrund sehen wir eine karge Landschaft mit einer Schlucht o.ä., ohne jede Vegetation. Aus dem mittleren Bildraum kommt ein von Ungerer gezeichneter Motorradfahrer - weit nach vorne übers Lenkrad gebeugt - herangerast, offenbar in die beiden vorne abgestellten Maschinen hinein. Der Zusammenprall ist zwar nicht sichtbar, jedoch aufgrund der zeitlichen und räumlichen Gesetzmäßigkeiten gilt er als wahrscheinlich. Im Gesicht des Motorradfahrers begegnen wir Thanatos, einem blinden, gehetzten, todeswütigen Rasen. Eine ironische Auflockerung erfährt das Bild durch die weiblichen Brüste, die von oben rechts in den Bildraum eingeführt werden. Die Botschaft des Bildes wird durch die Einfügung dieses Elementes eine andere. Das blinde Rasen vollzieht sich nicht als sinnloser Selbstzweck, sondern unter Umständen vor dem Hintergrund einer sexuellen Spannung, einer libidinösen Unausgeglichenheit, die sich dort einstellt, wo sich die somatischen Regungen noch nicht in einem adäquaten Beziehungsverhältnis entladen, umwandeln können.

In einer dritten Arbeit (Abb. 143) hat der 16jährige Utz, die zeitliche Reihenfolge dieser kleinen Bildreihe läßt sich nicht mehr rekonstruieren, eine Zeichnung von Ungerer[9] abgezeichnet, d.h. mit dem Bleistift auf ein Zeichenblatt übertragen. Anschließend hat der Jugendliche die von Ungerer vorgegebene Figuration einer verstümmelten Frau koloriert. Rottöne für die Kleidung, Braun

---

[9] Ungerer (1983): "Rigor Mortis".

für die Hölzer (Prothesen?) und Gelb für das Haar. Schließlich wurde das Blatt mit Hingabe und auf sichtbar lustvolle Weise mit dem Feuerzeug bearbeitet. Der ohnehin stark malträtierte Frauen-(Mutter-)Körper erscheint als Opfer lustvoller, sadistischer Gewaltanwendung, als Zielscheibe seelischer Verstörungen, die den Charakter des Perversen, also des Uneinfühlbaren tragen. Es war dem Schüler offenbar wichtig, eine Wirkung zu erzeugen, als würde die Frau brennen, als befände sie sich quasi auf dem Scheiterhaufen. Nehmen wir einmal an, daß hinter der vordergründigen Wut auf die extrem kontrollierende, im negativen Sinne autoritäre Klassenlehrerin, die unter ein destruktives Vorzeichen geratenen Ablösungsversuche von der eher verwöhnenden, beschützenden Mutter durchscheinen, gehen hier Eros und Thanatos eine befremdliche Mischung ein. „Der Umgang mit Kunst macht auf Entwicklungsstrukturen aufmerksam; `Symptome´, (sagen wir z.B. die *oberflächlichen* Verhaltensprobleme, die ein Schüler etwa im Unterricht zeigt, J.B.) bleiben ohne diese fundamentalen Strukturen unverständlich und sie lassen sich ohne deren Wandlung auch nicht lösen" (Salber, S. 220). Die Identifizierung mit dem Vater gelingt offenbar am ehesten in bezug auf den von diesem praktizierten Sadismus. Die Situation ist offenbar sehr festgefahren. Die Denk- und Verhaltensmuster, die negativen Affekte wirken regelrecht erstarrt. Es scheint keinen produktiv oder konstruktiv zu nutzenden Bewegungs- und Spielraum mehr für den Schüler zu geben. Eine Erneuerung/ ein Neuanfang wird nur noch auf dem Wege der Zerstörung/ der Auslöschung für möglich gehalten. Die Dynamik, die das dargestellte Geschehen beherrscht, ist eine negative, destruktive.

6.4.2 Gewalt als Folge früher Traumatisierungen und Entbehrungen

Die am Rande des unterrichtlichen Geschehens entstandene Freihandzeichnung (Abb. 144) des 16jährigen Radovan, von dem wir bereits eine Catcher-Darstellung (Abb. 139) gesehen haben, zeigt drei Kämpfer, von denen die beiden äußeren auch Schlagstöcke o.ä. verwenden. Unser Zeichner selbst scheint sich mit der Figur in der Mitte zu identifizieren, zumindest hat er seinen Namen an die Hose des von zwei Seiten angegriffenen und sich offenbar erfolgreich zur Wehr setzenden Kämpfers geschrieben. Mit gezielten Faustschlägen und Fußtritten hält sich Rodovan seine Widersacher vom Leibe. Ein Wunsch- bzw. Idealbild von außergewöhnlicher körperlicher Kraft, Überlegenheit und Unbesiegbarkeit, das sich in seinem kompensatorischen Charakter enthüllt, wenn man einen Blick auf den aktuellen Lebenszusammenhang des Jugendlichen wirft.

Abb. 144

Abb. 145

252

„Radovan, ein sechzehnjähriger Schüler aus dem ehemaligen Jugoslawien, schlug während der Hofpause den Mitschüler Jonas aus offenbar nichtigem Anlaß brutal zusammen. Jonas hatte am rechten Auge eine starke Prellung und Blutergüsse, so daß er das Auge nicht mehr öffnen konnte. Daneben trug er eine blutende Platzwunde auf dem Jochbein davon, seine Nase blutete stark. Radovan hatte Jonas mit dem Gesicht gegen eine Betonbrüstung gestoßen, auf diesen eingetreten und eingeschlagen, auch dann noch, als Jonas bereits am Boden lag. Der aufsichtführenden Lehrerin war es nicht möglich, Radovan von Jonas zu trennen. Erst einem herbeieilenden Freund von Radovan, einem siebzehnjährigen Albaner, gelang es, diesen zu beschwichtigen. Jonas mußte wegen seiner starken Verletzungen mit einem Krankenwagen ins Hospital gebracht werden. Selbst nach einigen Stunden zeigte Radovan offenbar keine Reue für sein Fehlverhalten. Im Gegenteil: Am Busbahnhof drohte er gegenüber Jonas' Schwester, ihren Bruder demnächst totzuschlagen" (aus dem Protokoll zu einer Klassenkonferenz, 1994).

Der sechzehnjährige Radovan besuchte ca. vier Jahre lang eine Schule im ehemaligen Jugoslawien. Sein Vater arbeitete bereits seit etwa einem Jahrzehnt in Deutschland, während Radovan mit seinen vier Geschwistern bei Mutter und Großmutter in Jugoslawien lebte. Der Vater, ein Mohammedaner, verbrachte lediglich seinen Jahresurlaub mit seiner Familie. Mit Beginn der kriegerischen Auseinandersetzungen auf dem Balkan kam die gesamte Familie nach Deutschland. Während auf der einen Seite Vater, Mutter und Kinder wieder zusammenkamen, zeichnete sich auf der anderen Seite ein sozialökologischer Bruch von besonderer Tragik ab, da die Mutter mit ihren Kindern ohne die Kriegsbedrohung wahrscheinlich in ihrem Heimatdorf geblieben wäre. Das Dorf, das Haus, in dem man lebte, zerschossen oder abgebrannt zu wissen, sich selbst in einen völlig anderen gesellschaftlichen und sprachlichen Kontext gestellt zu sehen, dürfte zu dem Gefühl der Entwurzelung, der Entfremdung, der beschädigten Identität beigetragen haben, das die aktuelle Lebenswelt des Jugendlichen zu beherrschen scheint. Die Folge waren Anpassungsschwierigkeiten, die sich vor allem im Bereich der Schule zeigten. Der inzwischen 16jährige Radovan wird von seinen ehemaligen Lehrern als leicht aufbrausend, dem schulischen Lernen gegenüber demotiviert, zum Teil hochaggressiv in seinem Konfliktlösungsverhalten beschrieben, wenngleich auch depressive Reaktionsformen sichtbar würden. Wegen verschiedener delinquenter Aktivitäten und schwerer Körperverletzung, wir stellten diesem Kapitel ein entsprechendes Beispiel voran, hatte Radovan bereits Kontakt mit Polizei und Justiz. In seinen spontanen Zeichnungen und Collagen beschäftigt sich der Schüler regelmäßig mit körperlichen, zum Teil gewaltsamen Auseinandersetzungen. Das Bild gehört zu einer längeren Serie, in der es meist um sog. Catcher oder Kick-Boxer und entsprechende Kampfszenen geht. Die hier abgebildete Zeichnung (Nr. 145) fällt insofern aus dem Rahmen der Bildserie heraus, als daß hier einer der beiden Kämpfer den anderen mit einem spitzen Messer oberhalb des Herzens verletzt.[10] In der Originalzeichnung wurde das auf der Brust und an der Messerspitze befindliche Blut mit hellrotem Filzstift hervorgehoben. Während in den anderen Zeichnungen der genannten Serie *nach den Spielregeln* gekämpft wird, werden hier die Spielregeln *verletzt*. Der Kämpfer links bewegt sich mit erhobener Faust und provokativ wirkendem, nach hinten geneigtem Kopf auf seinen Gegner zu, der seinerseits skrupellos zusticht. Es liegt die Vermutung nahe, daß der Schüler in seiner Zeichnung neben seinen aktuellen psychosozialen Konflikten im Bereich von Schule, Familie und *peergroup* die kriegerischen, hochaggressiven und vielfach tödlichen Auseinandersetzungen in seiner ehemaligen Heimat reflektiert. Die eigenen delinquenten und destruktiv-aggressiven Reaktionstendenzen des 16jährigen werden in der Gegenwart innerhalb einer *gang* in Form von Erpressungen, Schlägereien, kleineren Überfällen usw. manifest. Sie verschmelzen mit Gefühlen der Angst und Bedrohung in Zusammenhang mit den Kriegsereignissen zu einer dominierenden Konfliktthematik, die die Biographie des Schülers und sein Bewußtsein von den politisch-militärischen Vorgängen, das sich zunächst über die Gedanken, Vorstellungen, Ängste usw. von Mutter und Großmutter, später über die Medien, die Berichterstattung des Fernsehens usw. gebildet haben dürfte, gleichermaßen überspannt. Die emotionalen Entbehrungen einer Kindheit ohne Vater, die Flucht vor Bomben und Granaten, die soziokulturelle Entwurzelung, das Gefühl der Überforderung an den deutschen Schulen, all diese Faktoren lassen den Jugendlichen kaum noch etwas Positives vom Leben erwarten. Der brutale Kampf wird zum Lebensthema, ein Kampf, in dem die Regelverletzung zunehmend zur Regel wird, weil es keinen sinnstiftenden normativen Maßstab für das eigene Verhalten mehr zu geben scheint. Der Krieg auf dem Balkan zeigt hier eine tief demoralisierende, verrohende und wertzersetzende Wirkung. Neben frühkindlichen Traumatisierungen und Entbehrungen, die mit der spezifischen familiären Lage, daraus resultierenden Entwicklungsbedingungen usw. zusammenhängen, hat dieser Krieg mit seinen Grausamkeiten wahrscheinlich zu einer nahezu vollständigen Dekonstruktion moralischer Vorstellungen und des Rechtsbewußtseins des Jugendlichen beigetragen.

Wir wenden uns einer weiteren Bildgestaltung von Radovan (Abb. 146) zu. Die von dem 16jährigen Schüler aus dem ehemaligen Jugoslawien gezeichneten Szenen sind für unser Thema in zweifacher Weise interessant: Es wird zum einen bildhaft eine Jacke der Firma „DIESEL" in den Mittelpunkt eines sozialen Konfliktgeschehens gestellt. Zum anderen werden alltagsästhetische Mechanismen reflektiert, die im Bereich der *peergroup* eine Rolle spielen.

---

[10] Auch Abb. 146 zeigt im unteren Drittel eine solche Regelverletzung. Im Kampf um eine Jeansjacke, der hier der Charakter eines Statussymbols zukommen dürfte, läßt der Zeichner einen der beiden Jugendlichen ein Messer ziehen.

Abb. 146

Zunächst fällt auf, daß der Jugendliche der eigentlichen Themenstellung[11], nämlich etwas zur familiären Situation, zur erinnerten Vergangenheit und zur antizipierten zukünftigen Lebenssituation des im mittleren Feld abgebildeten Jungen zu zeichnen, nur im Ansatz entspricht. Die Assoziationsfelder „Familie" und „Vergangenheit" im biographisch-rekonstruierenden Sinne werden, betrachtet man das Bild rein narrativ und ohne bereits tiefenhermeneutisch angelegte Interpretationen vorzunehmen, übergangen. In gewisser Weise läßt sich dieser Vorgang als „Aus-dem-Felde-Gehen" im Sinne einer Reaktionsform auffassen, ein Mechanismus, wie er auch von Heintzmann (1975) und Richter (1984, 157) in Zusammenhang mit den bildhaften Themenbearbeitungen von sog. verhaltensauffälligen Schülern beobachtet worden ist. Stattdessen erinnert der Fünfzehnjährige ein wohl weniger lang zurückliegendes Ereignis, nämlich den Streit zwischen zwei Jugendlichen wegen einer „DISEL" (meint wohl: DIESEL, J.B.) - Jacke. Die Darstellung des Konfliktgeschehens beginnt in der Mitte des Blattes, mit den in die Sprechblase eingeschriebenen Gedanken der Hauptfigur. Der abgebildete Junge, der sich bereits in der Zeichenvorlage vor einer Gruppe von Jugendlichen befindet, denkt also: „Dieses Arch hat meine Jacke." Auf der rechten Seite steht nun ein Junge, der die betreffende Jacke trägt und vom Zeichner des Diebstahls bezichtigt wird. Der Jackenträger steht mit dem Rücken zum Betrachter. Auf diese Weise springt vor allem der Schriftzug „DISEL" ins Auge. Daneben fällt die an den Kragen genähte Kapuze auf, eine rein dekorative Zugabe, die einem seit einigen Jahren vorhandenen modischen Trend entspricht. Die Individualität des Jackenträgers interessiert zunächst nicht, sein Gesicht ist nicht erkennbar, er definiert sich vor allem als *der Dieb* der DIESEL-Jacke. In der Szene unten hat sich der Bestohlene offenbar entschlossen, seine Jacke zurückzufordern, indem er den anderen packt und schüttelt: „Hast Du Probleme. Gib meine Jacke zurück." Die auf den anderen zudrängende Körperhaltung des Jugendlichen auf der linken Seite unterstreicht seine Entschlossenheit. Um dessen Forderung Nachdruck zu verleihen, setzt Radovan, unser Zeichner, allerdings erst zu einem späteren Zeitpunkt ein Messer in die linke Körperseite des Attackierten. Die Szene ganz oben spiegelt einen Blick des Zeichners in die Zukunft des Jungen, wohl auch die eigene phantasierte Zukunft, wider. Im Besitz einer DIESEL-Jacke, eines AMANI (meint wohl: ARMANI, J.B.) - Gürtels

---

[11] Die hier verwendete Zeichenvorlage und die Themenstellung wurden einer Untersuchung von Gappmeyer „Adoleszenz und Selbsttötung. Schüler zeichnen aktuelle Suizidgedanken" (1987) entnommen. Der konkrete, von Gappmeyer (S. 147) übernommene Arbeitsauftrag lautete: Überlege Dir, 1. wie wohl die Familie aussieht, in der der Junge (oder das Mädchen, hierzu gibt es eine Vorlage mit einer Mädchenfigur, J.B.) lebt. 2. was in der Vergangenheit des Jungen (oder des Mädchens) passiert sein könnte. 3. wie die Zukunft des Jungen (oder des Mädchens) aussehen mag. Zeichne die einzelnen Bilder in die dafür vorgesehenen Felder [...]. In die Sprechblase kannst Du schreiben, was Du glaubst, was der Junge (oder das Mädchen) denkt."

sowie einer Hose der Marke LEVIS und eine Freundin an der Hand, läßt Rado-van den dargestellten Jugendlichen sagen: „Ich bin glücklich." Auffällig an der Darstellung des Paares ist die Hervorhebung von Penis und Hoden sowie Schei-de und Brüsten, die quasi durch die Kleidung hindurch sichtbar werden. Es ent-steht der Eindruck, daß Kleidung und Accessoires für den betreffenden Schüler weit mehr darstellen als ein „Erlebnisangebot" (Schulze). Nimmt man die oben dargelegten biographischen Recherchen und Analysen hinzu, spricht vieles da-für, daß hier Jacke, Gürtel und Jeanshose eine kompensatorische, selbstreparati-ve Funktion im Hinblick auf ein stark traumatisiertes, geschädigtes und gekränk-tes Ich zukommt. Jemandem die Jacke wegzunehmen, dürfte im Erleben des Schülers einem Angriff auf dessen Identität, auch als junger *Mann*, gleichkom-men. Aus dieser Verknüpfung könnten sich die hochaggressiven Reaktionsfor-men erklären (prügeln, mit dem Messer stechen), die während der Rückforde-rung der Jacke eingesetzt werden.

Die Frage, mit welcher der dargestellten Figuren sich Radovan am ehesten identifizieren könnte, läßt sich nicht völlig klar beantworten. Neigt man auf den ersten Blick eventuell dazu, den fünfzehnjährigen Zeichner in dem bestohlenen und in seiner Identität gekränkten Jugendlichen zu erkennen, ist bei genauerer Analyse biographischer und kriminologischer Daten auch eine Identifikation des Zeichners mit dem Täter nicht auszuschließen. Radovan hatte sich bereits eine schwere Körperverletzung auf dem Schulhof zuschulden kommen lassen. Unge-fähr zeitgleich mit der Entstehung des Bildes wurde eine Strafanzeige wegen sog. räuberischer Erpressung gegen den Fünfzehnjährigen gestellt. In einem noch anderen Zusammenhang wurde er beschuldigt, eine Jacke und eine Geld-börse entwendet zu haben. Möglicherweise spielen beide Aspekte eine Rolle, sie könnten in der folgenden internen Überzeugung miteinander verschmelzen: *Oh-ne eine DIESEL-Jacke bin ich nichts wert. Meine finanziellen Mittel reichen nicht aus und deshalb muß ich sie mir mit Gewalt aneignen.* Der von Bourdieu (1979) analysierte Kampf zwischen den sozialen Gruppen um kulturelles Presti-ge degeneriert in unserem Beispiel zu den primitiven Mechanismen wie Raub und Gewalt, um ein Selbst zu rächen, das sich als kulturell und sozial benach-teiligt, als seelisch gekränkt und zurückgesetzt erlebt. Das Geschehen erinnert an den von Pasolini in seinem Roman „Ragazzi di vita" geschilderten Daseins-kampf sozial und ökonomisch benachteiligter Heranwachsender. Es geht weni-ger um „Distinktion" als darum, *überhaupt jemand* zu sein. Eine inhaltliche Stellungnahme zu dem dargestellten Geschehen wurde von dem 16jährigen Schüler vollständig verweigert. Der Verfasser, der hier zu einem Zeitpunkt als Fachlehrer (in Kunst) fungierte, an dem der Jugendliche wegen seiner delin-quenten Aktivitäten kurz vor dem Verweis von der Sonderschule stand, fand nur noch einen sehr geringen didaktischen Spielraum vor. Eine prekäre Situation er-gab sich dadurch, daß der Klassenlehrer des 16jährigen die betreffende Bildge-staltung aus dem Unterricht des Fachlehrers zur Beweissicherung in dem o.g.

polizeilichen Verfahren (Diebstahl einer Markenjacke und einer Geldbörse mit Scheckkarte usw.) heranziehen wollte. Sonderpädagogische und kriminologische Zielsetzungen traten hier in ein Konkurrenzverhältnis. Der Klassenlehrer konnte jedoch überzeugt werden, daß die Einbeziehung der Schülerzeichnung in ein polizeiliches Untersuchungsverfahren jede zukünftige Auseinandersetzungsbereitschaft des Jugendlichen und der übrigen Lerngruppe im ästhetischen Bereich verhindert hätte. Das im pädagogisch-therapeutischen Kontext mühsam aufgebaute Vertrauen wäre in gravierender Weise enttäuscht worden.

6.4.3 Gewalt als Ankündigung eines Transformationsprozesses

Wenden wir uns nun einem Zeichenblatt des 15jährigen Ralf zu (Abb. 147), der uns bereits mehrfach (Abbildungen 9, 64, 90, 94 - 96, 135) beschäftigt hat. Zwei Mädchen, deren Namen wir aus der Zeichnung getilgt haben, werden hier von monsterartigen Wesen bedroht. Die obere, hinter dem Rücken des Mädchens befindliche Figuration stellt eine Art Greifarm mit einem kettensägenähnlichen Fortsatz dar, der aus dem Hinterhalt heraus aktiv zu werden droht. Das Wesen unten rechts zeigt krallenartige Fortsätze, die aus einem krakenähnlichen Kopf herauswachsen. Die Augen dieser Figur laufen schlitzförmig aus, aus dem Mund quellen spitze Zähne hervor. Von links nähert sich ein Skelett mit bluttriefender Sense und Kettensäge, an der sich ebenfalls Blutspuren - signalisiert durch den hellroten Filzstift - befinden. Die Blutspuren deuten eventuell auf frühere psychische Verletzungen des Zeichners hin. Die Bildgestaltung in ihrer Gesamtheit vermittelt den Eindruck hoher Destruktivität. Das Geschehen wird zwar von Ralf vordergründig auf zwei Mädchen aus seinem Bekanntenkreis bezogen, deutet jedoch auf tieferliegende Verstörungen seiner Persönlichkeit hin. Die Beziehungen des Sechzehnjährigen zu in etwa gleichaltrigen Mädchen sind durchsetzt von ambivalenten Motiven, Ängsten usw. und im engeren Sinne gibt es diese Beziehungen gar nicht. Eine libidinöse Besetzung erfährt dagegen der (männliche) Führer einer rechtsgerichteten Vereinigung Jugendlicher, überhaupt richten sich die erotischen Strebungen eher auf *reife Männer*, wie auch die Abbildungen 167 und 168 zeigen werden. Die Zeichenensembles des Jugendlichen enthalten immer wieder Neubildungen/ Neuschöpfungen von der Art, wie sie in diesem Bild zu sehen sind. Elemente von Menschen, Tieren und/ oder Maschinen werden zu den ungewöhnlichsten Wesen verknüpft, die dann eine skurrile Handlung inszenieren. Diese Wesen schweben frei in einem unwirklichen Raum, ähnlich den Traumbildern. Dem destruktiven, mörderischen Gerät - hier als Sense und Kettensäge dargestellt - kommt möglicherweise auch die Funktion zu, das Netz der affektiven Verstrickungen (vor allem mit der ledigen, kinderlosen Tante) zu durchschneiden. Das Bild erzählt auf diese Weise von Tod und Wiedergeburt, von Vergehen und Neuwerden. Die alten Verhältnisse drängen nach Auflösung. Dieser Prozeß ist für Ralf durchaus mit schmerzlichen Veränderungen verbunden. Wir erinnern uns daran, daß seine Mutter ihn schon kurz nach der Geburt im Stich ließ, daß sein Vater zu jenem Zeitpunkt wegen Totschlags inhaftiert wurde und die kinderlose, ledige Schwester der Mutter den Jungen dann zu sich nahm. Wir haben ferner gesehen, auf welche schwankenden subkulturellen Identifikationen der Jugendliche in seinem Prozeß der Loslösung zurückgegriffen hat, nämlich vom Skater über den Punk zum Skinhead. Thanatos tritt in der hier vorliegenden Bildgestaltung (Abb. 147) auf in Form der Vernichtung. Er befreit jedoch gleichzeitig aus den beengenden Fesseln des Alten. Das Skelett, das bereit ist, seine Sense mähen zu lassen, kündigt auch die Einleitung eines Transformationsprozesses an.

6.4.4 Der Körper des anderen als Quelle der Angst und als Zielscheibe der Aggression

Bei der Zeichnung des 14jährigen Boris (Abb. 148) handelt es sich, wie bei vielen anderen gezeigten Bildbeispielen auch, um ein unterrichtliches Nebenprodukt. Wir haben uns bereits mit einer Reihe von Bildgestaltungen desselben Schülers beschäftigt (vgl. die Abbildungen 69, 88, 91 und 118). Die nun vorliegende Zeichnung präsentiert den nackten Oberkörper einer Frau, an der besonders das zerzauste Haar und die hervorstehenden spitzen Zähne auffallen. Der weibliche Körper erscheint hier als Zielscheibe einer Aggression, die sich in dem bildnerischen Entkleiden, Entblößen, Entstellen und Deformieren manifestiert. Das Weibliche erscheint hier jedoch auch als Quelle der Angst. Auf die Fortführung bzw. auf das Anbringen eines Unterkörpers wurde eventuell aufgrund von Hemmungen oder dem Wirksamwerden von Zensurmechanismen verzichtet. Die Frau, erfahren in Gestalt der inzwischen vom Vater geschiedenen Mutter, der neuen Partnerin des Vaters, eventuell auch der Klassenlehrerin, erscheint als hochgradig ambivalente Figur, deren verschlingende, angreifende Anteile in den Vordergrund geraten. Die ambivalente Einstellung gegenüber dem Weiblichen korrespondiert mit der ungewöhnlich engen Bindung zwischen Vater und Sohn, die sich als gegenseitige Überidentifikation kennzeichnen läßt (Vater: „Ich stehe vor, hinter, neben, über und unter meinem Sohn.").

259

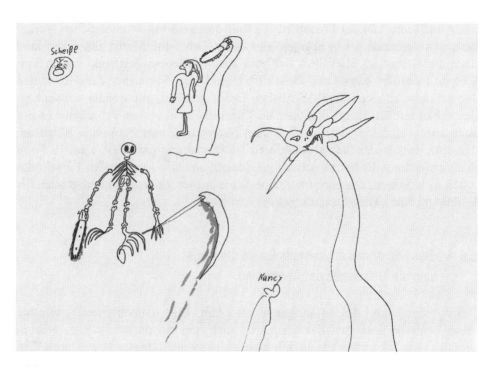

Abb. 147

Abb. 148

260

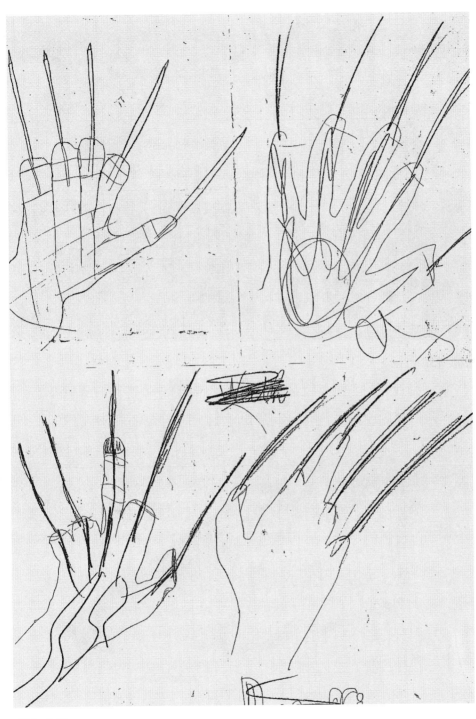

Abb. 149

Abb. 150

Abb. 151

262

6.4.5 Manifestationen destruktiver Aggression im Bereich des eigenen Körpers

Im Rahmen einer Unterrichtseinheit zum Thema "Mein Körper und ich", die unter gestalttherapeutischen Gesichtspunkten durchgeführt wurde, kam es auch zu einer Beschäftigung der jugendlichen Schülerinnen und Schüler mit ihren Händen.[12] Die Hände wurden etwa mit einem Stift nachgezeichnet, mit Fingerfarben abgedruckt, rituell gewaschen und eingecremt, um auf einer grundlegenden sinnlichen Ebene die mit den Händen verknüpften biographischen Erfahrungshorizonte zu (re-)aktivieren. Abschließend sollte jeder Schüler den Satzanfang "Meine Hände sind..." mehrfach ergänzen. Der 14jährige Anzo, um den es im folgenden gehen wird, verweigerte das Schreiben dieser Sätze. Seine Handumrisse (Abb. 149) wurden nur sehr ungenau realisiert, die Finger zum Teil verlängert oder verkürzt. Bei den Handumrissen oben rechts und unten links hat Anzo entweder die Handknochen oder Blutgefäße mit eingezeichnet. Bei den Einzeichnungen in die Handfläche oben links scheint es sich um Hautfalten, Handlinien o.ä. zu handeln. Die Fingerkuppen wurden bei dieser Handnachzeichnung um einiges verkürzt, während die beiden Hände unten Verkürzungen und Verlängerungen der Finger in einem aufweisen. Alle vier Hände bzw. alle Finger sind mit langen krallenartigen Fortsätzen versehen, wodurch der Eindruck eines extrem hohen Aggressionsniveaus vermittelt wird. Die Disproportionierung in der Gestaltung der Hände und ihre Umwandlung in die Tatzen eines Monsters oder Biests läßt auf eine tiefe Verstörung des Schülers schließen, auf ein an der Basis gestörtes Verhältnis zur Welt, auf ein hochgradig verfestigtes Urmißtrauen und Angst. Wir hatten keine Gelegenheit, uns intensiver um diesen Schüler zu kümmern, da er sich offenbar auf der Durchreise von einer allgemeinen Schule in eine Heimschule für Erziehungshilfe befand und an der eigenen Schule nur eine kurze Zwischenstation einlegte.

6.4.6 Gewalt als Reaktion auf zunehmende Verzweiflung

Der 11jährige Andrej hat im Rahmen eines kunstpädagogischen Projektes, in dem es unter künstlerisch-praktischem Aspekt um die Herstellung von menschenähnlichen Figuren aus Holz ging (vgl. hierzu einige Arbeiten von Grundschülern derselben Klasse, Abb. 150), eine Art „Morgenstern", wie er sein Produkt selbst nannte, hergestellt (Abb. 151). Bei einem Morgenstern handelt es

---

[12] Diese Unterrichtseinheit wurde von Sylvia Mandt (Sonderschullehrerin & Gestalttherapeutin) durchgeführt und vom Verfasser (J.B.) in leicht veränderter Form in einem anderen Zusammenhang (vgl. Abb. 194) wieder aufgegriffen.

sich ursprünglich um eine mittelalterliche keulenartige Schlagwaffe, die an ihrem verdickten Ende mit eisernen Zacken und Nägeln besetzt ist. Eine thematische Verbindung zu dem Projekt-Thema ist in keiner Weise gegeben. Andrej geht hier also in gravierender Weise aus dem Felde. Der thematische Rahmen des kunstpädagogischen Projektes wird von dem Schüler vollständig ignoriert und überschritten. Der Sonderschullehrer, der die insgesamt 28 Schülerinnen und Schüler an jenem Morgen allein in zwei nebeneinanderliegenden Werkräumen betreute, entdeckte erst kurz vor der Hofpause, mit welchem Gerät Andrej auf dem Schulhof hantieren wollte. Selbstverständlich wurde die Schlagwaffe, die sich aus einem Stück Ahornholz, einer (durch den Schüler mitgebrachten) Metallkette und einem dicht mit Nägeln gespickten Holzwürfel zusammensetzte, beschlagnahmt, um zunächst möglichen Schaden von Mitschülerinnen und Mitschülern abzuwenden. Zum anderen hätte das öffentliche Auftauchen des „Morgensterns" zu einer weiteren negativen Wahrnehmung von Andrej selbst im Sinne von Devianz, Gewalttätigkeit usw. verstärkt. Die erzieherischen Gespräche führte der Sonderschullehrer hier *privatissime*.

6.5 Exkurs: Destruktivität, Gewalt und Kunsttherapie

6.5.1 Manifestationen destruktiver Tendenzen: Durchgreifen oder therapieren?

Die Schülerschaft an Schulen für Erziehungshilfe erweist sich in ihren Auffälligkeiten als heterogen. Das Gemeinsame an den neurotischen, präpsychotischen, dissozialen, narzißtischen usw. Persönlichkeitsstrukturen ist das Vorherrschen von aggressiv-destruktiven Tendenzen in den Reaktionsformen/ Bewältigungsmechanismen. Besonders in Zusammenhang mit Jugendlichen können die destruktiven Tendenzen zu einem gravierenden Problem werden, weil sie sich oft nur schwer kontrollieren/ beeinflussen bzw. abbauen lassen. Welche positiven Wirkungen können/ sollen hier noch von kunsttherapeutischen Prozessen erwartet werden? Wir zitieren zunächst - im Sinne des Umreißens der diesbezüglichen Ist-Lage - aus dem Tagebuch des Sonderschullehrers (J.B. 1992):

„Gefuchtel mit einem Butterflymesser. Pistolen unterm Schultisch. Waffenkataloge werden herumgereicht. Das Klassentagebuch voll mit Sprüchen wie: `Rot ist die Liebe, schwarz ist das Loch: Auch wenn es weh tut, rein muß er doch!´ Es folgen Schilderungen von der Wochenend-Randale, konsumierten Gewaltvideos. Bild- und Textfragmente wie aus `A Clockwork Orange´ tauchen auf :
`[...] sah ich die schönsten Bilder. Da waren Vecks und Titsas, molodoi und stari, und lagen auf dem Boden und kreischten um Gnade, und ich smeckte von einem Ohr zum anderen und drehte meinen Stiefel in ihren Litsos. Und da waren Dewotschkas

mit runtergerissenen Platties und kreischten an Wänden, und ich stieß wie ein Schlaga in sie rein...´ (Burgess 1962, 40)

[...] `Rigor Mortis´, eine Sammlung sadomasochistischer Zeichnungen aus der Feder von Ungerer wird, trotz des breiten Angebots an anderen Bildwerken, wie keine andere, von den Jugendlichen mit eigenen Projektionen angereichert, zu neuem Leben erweckt..."

So ähnlich wie in dem nachfolgenden Zitat aus „A Clockwork Orange" würden unsere pädagogischen Bemühungen wohl auch von verhaltensauffälligen/ dissozialen Jugendlichen kommentiert, würden sich unsere Interventionen allein an dem orientieren, was zur Zeit vielfach in der Öffentlichkeit gefordert wird: Grenzen setzen, Durchgreifen, Strafen:

„In der Gazetta stand das Übliche über Gewalttaten und Banküberfälle [...] und da war ein bolschiger Artikel über die moderne Jugend (womit ich gemeint war, also machte ich die alte Verbeugung und grinste wie bezumnie), von irgendeinem sehr schlauen Tschelloveck mit Glatze [...] Dieser gelehrte Veck sagte die üblichen Wetsches über das Fehlen von elterlicher Autorität und Disziplin, wie er es nannte, und die Knappheit an richtigen Horrorschaulehrern, die sich nicht scheuten, ihre Schüler ordentlich zu brezeln, bis sie um Gnade wimmerten [...]" (Burgess a.a.O.,   ).

Wir folgten dem 15jährigen Alex, dem jugendlichen Anti-Helden in „A Clockwork Orange" (Burgess). Alex´ Denk- und Sprachmuster klingen dem Kenner der Szene vertraut. Durch das Selbst- und Welterleben dieser Jugendlichen ziehen sich wie ein roter Faden: Kampf, Randale, eine ablehnende Haltung gegenüber den gesellschaftlichen Institutionen und demokratischen Werten, häufig in Verbindung mit rechtsextremistisch gefärbten Einstellungen. Diese Phänomene existieren längst nicht mehr nur an den Rändern der Gesellschaft. Vielmehr treten sie auch aus deren Mitte hervor, indem sie sich genauso an allgemeinen Schulen manifestieren (vgl. Hurrelmann 1993) wie an Sonderschulen.

6.5.2 Kunst läßt sich nicht ohne weiteres instrumentalisieren

Kunsttherapeutische Förderung an (Sonder-)Schulen kann konkret stattfinden, integriert in die Aktivitäten des Unterrichtsfaches Kunst (vgl. Richter 1984, 155 ff.), im Rahmen eines Ateliers oder Studios (vgl. Kramer 1975, Domma 1993), im Rahmen klassenübergreifender Kunstprojekte (vgl. die Berichte von Klöck 1994 und Propach 1994) oder als kunsttherapeutisch orientierte, sonderpädagogische Einzelförderung. Während Schüler, bei denen neurotische Probleme im Vordergrund stehen, sich in allen genannten Bereichen/ Arbeitsformen meist aufgeschlossen zeigen, ist dies bei Schülern, die ich-strukturelle Besonderheiten aufweisen und die zu destruktiven Aggressionen neigen, von U. Rauchfleisch

(1981) unter der Bezeichnung „dissozial" analysiert, nicht unbedingt der Fall. Aufgewachsen in meist desintegrierten Verhältnissen, kommt es oft schon am Ende der Kindheit, spätestens zu Beginn des Jugendalters zu Delinquenz in Form von Eigentumsdelikten, Körperverletzung, Sachbeschädigung usw. Hier wäre es fatal, allein auf die therapeutische Wirkung ästhetischer Prozesse oder auf das bloße Praktizieren von Empathie und Akzeptanz zu vertrauen. Denn weder entstammen diese Heranwachsenden dem soziokulturellen Spektrum des „Selbstverwirklichungsmilieus" (Schulze 1992, 312 ff.), in dem die Therapien zunehmend als normaler Lebensbestandteil gelten, noch war das Bildermachen wesentlicher Bestandteil ihrer ästhetischen Sozialisation (vgl. Hartwig 1980, 96 ff.). Man darf sich nicht der Illusion hingeben, Übungen/ Verfahren aus dem kunsttherapeutischen Repertoire ohne weiteres bei dissozialen Heranwachsenden anwenden zu können. Oft lehnen sie es ab, mit flüssigen Farben oder mit Ton zu arbeiten. Führt man eine Art „dialogisches Gestalten" (Wichelhaus 1991) durch, verläuft ein solcher Prozeß eigenwillig, sprunghaft, nimmt unvorhergesehene Wendungen. Die schweren Formen dissozialer Fehlentwicklungen gelten als therapeutisch schwer lösbares Problem (Rauchfleisch a.a.O.,18). Es bedarf genauer Kenntnisse über die psychosozialen Konflikte, die Ich-Strukturen und die Verarbeitungsweisen *dieser* verhaltensauffälligen Heranwachsenden, um aufgrund ihres Agierens und im Zuge einer evtl. ungünstigen Gegenübertragung sich nicht zu kontrollierenden, strafenden Maßnahmen hinreißen zu lassen (vgl. Heinemann 1992, 73 ff.). Die Schüler gehen unsachgemäß mit dem künstlerischen Material um, weisen Beratungs- und Hilfsangebote oftmals schroff zurück, sie kommen mehrmals hintereinander zu spät zu ihrer Förderstunde (bei dem genannten Studiomodell) oder bleiben ganz weg, treiben sich mit einer Zigarette auf der Toilette herum o.ä. Wenn man diese Verhaltensweisen nicht als Agieren, als Externalisierung interner Konflikte versteht, wird man anfangen, am Sinn der kunsttherapeutischen Arbeit zu zweifeln, evtl. wiederum aggressiv auf den Schüler reagieren, mit dem Abbruch der Förderarbeit drohen oder diese tatsächlich beenden. Unbewußt hat der Schüler genau dies herbeiführen wollen. Das genannte Geschehen bedeutet nichts anderes als die Wiederholung, Neuinszenierung einer früheren Erfahrung von Trennung und Zurückweisung.

Verhalten und Erleben des Schülers und das, was sich davon in der ästhetischen Verarbeitung zeigt, stehen im Kontext psychischer „Entwicklungslinien" (A. Freud 1987, 2182 ff.). Die kunstpädagogischen und die kunsttherapeutischen Förderbemühungen müssen sowohl auf die entwicklungsbedingten (bewußten und unbewußten) Interessen, Konflikte, Bedürfnisse, aber auch auf die soziokulturellen Erfahrungen des einzelnen Heranwachsenden in seinen Lebenswelten abgestimmt werden. Es folgen Ansatzpunkte, wie darauf im Rahmen sonderpädagogischer Möglichkeiten Bezug genommen werden kann, wie die sich herausbildenden Konflikte überschritten werden können mittels neuer Entwürfe, die auf die Zukunft weisen. Die Sonderpädagogik ist hier sicherlich gefragt, einen eigenen Weg im Umgang mit den konfliktgeprägten und Konflikte schaffenden Kindern und Jugendlichen zu finden. Diese weigern sich ja in der Regel, herkömmliche Schülerrollen, aber auch Klientenrollen im psychotherapeutischen Sinne zu übernehmen, indem sie weder die Spielregeln eines regelschulpädagogischen noch die eines psychotherapeutischen Kontextes/ Prozesses akzeptieren. Kommt überhaupt so etwas wie ein therapeutisch wirksamer Prozeß zustande, dann fügt er sich unregelmäßig und fragmenthaft aus situativ entstehenden ästhetischen Erfahrungen und sozialen Interaktionen zusammen. Die sonderpädagogischen Bemühungen tragen somit häufig den Charakter des Therapeutischen, ohne aber tatsächlich vom Arbeitsrahmen her therapeutisch zu sein.

Auch wenn auf seiten der Schüler die Abwehr im Umgang mit ihren Konflikten gegenüber den eher bewältigungsorientierten Mustern und Einstellungen (vgl. Haan 1977, Brüderl 1988) häufig dominiert, so kommen doch über die Bildproduktion und parallele, seltener nachfolgende Gespräche immer wieder minimale Prozesse in Gang, die etwas zu bewirken scheinen. Das Problem besteht nur darin, daß diese Ansätze nie oder selten im Sinne therapeutischer Kontinuität systematisch fortgeführt werden können, weil entweder die unterrichtliche Situation dies nicht erlaubt, oder der Schüler auf irgendeinem Seitenpfad der Auseinandersetzung mit sich selbst entkommt. Auch Hartwig (1980, 121) merkt an, daß es einen gleichmäßigen, andauernden und zielstrebigen ästhetisch-kulturellen, also auch den kunsttherapeutischen, Produktionsprozeß - speziell bei Jugendlichen - kaum gibt. Die verborgenen Konfliktpotentiale sind auf diese Weise schwieriger zu erreichen und zu verändern. Dies besonders, wenn man bedenkt, daß das freie Zeichnen und Bildermachen, abgekoppelt von realen Gebrauchszusammenhängen, etwa der Bildverzierung einer Lederjacke, eines Motorrades o.ä. den Jugendlichen aus den benachteiligten Sozialmilieus eher fremd zu sein scheint (a.a.O., 149).

6.5.3 Das Neu-Erschließen von unverfügbar gewordenen Entwicklungsmöglichkeiten

Was kann ein kunsttherapeutisch arbeitender Lehrer tun, wenn er sich mit Phänomenen wie Eros, Tod und Gewalt seitens seiner Schüler konfrontiert sieht, die ihm, anderen, oft auch den Schülern selbst, ungewöhnlich und befremdlich, gelegentlich als „pervers" erscheinen? Morgenthaler (1977, 48) empfiehlt:

„Gerade dadurch, daß er (der Therapeut, J.B.) sich einläßt, und über den Zaun der sogenannten normalen Verkehrsformen hinauskommt, findet er einen spielerischen Zugang zu seinen eigenen perversen Zügen und kann sie auch beim anderen erkennen. Es kann ihm dann gelingen, daß in ihm selbst etwas geschieht, das deshalb beunruhigend ist, weil es ihm vielleicht nicht mehr als normal erscheint. Doch ist gerade das nötig, um das Normale, welches das Perverse enthält, in etwas umzuformen und zu erweitern, was über dieses `Normale´ hinaus gesund ist."

Gelingt es uns, ein Sich-Öffnen der Schüler zu fördern und uns selber spielerisch einzulassen, kann eine lebendige Kommunikation zwischen Lehrer und Schüler zustande kommen, weil so das Befremdliche, Uneinfühlbare, Perverse mit in den Dialog eingeschlossen werden kann. Auf diese Weise bestehen Chancen, daß „Entwicklungsmöglichkeiten, die unverfügbar wurden", wieder in den „Umsatz des Totals" gebracht werden können (Salber 1986, 222):

„Die Leiblichkeit von Therapeut und Klient (auch Lehrer und Schüler, J.B.) kommen zueinander in `Beziehung´ [...] der Therapeut (therapeutisch arbeitende Lehrer, J.B.) `vernimmt´ körperliche, organische und seelische Störungen aus sich selbst heraus [..] Indem er sie leiblich wahrnimmt und sie sich körperlich vorstellt, beginnt sein eigener Körper `Resonanzboden´ zu werden, nämlich signalisiert `Leidenschaft´ schlechthin: Das Zuhören mit allen Organen, die seelische Anverwandlung..." (Rech 1991, 170).

Was an Blockierungen, Fixierungen, Komplexen im seelischen Haushalt steckt, markiert ein Moment des Festgelegtseins, der Unbeweglichkeit, des in einer besonderen Weise Verwirklichtseins, der „Faktizität" (Sartre 1991, 173). Auch das Sein konfliktgeprägter Kinder und Adoleszenten muß auf der anderen Seite bestimmt sein durch das Vermögen, sich auf neue Möglichkeiten hin zu entwerfen, Möglichkeiten zu wählen und zu verwirklichen, das bisherige Sein durch das Bilden von neuen Daseinsentwürfen zu überschreiten: „Transzendenz" (a.a.O., 322 ff.). Es könnte nicht nur eine sonderpädagogische Zielperspektive sein, besonders den Jugendlichen ein Bewußtsein ihrer ursprünglichen Freiheit zurückzuvermitteln, ihnen zwar die Wirksamkeit von Traumatisierungen, Verletzungen, Entbehrungen aus der Vergangenheit, die ja bis in die Gegenwart hinein fortwirken, erkennen zu helfen, sie aber nicht auf die sichtbar gewordenen Konflikte, Komplexe, Beschränkungen, Erstarrtheiten festzulegen, sie also vielmehr mit dem Bewußtsein ihrer Freiheit zu belasten? Freiheit, im Sinne des Möglichen und Faktizität, im Sinne des Gegebenen, stehen dabei in einem Wechselverhältnis (J.-P. Sartre 1991, 833 ff.).

6.5.4 Kunsttherapie als Bearbeitung biographischer Erfahrungen und als Erschließen von konstruktiven Lebensperspektiven

Speziell in Zusammenhang mit der zunehmenden Jugendgewalt ist vielfach von Grenzensetzen die Rede. Was wir aber wirklich tun müssen, ist Jugendlichen, die von ihrer eigenen Existenz und der Gesellschaft nichts Positives mehr erwarten, Lebenssinn und konstruktive Lebensperspektiven zu vermitteln. Nimmt man die Überlegungen von Rauchfleisch (1981) zum dissozial auffälligen Verhalten oder die theoretischen Arbeiten von Kernberg (1982) zur Kenntnis, in denen vielfach von sog. strukturellen Störungen, Störungen in den Ich- und Über-Ich-Funktionen, Übergangserscheinungen zwischen neurotischen und psychotischen Formen u.a.m. die Rede ist, dann können nicht unbedingt pädagogisch-therapeutische Erfolge erwartet werden. Da, wo oftmals kaum noch Bereitschaft vorhanden ist, sich überhaupt auf pädagogische Angebote und Beziehungen einzulassen, besteht die Kunsttherapie häufig zunächst darin, einen Jugendlichen in Problemlagen erst einmal an sich zu binden. Vonnöten ist viel Flexibilität und Engagement von seiten eines kunsttherapeutisch arbeitenden Sonderschullehrers. Was Rauchfleisch (S. 56) für die Psychotherapie empfiehlt, gilt in modifizierter Form auch für die Sonderpädagogik. Nämlich zunächst an den realen Problemen zu arbeiten und dem Schüler gegebenenfalls aktiv bei deren Lösung behilflich zu sein, etwa:

Wie kann er die schwierige Beziehung zu seiner Klassenlehrerin entspannen? Wie kann er seine Noten verbessern und damit seine Chancen auf einen Schulabschluß erhöhen? Wie bekommt er das Geld für ein neues Fahrrad oder Mofa zusammen? Wie kann er sich mit seinen Eltern einigen, daß er ein eigenes Zimmer bekommt?

Auf dieser Basis geht es darum, die Hintergründe des Problemverhaltens durchzuarbeiten. Kunsttherapeutisch gedacht kann dies zum einen geschehen über das Rezipieren von Kunstwerken, die etwas von den Konfliktthemen enthalten und folglich etwas in Bewegung setzen können (vgl. Salber). Es kann auch um das Anbieten von Bildmaterial (Kopien von Fotos, Zeichnungen usw.) gehen, mit dem sich die Konfliktthemen produktiv im Sinne von Collagieren, Montieren, Umgestalten, Verfremden, Kombinieren usw. und ohne das Auftreten von allzu großen Darstellungsproblemen abbilden lassen.

6.5.5 Kunstvoll Kommunikation ermöglichen

Zum anderen müssen, von der pädagogisch-therapeutischen Beziehung her gedacht, oft *kunstvoll* Situationen geschaffen werden, die auf eine veränderte Weise Kommunikation ermöglichen. Es geht es vor allem darum, sich *quer* zu den
gängigen, durch die Schule vorgeprägten, kommunikativen Mustern zu bewegen. Es gilt, sich auf „Chancen" (de Bono 1992) hin zu orientieren. Trotz
„chancennegativer Strukturen" (a.a.O., 42), die in den staatlichen Schulappara-
ten meist vorherrscht, als Unerwünschtheit von Veränderungen, Innovationen
oder dem Einsatz von Initiative, gilt es, die vorhandenen „Chancenspielräume"
(a.a.O., 116 f.) wahrzunehmen, auszunutzen und zu erweitern.

6.5.6 Die Doppelrolle des kunsttherapeutisch arbeitenden Sonderschullehrers

Der kunsttherapeutisch arbeitende Sonderschullehrer hat bezüglich seiner beruflichen Identität eine komplizierte Doppelrolle inne. Mit dem einen Bein ist er
in den gesellschaftlichen Institutionen, ihren Mechanismen, Regelungen und
Vorschriften verankert, denn er ist ein konstituierender Teil von ihnen. Mit dem
anderen Bein, seinen eigenen kritischen Einstellungen gegenüber den Institutionen, die aus (eigenen oder an den Schülern erlebten) negativen Erfahrungen mit
den jeweiligen Systemen und ihren Hierarchien resultieren, konkret als Bevor-
mundung, Einengung, Ignoranz, Gleichgültigkeit usw., steht er draußen, *muß* er
regelrecht draußen stehen. Nur so kann er Kommunikationspartner speziell dissozialer, zu Destruktivität und Gewalt neigender Jugendlicher (wir sprechen hier
weniger von Kindern) sein. Nur aufgrund dieses ambivalenten, *gebrochenen*
Verhältnisses, kann der Sonderschullehrer ein akzeptierter Partner dieser Heranwachsenden sein, nur so eignet er sich als Identifikationsobjekt, können die
von ihm selbst angewandten Denk- und Bewältigungsmuster, sein Umgang mit
Kunst und ihren Ausdrucksmitteln, von den Jugendlichen ansatzweise übernommen werden. Außerdem legt der produktive und rezeptive Umgang mit
Kunst dieses Doppelverhältnis nahe. Kunst existiert nicht ohne dieses Ausmaß
an Freiheit, konstruktiver Aggression, provokativem Denken, das überkommene
Strukturen in Frage stellt, auflöst oder hintertreibt, sich *quer* zu gängigen Wahr-
nehmungs-, Denk- und Verhaltensmustern bewegt. Kunst läßt sich bei diesen
Jugendlichen auch nicht einfach in affirmativer Weise zum Zwecke einer auf
bloße Verhaltensänderung zielenden Therapie instrumentalisieren. Von ihrem
auf Freiheit drängenden Kern her betrachtet, erweisen sich Kunst und Disso-
zialität als verwandt, weshalb auch die kunsttherapeutischen Prozesse mit verhaltensauffälligen Jugendlichen, trotz aller Bruchstellen und Fehlschläge, immer
wieder funktionieren.

6.5.7 Sonderpädagogische Einzelförderung auf der Basis bildhafter Gestaltungen

Weitergehende Bearbeitungen der in unserer Untersuchung zum Vorschein ge-kommenen Daseinsthemen/ Lebensprobleme können im Rahmen einer kontinu-ierlichen Einzelförderung initiiert werden, die jedoch mit dem allgemeinen un-terrichtlichen Geschehen vernetzt werden sollte. Wir zitieren noch einmal aus einem der Tagebücher des Sonderschullehrers (J.B., 1993) zu dem Schüler Sven, von dem wir die Abbildungen 13, 129 und 130 gesehen haben:

> „Der 16jährige Sven, für den ich insgesamt etwa 50 Einzelstunden zur Verfügung hatte, wirkt recht aufgewühlt. Er zeichnet hastig und mit gefletschten Zähnen ein ro-tes Hakenkreuz ins bereitgelegte Klassentagebuch. Er blätter um und schreibt in Rot `Judensau´. Dann rasen wilde Bleistiftkringel über die Seite. Als Sven eine Pause einlegt, zeichne ich ihm einen Körperumriß in das Buch, ziehe langsam Kreise über den Bauch der Figur, gleichmäßig und immer um den Nabel herum. Das nennt man, seine Mitte wiederfinden, sage ich. Probier das doch mal. Er zieht ein paar mal rum mit dem Stift und schaut mich überrascht an. Sven wirkt jetzt ruhiger. Wir reden dann über die neue rechte Szene und deren Aktivitäten, auch gegen Personengruppen wie Asylbewerber, Türken, Juden usw., kommen auf Nazi-Deutschland zu sprechen, Menschenrechte u.ä.“

Wir folgten hier der Leitidee: Wenn es Sven gelingt, seine Lebensprobleme zu bewältigen, seine eigenen Lebensmöglichkeiten zu erweitern und für sich selbst einen Sinn, eine konstruktive Richtung zu finden, wird seine Destruktivität nachlassen: Abgrenzung und Loslösung des Sohnes von der Mutter, die weitere berufliche Perspektive, Freundschaften zu „Kumpels" (Selbstaussage des Schü-lers) und zu Mädchen, der risikoreiche Umgang mit seinem Körper, Schläger-ei-en, Mutproben, exzessiver Konsum von Genuß- und Rauschmitteln u.a. An die-sen Themen entlang galt es, ästhetisch-praktische und reflexive Prozesse zu in-itiieren. Das heißt der rezeptive und produktive Umgang mit Kunst muß es er-möglichen, auf die o.g. Themen zu kommen, diese durchzuarbeiten.

In diesen Förderprozessen sind insbesondere die von Freud (1912) beschrie-benen Phänomene der „Übertragung" und der „Gegenübertragung" zu beachten. Pazzini (1992) hat am Beispiel von Herbart auf die *Verstrickungsgefahren* in solchen *engen pädagogischen Zweierbeziehungen* hingewiesen, weshalb uns ei-ne begleitende Supervision als sinnvoll erscheint, die dem fördernden Sonder-schullehrer bzw. der Sonderschullehrerin das Durcharbeiten eigener Wahrneh-mungen und persönlicher Prozesse ermöglicht, damit der Entwicklungsprozeß des Schülers von diesen soweit wie möglich unberührt bleibt.

In ca. 100 Stunden Einzelförderung mit dem 15jährigen Jochen (vgl. die Abbildungen 98, 99, 101, 115 und 116) gelang eine Rekonstruktion prägender biographischer und institutioneller Erfahrungen. Auf der Basis frei entstandener

Zeichnungen, Kritzeleien im Tagebuch, Bildcollagen u.a. wurden die sozialen Spannungen im Bereich der Schule, des Elternhauses durchreflektiert. Delinquente Aktivitäten mit anderen Jugendlichen, zum Teil im Vorfeld der rechtsgerichteten politischen Szene, Erfahrungen mit Polizei und Justiz kamen zur Sprache. Jochens Interesse an den rechtsextremistischen Aktivitäten von FAP und Deutscher Liga in einer benachbarten Großstadt schien nicht allein auf inhaltlichen Aspekten des Programms usw. zu beruhen. Vielmehr besaß er den Schlüssel zur Wohnung eines gut situierten, allein lebenden Bankangestellten, einer zentralen Figur im Rahmen der rechten politischen Szene. Mit zunehmendem Vertrauensverhältnis wurden wir mit einer breiten Palette durch Jochen und seine Kumpels begangener Straftaten konfrontiert. Wir schenkten den einzelnen Delikten, wie Sachbeschädigungen, Diebstählen, Körperverletzungen usw. keine besondere Beachtung, sondern versuchten, uns auf die emotionale Komponente dieser *Symptome* zu konzentrieren. Es wurde deutlich: Je chancenloser Jochen seine gesamte Existenz einschätzte, desto stärker nahm seine Bereitschaft zu folgenreichen Straftaten zu.

Die von H.-E. Richter (1994) angesprochene „libidinöse Komponente" in den Beziehungen zwischen den Jungen und den Neonaziführern, aufgrund derer die subkulturell eingebettete, politische Manipulation der Jugendlichen überhaupt erst gelingen kann, muß sich auch der kunsttherapeutisch arbeitende Sonderschullehrer zunutze machen, allerdings unter umgekehrtem Vorzeichen, geht es doch darum, bereits ins Werk gesetzte Manipulationen wieder rückgängig zu machen und erstarrte, auf Abwehr beruhende Einstellungen wieder in Fluß zu bringen. Es galt deshalb in erster Linie, den 15jährigen eine neue Sinnrichtung für seine Existenz finden zu lassen. In der Auseinandersetzung mit Grundlagen aus Sartres Philosophie der Freiheit (1943), und den entstandenen Bildern, Collagen, Graffiti, auch Werken von Künstlern entlang, gelang dem hochintelligenten Jugendlichen eine veränderte Sicht auf die eigene delinquente Vergangenheit. Langsam verstand er, daß trotz der verfahrenen Situation, in der er sich befand, Handlungsmöglichkeiten, auch jenseits der rechten Szene und jenseits delinquenter Aktivitäten offengeblieben waren. Zu einer Art Schlüsselsatz wurde für Jochen:

„Es gehört zu meiner Faktizität, daß ich meine Vergangenheit, d.h. negative Schulkarriere, Straftaten und Strafverfahren, Aufenthalte in Psychiatrie und Jugendgefängnis, in das Bild meines Lebens integrieren muß, also *sein* muß. Aber dadurch wird meine Freiheit keineswegs aufgehoben und ich muß meine Vergangenheit in meinen zukunftsorientierten Entwurf einverleiben" (vgl. Lehrertagebuch J.B., 1993).

An den entscheidenen Bruchstellen kann es durch den rezeptiven und produktiven Umgang mit Kunst und auf der Basis eine *kunstvoll* angelegten pädagogisch-therapeutischen Beziehung zu einer Veränderung in den Wahrnehmungen,

Emotionen und Kognitionen bezüglich des eigenen Selbst- und Welterlebens, des persönlichen Lebensentwurfs kommen, die einen aus der Bahn geratenen Adoleszenten anders weiter machen lassen, als zuvor.

6.6 Vorformen der Annäherung an das andere Geschlecht

Der neunjährige Deno, von dem wir bereits eine „böse Dino-Mutter" (Abb. 7), den Streit mit seiner Klassenlehrerin (Abb. 62) und ein Selbstbildnis als Soldat (Abb. 128) gesehen haben, zeichnete das nun zur Debatte stehende Bild zum Märchen vom "Dornröschen" (Abb. 152). In unserer Aufzählung der Bildwerke dieses Schülers haben wir zugleich die Reihenfolge ihrer Entstehung angegeben. Wir sehen einen König mit Krone und mit gezogenem Schwert in der Linken sowie einem Zepter in der Rechten. Wir setzen uns wohl nicht dem Vorwurf der tiefenpsychologischen Spekulation aus, wenn wir in den beiden genannten Gegenständen phallische Bedeutungselemente ausmachen. Der König befindet sich vor dem geschlossenen Burgtor, mit vorgelagertem Gestrüpp bzw. Dornen, die freilich nicht sehr hoch und weniger abweisend sind als das fest geschlossene Tor. Das Burgtor läßt durchaus Assoziationen an eine Vagina, das dichte aber nicht zu hohe Gestrüpp an die Schambehaarung und die Burgmauer mit den seitlich sanft ansteigenden Mauersimsen läßt an gespreizte weibliche Schenkel denken. Eine für das Märchen vom Dornröschen sehr zentrale Bedeutungseinheit wurde hier von dem Neunjährigen auf einer völlig unbewußt bleibenden bildhaften Ebene erkannt. Von seiten des Lehrers wurde der genannte Zusammenhang in keiner Weise ins Bewußtsein des Schülers befördert. Eine tiefergehende Exploration erwies sich ohnehin als unmöglich, weshalb wir auch nicht in Erfahrung bringen konnten, warum hier der *König* in das Schloß einzudringen versucht und kein Prinz. Möglicherweise werden hier inzestuöse Phantasien des Jungen ins Bild gesetzt.

Hastig wurde von dem neunjährigen Tibor ein sexuell gefärbtes Geschehen hingekritzelt (Abb. 153). Die Bildkomposition ist aus wenigen Kreis- und Linienformen aufgebaut. Die Körper, wohl der eines Mannes und der einer Frau, werden von dem Zeichner in einen libidinösen Kontext gestellt. Durch das Einziehen einer Linienspur zwischen Penis und Vagina, die eine Art gestische Repräsentation darstellt, wird auf den Koitus als einer *Vorstellung* hingewiesen. Die Sprechblase, die wohl dem Munde des Mannes entsteigt, enthält Herzen als Zeichen für die Gefühle der Verliebtheit und/ oder die sexuellen Triebimpulse, die den dargestellten Figuren zugeordnet werden. Die retardierte Darstellung der Personen dürfte im wesentlichen auf situative Faktoren, auf die hohe affektive Besetzung des Themas zurückzuführen sein. Tibor weiß mehr über die Natur der sexuellen Vorgänge, als er hier bildnerisch darstellen kann.

Abb. 152   *Abb.153*

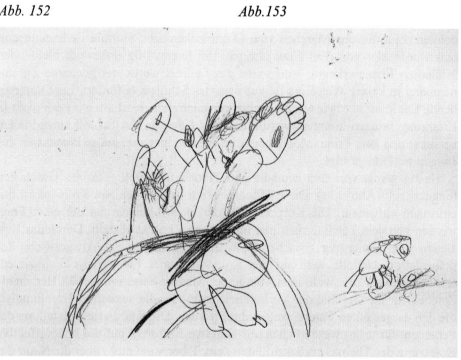

Abb. 154

274

Wenn der Mensch
Pümer in Prümm von der
Vose kommt gibt es eine
Gkatastrove

Abb. 155

J' LOVE MARIA

Abb. 156

Nachts hört er aus dem Schlafzimmer der Mutter, die dort ihre wechselnden Partner empfängt, Geräusche wie Stöhnen, Schreien usw. (Selbstaussage des Schülers). Das Verhalten des Neunjährigen in der Klasse ist durch eine ungewöhnliche Hypersexualisierung gekennzeichnet. Tibor scheut sich in offeneren und damit unübersichtlicheren Unterrichtsphasen keineswegs, einen Mitschüler auf das Klassensofa zu zerren, diesen in ein koitusähnliches Spiel zu verwickeln und die Hosen herunterzulassen. Belastende bzw. verstörende Aspekte des familiären Lebens werden hier inszeniert bzw. aktualisiert. Bilder wie das Gezeigte sind auch das Ergebnis der Intervention des Lehrers in Anbetracht dieser ungezügelten Verhaltensweisen. Es wurde den Schülern vermittelt, daß in der Realität längst nicht alle Verhaltensweisen akzeptiert bzw. toleriert werden können, daß die entsprechenden Vorstellungen jedoch in das Medium des Bildes oder einer anderen ästhetischen Gestaltung übersetzt werden dürfen.

Eine Zeichnung des 9jährigen Malte (Abb. 154) zeigt eine Ansammlung von Körpern, „die ficken" (Selbstaussage des Schülers). Diese befinden sich zum Teil auf einer Art Erdhügel, ein Ensemble aus minimalisierten Kreis- und Linienformen sowie Schraffuren. Während vom Zeichner auf eine Reihe von Körperteilen verzichtet wurde (Arme, Ohren, Füße), werden Penis, Hoden und Brüste durch Detaillierung (Schambehaarung) und Vergrößerung deutlich hervorgehoben. Es dominiert der Eindruck des Hastigen, Exzessiven, Animalischen. Die Figuren befinden sich in einem ekstatischen Taumel. Sie fallen umeinander herum und übereinander her. Durch den Rückgriff auf ontogenetisch frühe figurative Kritzeleien und gestische Repräsentationen wird ein hochgradig dichtes Bildgeschehen erzeugt, in dem sich libidinöse und destruktive Anteile mischen. Die Ekstaste wird zur Agonie. Sie beschleunigt sich zum Zerfall.

Statt der im Fach Sprache geforderten Themenbearbeitung/ Problemlösung nachzugehen, griff der 9jährige Roger zu Zeichenblock und Füller und kritzelte ein sexuell bestimmtes Geschehen aufs Papier (Abb. 155), das er wie folgt schriftlich kommentierte: „Wen Der Menshlesch Pümel in Prürun von Der Vose komt gibto eine o Katastrrove". Die eigenwillige Rechtschreibung zeigt, wie sehr die extrem hohe Konfliktbelastung des Schülers, speziell die Überschwemmung mit sexuellen Vorstellungsinhalten, die Hypersexualisierung im Denken, im Verhalten und in der Sprache, das kontinuierliche schulische Lernen behindert/ verzögert haben. Wie wir aus Gesprächen mit dem Jungen wissen, befand er sich räumlich/ körperlich häufig sehr nah an den sexuellen Aktivitäten seiner Mutter und seines Stiefvaters. Befanden sich die beiden im Liebesspiel, suchte Roger offenbar häufiger das Bett der Eltern auf, um in irgendeiner, nicht näher definierten Form an dem libidinöden Geschehen zu partizipieren. Die Zeichnung zeigt einen erigierten bzw. ejakulierenden Penis in einem gebührenden Abstand zu einer offenbar weit geöffneten Scheide. Möglicherweise hat unser Schüler Szenen belauscht, mitgehört oder mitangesehen, in denen es auch um Schwangerschaftsverhütung und die Angst vor unerwünschten Schwangerschaften ging.

Die Rede von einer abzuwendenden "Katastrrove" begünstigt diese Bildausle-gung. Die Richtung, die die Samenflüssigkeit nimmt bzw. eben nicht nehmen darf, wurde mit Hilfe eines Pfeiles markiert, der Penis mit zwei Linien durch-kreuzt, wohl um die genannte Gefahr einer unerwünschten Schwangerschaft auszuschalten. Es befindet sich hier offenbar ein Konfliktthema im Bewußtsein des Neunjährigen, das seine kognitiven und affektiven Verarbeitungskapazitäten deutlich übersteigt. Die sich manifestierende Thematik ist als Teil einer über-greifenden familiären Problematik anzusehen, in der sich bestimmte, libidinös besetzte Erlebniskerne herausgebildet haben.

Als nächstes widmen wir uns einer Zeichnung des 15jährigen Niko (Abb. 156), die im Anschluß an eine mehrtägige Klassenfahrt auf eine nordfriesische Insel entstand. Im Schullandheim, in dem parallel auch andere Schulklassen an-wesend waren, knüpfte der Jugendliche einen ersten, vorsichtigen Kontakt zu ei-nem Mädchen aus einer anderen Stadt. Dieser Kontakt führte zum Austausch der Adressen der beiden Jugendlichen und zum Verfassen von Briefen, die auf Wunsch des Schülers gemeinsam mit dem Lehrer stilistisch und unter dem Aspekt der Rechtschreibung verbessert wurden. In seiner Zeichnung hält der 15jährige den Moment der ersten Verliebtheit fest. Er selbst und „Maria" befin-den sich allein auf dem Strand, was hier mehr einer nachträglich phantasierten Wunschsituation gleichkommen dürfte. Zwischen den beiden Figuren steht ein Herz als Zeichen der aufgeflammten jugendlichen Liebe. Im Hintergrund sehen wir das wellenbewegte Meer - das Wasser ist auch als ein Symbol für Emotio-nen, Empfindungen, das unbewußte Gefühlsleben anzusehen - , darüber ein Vo-gel, wohl eine Möwe, vor einer Wolke, die Sonne, wie sie dem Horizont entge-gensinkt.[13]

6.7 Die Vergewisserung der eigenen Geschlechtlichkeit

Der 14jährige Axel hat im Rahmen einer thematisch ungebundenen Unterrichts-einheit zwei Figuren aus Ton hergestellt (Abb. 157). Links im Bild sehen wir einen stehenden Mann mit abgespreizten Armen und deutlich hervorgehobenen und differenziert dargestellten Genitalien. Der annähernd erigierte Penis sym-bolisiert Potenz und Zeugungskraft (Selbstaussage des Schülers). Der Detaillie-rung im Genitalbereich steht eine eher vereinfachende, verkürzende Darstellung des übrigen Körpers gegenüber. Flach auf dem Boden liegend sehen wir den Körper einer Frau. Arme und Beine sind gespreizt, die Brüste deutlich hervor-gehoben.

[13] Die kreisrunde Einrahmung des Bildes geht auf die Initiative eines Lehramtsanwärters zu-rück, der sich mit dem Malen von Mandalas im Sinne von C.G. Jung beschäftigte und den Schülern den vorgezeichneten Kreis zum Ausgestalten angeboten hat.

Abb. 157

Abb. 158

278

Abb. 159

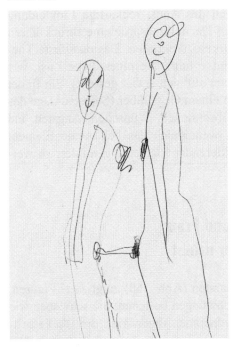

Abb. 160

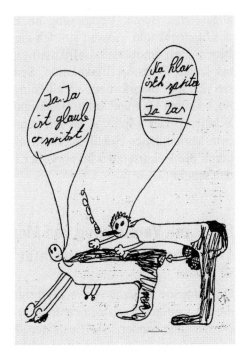

Abb. 161

Axels Tongestaltung zeugt von der Internalisierung längst überkommen geglaubter Klischees über die Rolle der Geschlechter. Während die Frau passiv und ergeben abzuwarten scheint, scheint sich ihr Partner förmlich vor ihr aufzubauen, sich seiner Männlichkeit zu vergewissern: *So ein Mann bin ich.* Führt man diese Idealisierung auf die gegenwärtige, entwicklungsbezogene Situation zurück, müßte das Motto lauten: *So ein Mann möchte ich einmal sein.*

Ein anderes Skizzenblatt, hier des 10jährigen Deno (Abb. 158), der uns bereits in Zusammenhang mit den Abbildungen 7 (Dino-Mutter), 62 (Streit mit der Klassenlehrerin), 128 (Selbstbildnis als Soldat) und 152 (König vor Schloßtor) beschäftigt hat, zeigt eine frühe figurative Repräsentation, in der kreisartige Formen dominieren. Der Penis wirkt wie ein riesiger Ballon, an dem der übrige, stark reduzierte Körper zum Anhängsel wird. Ein noch kindhaftes Wesen, das jedoch durch lebensgeschichtliche Ereignisse - zumindest mental - seine Unschuld verloren haben dürfte, macht hier mit Nachdruck auf sich aufmerksam, indem es seine aufkeimende Geschlechtlichkeit unübersehbar *aufbläst.*

Ein Zeichenblatt des 14jährigen Jürgen (Abb. 159) befaßt sich vor allem mit den männlichen Genitalien. Diese werden in verschiedenen Ansichten präsentiert. Konstruktionen von überschießender Kraft und Potenz, möglicherweise ein Agieren mit Traumsequenzen, mit autoerotisch motivierten Bildstücken. Die Besonderheiten in der Darstellung der Figur in der Mitte (Weglassen von Körperteilen; problematische Körperstatik aufgrund der schmalen, zu weit vorne angesetzten Beine; Verknotung im Bereich des Anus; rockartige Einkleidung des Mannes) sind - soweit sie sich nicht auf Darstellungsprobleme zurückführen lassen - mit emotional-konflikthaften Faktoren zu erklären. Das manifeste Thema lautet: Erektion, Ejakulation, Spannungsabfuhr. Die jugendliche Lust, wie sie sich hier manifestiert, ist allerdings noch auf sich selbst gestellt). Sie findet noch keinen Halt und keine Bestätigung in einem Gegenüber (Selbstaussage des Schülers). Der 14jährige ist mit seinen Obsessionen, Wünschen, Ängsten und evtl. vorhandenen Schuldgefühlen allein, wenngleich das belastende Element durch die Beimischung humorvoller, karikierender Elemente gemildert zu werden scheint.

6.8 Die Vereinigung von Mann und Frau: phantasiert, beobachtet oder erlebt

Die folgende Zeichnung des 13jährigen Carsten (Abb. 160) zeigt zwei Figuren, die aus wenigen Kreisformen und Linienschwüngen bestehen. Sie schweben wie Geister umeinander. Die Gesichter sind voneinder abgewandt, die Blicke seltsam leer, entrückt, die Körper mit einer gewissen Grazie und Anmut in der Haltung. In der Flüchtigkeit der Leiber zeigen sich Zartheit und Behutsamkeit.

Abb. 162

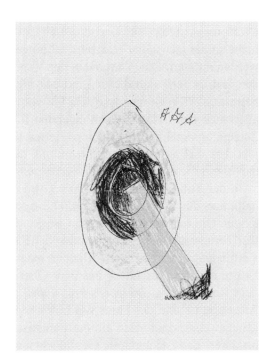

Abb. 163

Diese erotische Darstellung ist ein Ausdruck der sich zueinander sehnenden und voneinander angezogenen Gegensätze. Jeder Versuch der Annäherung, der Vereinigung, der Verbindung ist Ausdruck des leidenschaftlichen Dranges, die verlorene Einheit wieder herzustellen. Auf der anderen Seite wird eine gewisse Scheu vor Berührungen sichtbar, eine Hemmung oder Hilflosigkeit, die eine Verschmelzung der beiden Körper zu verhindern und diese eher zur Auflösung zu treiben scheint. Brust- und Genitalbereich bilden Zentren des verhaltenen Kontaktes zwischen den beiden Körpern, die sich gleichermaßen anzuziehen und abzustoßen scheinen.

Eine Federzeichnung des 15jährigen Marek (Abb. 161) zeigt ein kopulierendes Paar, in dessen Darstellung sich realistische und rudimentäre Elemente in etwa die Waage halten. Der Mann beugt sich von hinten über die hockende Frau. Es scheint sich um eine anale Praktik zu handeln. Der Penis findet eine symbolische Verdoppelung in der qualmenden Zigarre. Als ungewöhnlich dürfen die Ausmalungen im Rückenbereich der Frau gelten, während die Schraffuren an den Beinen beider Figuren als Hosen - im weitesten Sinne als Kleidung gedeutet werden können. Die schwarze Ausmalung am Gesäß des Mannes könnte herabhängende Hosenträger oder einen Gürtel darstellen. Die Frau meldet ihrem Partner zurück: „Ja Ja ist glaube er spritzt", worauf dieser entgegnet: „Na klar ich spritze Ja Ja". Die Szene reflektiert Sexualität als Orgasmus *des Mannes*. Rollenvorstellungen und Hintergrundüberzeugungen werden aktualisiert. Von hier aus bestimmt sich, was ein Mann ist, was Sex mit einer Frau ist. Dreh- und Angelpunkt sind die prall gefüllten Hoden, vom Zeichner in einen nicht zu übersehenden Haarbüschel eingebettet, die ihrer Entleerung zugeführt werden müssen. Das Vermeiden der Vagina und das *Ausweichen* auf den Anus der Frau, sofern sich dieser Eindruck nicht auf Darstellungsprobleme gründet, befreit von Sorgen und Ängsten, die von einer (ungewollten) Schwangerschaft, aber auch dem wiederverschlingenden Element des Weiblichen ausgehen. Die Zeichnung erzählt vom unkomplizierten Orgasmus am willigen weiblichen Objekt. Ein viel beschworenes Traumbild, das überdies den naiven Glauben nährt, daß hierin die männliche Selbstbestätigung zu finden sei.

In der Tongestaltung von Chris (Abb. 162) ist zunächst eine Frauenfigur in halbliegender Position enthalten. Diese stützt sich mit beiden Armen nach hinten ab. Die rechte Brust der Frau ist (kurz vor dem Photographieren des Objektes) heruntergefallen. Der Schüler hatte sich kaum Zeit für eine fachgerechte Verbindung gelassen und offenbar auch nicht die Möglichkeit gesehen, die Brüste der Frau organisch aus dem Oberkörper herauszumodellieren. Er folgte dem Konzept des *Anklebens von außen*. Nach demselben Prinzip wurden die Arme, Beine und der Penis des Mannes angebracht. Hinter einer solchen Vorgehensweise könnte sich ein mechanistisches Körperkonzept verbergen, das die primären und sekundären Geschlechtsorgane vom Körper abspaltet, isoliert. Brust und später auch der Penis *fallen* im wörtlichen Sinne *ab*. Betrachtet man den unteren Teil des Männerkörpers, so fällt dessen reptilienartiger, flossenähnlicher Charakter auf. Die Beine des Mannes sind im Vergleich zu seinem Oberkörper extrem kurz geraten. Sie wirken eher wie die Schwanzflosse eines Fisches. Um die Größenverhältnisse halbwegs zu wahren, hat der Schüler den Beinen durch Umbiegen des Oberkörpers ein Stück zugeschlagen. Hände und Füße beider Figuren bleiben unausgeführt. Gesichtskonturen sind durch das Eindrücken von Vertiefungen angedeutet. Insgesamt wirkt dieser Akt wie ein *Versuch*, d. h. die symbolische Vergegenwärtigung des Koitus, wie er *sein könnte*. Hierdurch würde die etwas mechanische Gesamtwirkung erklärt. Nicht zu verkennen sind die Reaktionsformen der Leistung, d.h. eine komplizierte Tongestaltung wird zustandegebracht, auch der Selbstbehauptung und des Aufgreifens von Chancen, d.h. ein persönlich bedeutsames und gleichzeitig brisantes Thema wird vom Schüler zur Sprache gebracht.

Die folgende Zeichnung des 15jährigen Henning (Abb. 163) präsentiert die Nahaufnahme einer Vagina. Die einzelnen Regionen sind farblich unterschieden und voneinander abgesetzt. Die Klitoris ist als kleiner Punkt eingezeichnet. Aus der Bildecke unten rechts stößt ein erigierter Penis in die geöffnete Vagina vor und entlädt sich dort. Als Hinweis auf die begleitenden Lustempfindungen der Partner wurde ein lautsprachliches „A A A" hinzugesetzt. Dieses Bild ist für unsere Untersuchung von Lebenskonflikten deshalb von Bedeutung, weil Henning der Sohn einer kinderreichen Aussiedlerfamilie (10 Kinder) ist und damit einem soziokulturellen Milieu entstammt, das in besonderer Weise körperliche Liebe, Sexualität, Nacktheit usw. tabuisiert. Das subkulturell verordnete Tabu führte bei dem 15jährigen zu einer überschießenden Sexualisierung im Denken und Sprechen. Henning wirkte regelrecht *besessen* von sexuellen Vorstellungen, mit denen er seine Mitschülerinnen und Mitschüler wie auch das Lehrpersonal in penetranter Weise traktierte. Das Aufzeichnen und das Anfertigen von bildhaften Gestaltungen zu diesem Themenkreis wirkte hier als Ventil und vermochte einen Teil der Spannungen abzubauen/ aufzufangen, ohne daß jedoch der zugrundeliegende kulturelle Konflikt zwischen der atavistischen, rückwärtsgewandten, patriarchalischen und lustfeindlichen Welt der Vorfahren und Eltern einerseits und den Einstellungen, Normen usw. der westlich-liberalen Gesellschaft andererseits aufgelöst werden konnte.

Etwas anders verhält es sich bei einer Arbeit der 14jährigen Fatima (Abb. 164). Die aus Nordafrika stammende Schülerin ergänzte einige Szenen eines Cartoons, aus denen zuvor der Inhalt der Sprechblasen entfernt wurde.[14] Im Zentrum der Bildgeschichte stehen ein Mann und eine Frau. Die Schülerin erhielt die Anregung, sich einen Dialog zwischen den beiden abgebildeten Personen auszudenken und weitere Bildszenen dazuzuzeichnen.

---

[14] Das Original wurde von C. Brétécher gezeichnet und der Zeitschrift BRIGITTE entnommen.

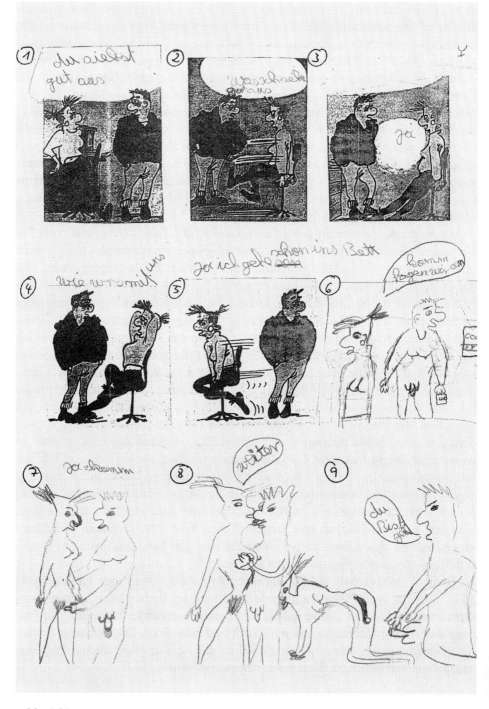

Abb. 164

In der Bildgeschichte von Fatima kommt es ohne besondere Umschweife zu einer sexuellen Handlung. Der von der Jugendlichen eingetragene Dialog entwickelt sich wie folgt:

Frau: "Du siehst gut aus."
Mann: "Was, ich sehe gut aus?"
Frau: "Ja."
Mann (oder Frau, bleibt unklar): "Wie wär' s mit uns?"
Mann (oder Frau): "Ja, ich gehe schon ins Bett."
Mann: "Ja komm!"
Frau: "Weiter."
Mann: "Du bist geil."

Es handelt sich um eine detaillierte Phasenstudie, in der die einzelnen Zeiteinheiten besonders gut sichtbar werden. Betrachtet man die einzelnen Szenenbilder genauer, entsteht der Eindruck, daß die Schülerin über recht detaillierte, praktische Kenntnisse auf dem Gebiet der sexuellen/ erotischen Praktiken verfügen muß. Auffällig ist die mit hoher Wahrscheinlichkeit auf Erfahrung und Sachkenntnis beruhende innere Logik des Geschehens in allen neun Bildszenen. Die 14jährige verfügt nicht nur über Kenntnisse des sachgerechten Condomgebrauchs, sondern auch über Erfahrungen bezüglich der Blicke, Gesten, Verführungstechniken usw. An Reaktionsformen werden in den Bildszenen die Herstellung und Gestaltung eines sozialen (sexuellen) Kontaktes, die Anpassung an die Eigenheiten und Bedürfnisse des männlichen Partners sowie Selbstbehauptung im Sinne des Eintretens für die eigenen libidinösen Bedürfnisse sichtbar. Als problematisch erweist sich an diesem Fall die enorme Verfrühung und Intensität, mit der die sexuellen Erfahrungen gemacht werden, und zwar in Kombination mit einer nahezu endgültigen Abkopplung vom schulischen Bildungsprozeß. Das schulische Lernen besitzt für die Jugendliche, die zum Teil noch im Haushalt der Eltern, größtenteils jedoch bei ihren wechselnden (erwachsenen) Partnern lebt, offenbar kaum noch einen Stellenwert. Eine eventuelle berufliche Perspektive versinkt hinter den Befriedigungen der unmittelbaren Gegenwart. Wenn die Jugendliche gelegentlich zur Schule kommt, bemalt sie mit Leidenschaft großflächige Leinwände. Es entstehen Gesichter und Körper. Sinnliches taucht auf. Sie arbeitet mit dicken Pinseln, leuchtenden Farben und experimentiert mit der Auflösung und Neukombination von Formen, speziell Gesichtsformen. In solchen Situationen kommt sie dahin, in sich hineinzuhorchen und sich zu vergewissern, wo sie augenblicklich steht. Für den Dialog mit dem Lehrer ist sie offen. Auch zeigt Fatima keine Scheu über körperliche, sexuelle Vorgänge, Erfahrungen, Wünsche, Ängste usw. zu sprechen. Ab dem darauffolgenden Unterrichtstag bleibt sie wieder vier Wochen weg und lebt ihr verfrühtes intensives Leben. Die didaktischen Bemühungen fallen im Prinzip zwar auf fruchtbaren Boden, doch mangelt es an Kontinuität, wodurch die Prozesse der Auseinandersetzung mit den biographischen Erfahrungen immer wieder neu initiiert werden müssen und über ein gewisses Anfangsniveau selten hinauskommen.

6.9 Bildhafte Variationen zur Homosexualität

Der 13jährige Monty erschien weitgehend aufgelöst zu einer Förderstunde, die Teil einer etwa zehnstündigen Einzelförderung war. Er redete auf eine wirre Art und Weise unentwegt von einem „roten Loch". Monty griff von sich aus nach einem schwarzen Filzstift und zeichnete die Figur in der Bildmitte (Abb. 165), eine arm- und beinlos bleibende Menschdarstellung, die sich fransenartig nach unten verliert. Die affektiv besetzten (überschwemmten) kognitiven Strukturen sind kaum noch darstellungsfähig (vgl. Richter 1997 a, 151). Er nahm schließlich rote Fingerfarben und malte mit einem breiten Pinsel den großen Kreis auf der linken Bildseite, malte die Kreisform rot aus und nannte dieses Gebilde "das rote Loch". Dieser Vorgang war begleitet von affektiver Erregung, welche sich in schnellem Atmen, Gekicher, hastigen Körperbewegungen usw. manifestierte. Die Figuration auf der rechten Seite, ein aus Kopf und Penis zusammengeschmolzenes Körperrudiment, wurde von Monty bildnerisch wie verbal zu der Figur in der Mitte und dem "roten Loch" in Beziehung gesetzt. Die drei Bildelemente werden von dem Jugendlichen verbal/ bewußt zu einer analen Penetration synthetisiert. Diese Vorstellung einer analen Penetration als Bestandteil des Geschlechtsaktes zwischen zwei Männern - und in diese Richtung entwickelte sich das Gespräch, das den Impulsen, Interessen usw. des Schülers folgte - wurde offenbar auf der einen Seite von Monty als etwas Ungeheuerliches, auf der anderen Seite als etwas Faszinierendes/ Anziehendes angesehen. Die rote Farbe symbolisiert hier den Vereinigungswunsch wie auch die Verletzungsangst gleichermaßen. Das an den Lehrer gerichtete Anliegen schien darin zu bestehen, die Existenz dieser sexuellen Verkehrsform als einer *Möglichkeit* bestätigt zu bekommen. Die Enttabuisierung des genannten Themas schien bereits von befreiender Wirkung auf den Schüler zu sein, der im Verlauf der Förderstunde einen beträchtlichen Teil seiner seelischen und körperlichen Spannungen abbauen konnte.

Unter thematischem Aspekt mit Abbildung 165 vergleichbar ist eine Arbeit des 13jährigen Peter (Abb. 166), der uns bereits in Zusammenhang mit dem Aspekt "Schule und Macht" (Abb. 57 und 58) beschäftigt hat. Peter näherte sich dem Gegenstand seines Interesses allerdings auf einem etwas anderen Weg. Zunächst zeichnete er mit schwarzem Filzstift eine Koitalszene, die wohl in Form der sogenannten Missionarsstellung realisiert werden sollte. Dieser Vorgang wurde jedoch schon bald wieder abgebrochen, die halbfertiggestellte Szene durchgestrichen und oben links neu angesetzt. Peter verfuhr wiederum nach demselben Muster, d.h. er zeichnete eine hockende Frau bzw. ein Fragment ihres Körpers, hinter ihr den Körper eines Mannes. Das Ganze wurde anschließend mit roter Fingerfarbe nachgearbeitet. Der Penis des Mannes verschwand unter dieser roten Schutzschicht. Das pastos aufgetragene Rot unterstreicht den libidinösen Charakter der Szene. Der Busen der Frau wurde nun übermalt, dies begleitet von der Äußerung "Muß ja nicht unbedingt 'ne Frau sein," wodurch von dem Jugendlichen vorsichtig - und eher vorbewußt als bewußt - zum Thema der männlichen Homosexualität, hier in Form der analen Penetration, übergeleitet wurde. Die rote Farbe in Verbindung mit dem genannten Motivgeschehen läßt - wie in Abbildung 165 - auch die Assoziation Schmerz, Verletzung, Verletzungsangst usw. zu, möglicherweise ein Hinweis auf Mißbrauchserfahrungen, für die sich jedoch weiter keine Anhaltspunkte fanden. Auf der anderen Seite könnte das Bild gleichermaßen auch den passiven Vereinigungswunsch symbolisieren, nimmt man einmal das in den Abbildungen 174 - 176 dargestellte Geschehen hinzu. Das Bildelement nahe dem unteren Blattrand soll "den Lehrer am Klo" darstellen. Diese Teilgestaltung ist wohl als Versuch des Schülers aufzufassen, über die mit dem Bereich des Analen verknüpften Assoziationen die Person des Lehrers in die dargestellte *Story* zu verstricken. Dieses Bildelement wurde jedoch unmittelbar wieder mit einer ebenfalls roten Farbfläche überdeckt, der betreffende Gedanke wieder rückgängig gemacht.

Der 15jährige Ralf beschäftigte uns bereits mehrfach im Laufe unserer Darstellung. Wir betrachteten etwa den Grundriß seines Zimmers (Abb. 9), eine Raumgestaltung mit Skelett (Abb. 64), die Embleme verschiedener Skateboardhersteller (Abb. 90), eine Reihe von Bilddarstellungen zum Thema "Punk" (Abbildungen 94 - 96), eine verfremdete Nikolausfiguration (Abb. 135) und eine Zeichnung, in der verschiedene monsterartige Wesen zwei Mädchen verfolgen (Abb. 147). Hier haben wir es nun mit einer Federzeichnung (Abb. 167) zu tun, in der ein libidinöses Geschehen zwischen einem Mann und einem Jungen dargestellt wird. Der Mann links im Bild präsentiert sich mit heruntergelassenen Hosen. Der Zeichner hat besondere Mühe auf die Darstellung der Region des Gesichtes und des Genitalbereiches verwendet, während die übrigen Körperregionen zum Teil grob vernachlässigt erscheinen (Fehlen einer Hand, rudimentäre Füße). Der erigierte Penis und das Auge des Mannes sind die zwei zentralen Punkte in dieser Zeichnung, von denen aus das Bildgeschehen konstruiert wird. Die Bildüberschrift zeigt an, daß es sich hier um "Papa und ...." handelt. Der Zeichner läßt nun den Vater sprechen: "...., blas ihn mir schön hart". Dieser Satz läßt sich unzweifelhaft als eine Aufforderung zur Fellatio, d.h. zum oralen Geschlechtsverkehr auffassen. Ralf, der Zeichner, läßt den Jungen antworten: "Oh ja". Der mit Pulli und Hose bekleidete Junge wendet dabei seinen Blick direkt dem anderen zu. Der Zeichner projiziert hier eigene Beziehungsvorstellungen, Phantasien, Wünsche und/ oder Ängste auf die Beziehung zwischen einem Mitschüler und dessen Vater.

Abb. 165

Abb. 166

288

Abb. 167

Abb. 168

Zu dieser Verflüssigung in der Bearbeitung des Konfliktthemas kam es möglicherweise aufgrund unterrichtlicher Impulse, die es dem Schüler erlaubten, das Thema Sexualität auch auf subjektiv-eigenwillige Weise zu aktualisieren:

„Der Weg führt durch einen weniger befestigten Grenzstreifen, in dem man mehr zuläßt. Im Experimentieren mit Kunst werden Chancen und Begrenzungen künftiger Entwicklungen erfaßbar" (Salber 1986, 18).

Wenige Tage später entstand flüchtig, d.h. zwischen Unterrichtsende und Hofpause, eine ähnliche Zeichnung (Abb. 168), diesmal mit Kreide an der Tafel. Diese Zeichnung stellt quasi eine Fortsetzung des in Dokument 167 reproduzierten Geschehens dar. Die dort ins Auge gefaßte sexuelle Handlung wird nun in die Tat umgesetzt. Beide Figuren, d.h. der Mann und der vor ihm kniende Junge haben sich ihrer Kleidung entledigt. Während die beiden Leiber in ihrer Gesamtheit starken Vereinfachungen unterzogen wurden, werden insbesondere Kopfhaar, erigierter Penis, Anus und Finger hervorgehoben. Das Fehlen der Augen, die in Abbildung 167 noch eine zentrale Rolle spielten, dürfte anzeigen, daß sich das Geschehen inzwischen vom Visuellen und Verbalen zum Taktilen, Haptischen weiterentwickelt hat. Es werden Empfindungen freigesetzt, die auch den Jungen - man sieht es an seinem ebenfalls erigierten Penis - miteinschließen.

Als biographischer Hinweis sei hier erwähnt, daß Ralf ohne Vater aufgewachsen ist. Kurz nach seiner Geburt wurde sein Vater für einen langen Zeitraum wegen Totschlags inhaftiert. Auch die Mutter ließ ihren Sohn im Stich, der dann von einer allein lebenden, kinderlosen Tante großgezogen wurde. Daß es hier tatsächlich zu einem sexuellen Kontakt zwischen Ralf und seinem Vater oder einem anderen Mann gekommen ist, gilt daher als unwahrscheinlich. Außerdem wären, in solch einem heiklen - für den Schüler evtl. belastenden - Falle, die Bildszenen allzu deutlich geraten. Als wahrscheinlicher gilt, und hier liegen entsprechende Informationen vor, daß der Junge übermäßig lange im Bett seiner Tante geschlafen hat. Ein exploratives Gespräch mit dieser Frau lieferte diesbezügliche Anhaltspunkte. Die erdrückende Macht des Weiblichen würde den Schüler in diesem Falle zum männlichen Objekt treiben im Sinne einer Zuflucht, einer Abgrenzung. Es ist deshalb davon auszugehen, daß der Schüler mit seinen Zeichnungen den Zweck verfolgt, das Thema des sexuellen Verkehrs zwischen Männern *an sich* anzusprechen, auch wenn dieses für Ralf offenbar eng mit seinen Vorstellungen bezüglich der Beziehung zwischen Vätern und Söhnen verknüpft ist. Den Gedanken, daß ein Vater mit seinem Sohn sexuell verkehrt, findet er - wie sich im explorativen Gespräch zeigt, in keiner Weise abwegig. Das gedankliche Spiel mit dem Thema des gleichgeschlechtlichen Inzests läßt sich als Versuch der Grenzüberschreitung verstehen. Selbstbeherrschung und Hemmungslosigkeit scheinen miteinander zu ringen. Was unter Einbeziehung psychoanalytischer, ich-psychologischer Erkenntnisse als Komplexe und Fixierungen im Rahmen unabgeschlossener, ungelöster präödipaler (dyadischer) und/oder ödipaler (triadischer) Entwicklungszusammenhänge erscheint, taucht hier im vermeintlich sexuellen Gewande wieder auf.

Zur genaueren Analyse dieses Konfliktgeschehens wären die theoretischen Überlegungen von Blos (1985) zu den Auswirkungen prä-ödipaler, d.h. dyadischer Bindungen zwischen Vater und Sohn, auf der einen Seite und ödipaler, triadischer Entwicklungsprozesse im Dreieck Vater-Mutter-Sohn, auf der anderen Seite, auf die Identitätsbildung eines Jungen heranzuziehen. Vieles spricht dafür, daß im Beispiel von Ralf die dyadischen und triadischen Entwicklungsprozesse aufgrund des frühen Fehlens des Vaters und des *Wechsels* der Mutter in einer Weise gestört worden sind, daß es zu einer Fixierung an frühe Stufen der Bedürfnisbefriedigung gekommen ist, die hier - eingekleidet in einen sexuellen Erlebniszusammenhang - wieder auftauchen. Die sexuelle Praktik der Fellatio könnte somit etwas von dem frühen Wunsch enthalten, gestillt zu werden und doch ist sie nicht mit diesem identisch, weil erstens das mütterliche Objekt gegen einen Mann (Vater) vertauscht wird und zweitens die neuen, aktuellen sexuellen Bedürfnisse des Jugendlichen mit diesem frühen oralen Bedürfnis verschmelzen.[15]

Die beiden von dem 15jährigen Axel gezeichneten Szenen auf dem nächsten Blatt (Abb. 169) reflektieren offenbar ebenfalls ein homosexuell gefärbtes Geschehen. Die Szene unten soll - nach Angaben des Zeichners - einen Mitschüler und dessen Vater beim Analverkehr zeigen. Das Bildfragment oben rechts soll die beiden beim Oralverkehr darstellen. Wer den jeweils aktiven bzw. passiven Part übernimmt, bleibt in beiden Szenen unklar. Der Zeichner setzt Elemente der Karikatur ein, um seiner Zeichnung die Schwere zu nehmen, etwa bei Gesicht und Kopfhaar der knienden Figur unten oder den Hörnern der Figur oben. Insbesondere die Hörner könnten darauf verweisen, daß dieser erotische Kontext nicht ohne das Schmieden von Plänen, das Anwenden von Listen und Verführungstechniken auskommt, sowie ja das ganze Zeichenblatt eine Provokation des Mitschülers darstellt, dem ja das dargestellte homosexuelle Verhältnis *unterstellt* wird. Hinter dieser thematischen Einkleidung könnte allerdings auch der zaghafte Versuch des Zeichners stecken, eigene homoerotische Wünsche, Erfahrungen, Vorstellungen usw. oder emotionale Aspekte der eigenen Vaterbeziehung, evtl. auch Gewalt- und Mißbrauchserfahrungen, zu thematisieren und einem Gespräch zugänglich zu machen.

---

[15] Aufschlußreich sind in dieser Hinsicht Freuds (1910) Ausführungen zur *Fellatio* in seiner Abhandlung „Eine Kindheitserinnerung des Leonardo da Vinci" (Studienausgabe Bd. X, 1969 bzw. 1982, 112 f.).

Abb. 169

Abb. 171

Abb. 170

Der 15jährige Niko hat männliche Aktdarstellungen aus einem Zeichenlehrbuch[16] photokopiert und zu zwei Paaren zusammengefügt (Abb. 170). Die Figurationen wurden vor einen karg wirkenden Landschaftshintergrund gesetzt. Das Karge der Landschaft könnte unter Umständen auf die libidinöse *Durststrecke* verweisen, die der Jugendliche bereits hinter sich gebracht hat. Die scharfen Kanten der Felsen kontrastieren mit den nackt präsentierten Körpern. Nach einer Zeit der Inkubation, der Auseinandersetzung, der Vorbereitung, gilt es, sich den Bedürfnissen des Körpers uneingeschränkt zuzuwenden. Durch den Verzicht auf jede weitere Ausgestaltung des Landschaftraumes, einmal abgesehen von den Bodenschraffierungen, tritt der Akt *an sich* besonders deutlich hervor. Während das Paar auf der linken Seite sich offenbar bei einer koitusähnlichen bzw. analen Praktik befindet, bleiben die sexuellen Praktiken des Paares auf der rechten Seite etwas unklar. Das aktive und das passive Element, die gebende und die empfangende Liebe halten sich in diesem Bild die Waage. Die Inhalte der Sprechblasen unterstreichen den sexuellen Kontext ("Er steht. Super, super geil. Ja es kommt. Aahh, mm, schön weiter."). Die eigentliche Fragestellung seines Bildes hat der Schüler zweifach oben über das gezeichnete Geschehen geschrieben: "Schwule?" Diese Kurzform einer Frage ließe sich wahrscheinlich auch übersetzen mit: "Was bedeutet es, homosexuell zu sein? Wann ist einer homosexuell und wie verkehren die Homosexuellen miteinander?"

Die Frage, inwieweit dieses Thema für den 15jährigen zu dem damaligen Zeitpunkt konfliktbesetzt gewesen sein könnte, ist nicht ohne weiteres zu beantworten. Die Tatsache, daß das Thema der Homosexualität hier so direkt ins Bild gesetzt und in einem explorativen Gespräch mit der Einstellung des *immerhin Möglichen* reflektiert wird, legt die Vermutung nahe, daß der Schüler gleichgeschlechtliche Tendenzen im Grundsatz als *eine* Form der sexuellen Begegnung für sich und andere akzeptiert. Die Dualität von männlichen und weiblichen Anteilen kommt jetzt vollständig zum Tragen. Nicht alles, was gezeichnet wird, muß deshalb auch *gelebt* werden. Das heißt:

„Menschliche Sexualität erlebt sich nicht nur in ihrem Vollzug, sondern auch in den ´zahllosen Darstellungen´ ihrer selbst" (Vincent 1993, 332).

Gleichzeitig ist nicht abzusehen, wie diese Entwicklung ausgehen wird, d.h. ob es zu einer Integration, einer Sublimierung oder einer Abspaltung der homoerotischen Tendenzen kommen oder ob es evtl. ein „Glück im Ghetto" (Pollak 1990) geben wird.

„Das absolute Geheimnis ist im Bewußtsein - oder im Unbewußten - des Individuums aufbewahrt. Daher entzieht es sich der Erforschung [...]" (Vincent 1993, 180).

---

[16] Tank (1963): Kopf- und Aktzeichnen.

Abb. 172

Abb. 173

294

Der ausgeprägte Auseinandersetzungsbereitschaft des italienischen Schülers gegenüber einer Thematik, die allgemein viel Abwehr erfährt, ermöglichten in diesem Falle immerhin Gespräche zwischen Lehrer und Schüler, aber auch innerhalb der Lerngruppe, in deren Verlauf vom Schüler die eigenen homoerotischen Tendenzen enttabuisiert und angesprochen werden konnten. Das Konfliktthema erfährt so eine Relativierung, indem es in einem übergeordneten didaktisch legitimierten Kontext bearbeitet werden kann.

Im nun folgenden Beispiel geht es um das Nebeneinander konkurrierender heterosexueller und homosexueller Tendenzen anhand von Bildgestaltungen des 13jährigen Rüdiger.[17] Zunächst sei hier auf eine etwa zwanzig Zentimeter hohe Tonplastik (Abb. 171) hingewiesen: einen Torso. Nach den Angaben des Schülers stellt diese eine etwa vierzigjährige Frau dar. Arme und Beine fehlen und wurden absichtlich weggelassen (Selbstaussage des Schülers). Auch das Gesicht bleibt undifferenziert, während dem Schüler die Kopfform als Ganzes von Bedeutung zu sein scheint. Viel Aufmerksamkeit verwendet der Schüler auf die Ausarbeitung der Brüste. Vieles spricht dafür, daß sich der Jugendliche hier ein symbolisches Objekt seiner erwachenden Begierde schafft. Ohne Arme und Beine wird die Frau gänzlich zum Objekt der aufkeimenden libidinösen Wünsche. Sie kann sich dem Knaben nicht entziehen. Integriert in diesen Erlebniszusammenhang scheint hier eine tieferliegende Erinnerungsschicht reaktiviert zu werden, die mit der Sphäre des Mütterlichen, des Gestilltwerdens usw. - man beachte die Betonung von Brust und Kopfhaltung - zu tun haben könnte.

Einige Zeit später zeichnete Rüdiger ein U-Boot auf mäßig bewegter See (Abb. 172). Auf beiden Seiten des Bootes befindet sich jeweils eine Menschenfigur. Rechts im Bild ist eine Art Felsen, eine Küste o.ä. in Sicht. Unterhalb des U-Bootes schwimmt ein großer Fisch, der evtl. als sexuelles, phallisches Symbol zu verstehen ist. In ikonographischer Hinsicht steht der Fisch jedoch auch für Fruchtbarkeit, Tod oder die eigene Vergangenheit. Rüdiger erzählte die folgende Geschichte zu seinem Bild:

> "Ich bin schwul und der Kapitän (zeigt auf die Figur links auf dem Boot) von einem Schiff. Der Kapitän geht an Land und lernt einen Schwulen kennen, der vorher auf einer einsamen Insel lebte. In Francisco. Er weiß das aber nicht. Er merkt das erst nachher. Er nimmt den Schwulen an Bord (zeigt auf die Figur rechts auf dem Boot). Sie fahren über die Meere und der Schwule geht an Land und da geht es rund. Der Kapitän weiß aber nichts. Nach einer gewissen Zeit gemeinsamer Fahrt bekommen sie Kontakt und zwar über gemeinsames Arbeiten und Essen. Der Schwule, er heißt Douglas, macht dem Kapitän, der heißt Heddock, dann einen erfolgreichen Antrag. Der Kapitän war vorher auch einsam. Er war ja immer weg. Irgendwann erfährt es die Frau vom Kapitän. Sagt aber nichts. Irgendwann war der Mann nicht mehr schwul."

---

[17] Der Schüler lebte zu dem betreffenden Zeitpunkt in einer Pflegefamilie.

Das Meer erscheint in diesem bildnerischen Zusammenhang als eine Symbolisierung von bewußten und unbewußten Empfindungen. In der Geschichte des Schülers zu seinem Bild sind eine Reihe narrativer Sprünge enthalten. Während bereits im ersten Satz auf die Homosexualität des Kapitäns hingewiesen wird, wird dieser im weiteren Verlauf als völlig ahnungslos gegenüber der gleichgeschlechtlichen Orientierung seines Passagiers dargestellt. Allerdings läßt sich der Kapitän dann, aus seiner Einsamkeit heraus, auf das Angebot des anderen ein. Das Motiv des Kapitäns wird demnach nicht in eigenen homosexuellen Tendenzen gesehen, sondern in seiner Einsamkeit, seinem Wunsch nach Nähe und Kontakt. Wer von den beiden sich am Ende von den homosexuellen Einstellungen und Praktiken abgewandt hat, bleibt offen. Betrachtet man die beiden Figuren dagegen als verschiedene Selbst-Anteile, zwischen denen der Jugendliche hin- und herpendelt, löst sich das Rätsel der fehlenden Logik auf. An thematischen Aspekten stehen dann im Vordergrund: Das Erleben eigener homosexueller Empfindungen, die Vorstellung, daß diese nicht frei, d.h. für die Umwelt sichtbar ausgelebt werden können (U-Boot, Untertauchen); Einsamkeit; der Wunsch nach einer Beziehung zu einem Menschen, mit dem gemeinsam gearbeitet und gegessen wird, nach einem Menschen, der phasenweise das Steuer im eigenen Leben übernimmt (Kapitän = Vater), mit dem gemeinsam Ziele angestrebt und Abenteuer erlebt werden können. Die im Bild und der dazugehörigen mündlichen Erzählung berichteten Reaktionsformen sind entsprechend auf beide Figuren (Selbst-Anteile) verteilt. Während der Kapitän zwar Kontakt herstellt und pflegt (er ist es ja, der den anderen Mann an Bord nimmt), die Befriedigung der eigenen Bedürfnisse jedoch lange Zeit zurückstellt und sich vielmehr auf die Bedürfnisse seines Mitfahrers einstellt, finden sich bei "Douglas" stärker die Formen der Selbstbehauptung, ein schnelleres und direkteres Herstellen von sozialen (sexuellen) Kontakten bis hin zur Promiskuität und das Aufgreifen von Chancen („an Land geht es rund"; er ist es, der dem Kapitän einen Antrag macht). Gegen Ende der Erzählung des Schülers klingen schließlich evasive bzw. exgressive Reaktionsformen an. Der 13jährige verläßt, in der Identifikation mit seinen beiden Figuren, zumindest mit der einen, das psychische Spannungsfeld, das durch die regulative Thematik gegeben ist.

Zum einen läßt sich das o.g. Geschehen als eine Art *gedankliche* homosexuelle Episode betrachten, die für die Adoleszenz als durchaus phasengerecht betrachtet werden kann (vgl. Blos 1989, 123). Über eventuelle praktische Umsetzungen solcher Vorstellungen durch den Schüler lagen zum damaligen Zeitpunkt weder Informationen vor, noch zeigten sich Anhaltspunkte. Gleichzeitig scheint hier im Bild des Schülers und den dazugehörigen Erzählungen bereits etwas von dem Wissen um die Schwierigkeiten des Auslebens homosexueller Bedürfnisse durch. Der zentrale Konflikt zwischen den Affekten, dem Wunsch nach einer längerfristigen emotionalen Beziehung und dem rationalen, zweckorientierten, kurzfristigen und wechselnden Herstellen sexueller Kontakte, wie es für weite Teile der Homosexuellen-*Szene* typisch zu sein scheint (vgl. hierzu z.B. Pollak 1990, 57), ist offenbar bereits jetzt im Bewußtsein des Schülers verankert. Die im ursprünglichen Verbot der Homosexualität begründete „Abspaltung von den affektiven Strebungen" und die Notwendigkeit, im Verborgenen eine „Organisationsstruktur" zu entwickeln, „die gefahrlos die maximale Befriedigung sexueller Wünsche erlaubt" (ebd.), erscheint als ein zentraler Mechanismus, der bereits von unserem Schüler antizipiert wird. Das in seinem Bild verwendete Motiv des *Untertauchens* darf als eine subjektiv wie objektiv sehr schlüssige Symbolisierung des o.g. Zusammenhanges angesehen werden.

Ergänzend und abschließend sei noch auf eine teils collagierte, teils gezeichnete Arbeit desselben Schülers, d.h. des 13jährigen Rüdiger, hingewiesen. Diese Bildgestaltung (Abb. 173) entstand wenige Wochen nach der oben beschriebenen Zeichnung. Aus der Reproduktion eines Gemäldes[18] photokopierte sich der Jugendliche einen Ausschnitt, der eine Frau und einen Mann zeigt, die eng beieinander kauern. Zunächst schnitt der Schüler den Mann, dann die Frau aus und setzte beide Figuren auf einen gezeichneten Felsen in ein Gewässer. Er ergänzte bei der Frau den Fuß, beim Mann den linken Arm und den Penis. Von den Augen des Mannes zeichnete er einen Pfeil in Richtung des Gesichts der Frau. Rechts unten im Wasser befindet sich ein Fisch, der nach Aussagen des Schülers die beiden Personen auf dem Felsen beobachtet. Alles in allem handelt es sich um ein hochgradig libidinös besetztes Bild, diesmal in Richtung auf die Sexualität und Intimität zwischen Mann und Frau. Ein Annäherungsversuch des Schülers an das ihm noch unbekannte Terrain, weshalb auch noch die außenstehende Beobachtungsposition des Fisches notwendig zu sein scheint, der sich zugleich als sexuelles, phallisches Symbol auffassen läßt (vgl. auch Abb. 172) sowie auf das Beenden früherer lebensgeschichtlicher Entwicklungsabschnitte verweist.

---

[18] Ole Callsen (1989): Ohne Titel. Entnommen aus der Sammlung „Eros ist frei", Köln 1990.

Abb. 174

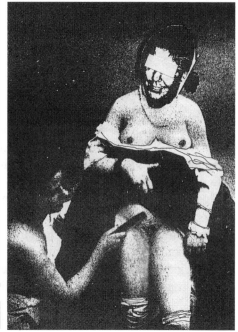

Abb. 175

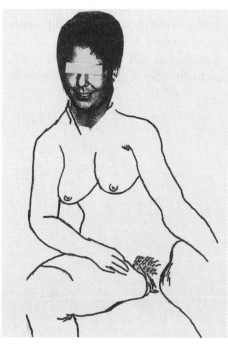
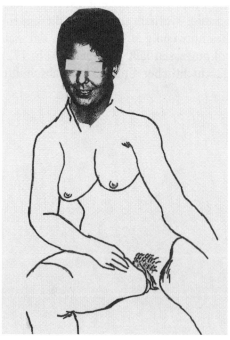

Abb. 176

Abb. 177

6.10 Die Verbildlichung transsexueller Phantasien

„Jedes Bild bezieht sich auf Verwandlung und es ist auch selbst eine Verwandlung" (Salber 1986, 79) [...] „Kunstwerke können Störungen aktualisieren von Unbeachtetem, Unbehaglichem, auf Veränderung Drängendem [...] machen spürbar, daß in Störung und Umstrukturierung Sinnrichtungen sichtbar und Gestaltungsprozesse freigesetzt werden" (a.a.O., 186).

Dieser Gedanke trifft wohl in besonderer Weise auf das Kernthema der Jugend, die Identitätsentwicklung (vgl. Erikson, Blos; unter dem Aspekt ästhetischer Prozesse auch Wieland 1995) zu. Prozesse der Körperverwandlung, der versuchsweisen Umkehrung des Geschlechts, des Erprobens einer anderen, zwar physiologisch nicht gegebenen, jedoch psychologisch vorhandenen Möglichkeit, werden etwa in einer Bildreihe des 13jährigen Peter sichtbar. Der für sein Alter recht kräftig entwickelte und zu aggressiven Verhaltensweisen neigende Schüler, der uns bereits mit seiner Auflehnung gegen die schulische Macht (Abb. 57 und 58) sowie in einer Darstellung zur homosexuellen Liebe (Abb. 166) beschäftigt hat, setzt sich in seiner Collage ebenfalls mit dem Themenbereich "Körper, Sexualität, Identität" auseinander. Der Jugendliche hat ein schwarzweißes Photoportrait, das sein Lehrer von ihm gemacht hat, photokopiert, verkleinert und - über mehrere Wochen hinweg - auf eine Reihe von Frauenkörpern montiert und zwar ohne daß es hierzu irgendeinen didaktischen Impuls gegeben hätte. Das hier gezeigte Bild (Abb. 174) entstand als erstes einer Reihe von drei Arbeiten, die alle Frauenkörper und den aufmontierten Kopf des Schülers zeigen. Auf dem ersten Bild erscheint Peter, unter Rückgriff auf eine vergrößerte Photovorlage, als Ballettänzerin in Kleid und Seidenstrümpfen. Der Jugendliche verleiht sich hier in der Phantasie feminine Grazie, Anmut und Unschuld.

Das zweite Bild dieser Reihe (Abb. 175) zeigt Peter unter Verwendung einer Photovorlage, die kopiert und mit einem Stift überarbeitet wurde, als halbnacktes Photomodell, Kurtisane o.ä. Die abgebildete junge Dame läßt eine Reihe von Körperpflegeprozeduren, auch im Intimbereich, über sich ergehen. Im Vergleich zu Abbildung 174 haben wir es hier mit einer Veränderung, einer Steigerung, einer Intensivierung, einem Durchdringen zu einer tieferen psychischen (psychosomatischen) Schicht zu tun. Unverstellte sexuelle Phantasien, Vorstellungen und Wünsche wie Ängste klingen an, überfließende, schäumende Sinnlichkeit, Wollust, eine gewisse Verruchtheit kündigen sich an. Indem das Bild unter anderem von weiblicher Homosexualität erzählt[19], erzählt es durch das Einmontieren des Photoportraits auch von der männlichen.

Für eine dritte Arbeit, hat sich der 13jährige Peter eine Aktvorlage von Grosz geborgt (Abb. 176). Im Vergleich zu Abbildung 175 haben wir es wiederum mit

---

[19] Die Herkunft der Photovorlage ist im Augenblick nicht zu rekonstruieren.

einer Intensivierung, einer Steigerung des bildhaften Ausdrucks zu tun. Das Bild wirkt wie eine - wenn auch unbewußte - direkte sexuelle Aufforderung, die entweder globalen/ allgemeinen Charakter besitzt oder die sich möglicherweise auf eine konkrete männliche Person aus dem Umkreis des Schülers richtet. Die Konturen des weiblichen Aktes wurden mit kräftiger Linie nachgezogen. Zeichnerische Detailarbeit fand im Bereich der Schamgegend statt. Die Schenkel des Frauenkörpers sind leicht geöffnet, gespreizt. Zusammen mit dem sanft lächelnden Gesichtsausdruck kommt eine verführerische Wirkung zustande. Es klingt jedoch auch der unbewußte Bereich des Weiblichen, das Wechselhafte, Feuchte, Zwielichtige an. Dieses dritte Bild gibt den Blick frei auf einen völlig nackten, in der Phantasie ausgeliehenen, Frauenkörper.

Zusammenfassend, d.h. mit Blick auf die gesamte Bildreihe, läßt sich festhalten, daß es hier um eine transsexuelle Körperverwandlung zu gehen scheint, eine Art Umkehrung des Geschlechts in der Phantasie des Jugendlichen. Im Herstellen von Bildern und im Umgang mit Kunst liegen besondere Möglichkeiten der Veränderung, des Experiments, der Umkehrung usw., auf die der Jugendliche zurückgreift. Im Vordergrund stehen die Reaktionsformen der temporären Identifikation mit der entgegengesetzten Geschlechtsrolle, bei gleichzeitiger Akzeptanz der realen Situation, die explorativen Gespräche unterstützten diesen Eindruck, wie sie tatsächlich gegeben ist. Allerdings sind hier Momente einer "bisexuellen Diffusion" (Erikson) nicht von der Hand zu weisen. Diese können vor allem deshalb zu einer Konfliktthematik werden, weil der Jugendliche im Alter von 13 Jahren offenbar noch nicht zu einer Tolerierung, Integrierung, geschweige denn Realisierung gegensätzlicher, konkurrierender Identitätskonzepte in der Lage zu sein scheint, wie das Ausagieren negativer und destruktiver Impulse in seinen sozialen Beziehungen zeigt.

Vielleicht wird hier auch die Schichtzugehörigkeit, das „kulturelle Milieu, in dem einer aufwächst", als „Bedingungsfaktor für Entwicklungen erkennbar" (Hartwig 1980, 61). Möglicherweise verschränken sich Psychogenese und Soziogenese (Moser), nicht nur in diesem einzelnen Falle, derart, daß es zu „(unter-)schichtspezifischen Störungen der Identifikation" speziell von Jungen (Moser 1970, 263 ff.; Miller & Swanson 1960) kommen kann, die sich problematisch auswirken: Eingeschränkte Möglichkeiten zur Rollenentfaltung der Väter, höhere Tendenz zur Orientierung an der Mutter, Unsicherheit in der Geschlechtsrolle, erhöhter Druck zu zwanghafter Männlichkeit, überdurchschnittliche Abwehr, Verleugnung, Projektion, unterdurchschnittliche Fähigkeit der Konfliktbewältigung (ebd.). Das Verhalten vieler unserer Schüler zeugt zur Genüge davon.

Abb. 178

Abb. 179

Abb. 180

6.11 Manifestationen sexuellen Verlangens

Der 12jährige Oliver, von dem wir bereits einen Jugendlichen mit Motorrad (Abb. 35) und eine Supermann-Darstellung (Abb. 137) gesehen haben, hat hier unter Einbeziehung von vorgegebenen Bildelementen eine Badeszene (Abb. 177) komponiert, in der libidinös-erotische Aspekte im Vordergrund stehen. Unter Rückgriff auf Aktzeichenvorlagen, unter anderem von Rzechak[20] und Tank[21], setzt sich der 12jährige Schüler in seiner Bildgestaltung mit Vorstellungen, Phantasien, Erfahrungen, (Vor-) Formen und Zuständen sexueller Betätigung auseinander. Der realisierte Bildzusammenhang birgt ein breites Spektrum an sexuell-erotischen Elebnismöglichkeiten in sich. Der im Hintergrund hokkende oder kniende Mann wirft Blicke auf die verführenden, zum Teil mit sich selbst beschäftigten Frauen im Vordergrund. In der seitlichen Bewegung seiner Arme kündigt sich bereits ein Handeln an. Die zwischen die Figuren und die Wandfliesen bzw. das Regal mit Handtüchern, Lotionen usw. eingefügten Schraffuren geben dem Bild eine ungewöhnliche Dichte. Das Setting des Badezimmers wird überlagert/ überschritten durch Assoziationen an einen Ort in der freien Natur. Das Bild deutet an und läßt noch vieles offen.

Wie die Ausdrucksbedürfnisse der Heranwachsenden und die Sinnschichten vorhandener künstlerischer Werke einander durchdringen können, verdeutlicht eine Arbeit des 16jährigen Timo (Abb. 178). Der Jugendliche, vom dem wir bereits die Darstellung eines Raubvogels (Abb. 131), eine Gruppe von Haien (Abb. 132) sowie einige Ausschnitte aus einem Wandbild zum Thema „Jugendkultur" (Abb. 104, 182, 183) gesehen haben, führt hier das in dem oben genannten Wandbild begonnene Thema "Erotik/ Sexualität" fort. Timo hat, aus dem vorhandenen Repertoire an Kunstbänden, Reproduktionen von Kunstwerken usw. Bildelemente von Rubens[22] und Michelangelo[23] ausgewählt, kopiert, zerschnitten und zu einer Komposition mit dem Titel "Gruppensex" zusammengefügt. Eventuell förderte speziell das Rubens-Bild diese Richtung, obschon dieses Gemälde, wie viele andere Werke von Rubens auch, eher von indirekten Andeutungen/ Anspielungen auf Sexuelles/ Erotisches lebt.[24] Der Jugendliche spitzt diese latente Annäherung der künstlerischen Werke an Sexualpraxis weiter zu, ohne daß seine eigene Bilddarstellung direkt in eine solche überginge. Die mythologischen Themen der Werkvorlagen werden beiseitegelassen. Sie

---

[20] Rzechak (1990): "Noli me tangere..."; entnommen aus: Eros ist frei, Edition Hansen, Köln 1990.

[21] Tank (1963): Kopf- und Aktzeichnen.

[22] Rubens (1618): „Der Raub der Töchter des Leukippos".

[23] Michelangelo (1508 - 12): „Sündenfall und Vertreibung aus dem Paradies", Deckenfresko Sixtinische Kapelle.

[24] Vgl. den Aufsatz von Mittig (1985): Erotik bei Rubens.

waren für den Schüler auch von keinem erwähnenswerten Interesse. Der Raum des Bildes ist angefüllt mit den erregt (oder irritiert) taumelnden Leibern von Frauen und Männern, die sich aufeinander zubewegen, die nach einander greifen oder die voreinander ausweichen/ zurückweichen. Die ineinander verwobenen Körper spiegeln sowohl frühe Erinnerungen als auch aktuelle Wünsche, Vorstellungen, Projektionen aus dem Bereich der Körpersphäre und der emotionalen Bindungen wider. Die liegende Nackte auf der linken Seite wurde so ins Bild montiert, daß sie dem Mann (ehemals Adam) ans Geschlecht greifen kann. Der Mann rechts kniet unmittelbar vor einer liegenden Frau. Fest ist sein Blick auf ihre angehobenen Schenkel, ihre Vagina gerichtet. In Timos Bild verdichten sich Wunsch und Traum. Seine Arbeit "Gruppensex" illustriert Phantasien, Tagträume, Wunschbilder einer freien, lusterfüllten Sexualität. Die der „Vertreibung aus dem Paradies" entnommenen Bildelemente repräsentieren jedoch auch die vielfältigen Lustverbote und Einschränkungen sexueller Befriedigung.

Abbildung 179 zeigt die zeichnerische Ergänzung einer Postkartenvorlage, die durch die 16jährige Amanda vorgenommen worden ist. Den Hintergrund der Zeichnung bildet ein großstädtisches Milieu, aus dem heraus sich eine Prostituierte o.ä. dem Betrachter zuwendet. Sie trägt hochhackige Schuhe, Strapse, fingerlose, ellenbogenlange Handschuhe, in der rechten Hand eine Zigarette auf einer Spitze und sagt: „Ich will Sex". Ihr Oberkörper ist entblößt. Die Frau, die Beine überkreuzt, die linke Hand lässig in die Hüfte gestellt, bläst den Rauch ihrer Zigarette aus. Sie gibt sich verrucht. Der entfesselte Eros sendet eine selten so offene, direkte Botschaft. Die Einkaufsstraße wird umgeformt zum Rotlicht-Milieu, in dem sich die sexuellen Wünsche ungeniert zeigen und auf ihre Befriedigung zusteuern können.

Der 15jährige Helmut, von dem wir weiter oben eine Darstellung zu seiner Familiensituation (Abb. 4) und eine Collage/ Fumage mit einer rechtsgerichteten Gruppe von Jugendlichen (Abb. 97) gesehen haben, hat hier eine Bildgestaltung mit dem Titel "Eine Party ist zugange (Orgie)" vorgelegt (Abb. 180). Das Thema wurde von dem Jugendlichen völlig frei gewählt und beruht in keiner Weise auf didaktischen Impulsen, Vorschlägen o.ä.[25] Helmut hat Figurenelemente von Ungerer[26] und eine Aktdarstellung von Tauzin[27] übernommen, im einzelnen kopiert, zerschnitten, neu zusammen gesetzt, und in ein mit der Feder gezeichnetes Interieur[28] plaziert. Der Lehrer (J.B.) hatte den Schülern ein größe-

---

[25] H.-G. Richter (1997 a, 134 ff.) hat sich im Rahmen seiner Untersuchung von "Leidensbildern" mit drei weiteren Zeichnungen, speziell einer Baum-, einer Haus- und einer Landschaftsdarstellung, von „Helmut" beschäftigt.

[26] Ungerer (1983): „Rigor Mortis".

[27] Tauzin (1965): „ohne Titel". Entnommen der Sammlung „Eros ist frei". Edition Hansen, Köln 1990.

[28] Bei dem Bildhintergrund handelt es sich um die Photokopie einer Tuschezeichnung von Bröcher (1987).

res Repertoire an solchen Bildhintergründen, meist von Künstlerinnen und Künstlern gezeichnet, angeboten. Helmut hat nun die von ihm ausgewählten Figuren zu einem dichten, libidinös gefärbten Geschehen zusammengefügt sowie mit schwarzer Tinte bzw. Feder Ergänzungen in Form von Schraffuren usw. an einigen Figuren vorgenommen. In dem großbürgerlich wirkenden Interieur (Sekretär, Kandelaber, Diwan usw.) hat sich eine illustre Gesellschaft versammelt, die sich dem Wein und erotisch-sinnlichen Vergnügungen hingibt. Während die Gruppe im Bildhintergrund ihren Spaß in der Unterhaltung zu finden scheint, sehen wir rechts ein Paar, das sich in einer erotischen Aktivität zu engagieren scheint, während sich das Paar ganz vorne, liegend, nackt, unverholen und ohne daß hier noch etwas versteckt werden müßte, sexuellen Freuden hingibt. Ähnlich wie bei Abbildung 178 handelt es sich um ein Traumbild, in dem sich die sexuell-erotischen Wünsche des Jugendlichen zuspitzen, verdichten; eine bildhafte Phantasie sexueller Zügellosigkeit, Libertinage und Ausschweifung.

6.12 Symbolische Hinweise auf Mißbrauchserfahrungen

Die 11jährige Vera polnischer Herkunft (4. Klasse einer Grundschule) fiel bereits ab der dritten Klasse wegen einer ungewöhnlichen Sexualisierung ihres Denkens und Verhaltens auf. Sie kleidete sich bereits sehr früh nach Art der Jugendlichen, trug etwa sehr enge Hosen, hochhackige Plateau-Schuhe, extrem kurze T-Shirts oder Westen, hörte bereits in der 3. Grundschulklasse die Musik von „Tic Tac Toe" und anderen Konstellationen aus dem Bereich der Pop- und Techno-Musik. Auf den Sonderschullehrer, der sich zur integrativen Betreuung eines Schülers mit in der betreffenden Klasse befand, wirkte Vera frühreif und in einer destruktiven Weise sexuell provozierend. Wenn dieser etwa im Rahmen des Kunstunterrichts Spuren von Gips oder Kleister an seine Hose oder seinen Pullover bekam, tönte Vera etwa durch die Klasse: „Seht mal, Herr B. hat gefickt! Herr B. hat gewichst!" o.ä. Ein anderes Mal, als ein Indianertipi aus Weidenruten gebaut wurde, stieß sie mit einer Rute von hinten in den Schritt des Lehrers hinein.

Bereits seit dem ersten Schuljahr hegte die Klassenlehrerin den Verdacht, daß Vera von ihrem Vater sexuell mißbraucht wurde. Eine Intervention erschien jedoch wenig erfolgversprechend, weil die Schülerin sich nicht deutlich äußerte und ihren Leidensdruck, sofern tatsächlich vorhanden, geschickt zu kaschieren verstand. Von einer sonderpädagogischen Betreuung, die dringend nötig gewesen wäre, wurde abgesehen, weil jedes gezielte pädagogische Eingehen des Sonderschullehrers auf die Schülerin von dieser als sexuell gefärbter Annäherungsversuch interpretiert wurde. Eine Sonderschul*lehrerin*, die die Aufgabe sicher besser hätte übernehmen können, stand nicht zur Verfügung.

Gegen Ende des vierten Schuljahres fertigte Vera im Rahmen eines kunstpäd-agogischen Projektes, in dem es unter anderem um das Herstellen von Phanta-sietieren aus Maschendraht und Kleisterpapier ging, eine „Giraffe" an (Abb. 181). Als es um das Erstellen der Drahtkonstruktion ging, hatte Vera eine Mit-schülerin quasi als Assistentin bei sich, die ihr beim Schneiden und Verbinden der Drahtstücke zur Hand ging. Voller Elan wurde auch mit dem Bekleben der Figur mit Kleisterpapier begonnen. Als die Skulptur etwa zu zwei Dritteln be-klebt war, stagnierte der Arbeitsprozeß. Vera verfiel über mehrere Wochen in völlige Untätigkeit, die Mitschülerin wandte sich der Realisierung eigener Ideen zu.

Als im Rahmen einer Teambesprechung, an der die Klassenlehrerin, eine Fachlehrerin und der Sonderschullehrer teilnahmen, die halbfertigen Figuren betrachtet wurden, stellte sich auch die Frage, warum Vera, trotz der anfänglich recht hohen Motivation, nicht an ihrer Figur weiterarbeiten wollte? Als Veras Figur genauer betrachtet wurde, erinnerte sie das o.g. Team weniger an eine Gi-raffe als an einen etwas untersetzten Mann mit Hörnern auf dem Kopf (Durch-setzungsvermögen, Aggressivität), mit erigiertem Penis und gespreizten Ober-schenkeln. Es wurde die Hypothese entwickelt, daß der künstlerische Gestal-tungsprozeß die belastenden sexuellen Erfahrungen der Schülerin reaktiviert ha-ben mußte. Das Unterbrechen der künstlerischen Arbeit kam entsprechend dem Versuch gleich, die unweigerlich aufkommende Thematik abzuwehren.

Auf ein exploratives Gespräch wurde aus den bereits o.g. Gründen zunächst verzichtet. Unter Hinweis auf die allgemeinen Anforderungen des Kunstunter-richts gelang es der Klassenlehrerin schließlich, Vera zur Weiterarbeit zu bewe-gen. Das Mädchen wählte hierzu einen Zeitpunkt, an dem auch ihre ehemalige Assistentin wieder zur Verfügung stand. Jetzt wurden weitere Papierschichten aufgeklebt und mit dem Anmalen begonnen. Während der obere und der untere Teil der Figur in hellem Gelb und Blau gestaltet wurden, wählte Vera für die farbliche Gestaltung des Bauches bzw. des Unterleibs ein leuchtendes Rot, von dem sie große Mengen verbrauchte. Phasenweise stand sie versunken vor ihrer „Giraffe" und strich mit einem breiten Pinsel immer wieder über den nach vorne stehenden, etwa 15 Zentimeter langen „Schwanz", der sich unter dem sanften Druck des Pinsels jeweils nach unten bewegte und wieder nach oben schnellte. Die Assistentin stand schweigend daneben, den roten Farbtopf in der Hand, als ahne sie etwas von der tieferen Bedeutung des gesamten Vorganges.

Der Sonderschullehrer (J.B.) wagte schließlich doch einen Versuch, mit der Schülerin ins Gespräch zu kommen, indem er sich zunächst auf die farblichen Wirkungen, die Kontraste des Anstrichs usw. bezog und die Schülerin dann eher beiläufig fragte, ob die Figur sie nicht noch an etwas anderes erinnere, als an ei-ne Giraffe? „Wieso? Das ist eine Giraffe. Was denn sonst?" kam es mit einer gewissen Gereiztheit/ Genervtheit zurück und wir zogen es vor, hier nicht weiter zu forschen.

Abb. 181

Abb. 182

Abb. 183

306

6.13 Exkurs: Sexualität und Didaktik

6.13.1 Enttabuisieren & Thematisieren

Wenn wir von Didaktik sprechen, dann beziehen wir uns auf einen lebensweltorientierten Unterricht, der insbesondere kunsttherapeutische Sichtweisen bzw. Verfahren integriert und die sich jeweils manifestierenden Daseinsthemen der Heranwachsenden zum Dreh- und Angelpunkt der unterrichtlichen Prozesse macht (vgl. Bröcher 1993, 1996, 1997 a, b, c). Bezüglich des Themas Sexualität kommt es trotz der (Psuedo-)Offenheit der Medien, zunächst darauf an, bestimmte Themen zu *enttabuisieren*. Dies gilt besonders für Masturbation, Homosexualität und Bisexualität. Trotz der von Sigusch (1996) festgestellten „Vervielfältigung der sozial akzeptierten Beziehungs- und Lebensformen" scheinen gerade diese Bereiche immer noch mit Sprechverboten, Ängsten, Abwehr und Schuldgefühlen belastet zu sein. Wenn es stimmt, wie Sigusch meint, daß „Empfindungsweisen, die früher der Hetereosexualität, der Homosexualität oder der Perversion zugeschlagen worden sind, weil keine anderen Raster zur Verfügung standen, aus deren Bannkreis heraustreten", daß sie sich jetzt zunehmend selbst „als Lebensweisen definieren und pluralisieren", daß die „alten Krankheitsentitäten wie Fetischismus, Sadomasochismus oder Transsexualismus zerfallen", daß „Geschlecht heute nicht mehr Geschlecht sei, sondern nach Körpergeschlecht, Geschlechtsrollenverhalten, Transgenderismus, Geschlechtsidentität usw." differenziert werde, so bedeutet diese Diagnose allgemeiner kultureller Trends noch nicht, daß Heranwachsende - am wenigsten noch sog. konfliktbelastete, verhaltensauffällige, sozial benachteiligte Kinder und Jugendliche - sich ohne Probleme in diese neue sexuelle Welt hineinsozialisieren könnten. Den therapeutisch sensibilisierten Pädagogen kommt die Aufgabe zu, die jeweils im Bewußtsein der Heranwachsenden präsenten und daher relevanten Themen wahrzunehmen und einer Bearbeitung zugänglich zu machen.

6.13.2 Informieren & Erarbeiten

Der nun folgende Schritt läßt sich mit den Begriffen *Informieren & Erarbeiten* kennzeichnen. Sexualität eignet sich - speziell bei sog. verhaltensauffälligen Schülerinnen und Schülern - selten als eigenständiges Thema eines didaktischen Handlungsrahmens. Dazu ist dieses Thema generell zu stark mit Wünschen und Ängsten, mit Erregungspotentialen und Spannungen besetzt. Bei konfliktbelasteten Kindern und Jugendlichen kommt hinzu, daß sie kaum über ein angemessenes Lernverhalten bzw. über adäquate Daseinstechniken verfügen, um bei einer solch *intensiven* Themenbearbeitung halbwegs selbstgesteuert und konstruktiv mitzuarbeiten. Sexualität ist jedoch als *Nebenthema* in vielen anderen Themen enthalten und daher ist (fast) immer eine begleitende Auseinandersetzung möglich. Zu denken ist etwa an Jugendkultur, im einzelnen: Mode, Zeitschriften, Musik, Szenen und Subkulturen usw., oder: Menschenrechte/ Menschenrechtsverletzungen. Ausgehend von Photos oder Videos aus dem Bereich der Werbung lassen sich ferner ästhetische Leitbilder und Geschlechtsrollen thematisieren (vgl. Kunst + Unterricht 1982). Erotische Abbildungen aus Jugendzeitschriften oder Song-Texte, die sich um Liebe und Sexualität drehen, können aufgegriffen und angesprochen werden. Die Auseinandersetzungsprozesse können sowohl rezeptiv als auch produktiv erfolgen, indem etwa erotische Werbephotos zunächst betrachtet, analysiert und dann umgestaltet werden. Im Sinne kombinatorischer Verfahren lassen sich die bildnerischen Prinzipien Collage, Montage und Umgestaltung mit malerischen und graphischen Techniken sowie mit aleatorischen Verfahren (Farbe sprühen, klecksen, tropfen usw.) verbinden.

Ein 16jähriger Schüler, nennen wir ihn Timo, hat im Rahmen einer Wandbildgestaltung ein Bildgeschehen komponiert, in dem sich mehrere Frauen verschiedenen Körperpflegeprozeduren hingeben (vgl. Abb. 182)[29]. Die Frauen präsentieren sich in spielerischer, lockender oder aufreizender Pose. Sie provozieren, zeigen sich maskiert oder entblößt. Sie schauen hinter einer Maske hervor. Sie scheinen den jugendlichen Produzenten gleichermaßen zu locken und zu erschrecken. Um den Namen der Popgruppe „Snap" herum entfaltet sich ein ambivalentes Geschehen (vgl. Abb. 183). Bei den Bildelementen links unten handelt es sich um eine Art Bildgeschichte, wie wir sie aus der Zeitschrit „Bravo" kennen: Ein junges Paar beim Liebesspiel. Der junge Mann zeigt sich aktiv. Mit den Zähnen zieht er seiner Partnerin den Slip vom Gesäß herunter. Auf der anderen Seite erscheint Michael Jackson, wohl als Symbolisierung des Androgynen, neben einer liegenden Frau. Er hat beide Hände in den Hosentaschen, offenbar abwartend, zu der aktiven Szene hinüberschauend. Neugier auf der einen Seite, Hemmungen, Ängste und zögerndes Abwarten kennzeichnen den Konflikt, mit dem der jugendliche Bildproduzent befaßt sein könnte.

Aufgrund der ausgeprägten Abwehr des 16jährigen, seines aufbrausenden Temperaments und seiner überschießenden Aggressivität, war hier zwar kein direktes Gespräch möglich. Eine Auseinandersetzung mit dem Konfliktthema wurde jedoch indirekt erreicht, etwa in Zusammenhang mit dem Zeichentrickfilm „Sex: Eine Gebrauchsanweisung für Jugendliche" (Möller 1987). An sich *schwierige* Aspekte des Themas konnten auf diese Weise thematisiert werden. Die Auseinandersetzung mit dem Film führte wiederum zu neuen Bildgestaltungen, die ein Vordringen in immer neue Fragekomplexe ermöglichten.

[29] Bei den Abbildungen 182 und 183 handelt es sich um vergrößerte Ausschnitte aus Dokument Nr. 104, welches wiederum einen Ausschnitt aus einem großformatigen Triptychon (1,50 m x 4,00 m) darstellt.

6.13.3 Diskurs: Sinnenfreude und geistige Disziplin als Zielrichtung

Auf einer dritten Stufe, die wir als *didaktischen Diskurs* bezeichnen, käme es darauf an, Verhaltensweisen, Normen, Einstellungen usw. zu hinterfragen. Ziel wäre auch das Vermitteln einer Ethik der Sexualität. Unter Rückgriff auf Platons Symposion ließe sich hier eine Verbindung von Sinnenfreude, geistiger Disziplin und unbeschwerter Daseinslust anstreben. Die *wahre* Liebe zielt auf Vollkommenheit und Erkenntnis. Der *gute* Eros hält alles im rechten Gleichgewicht. Das rechte Maß, die ausgeglichene Mischung zwischen den Extremen, verhindert Krankheit. Im „Symposion" wird eine Auffassung von Liebe/ Erotik entfaltet, die die sinnlichen Lüste als treibende Kraft hineinnimmt in eine Vorstellung positiver menschlicher Beziehungen, die alle Möglichkeiten des menschlichen Daseins, körperliche, seelische und geistige, umschließt. Allerdings ließe sich mit Sigusch (a. a.O.) einschränken:

> „Die Kulturform Sexualität [...] wird heute nicht mehr als die Lust- und Glücksmöglichkeit schlechthin überschätzt. Wurde sie Ende der sechziger Jahre positiv mystifiziert als Rausch, Ekstase und Transgression, wird sie heute negativ diskursiviert als Gewalt, Mißbrauch und tödliche Infektion".

Pädagogik und Therapie stehen heute vor dem Dilemma, auf die dunklen Seiten der Sexualität hinweisen zu müssen[30] und gleichzeitig die Lust- und Glücksmöglichkeiten, die in der Erotik liegen, nicht nur nicht zu verleugnen, sondern sie in einen neuen utopischen Entwurf eines glücklichen Daseins einzufügen. Marcuses (1955) humanitärer Entwurf einer nicht repressiven Kultur, in der mündige Individuen ihre libidinösen Bedürfnisse befriedigen und sich dabei selbst beschränken, darf in diesem Diskurs weiterhin seinen Platz beanspruchen. Mit Russell (1977) käme es gerade darauf an, Sexualität, Liebe, Zuneigung usw. in den Entwurf eines guten und glücklichen Lebens als integralen Bestandteil hineinzunehmen.[31]

---

[30] Diese dunkle Seite der Sexualität wurde auch in früheren Jahrhunderten, genau genommen seit der Antike (vgl. Platon [380 v. Chr.] „Symposion"), gesehen, weshalb der Sexualität in Kunst und Literatur wie auch im Leben selbst „Masken" angelegt wurden (vgl. Paglia 1990).

[31] Wir verdanken diesen Hinweis auf die diesbezüglichen Überlegungen von Russell der Untersuchung von F. Decher (1996): „Auf der Suche nach dem guten und glücklichen Leben".

6.13.4 Die kollektive Verstörung und das Erhabene im Lächerlichen

Sigusch spricht von „sexueller Dispersion" in der Gegenwart, womit einerseits die Entdämonisierung, Entpathologisierung, Vervielfältigung und Pluralisierung, andererseits die Dissoziation, Fragmentierung und Banalisierung der „alten Einheit Sexualität" bezeichnet wird. Dieser gegenwärtige Trend ist genauso vernünftig, wie daß er unvernünftig ist. Die Bilder der verstörten Heranwachsenden sind wie Seismographen einer kulturellen Gegenwart, die das Verstörende - gerade im Bereich des Sexuellen - entfesselt hat. Die zum Teil erotomanischen Zeichnungen sind somit Dokumente einer kollektiven Verstörung, die an den dünnsten Stellen unserer Zivilisation, nämlich den benachteiligten und in sich zerrütteten Sozialmilieus, am deutlichsten durchscheint. Sie erweisen sich als fragmentiert, banal. Weil diese oftmals als *schmutzig* etikettierten Bilder den hoch angesetzten Bildungszielen entgegenzulaufen scheinen, werden sie vielleicht als *lächerlich* empfunden. Die tausendfach gesehenen Szenen werden scheinbar lieblos hingekritzelt, kurz in einem sozialen Kontext benutzt, weggeworfen. Wer jedoch innehält und den jeweiligen Produzenten unvoreingenommen ins Auge faßt, sieht, daß die Zeichnungen ebenso das *Erhabene* freizulegen versuchen, das in der körperlich-sinnlichen Liebe liegt, wenn sie nur mit seelisch-geistiger Hingabe zusammenfällt. Wenn es eine Sehnsucht in den Bildern gibt, dann vielleicht die nach einer umfassenden Sensualität.

6.14 Frühe identitätsbildende Prozesse

Unter dem Aspekt früher identitätsbildender Prozesse widmen wir uns im Folgenden einer kleinen Bildreihe des 8jährigen Addy. Der Junge hat zunächst zu dem Märchen "Frau Holle" ein Bild mit Buntstiften gemalt (Abb. 184). Wir sehen eine parkähnliche Landschaft mit Tannen, Bäumen, Mauer und Torbogen, unter dem - nach Angaben des Schülers - seine Klassenlehrerin steht. Aus der Wolke darüber "kommen gute Wünsche" für die Lehrerin, dargestellt als kreisförmige farbige Gebilde, Ballons o.ä. Immerhin einer dieser Kreise ist schwarz ausgemalt worden, wodurch sich die Frage stellt, ob nicht doch ein *böser* Wunsch dabei ist. Die beiden Herzen mit den Sonnenstrahlen (rechts) und die auf Baumstämmen wachsenden Herzen (links) erinnern an die Zeichnungen der Mädchen in ihren Poesiealben. Die Herzen verweisen auf emotionale Bedürfnisse, die hier offenbar wahrgenommen, erkannt und angenommen werden. Zwischen dem größeren Herz-Baum und dem Laubbaum sehen wir den Schüler selbst, auf der Mauer stehend, mit langem, feminin wirkenden Haar, in hellblauer Hose und mit einem rosa Pulli. Oben auf dem größeren Herz-Baum befindet sich eine Kinderzeichnung von Addy, nach seinen eigenen Angaben ein Hinweis auf die vielen Bilder, die er seiner Lehrerin, an der er sehr hängt, bereits gemalt hat. Auf dieser Kinderzeichnung, einem *Bild im Bild* sozusagen, sehen wir einen Fisch über dem Wasser (Meer o.ä.). Faßt man das Wasser als Symbol für das Emotionale, den Fisch als Symbol der früheren Lebensgeschichte auf, so bleibt Addy an diese gebunden, denn der Fisch bewegt sich nach links. Die Klassenlehrerin erscheint hier als mütterliche Übertragungs- und Identifikationsfigur. Addys Mutter ist alleinerziehend. Der Junge sieht seinen Vater, der von Beruf Taxifahrer ist, nur selten. Seinen Berichten nach zu urteilen pflegt der Achtjährige ein sehr inniges, beinahe intimes Verhältnis zu seiner Mutter: "Meine Mutter und ich haben uns ganz furchtbar lieb. Sie sagt, daß es schön ist, daß wir einander haben. Und dann schmusen wir immer." Addy ist hier offenbar Sohn und Partner in einem. Er taucht ein in eine Welt des Weiblichen, die sein Denken und sein Verhalten bestimmt. Als das Märchen „Dornröschen" nachgespielt werden soll, streitet er sich mit einem Mädchen um die Rolle der Prinzessin. Die Mitschülerin setzt sich durch und Addy ist "traurig", denn er wollte "so gerne in dem Kleid und den roten Schuhen herumgehen."

Ein zweites Bild des 8jährigen Addy (Abb. 185) gestattet nun einen Einblick in den inneren/ intimen Raum des Familiären. Es zeigt ein Bett mit sorgfältig dargestellter Decke, Kopfkissen usw.: das Bett der Mutter. Auf dem Tischchen in der Raummitte sehen wir einen Blumenstrauß, neun gelbe Tulpen o.ä. mit roten Blättern in einer blauen Vase. Möglicherweise verweist die Anzahl der Blumen auf den herannahenden neunten Geburtstag des Jungen. *Neun Jahre sind wir, Mutter und Sohn, nun schon zusammen.* Unter der Decke ist eine Lampe zu sehen, rechts ein nicht näher definierter, stangenartiger Gegenstand, links davon eine aus der Zimmerdecke herauswachsende Wiesenblume, die einem anderen, nicht fortgeführten Bildentwurf entstammen könnte. Das Bett der Mutter, mit der dicken gelben Decke und dem roten aufgestellten Kissen am Kopfende, erscheint als ein Ort der Geborgenheit, der Zärtlichkeit und Intimität. Die Möbel stehen allerdings nicht auf festem Grund, sie drohen nach unten abzugleiten, eventuell ein Zeichen für die existentielle Verunsicherung des Jungen, die sich von der Trennung der Eltern herleiten könnte, die jedoch auch ganz praktisch/ vordergründig mit den finanziellen Sorgen der Mutter zu tun haben könnte. Die Mutter weiß nach Angaben des Jungen nicht, ob sie die Mietwohnung weiter bezahlen kann. Weil sie der Aufforderung, Heizkosten o.ä. nachzuzahlen, nicht nachgekommen sei, habe man die Heizkörper ihrer Wohnung im Keller abgeschaltet. Sie würden jetzt mit einem strombetriebenen Radiator heizen. Die Wohnung würde jedoch nicht richtig warm damit. Die Mutter hält ihren Sohn offenbar in einer symbiotisch gefärbten Beziehung fest, die die Ausbildung einer männlichen Geschlechtsidentität verzögert. Die bildnerischen Elemente wie Bett usw. verweisen auf frühe und aktuelle Erlebnisse mit der nährenden, schützenden Frau, die aber auch ihren Sohn zum Partner macht. Die soziale Umgebung wird als potentiell feindlich erlebt (die Heizung wird abgedreht, Mutter und Sohn müssen frieren usw.), was zu einem noch engeren Zusammenschluß in der Mutter-Sohn-Dyade führt.

Dieses dritte Bild des achtjährigen Addy (Abb. 186) zeigt ein mit Blumen verziertes Schloß, inmitten von Wolken, Sonne, Herzen und Regenbogen. Die unteren Mauern des Schlosses wurden schwarz ausgemalt, das Tor heruntergelassen. Aus dem Inneren der Burg ragt ein brauner Turm mit gelb ausgemalten Fenstern und rotem Spitzdach hervor. Möglicherweise haben wir es in der bildhaften Betonung der Toröffnung und der phallusähnlichen Gestaltung des Turmes mit einer Sexualsymbolik zu tun. An den Bildrändern sind zwei Figuren mit Kronen auf dem Kopf zu sehen. Addy erläutert seine Bildgestaltung wie folgt: "Der König (rechts) und die Prinzessin (links) wollen heiraten." Diese Absicht wird wohl durch das große rote, über der Prinzessin schwebende, Herz bekräftigt. Die Prinzessin, im langen Kleid und in "roten Schuhen", wir erinnern uns, daß unser Schüler gerne in den roten Schuhen des Dornröschens umhergehen wollte (vgl. Abb. 184), hält eine Blume in der linken Hand. Der König auf der rechten Seite, nur ab Brusthöhe im Bild zu sehen, vor einer Art Geländer, Zaun o.ä., wirkt eingezwängt, ein- oder ausgesperrt, über ihm der Regenbogen mit den schwarzen Rändern. Die partiell weibliche Identifikation des Jungen könnte auf die Mission bzw. den Auftrag hinauslaufen, den *Mann* im Vater anzusprechen, um ihn so für die Mutter zurückzugewinnen. Die um den Vater herumgebauten Einengungen können dabei für die festgefahrenen, erstarrten affektiven Prozesse zwischen den Eltern stehen. Nimmt man einmal den Regenbogen als bildhaft ausgedrückte Hoffnung, die voneinander getrennt lebenden Eltern möchten wieder friedlicher miteinander auskommen, so ist diese Hoffnung/ dieser Wunsch des Kindes allerdings durch die Schwärzung der Regenbogenränder zugleich getrübt. Das Bild gibt einen Einblick in die vielschichtigen Zusammenhänge von frühen, identitätsbildenden Prozessen auf dem Hintergrund einer spezifischen Familienstruktur.

Ein anderes Bild von Addy (Abb. 187) stellt eine sehr kindhaft wirkende Version des „Superman" vor, wie der Schüler selbst die von ihm dargestellte Figur bezeichnet. Wir sehen ein zartes Wesen mit freundlichem Kindergesicht, langen blonden Haaren, Knopfaugen und großen gelben Füßen. Superman steckt in einer engen blauen Hose und hat einen roten Umhang um die Schultern gelegt, vor dem sich zwei Hände abheben. Die Identifikation mit der Figur des Superman stellt einen Versuch des Achtjährigen dar, sich an einem männlichen Idealbild auszurichten, das eigene Selbst mit überlegener Stärke auszurüsten. Der Rückgriff auf die Attribute der Heldenfigur steht im Dienste der eigenen Identitätsbildung. Die Kindhaftigkeit und die Zaghaftigkeit der hier bildhaft realisierten Superman-Variante sowie deren Einlagerung in insgesamt sechs verschiedenfarbige Schutzschichten weckt jedoch einige Zweifel am Erfolg der hier ins Auge gefaßten Strategie.

Abb. 184

Abb. 185

Abb. 186

Abb. 187

Abb. 188

Wir kommen zum Abschluß der Bildreihe des achtjährigen Addy. Das Bild, dem wir uns nun noch zuwenden wollen, zeigt eine stachelige Dornenhecke mit insgesamt sechs roten Rosen und einer Vielzahl extrem großer brauner Stacheln (Abb. 188). Die grüne Hecke bildet einen unregelmäßigen, jedoch in sich geschlossenen Umriß. Unten links sehen wir - innerhalb dieser Umrandung - die "Rosendornkönigin", wie der Schüler diese Figur nennt. Auf ihrem üppigen roten Haar, das sich auch bartähnlich unter ihrem Kinn fortsetzt, trägt sie eine dreizackige goldgelbe Krone mit roten, kugelförmigen Aufsätzen. Diese Figur der Rosendornkönigin ist entweder einem uns unbekannten Märchen entnommen oder sie stellt eine Phantasieschöpfung dar. Das Kind in der vorderen Mitte wird nach Angaben des Schülers von der Königin gefangengehalten. Eventuell kommt ihr hier eine Rolle als Trägerin der bösen Mutteranteile zu. Addy ergänzte: "Sie ist eine Hexe". Das Kind mit den langen blonden Haaren, und hier haben wir wiederum einen Hinweis auf die femininen Identifikationen des Schülers, steht eingezwängt/ eingeengt unter den Dornen und hat kaum Bewegungsspielraum. Zwar steht es außerhalb der grünen, die Königin (die Mutter) einkreisenden, Hecke, doch bleibt es dem Einflußbereich der Rosendornkönigin verhaftet. Der Hund ganz rechts, ein Stofftier, wird als treuer Freund bezeichnet. Erzählte das in Beispiel Nr. 185 reproduzierte Bild von Geborgenheit und Schutz, die die Sphäre des Mütterlichen gewährt, haben wir es hier mit deren Kehrseite zu tun. Das Schützende ist auch das Einschließende. Das Bergende droht zu verschlingen (vgl. auch den Fall „Sven"). Das Gefühl der Einengung, des Gefangenseins, des Gebundenseins an ein Beziehungsverhältnis, hinterläßt in seiner Einseitigkeit, Ausschließlichkeit und der Dominanz des Femininen Spuren in der Identitätsentwicklung des Jungen und produziert schon seit geraumer Zeit Symptome im Bereich des Lern- und Sozialverhaltens: Hyperaktivität, Distanzlosigkeit, Konzentrationsprobleme, Sprunghaftigkeit in der Ausführung von Ideen, geringe Frustrationstoleranz, vorzeitiges Abbrechen von Problemlösungen, Verweigerung der Mitarbeit im Unterricht u.a.

Das gesamte Spektrum der Auffälligkeiten des Schülers läßt sich sicher nicht auf die oben beschriebenen identitätsbildenden Prozesse *allein* zurückführen. Hier werden sich weitere Faktoren wie die räumliche Enge der Mietwohnung, die Lage des Hauses an einer vielbefahrenen Straße, wo wenig Spielmöglichkeiten gegeben sind, usw. auswirken. Den frühen identitätsbildenden Prozessen, wie sie sich hier in der Mutter-Sohn-Dyade vollziehen, dürfte jedoch eine Schlüsselrolle für die Ausbildung der gesamten Persönlichkeit des Schülers zukommen, denn von hier aus bestimmt sich das gesamte Verhältnis zur Welt, zum schulischen Lernen, zur Herstellung weiterer sozialer Kontakte. Das Bild spiegelt die Ambivalenz der Beziehung zwischen Mutter und Sohn wider. Während die Rosen die Entfaltung der Kreativität symbolisieren - in der Tat haben wir es mit einem leidenschaftlichen und geschickten Zeichner zu tun - stehen die Dornen für Schmerz und Leid.

6.15 Botschaften des Körpers

6.15.1 Der irritierte Körper

Der neunjährige Roger, der uns bereits in Zusammenhang mit einer erotischen Darstellung (Abb. 155) beschäftigt hat, zeichnete am Rande des unterrichtlichen Geschehens zwei retardiert wirkende Figuren (Abb. 189), die Spuren eines frühen aktionalen/ gestischen Kritzelgeschehens tragen. Roger gab seinem Bild den Titel "Ole steckt sich den Finger in den Arsch". Der zur Erotomanie neigende Schüler zeichnete hier wohl zwei verschiedenen Ansichten ein- und derselben Person. Die Figur auf der linken Seite wurde zuerst gezeichnet. Sie streckt den Zeige- oder Mittelfinger der rechten Hand ankündigend nach oben, mit der linken Hand vollzieht sie den von Roger benannten Akt. Die anschließend gezeichnete Figur in der rechten Bildhälfte gerät - nach Angaben des Neunjährigen - in sexuelle Erregung, ausgelöst durch den autoerotischen Akt, durch die anale Penetration. Die Haare dieser Figur stehen zu Berge, d.h. unter Strom/ Spannung, wie auch der gesamte Körper, an dem jetzt deutlich, wenn auch etwas unzusammenhängend, die männlichen Genitalien hervortreten. Der gesamte Körper scheint von einer Welle der Erregung, der Stimulation, der Vibration erfaßt. Infantile Lüste kommen zum Vorschein. Das zeichnerische Niveau gerät dabei unter den Druck der Regression, die Darstellung der Figur ist erfaßt von einem Prozeß der Fragmentierung. Der Formzerfall deutet auf tiefgreifende Prozesse der emotionalen Verstörung des Jungen hin. Zwar behauptet Roger hier die Ausschweifungen eines Mitschülers dargestellt zu haben, doch sind wir eher geneigt, die Zeichnung als ein *Selbstbildnis in zwei Akten* aufzufassen. Das Bild illustriert in hochanschaulicher Form die Hypersexualisierung im Denken und im Verhalten dieses Jungen. Sämtliche Körperfunktionen erfahren intensivste libidinöse Besetzungen. Kaum eine Handlung, ein Wort, eine Geste, ein Blick eines anderen, ohne daß unser Schüler dahinter ein sexuell gefärbtes Motiv vermuten würde. Allein die von Roger produzierten, oftmals zerstörten Zeichnungen würden ein umfassendes Erotikon ergeben.

6.15.2 Ein Prozeß tiefer Verstörung und Entmutigung

Wir greifen am Ende unserer Untersuchung erneut auf das umfangreiche Oeuvre des neunjährigen Arno zurück, aus dem wir bereits zur Veranschaulichung einer spezifischen Familienproblematik eine Bildreihe reproduziert und besprochen haben (Abb. 17 - 23). Im weiteren Verlauf zeigten wir zwei weitere Arbeiten von Arno, die wir als bildhafte Rückmeldungen zur Konstruktion des Unterrichts aufgefaßt haben (Abb. 55 und 56). Schließlich beschäftigten wir uns mit

316

einer Darstellung des gemieteten Hauses, aus dem die Familie des Schülers herausgeklagt worden war (Abb. 106). Was wir nun vor uns haben, ist eine Serie von vier Zeichnungen desselben Schülers, die insbesondere auf tiefe Verstörungen im Bereich des Körpererlebens und der Identitätsentwicklung schließen lassen. Dokument Nr. 190 präsentiert eine Figur mit stark verlängerten strichartigen Beinen und Füßen. Auf den überlangen Beinen sitzt ein Rumpf mit deutlich hervorgehobenen Brustwarzen und Bauchnabel, ein bildnerisches Merkmal, das bereits aus früheren Zeichnungen des Schülers (Abb. 17, 22, 23) bekannt ist und das auf besondere sensorische oder affektive Sinnschichten, frühe Erfahrungen oder Beobachtungen aus der körperbetonten Sphäre zwischen Kind und Eltern verweist. Während die Beine und die Füße eine eklatante Verlängerung erfahren, werden die Arme verkürzt. Die Sonnenhände tragen den Charakter ontogenetisch früher Bildelemente. Unterhalb des Nabels ist eine Mischform zwischen weiblichen bzw. männlichen Genitalien und Ausscheidungsorganen zu sehen. Während sich auf der einen Seite durchaus an Hoden mit Penis denken läßt, könnte in dem doppeldeutigen Gebilde durchaus auch eine Vagina vermutet werden. Der herabhängende Fortsatz könnte auch als herausgedrückte Exkremente aufgefaßt werden - immerhin existiert eine ganze Serie von Zeichnungen des Schülers, in denen eine rektale Entleerung stattfindet (z.B. Abb. 56 und 192). Die gesamte Gestaltung der Figur wirkt bizarr. Sie erinnert mitunter an die langbeinigen figürlichen Plastiken von Giacometti oder an die surrealen Szenarios von Dali. Ein unfertiges, von der Last seiner Fixierungen und Regressionen gebeuteltes, Ich - und hier liegt sicher der entscheidende Unterschied zu den genannten künstlerischen Entwürfen - macht sich plötzlich groß, will in seiner Entwicklung voranschreiten, indem es einfach seine Beinlänge verdreifacht. Die radikale Erhöhung der Körpergröße (vgl. auch die in die Länge gezogenen Figuren eines Oswald Tschirtner) ist jedoch auch als Hilferuf aufzufassen, als ein verzweifelter Versuch, Aufmerksamkeit und Unterstützung zu bekommen.

Etwa fünf Monate später (als Abb. 190) zeichnete Arno mit Kreide eine Figur mit langen, nach oben stehenden, Strahlenhaaren an die Tafel (Abb. 191). Zwar war das Bild als Karikatur der Lehrerin gemeint, die dem Schüler einen Wunsch versagt hatte, die ihn ermahnt hatte, o.ä. und Arno versuchte wohl seinem Ärger bildhaft Ausdruck zu verleihen. Die Tafelzeichnung läßt sich jedoch auch als Verbildlichung des eigenen In-der-Welt-Seins des Schülers auffassen. Die Figur befindet sich im freien Fall. Sie stürzt ins Bodenlose, ins Leere, in einen Abgrund. Sie wird von keiner räumlichen oder sozialen Struktur gehalten. Mit hilflos abgespreizten Armen und Beinen taumelt, schwebt sie im Nichts. Die großen, spiralenförmigen Augen und der nach unten gezogene Mund drücken Panik, Verzweiflung, Hilflosigkeit aus.

Abb. 189

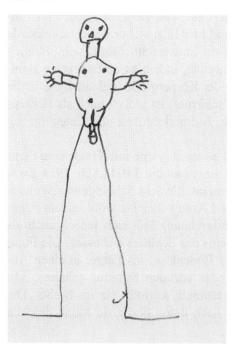

Abb. 190

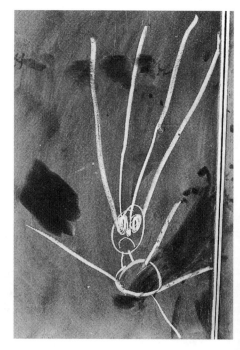

Abb. 191

318

Abb. 192

Abb. 193

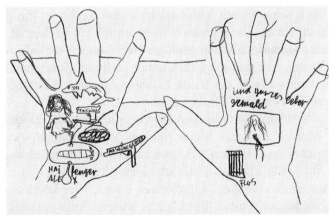

Abb. 194

Wiederum fünf Monate später entstand zu dem Märchen vom "Hans im Glück" eine Bilddarstellung (Abb. 192) mit einer um Hilfe schreienden Figur (rechts) und einem Schwein, das nach Angaben des Schülers "immerzu am Kacken ist". Wir haben es hier mit einer Umarbeitung/ Umdeutung der Märchenhandlung zu tun. Das Schwein erscheint hier als ein kastenartiges, gesichtsloses Wesen mit zehn strichförmigen Füßen. Der rechteckige, längliche Kopf weist keine weiteren Differenzierungen auf. Unter dem aus der Form geratenen Schwanz quillt Kot hervor. Hans wird als nach Hilfe schreiende Figur mit überdimensional großem Kopf dargestellt. Der kleine, fragil wirkende Körper besteht aus einer Kreisform und strichförmigen Gliedmaßen, die in den Raum hinein vervielfacht wurden, wohl um Spannungen während des Zeichenprozesses abzubauen. Der weit aufgerissene Mund zeigt Zähne. Auf Ohren und Nase wurde in der Darstellung des Gesichtes verzichtet. Angst, Verzweiflung und Ohnmacht sowie Wut und Haß stehen dieser Figur im Gesicht geschrieben. Arno zeigt auf eigentümliche Weise, daß die Geschichte vom „Hans im Glück" eigentlich die Erzählung eines ständigen Verlustes, ein Prozeß fortwährender Regression darstellt. Ohne gezielte Absicht und ohne die künstlerischen Umgestaltungs- und Verfremdungstechniken bewußt zu besitzen und einzusetzen, legt der Schüler die radikale Ausbeutung offen, die Hans im Märchen und er selbst (Arno) im wirklichen Leben erfährt. Am Ende steht der Junge vor einem Kothaufen, den ihm das Schwein (der Vater ?) - wir erinnern speziell an das in Abbildung 23 dargestellte Geschehen - hinterlassen hat. Die im Märchen irrationalerweise schöngefärbte Regression vom Zustand der handwerklichen Arbeit, des erfolgreichen Lernens, des Könnens und des selbst erworbenen Besitzes zurück in die Abhängigkeit von der Mutter, wird für Arno schon auf halber Strecke zu einer Horrorvision. Er sitzt quasi in der Mitte des Weges, d.h. in der Mitte der Märchenhandlung, als Hans sich das Schwein eingehandelt hat, fest. Es gibt für ihn weder ein vor noch ein zurück. Der Weg zu einem selbständigen Leben ist verstellt, denn durch seine frühen Traumatisierungen kommt er mit dem schulischen Lernen kaum voran. Der regressive Weg zurück zur Mutter ist genauso versperrt, denn das sadomasochistisch geprägte Beziehungsverhältnis zwischen den Eltern, ihre Obsessionen und die Eskalationen in ihrem Zusammenleben ermöglichen Arno in keiner Weise die traute Erfahrung in einer Mutter-Sohn-Dyade, wie sie angeblich Hans im Märchen erfährt.

Acht Monate nach dem zuletzt gezeigten Bild zeichnet Arno zu dem Thema "Was ich gut kann. Meine Stärken" einer retadiert wirkende Figur auf dünnen, strichartigen Beinen mit Sonnenhänden, übergroßem Kopf und Spiralaugen (Abb. 193), alles zeichnerische Elemente, die wir bereits in anderen Bilddarstellungen des Schülers aufgefunden haben. Hier kommen noch hinzu die langen, abstehenden Ohren, deren linkes wie ein Penis aussieht und das so die semantische Verknüpfung zu den sexuellen Obsessionen der Eltern wiederherstellt. Der zum Teil mit einem dunkelblauen Stift ausgemalte Penis findet seine Verdoppelung in einer qualmenden Zigarre, die vom Schüler selbst als "Penis-Zigarre" bezeichnet wurde. Wie viele andere Figurationen des Zeichners auch, defäkiert die hier dargestellte (vgl. die Abb. 23, 56, 190, 192).

Kommen wir nun erneut auf das Thema, die Aufgabenstellung "Was ich gut kann, Meine Stärken" zurück, so hat sich hier offensichtlich ein extrem negatives Selbstbild verfestigt: "Ich Bin Blöt" ist in der Sprechblase zu lesen. In den rechten Bildraum entfliehen zwei zum Teil gelb kolorierte Figuren, die entweder zwei Mitschüler darstellen könnten, die vor dem seltsamen Wesen mit den großen Ohren, der Beule auf dem Kopf, dem Penisohr, den auf die Oberarme gepackten Muskeln usw. fliehen. Eine andere Auslegung wäre, in den beiden davonhastenden Figuren den Wunsch des Zeichners zu sehen, die Eltern davonzujagen, die ihn derartig traumatisiert und verstört haben. Das Bild mit dem Titel „Ich Bin Blöt" erzählt jedoch auch von der Grausamkeit des Schülers gegen sich selbst. Die von den Eltern initiierten psychischen Deformationen und die vernichtenden Vorwürfe der Lehrer, die den Jungen bisher unterrichtet haben, werden jetzt mit unverminderter Härte und in eigener Regie in Form von Selbstanklagen weitergeführt.

6.15.3 Kompensatorische Wunschphantasien versus restituierende Tendenzen

Als letzte der hier vorgestellten Schülerzeichnungen widmen wir uns einer Bildgestaltung des 11jährigen Andrej, von dem wir bereits ein Partnerbild mit Graffiti-Mauer (Abb. 85), ein Körperumrißbild mit Fußballtrikot (Abb. 124), eine „Joker"-Puppe (Abb. 125) und eine „Affen"-Maske (Abb. 127) reproduziert und beschrieben haben. Im Rahmen der nun zur Diskussion stehenden Unterrichtseinheit ging es um das Zusammenwirken von Körpererfahrung und ästhetisch-künstlerischen Prozessen. Das gezeigte Beispiel (Abb. 194) bezieht sich konkret auf das Thema "Hände". Auch Dokument 149 entstammt einer ähnlichen Unterrichtseinheit. Allerdings hatten wir es dort mit einem jugendlichen Schüler der Schule für Erziehungshilfe zu tun, während Andrej, dessen Hände-Bild wir uns im folgenden zuwenden, ja im Rahmen des gemeinsamen Unterrichts an einer Grundschule *im Sinne der Schule für Erziehungshilfe* betreut wurde.

Im Anschluß an eine Einführung, in der die Umrisse der Hände nachgezeichnet, die Hände mit Fingerfarben abgedruckt wurden und die Schülerinnen und Schüler sich erinnern sollten, welche sinnlichen Erfahrungen sie im Laufe ihres Lebens bereits mit ihren Händen, Fingern, Handinnen- und Handaußenflächen gemacht haben, sollten die erinnerten Objekte, d.h. Gegenstände, Personen usw. taktiler, haptischer Wahrnehmung und Erfahrung in die beiden Handumrisse eingezeichnet werden. Zur Reaktivierung von entsprechenden Erlebnissen bzw. Erfahrungen wurde ein Unterrichtsgespräch initiiert, in dessen Verlauf etwa von eingeklemmten, verbrühten, verletzten, verstauchten oder geschlagenen Fingern die Rede war und jeweils von den Jungen und Mädchen die betreffenden lebensgeschichtlichen Episoden geschildert wurden. Den Vorschlag des Lehrers, sich gegenseitig beim Umzeichnen der Finger zu helfen, griff Andrej nicht auf. Als er mit der linken Hand die rechte zu umfahren versuchte, geriet er in Schwierigkeiten. Beim Zeigefinger mußte er erneut ansetzten. In der linken Hand befinden sich nun ein Haifisch, links darunter eine Frau oder ein Mädchen (Andrej zeigte sich hier in der Kommentierung seiner Zeichnung unentschlossen), ein Schlauchboot mit Paddeln, ein Panzer, ein Maschinengewehr und eine 8mm-Pistole. Das Mädchen bzw. die Frau weist recht zerzaustes Haar auf. Ihr Busen wurde betont, eventuell ein bildhafter Hinweis auf die unter den Schülern verbreiteten Nachlaufspiele auf dem Pausenhof, bei denen die Jungen die Mädchen gelegentlich auch an die noch jungen Brüste fassen. Ein vorsichtiger Hinweis auf die libidinösen Vorgänge der beginnenden Adoleszenz. Das Schlauchboot wird als "Hai-Fänger" ausgebeben. Einmal im Jahr, so die (wohl erfundene) Erzählung des Schülers, fliegt Andrej mit seinem Vater "an den Pazifik nach L.A., um dort auf Hai-Fang zu gehen". In diesem Zusammenhang hat der Elfjährige - nach seinen eigenen Angaben - immer wieder „Hand-Kontakt mit Haien" gehabt.

Angesichts der eher randständigen familiären Lage, der Vater ist ein arbeitsloser Aussiedler aus Kasachstan, deutet die Erzählung des Schülers eher auf. Wunschphantasien hin, als daß sie der Wirklichkeit entspräche. Die imaginierten Abenteuer am Pazifik haben hier eine kompensatorische Funktion. In der Phantasie gelingt es dem Jungen, der zu jenem Zeitpunkt gerade die dritte Klasse wiederholte und wegen seiner massiven Verhaltensauffälligkeiten an der Grundschule *geduldet* wurde, ein Held zu sein, mit gefahrvollen Dingen und Situationen erfolgreich umzugehen, sich zu bewähren. Ob er mit seinen tolldreisten Geschichten auch die Anerkennung seiner Mitschüler findet, sei dahingestellt. Die Waffen und das Kriegsgerät, das wir ebenfalls in dem Umriß der linken Hand wiederfinden, deuten auf die aggressiven, destruktiven Tendenzen im Umgang des Schülers mit Meinungsverschiedenheiten, gegensätzlichen Interessen usw. hin. Die Frustrationstoleranz ist gering, die Tendenz, auf aversive Bewältigungsstrategien bzw. Reaktionsformen zurückzugreifen dagegen stark ausgeprägt. Es werden schnell und impulsiv *scharfe Geschütze* aufgefahren.

In der Binnengestaltung der rechten Hand stoßen wir nun auf eine eher konstruktive, restitutive Tendenz, auf die wir auch unter pädagogisch-therapeutischem Vorzeichen zurückgreifen konnten. Es handelt sich um das leidenschaftliche Interesse des Schülers, zu zeichnen. In der Mitte der Handfläche sehen wir, wie eine Hand auf einem Blatt eine Art Portrait zeichnet. Hierüber ist zu lesen: "und ganzes leber gemald", was soviel heißen soll wie: "Ich habe mein ganzes Leben hindurch gemalt." Das darunter gezeichnete "FLOS" bleibt zwar durch den Schüler unkommentiert, könnte jedoch eine bildhafte Metapher für das Erreichen eines anderen Ufers darstellen. Ein Strom, eine Krise wird überwunden, es wird ein Neuanfang gemacht, die Ablösung aus dem deprivierenden Elternhaus, dem benachteiligenden Milieu wird ins Auge gefaßt. Besonders der rechten Bildhälfte mit der ihr eingeschriebenen Metaphorik käme somit eine prospektive, persönlichkeitsstabilisierende Bedeutung zu, die auf die Zukunft verweist. Die linke, der Vergangenheit verhaftete Bildhälfte präsentiert dagegen die neurotisch gefärbten kompensatorischen Phantasien, die zur Bewältigung der vorherrschenden Minderwertigkeitsgefühle und Versagensängste herangezogen werden sowie die Gewalt- und Mordphantasien, die nur mühsam die längst vorhandene Lebensresignation/ Todessehnsucht zu kaschieren vermögen. Die Links-Rechts-Symbolik erweist sich hier als eine doppelte, wenn man einmal in Rechnung stellt, daß sich rechts das *Rechte*, das *Gute,* das *Richtige*, das *Wahre* befindet, nämlich etwas Konstruktives, etwas Produktives zu schaffen, sich symbolisch, d.h. malend, zeichnend usw., mit den eigenen biographischen Erfahrungen auseinanderzusetzen, sich auf den Weg zu machen, an einem anderen/ neuen Ufer anzukommen usw. Links befände sich nach diesem überlieferten Deutungsschema das *Linke*, das *Falsche*, das, *was sich nicht gehört*, hier: Geschichten erfinden, die nicht stimmen, Mädchen an den Busen fassen, mit Waffen herumschießen usw.

7   Das Andere als das Eigentliche?
   - Überlegungen zum Verstehen und Intervenieren im
   pädagogisch-kunsttherapeutischen Prozeß[1]

7.1   Die Begegnung mit dem Anderen (Abweichenden)

7.1.1   Die Konfrontation mit dem Anderen als
sonderpädagogische Grunderfahrung

Sonderpädagogische Praxis wurde für den Verfasser erfahrbar auf dem freizeit-
pädagogischen Sektor mit körperbehinderten, geistigbehinderten und blinden
Heranwachsenden (vgl. Bröcher 1989 a), insbesondere jedoch an Schulen für
Erziehungshilfe, einer Schule für Lernbehinderte sowie an allgemeinen Schulen
im Rahmen der integrativen Betreuung (vgl. Bröcher 1997 a, 1998 b usw.). Ein
großer Teil der in den genannten Arbeitsfeldern gemachten pädagogischen Erfahrungen zentriert sich um eigentümliche bzw. abweichende psychosoziale
Phänomene, die hier unter die Kategorie des *Anderen* gefaßt werden sollen. Auf
diesem Wege konstituierte sich ein Praxishintergrund, der nach einem tieferge-
henden Verstehen verlangt.

7.1.2   Das Andere als heuristische Kategorie der Kunsttherapie
als einer verstehenden Wissenschaft

Die Entscheidung für das Andere als einer heuristischen Kategorie richtet sich
auf die Erschließung von eigentümlichen Daseinsentwürfen, die sich unter Ex-
trembedingungen vollziehen. Der rote Faden, der die genannten Tätigkeitsfelder
unter methodischem und methodologischem Gesichtspunkt miteinander verbin-
det, ist hier in der Konzentration auf den Aspekt des Ästhetisch-Bildhaften zu
sehen. Von hier aus erschlossen sich die individuellen Lebenswelten und Sinn-
horizonte der in verschiedenster Weise behinderten Heranwachsenden.
   Die hier zugrundezulegende Bezugswissenschaft ist daher in der Pädagogischen Kunsttherapie zu sehen, wie sie von H.-G. Richter (1977, 1984) begründet

[1] Es handelt sich bei diesem Text um den Habilitationsvortrag, den der Verfasser am 19. Ja-
nuar 1998 an der Heilpädagogischen Fakultät der Universität zu Köln gehalten hat.
   Dr. phil. Friedhelm Decher und Dr. phil. Karl-Dieter Nies sei an dieser Stelle für ihre
theoretischen Anregungen und ihre kritischen Einwände zur Thematik dieses Vortrages gedankt. Der Verfasser bedankt sich ferner bei Hans Delfosse für seine diesbezüglichen Hinweise aus der Sicht des Künstlers.

worden ist. Kunsttherapie als Wissenschaft vermittelt nach Wichelhaus (1996, 144) „zwischen beruflicher Praxis und der Theorie wissenschaftlicher Erkenntnissysteme". Das verfolgte Erkenntnisinteresse richtet sich auf die Stellungnahme zu dem mir begegnenden *Anderen*, auf das Verstehen der besonderen Lebenskontexte und die Rolle der Bilddokumente in diesem Verstehensprozeß.

Die Studien von H.-G. Richter (1987, 1995, 1997 a, u.a.) und eine Reihe von Untersuchungen, die auf dieser Basis entstanden sind[2] lehren, die Bilder der behinderten Heranwachsenden nach ihrem morphologischen Aufbau (den jeweiligen Form- und Strukturveränderungen), nach ihren Motiven und Inhalten sowie den wechselseitigen Beziehungen mit den biographischen Hintergründen und den darin vorkommenden Krisen, Verstörungen, Traumata usw. zu entschlüsseln.

7.2 Zur Phänomenologie des Anderen

7.2.1 Die Abweichung von gesellschaftlichen Normen

Behinderte oder benachteiligte Heranwachsende weichen in Verhalten, Sprache und bildhaftem Ausdruck häufig von Regeln, Geboten oder Verhaltenserwartungen ab. Sie weichen ab vom Entwicklungs- und Altersgemäßen, Typischen, Konventionellen, Folgerichtigen oder Nachvollziehbaren. Die Grenzen der bürgerlichen Ordnung werden teilweise überschritten. Speziell pädagogische und didaktische Normen werden zum Teil verfehlt.

7.2.1.1 Die Abweichung von der Kategorie des Gleichen und Uniformen

Das etwa von einem verhaltensauffälligen Grundschüler gefertigte ästhetische Produkt, falls überhaupt eines zustandekommt, entspricht nur selten den Erwartungen, die durch geschlossene Inhalt-Ziel-Verbindungen vorgegeben sind, z.B. eine Pinguin-Laterne nach genauer Anleitung und mit standardisiertem Material herzustellen (vgl. Abb. 195; 4. Klasse einer Grundschule, Entstehungsjahr 1997). Die didaktische Einengung durch die Kategorie des Uniformen, Gleichen und Typischen produziert die Abweichung.

---

[2] Z.B. Künzler-Knufinke, R.: Die Wirkung von kurzfristigen Angst- und Belastungssituationen auf die Entwicklung und Struktur der Kinderzeichnung. Essen 1991. Wieland, U.: Identitätsbildung im Spiegel der Jugendzeichnung. Essen 1995. u.a.

Abb. 195

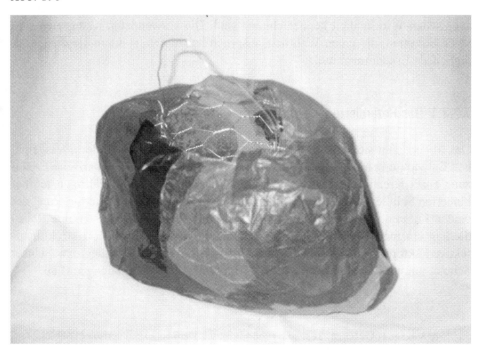

Abb. 196

327

7.2.1.2 Die Abweichung von der Kategorie des Individuell-Schöpferischen

Auch die Individualisierung in der Themenstellung und Aufgabenrealisierung allein, vermag das Auftreten von Abweichungen in den didaktisch initiierten Realisationen etwa bei Verhaltensauffälligen nicht zu verhindern, weil entweder die bildnerischen Fähigkeiten unzureichend entwickelt sind oder dominierende Affekte, Konflikte usw. im Wege stehen. Sehr häufig wird daher auch die Zielvorstellung des Individuell-Schöpferischen, die meist an einen offeneren didaktischen Handlungsrahmen gekoppelt ist - hier am Beispiel einer Handtaschenlaterne aus Kaninchendraht und Transparentpapier (Abb. 196, Schülerin [unauffällig], 4. Klasse Grundschule, Enstehungsjahr 1997) - , nicht erreicht.

7.2.2 Bildhafte Manifestationen des Anderen

Jedes der im Folgenden vorgestellten Bilddokumente - als ein exemplarischer Ausschnitt aus einem weiten Feld an nicht-professionellen Bildnereien - bezeichnet eine weitgehend eigenständige Manifestationsform des Anderen. Die Bilder stehen exemplarisch für ein ganzes Feld an sprachlichen Äußerungen, Verhaltensweisen, Gesten usw., die für die praktische Erfahrung des Retardierten, des Privatistischen, des Obszönen und des Destruktiven in der sonderpädagogischen Wirklichkeit kennzeichnend sind. Die verwendeten Kategorien sind keine Etiketten, die einen Wahrheitsanspruch behaupten, sondern sie dienen lediglich als Erkenntnismittel.

7.2.2.1 Das Retardierte

Das Andere gibt sich zunächst häufig darin zu erkennen, daß es der altersgemäßen Entwicklung nicht entspricht. Abbildung 197 zeigt die zeichnerische Ergänzung eines Kreativitätstests von Urban/ Jellen[3] durch einen 10jährigen lernbehinderten Schüler (wir nannten ihn zuvor Gereon). Die Binnenstrukturierung der beiden Figuren und die Gesamtorganisation des Bildraumes weisen eine Retardierung um mehrere Jahre auf. Zusätzlich zeigen sich in der Motivstruktur affektive Faktoren wie Gefühle des Verlassenseins, der Enttäuschung usw.[4] Unser Schüler nannte sein Bild denn auch: „Mutter haut einem Kind den Kopf ab."

---

[3] Urban, K.K. & H.G. Jellen: Test zum schöpferischen Denken - zeichnerisch (TSD-Z). Hannover/ Carbondale (USA) 1985.
[4] Vgl. die Analyse der Zeichnungen von Lernbehinderten bei H.-G. Richter 1984, 144 ff.

Abb. 197

Abb. 198

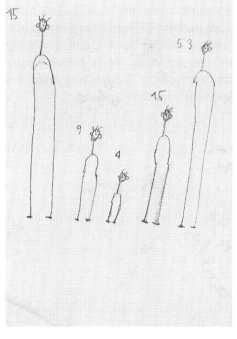

Abb. 199

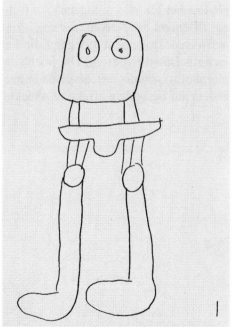

Abb. 200

329

7.2.2.2 Das Privatistische

Eine weitere Kategorie des *Anderen* bildet das Literarisch-Eskapistische, in sich Geschlossene, zum Teil Unzugänglich-Bizarre, bei dem wir es mit einer Störung des sozialen Grundbezuges zu tun haben. Prinzhorn (1922) und Bader/ Navratil (1975) haben diese Bildnereien unter dem Merkmal des Psychopathologischen, Psychotischen oder Zustandsgebundenen analysiert. Der achtjährige Ole[5], Schüler der Schule für Erziehungshilfe, lebte seit seiner frühen Kindheit in einer Phantasiewelt, die er gemeinsam mit seinem Bruder und seinem Vater bewohnte. Der phantasiebegabte, unter einer verhinderten akademischen Karriere leidende Vater, hatte seine beiden Söhne zu Herrschern zweier rivalisierender Planeten gemacht und diese mit magischen Fähigkeiten ausgestattet. Der Schüler beteiligte sich nicht am allgemeinen Unterricht der Klasse, sondern zeichnete über Monate ein umfangreiches Oeuvre, das sukzessive zu einer kommunikativen Basis zwischen Lehrer und Schüler wurde. Abbildung 198 zeigt zwei „Flummiland-Ritter". An formalen Merkmalen treten Schematisierung und Geometrisierung, Schnörkel und Manierismen hervor. Das Bild erinnert an Zeichnungen Schizophrener (vgl. die Auflistung der entsprechenden Merkmale durch Rennert 1962/ 1966).

Zwischen den Kategorien des Retardierten und des Privatistischen liegt die von Kläger (1987), Theunissen (1997) und Richter (1997 b) eingehender betrachtete Bildnerei der Geistigbehinderten. In den Bildern dominieren häufig phylogenetisch und ontogenetisch frühe Formfindungen, die eine gewisse Nähe zur Bildnerei der Naiven, der sog. Primitiven und der Bildnerei jüngerer Kinder aufweisen. Dokument 199 zeigt die Familiendarstellung eines 15jährigen Schülers mit Down-Syndrom. Die hochbeinigen und armlosen Wesen bilden - unter morphologischem Gesichtspunkt betrachtet - ein bizarres Figuren-Ensemble, das zudem auf besondere affektive Aspekte des Familienlebens hinweist.

---

[5] Vgl. die ausführliche Darstellung dieses Fallbeispiels in Kapitel 2.

Abb. 201

Abb. 202

7.2.2.3 Das Obszöne

Mit der Kategorie des Obszönen werden hier die umfangreichen bildhaften Produktionen bezeichnet, die im alltagstheoretischen Sinne häufig als unanständig, schmutzig usw. eingestuft werden. Bildbeispiel 200 zeigt eine „Frau in Strapse", die Arbeit des 15jährigen Henning, eines verhaltensauffälligen Schülers an einer Schule für Lernbehinderte. Als morphologische Besonderheiten weist diese Figuration sowohl Verschmelzungstendenzen - was Kopf und Oberkörper, Augen und Brüste anbelangt - als auch Fragmentierungserscheinungen (Fehlen der Arme) auf.

7.2.2.4 Das Destruktive

Abbildung 201 zeigt vier kleine Bildszenen, die eine zeichnerische Weiterentwicklung von Linienfragmenten aus dem Kreativitätstest von Torrance[6] darstellen. Der 11jährige, vom Verfasser (J.B.) integrativ betreute, verhaltensauffällige Andrej kommt hier zu hochaggressiven Darstellungen, in denen einer Person ein Messer ins Gesicht gestoßen wird, ein Hai die Zähne fletscht, ein offenbar bissiges Tier einen abgerissenen und blutenden Menschenarm davonschleppt und einer Person ein Beil auf den Kopf geschlagen wird. Alle vier Bildszenen enthalten rotbraune Farb- bzw. Blutspuren.

Dokument 202 zeigt die zeichnerische Ergänzung von Kopfumrissen durch einen 16jährigen, an einer schweren Form der Muskeldystrophie erkrankten Jugendlichen, dessen Lebenserwartung nur noch wenige Jahre betrug. Gefesselt an seinen Rollstuhl vermochte der Junge soeben noch, seine Hände zu bewegen und einen Filzstift zu führen, den ich ihm zwischen die Finger steckte. Ein offener Schädel, blutende Gehirnmasse, ein blutendes Auge mit einem Messer, ein Schädel mit Beil darin, strömendes Blut. Das Bild trägt den Titel: „Blut oder Leben", wodurch die Lebens- bzw. Todesthematik unterstrichen wird.

7.3 Zum Verstehen und Nicht-Verstehen des Anderen

Es stellt sich die Frage nach dem anthropologisch-philosophischen Bezug zum Anderen, als dem vermeintlichen Nicht-Ich, überhaupt. Das Andere irritiert, beunruhigt, beängstigt möglicherweise. Es stellt die eigenen Wertüberzeugungen in Frage, ein Vorgang, der zur Ausgrenzung des Anderen oder zu einem vertieften Verstehensprozeß führen kann.

---

[6] Torrance, E.P.: Torrance test of creative thinking. Princetown, New Jersey 1974.

7.3.1 Das Andere als das Fremde und Bedrohliche: Strategien der Ausgrenzung

Die Strategien der Ausgrenzung des Anderen haben - historisch betrachtet - eine lange Tradition. Das Andere wird als das Störende, Pathologische, Defiziente, Abnorme und damit als das zu Unterdrückende und zu Beseitigende betrachtet. Möglicherweise bedeutet das Anderssein des Anderen die Negation der eigenen Art von Existenz und muß deshalb abgewehrt oder bekämpft werden, um die eigene Art von Leben zu bewahren. Es handelt sich dann um die Verteidigung des Eigenen. Auf dieser Linie ist auch der Ausschluß des Wahns aus der Vernunft, wie Foucault in seiner Untersuchung „Wahnsinn und Gesellschaft" (1961) gezeigt hat, anzusiedeln. „Man wird sich seinen eigenen gesunden Menschenverstand nicht dadurch beweisen können, daß man seinen Nachbarn einsperrt", zitiert Foucault Dostojewski und zeigt, wie seelisch Gestörte in der Renaissance geduldet, im Absolutismus eingekerkert und seit der Aufklärung befreit, psychiatrisch behandelt und zum Gegenstand wissenschaftlicher Diskurse wurden:

> „Die Unvernunft wurde in der Stille der Internierungshäuser verborgen, aber Wahnsinn war weiterhin anwesend auf der Bühne der Welt" (a.a.O., 139). „Wenn der Wahnsinn manifest wird, geschieht das unter den Augen einer Vernunft, die keine Verwandtschaft mehr mit ihm hat und sich nicht mehr durch zu große Ähnlichkeit kompromittiert fühlen muß. Der Wahnsinn ist etwas geworden, was man anschauen kann, nicht mehr ein Monstrum im Inneren des Menschen" (S. 140).

Foucault geht es nicht um Antipsychiatrie, sondern um den Beleg, „daß Vernunft und Unvernunft auf unzertrennliche Weise aneinander gebunden sind" (Taureck 1997, 49). Es geht um die „Geschichte der *Grenzen*", um Abgrenzungs- und Ausgrenzungsstrategien, „mit denen eine Kultur etwas zurückweist, was für sie *außerhalb* liegt" (M. Foucault 1961, 9). Es geht letztlich darum, „eine Kultur über ihre Grenzerfahrungen zu befragen" (ebd.).

7.3.2 Das Andere als Hinweis auf einen übergeordneten Verstehenszusammenhang

Nach Schleiermacher (1838) müssen wir „hinter" den Text zu jenem „Du" vordringen, das den Text - der wie das Bild ein Lebensausdruck ist - geschaffen hat. Man versteht die Zeichnungen, wenn man sie, wie Richter in der Hermeneutik der „Leidensbilder" (1997) gezeigt hat, als Bestandteil eines Lebenslaufes begreift, der auf den frühen und frühesten Entwicklungsphasen aufbaut. Fremdartige, zunächst unzugänglich erscheinende Dokumente, wie sie zum Teil von Behinderten produziert werden, leisten gegenüber dem Verstehen Widerstand. Dieser Widerstand birgt jedoch Erkenntnispotentiale in sich, er ermöglicht die eigentliche hermeneutische Erfahrung. Das jeweilige ästhetische Produkt und der Horizont des Interpreten werden zueinander in Beziehung gesetzt. Gadamer spricht hier von einer „Verschmelzung vermeintlich für sich seiender Horizonte" (Gadamer 1960, 311 f; 380 f., 401). Der Interpret wird mitunter zu der Erfahrung geführt, daß sein Horizont zu eng, zu begrenzt ist. Durch das Stellen neuer Fragen, das Einnehmen neuer Sichtweisen, das Aufgeben von Vorurteilen und Wahrnehmungsroutinen überschreitet er den Rahmen seines früheren Verständnisses. Möglicherweise komme ich bei etwas an, was auch Auskunft über mich selbst gibt. Das Andere erscheint dann als etwas uns alle Betreffendes, also als etwas Eigenes und Wesentliches.

7.3.3 Die Macht des den Begriffen der Vernunft zuwider laufenden Anderen

Die gezeigten Bilder weisen über die Dimension des Individuellen hinaus, indem sie übergreifende Verstehenszusammenhänge widerspiegeln. Die Frage ist, wodurch sich das der Ausgrenzung anheim fallende Andere - in den genannten Manifestationsformen - konstituiert? Wie und warum kann das Andere überhaupt *stören* und wie gewinnt es Macht über den pädagogischen Prozeß? Die Macht und gleichzeitig die Ohn-Macht des Anderen liegt darin begründet, daß es die Vernunft verstört, weil es den Begriffen der Vernunft zuwiderläuft.

7.3.3.1 Das Retardierte frustriert die Hoffnung auf stetigen Fortschritt

In einer ehrgeizigen Gesellschaft, die vor allem fortschreiten, weiterkommen und effektiver werden will, ist das Zurückbleiben, Verharren oder Stagnieren, eben das Retardieren, ein Ärgernis, ein Hindernis, eine Last. Auf Seiten vieler Pädagogen entsteht nach Abschleifen des anfänglichen Idealismus schnell Ungeduld, Gereiztheit, ja Zorn, besonders, wenn das Retardierte noch gekoppelt ist an Widerspenstigkeiten.

7.3.3.2 Das Privatistische negiert die allgemein gültige Realität

Ein Heranwachsender entzieht sich unseren Vorstellungen vom Richtigen und Logischen und lebt in seiner privaten Welt nach eigenen Gesetzen. Unsere auf die praktische Bewältigung des Alltäglichen gerichteten Argumentationen und Belehrungen verhallen im Nichts.

7.3.3.3 Das Obszöne rührt an Schuld und Scham

Was an den hastig aufgekritzelten Genitalien und Kopulationsszenen treibt eine Grundschullehrerin an den Rand der Verzweiflung, wenn nicht die Scham? Auf der individual-biographischen Ebene des Schülers liegt es zunächst nahe, die Manifestationen des Obszönen auf dahinterliegende Konflikte bezüglich des Sexuell-Erotischen als einer zu bewältigenden Entwicklungsaufgabe zurückzuführen. Für die Aufklärung des provokativen Potentials des Obszönen ist jedoch wesentlich, daß sich die betreffenden Bilder einschleusen in den Strom der sexuellen Erfahrungen, Wünsche, Ängste, Verletzungen, Verdrängungen usw. auf seiten einer Lehrperson. Die Bilder brechen ein in die Gefüge der mühsam errichteten Identitäten der professionellen Pädagogen, die diese gegen die Widrigkeiten dieses schwierigen seelischen Geländes behaupten. Zur Erklärung dieses Zusammenhanges läßt sich etwa auf Foucaults Untersuchung „Sexualität und Wahrheit" (1976, 1984) zurückgreifen. Durch die Ablösung der - das Sexuelle einschließenden - antiken „Sorge um sich" (Foucault 1984) als einer natürlichen und vernünftigen Kunst der Existenz durch die repressive christliche Sexualmoral, etablierte sich ein Spannungsfeld, in dem sich die verbotenen Lüste zu Neurosen, Zwängen, geheimen Phantasien, Ausschweifungen und Obsessionen auswachsen konnten. Die zotigen Bemerkungen, die sog. *schmutzigen* Witze, die in die Schulbücher und an die Toilettenwände gekritzelten Genitalien, stehen in dieser Tradition. Weil wir - kulturgeschichtlich betrachtet - mit der Sexualität nicht ausgesöhnt sind, kann uns das Obzöne überhaupt als solches erscheinen und irritieren.

7.3.3.4 Das Destruktive weckt Gefühle der Angst und Hilflosigkeit

Triebtheorie und Milieutheorie zusammengenommen lassen vermuten, daß das Destruktive im Menschen in seiner Triebstruktur wurzelt und durch Umwelteinflüsse überformt ist. Will man beispielsweise E. Fromm (1973, 207 ff.) als Gewährsmann bemühen, so hält dieser den Anteil angeborener Aggression für gering. Sie dient dem Überleben und ist defensiver Natur. Das Aggressive im Sinne egoistischer Selbstbehauptung bleibt an die Motive der Selbsterhaltung gebunden, wenn es auch Leiden und Schmerzen anderer billigend in Kauf nimmt, um dieses Ziel zu erreichen. Die über das Ziel der natürlichen Selbsterhaltung hinausschießenden destruktiven Formen der Aggression, wie sie in den Bildszenen des verhaltensauffälligen Schülers anklingen (Abb. 201), hält Fromm (a.a.O., 245 ff.) - darin Rousseau verwandt - für Produkte der gesellschaftlichen Zivilisation, in der sich Machtstrukturen, Chancenlosigkeit, soziale Ausgrenzung und Ausbeutung negativ auswirken. In Anbetracht der krassen destruktiven Äußerungsformen, die einem an Schulen für Erziehungshilfe oder in den höheren Klassen der Schule für Lernbehinderte begegnen können, ließe sich gar an die von Kant (1793) bezeichnete Kategorie des „radikal Bösen" denken. Leid und Schmerz werden hier anscheinend zum Selbstzweck. Gefühle der Angst und Hilflosigkeit machen sich breit. Die Zerstörung erfolgt um der Zerstörung willen, scheinbar. Im Grunde haben wir es mit einem Desintegrationsprozeß der adoleszenten Persönlichkeit zu tun, der auf frühen und frühesten Entwicklungsstörungen, Traumatisierungen und später einsetzenden sozialen Ausgrenzungsprozessen beruht.

Das Destruktive im Bild des körperbehinderten Jugendlichen (Abb. 202) verkehrt sich dagegen jenseits menschlicher Beeinflußbarkeit und Verantwortung zum bloßen Naturgesetz. Der Junge hat dem fortschreitenden Zerfalls- und Auflösungsprozeß seines Körpers nichts entgegenzusetzen. Ohnmächtig und verzweifelt versucht er, den Tod mit seinen eigenen Waffen zu schlagen.

7.4 Das Andere als Objekt der kunsttherapeutischen Intervention?

7.4.1 Das Andere als das Eigentliche?

Das Andere läßt sich als Verkörperung des „Unvernünftigen" auffassen. Das Retardierte, das Privatistische, das Obszöne und das Destruktive verweisen auf Realitäten, die der Freiheit entgegenstehen und die wir tendenziell in uns abspalten. Nur so kann uns das Andere überhaupt als anders erscheinen. Die dargestellten Kategorien des Anderen sind allerdings lediglich Oberflächen, hinter denen sich bestimmte Ausformungen menschlicher Erfahrung verbergen, die erst in - über die Individuen hinausgehenden - Kontexten, wie wir sie darzustellen versuchten, verständlich werden. Wie im Titel des Vortrages als These formuliert, verweist das Andere auf das Eigentliche als einer anthropologischen Kategorie, anhand der sich herausarbeiten läßt, was für den Menschen und seine Bildung wesentlich ist.

7.4.2 Zur grundsätzlichen Legitimation der pädagogisch- therapeutischen Intervention

Wir befinden uns in einer paradoxen Situation. Einerseits wird die Existenz des Anderen als Erkenntnisanlaß hervorgehoben. Andererseits werden die Weichen gestellt für eine auf das Andere gerichtete pädagogisch-therapeutische Intervention.

7.4.2.1 Leiden vermindern

Trotz der grundsätzlichen Offenheit für andere Lebensentwürfe muß die Position des hier explizierten Anderen - sicher in Abstufungen - als in sich zerrissen erkannt werden. Es gilt Leiden zu verringern, speziell den sozialen Rückzug abzuschwächen, destruktive oder depressive Tendenzen zu verringern, ein befriedigendes Verhältnis zum sozialen Ganzen aufzubauen. Selbst hinter dem Destruktiven verbirgt sich menschliches Leiden, womit die erste Legitimation für eine therapeutische Intervention benannt wäre. Ohne die „Mitleidsethik" als alleiniges theoretisches Fundament betrachten zu wollen, ist es vielleicht ganz interessant, die Parallele einmal zu Schopenhauer zu ziehen. Eine Linderung des Leidens ist nach Schopenhauer nur durch Sittlichkeit zu erreichen, die auf dem Mitleid aufbaut:

> „Der Wille ist nicht mehr nur auf den eigenen Körper konzentriert, sondern ist gleichsam durchlässig geworden und spürt im Fremden das Eigene. `Tat twam asi´ (Das alles bist Du) - so lautet die altindische Formel für diese Erfahrung" (zit. n. Safranski 1997, 92).

Schopenhauers Mitleidsethik (1840 bzw. 1977, 266 ff.) ermuntert zum Kampf gegen das Leiden und erklärt zugleich, daß es keine Aussicht auf die prinzipielle Aufhebung des Leidens gibt.

7.4.2.2 Bildung ermöglichen

Die Anhäufung von menschlichen Tragödien im Bereich des Sonderpädagogischen könnte dazu verleiten, in der durch Pessimismus gekennzeichneten Tradition Schopenhauers (1819) in der Welt überwiegend Leid und Elend wahrzunehmen. Das Wesen aller Dinge ist nach dieser Auffassung nicht vernünftig, sondern dunkler, nie zur Ruhe gelangender Wille, ein zielloser Drang. Das Drama der Freiheit überfordert den Menschen. Trotz seiner vielfältigen Determiniertheit durch psychische, biophysische, soziale und ökonomische Faktoren, halte ich es dennoch für legitim, den Menschen im idealistischen Sinne als Vernunftwesen (Kant) zu sehen, das in Autonomie und Freiheit (Schiller) seine Würde findet und das die Ansprüche des Naturwesens in sich prinzipiell integrieren kann. Freiheit entfaltet sich mit Blick auf Gesetzlichkeit, sie unterwirft sich einer freiwilligen Selbstbeschränkung und findet ihre Grenzen gemäß den allgemeinen Gesetzen der praktischen Vernunft (Kant).

Die zweite Legitimation der Intervention liegt daher im Bildungsauftrag der Schule begründet. Die pädagogischen und damit auch die kunsttherapeutischen Bemühungen zielen auf die Befreiung aus einschränkenden sozialisatorischen

Bedingungen und Zwängen, auf die Freisetzung eigener Denk-, Urteils- und Handlungsmöglichkeiten (Kant).[7] Es geht daher nicht um eine utilitaristische Funktionalisierung ästhetischer Prozesse, etwa um Defizite, Symptome usw. zu beseitigen. Die Intervention bleibt immer am Verstehen des Menschen orientiert, der sich hinter den Masken der Unvernunft verbirgt.

7.4.2.3 Die Ambivalenz der Wissensproduktion

Die Institutionen bieten keine Garantie, daß die Heranwachsenden, die sich hinter den Masken des Obszönen, des Destruktiven usw. verbergen, zu wirklicher Freiheit gelangen. Wiederum Foucault hat in seiner Untersuchung „Überwachen und Strafen" (1975) auf die gemeinsame Geschichte der Machtverhältnisse und der Erkenntnisbeziehungen hingewiesen. Das objektive Wissen vom Individuum ist das Ergebnis von Disziplinarpraktiken, angefangen vom Gefängnis, über die Spitäler, Kasernen bis hin zu den Schulen. Im Zuge der Etablierung der Humanwissenschaften, der Einführung der Einzelbeschreibung, der Anamnese, des Dossiers in den allgemeinen Betrieb des wissenschaftlichen Diskurses, tritt das Individuum ein in ein Feld des Wissens. Foucault zeigt die „Mikrophysik der Macht" (1976, 38), ihre „feinsten Verzweigungen bis dorthin, wo sie an die Individuen rührt, ihre Körper ergreift, in ihre Gesten, ihre Einstellungen, [...] ihr alltägliches Leben eindringt" (ebd.). Foucault (1975, 250) zufolge muß man allerdings „aufhören, die Wirkungen der Macht immer nur negativ zu beschreiben, als ob sie nur ausschließen, unterdrücken, verdrängen, zensieren, ... verschleiern würde. In Wirklichkeit ist die Macht produktiv: ... das Individuum und seine Erkenntnis sind Ergebnisse dieser Produktion."

Das Wissen über die Individuen und die Produktion dieses Wissens erscheinen damit als etwas Ambivalentes. Die Macht der Pädagogen, Psychiater, Psychologen usw. darf sich nicht gegen die abweichenden Individuen kehren, die dann ein unmündiges Leben in den mit Disziplin befaßten Institutionen führen und vor allem eins nicht kennen würden: die selbstverantwortete Freiheit. Die institutionell verankerte Macht muß sich uneingeschränkt in den Dienst der oben explizierten Bildungsidee stellen.

---

[7] Klafki (1985) expliziert in der Tradition der Aufklärung und der deutschen Klassik Bildung für *alle* und als Allgemeinbildung, als emanzipatorische Bildung, konkretisiert als "Selbstbestimmungs- und Mitbestimmungsfähigkeit des einzelnen" sowie "Solidaritätsfähigkeit".

7.4.3 Zur Legitimation speziell der kunsttherapeutischen Intervention

Dem Ästhetischen werden von kunstphilosophischer Seite eine Reihe besonderer Qualitäten zugeschrieben. Der ästhetische Zustand, von Schiller (1795) als „Übergangssituation" betrachtet, basiert auf dem Spiel und führt zu einer „Integration von Vernunft-, Verstandes- und Erlebniskräften, von Geist und Natur, Pflicht und Neigung" (ders. 1793). Nach Kant (1790) kommt es im Medium des Ästhetischen zum Herstellen eines Selbstbezuges, eines reflexiven Verhältnisses zu sich selbst, zum Freisetzen von autonomen Handlungspotentialen. Für Humboldt findet im ästhetischen Prozeß Selbstbildung durch Selbsttätigkeit statt und es kommt zum Entwurf neuer, möglicher Wirklichkeiten. Nach Hegel (1835/38) ermöglicht das Ästhetische eine reflektierende Auseinandersetzung mit sich selbst in Beziehung zur Welt.[8] Für Schopenhauer (1844) ermöglicht der Zustand der ästhetischen Kontemplation die Aufhebung des durch den Willen verursachten Leidens. Er spricht hier von der „Meeresstille des Gemüts". Diese kunstphilosophischen Grundfiguren müssen allerdings für den Bereich der nicht-professionellen Bildnerei von Kindern und Jugendlichen umgearbeitet, d.h. altersspezifisch und behinderungsspezifisch konkretisiert werden (vgl. hierzu Richter 1984 und Richter-Reichenbach 1983, 1992).

Mit Blick auf unsere eigenen Überlegungen läge ein Ziel der ästhetischen Aktivitäten darin, den Austausch zwischen Vernunft und Unvernunft auf bildhaftem Wege wieder aufzunehmen, ein Weg, wie ihn die Psychoanalyse verbal vorexerziert hat. Bei vielen behinderten Heranwachsenden besteht die Schwierigkeit, überhaupt in einen differenzierten sprachlichen Bezug eintreten zu können. Die verbale Sprache erscheint als etwas Abstraktes und hochgradig Elaboriertes. Das Ansetzen auf den vor-sprachlichen Ebenen, den frühen und frühesten, körpernahen Erfahrungs- und Ausdrucksebenen mit Hilfe ästhetischer Materialien und Verfahren bietet diesen Kindern und Jugendlichen eine besondere Möglichkeit, mit sich selbst und mit ihrer Umwelt erneut in Kommunikation zu gelangen.[9] Von hier aus lassen sich freiheitliche und soziale Bezüge neu einsetzen und eine, sukzessiv auszuweitende Teilnahme am gesellschaftlichen Prozeß anbahnen.

---

[8] Vgl. die detaillierte Darstellung und Diskussion kunstphilosophischer Grundlagen mit Blick auf ästhetische Erziehung und Pädagogische Kunsttherapie bei Richter (1975, 23 ff.; 1984, 12 ff.) sowie Richter-Reichenbach (1983, 15 ff.; 1992, 57 ff.).

[9] Vgl. Richter (1977, 1984); Richter-Reichenbach (1992, 1996 b).

Nachwort: Eine Lehrerin und ein Lehrer reflektieren ihre pädagogische Praxis - bildhaft

Es wurde im Rahmen der vorliegenden Untersuchung der Versuch unternommen, die Strukturen der Lebenswelt verhaltensauffälliger Heranwachsender und die in die jeweiligen Lebenswelten eingelagerten Konfliktthemen bild-verstehend zu ergründen: „Werke zeigen, was gemacht, erfahren, erlitten wird" (Salber 1986, 36), und wir können in dieser Hinsicht, ohne zu zögern, die Werke der nicht-professionellen Bildnerei, von H.-G. Richter (1997 a) unter dem Motiv der „Leidensbilder" analysiert, den Kunstwerken im engeren Sinne zur Seite stellen.

Ziel war, über die jeweiligen Bildinhalte und deren formale Realisation ein Stück des „lebensgeschichtlichen Zusammenhanges" (Hartwig 1980, 249) von Kindern und Jugendlichen zu ergründen, die unter erschwerten psychosozialen, soziokulturellen und sozioökonomischen Bedingungen aufwachsen. Hierbei legen sich „Kunst (die nicht-professionelle Bildnerei eingeschlossen, J.B.) und Seelisches gegenseitig aus" (Salber, S. 72) [...]. „Die Beschreibung von Bildern als Zusammenhang - ist eine Beschreibung seelischer Wirklichkeit" (a.a.O., 80). Die Bilder der Schüler lassen sich folglich enträtseln nach seelischen Themen, psychosozialen und psychosexuellen Entwicklungsaufgaben und -schritten. Die Bilder spiegeln auch wider, wie sich ein Heranwachsender in Konflikten, Krisen und Komplexen verfangen kann. Oftmals bieten die Zeichnungen, Malereien, Collagen usw. einen ungeahnten Einblick in das zuvor nur diffus erscheinende Dunkel der kindlichen oder adoleszenten Persönlichkeit. Die Bilder erscheinen wie Kurven, aufgezeichnet von einem Seismographen, der die Unruhe der jeweiligen Innenwelt, aber auch die sozialen und gesellschaftlichen Spannungen, die den konkreten Heranwachsenden umgeben, widerspiegeln.

Es wurden eine Reihe repräsentativ erscheinender Phänomene ausgehend von nicht-professionellen Bildern, Objekten usw. beleuchtet. Zum Teil dreht es sich dabei auch um den Umgang mit Kunstwerken, meist in Form von Umgestaltungen, Veränderungen, Überarbeitungen dieser Werke.

Geleitet von der Dominanz dieser Themen in den Bildgestaltungen, stellten wir besonders in den Vordergrund unserer bildhermeneutischen Bemühungen: Themen aus dem Bereich der Familie und der Schule, Themen aus dem Bereich der Freizeitaktivitäten, der Kinder- und Jugendkultur, Themen aus dem Bereich des Körpers, der Identitätsbildung und der Sexualität.

Wir werden unsere Untersuchung von Bildgestaltungen/ ästhetisch fundierten Auseinandersetzungsprozessen nicht beenden, ohne zumindest im Ansatz zu erkunden, wie sich die vielfältigen Phänomene aus den Lebenswelten sogenannter verhaltensauffälliger Schülerinnen und Schüler, wie wir sie anhand von 200 ausgewählten Beispielen nur exemplarisch zu beschreiben vermochten, auf das bildhaft vermittelte Erleben der (sonder-)pädagogischen Praxis von Lehrerinnen und Lehrern auswirken.

Das erste Bild (Abb. 203), ein Gemälde einer in ihren vierziger Jahren stehenden Grundschullehrerin, entstand im Rahmen einer supervisionsähnlichen Arbeitssitzung, die unter dem Thema "Meine schwierigen Schüler und ich" durchgeführt wurde. Die betreffende Kollegin war in einer besonderen Weise mit auffälligem Lern- und Sozialverhalten konfrontiert, weil sich in ihrem dritten Schuljahr - neben den beiden von einem Sonderschullehrer im Rahmen des gemeinsamem Unterrichts betreuten verhaltensauffälligen Jungen - etliche andere Schülerinnen und Schüler mit Problemen im Bereich des Lern - und Sozialverhaltens sowie mit fehlenden Sprachkenntnissen (Ausländer, Aussiedler usw.) befanden. Die Kollegin malte sich selbst als ein energetisches Zentrum in hellem, warmem Gelb. An ihr hängen, saugen, zerren und ziehen 28 Schülerinnen und Schüler. Sie fühlt sich nicht nur als Lehrerin gefragt, sondern auch als Ersatzmutter, Sozialarbeiterin und Therapeutin beansprucht. An manchen Tagen wird es ihr zuviel. Auf dem Hintergrund von Stress, Anspannung, hohen institutionellen Erwartungen und hohem individuellem Leistungsanspruch bleiben die körperlichen und seelischen Leidens-Symptome - hier dargestellt als rote Flekken - nicht aus. Speziell die als schwierig geltenden Schülerinnen und Schüler, im Bild als krakenartige Wesen mit Augen dargestellt, zehren von der Substanz der Lehrerin, werden zunehmend als "Nervensägen" erlebt. Es gilt, die eigenen Energiereserven zu schützen und sich stärker abzugrenzen. Der gelbe, letztlich für die eigenen Person stehende Kern wird geschützt, eingerahmt mit einer schwarzen Ummantelung. Die grüne Farbspur zwischen dem Kern und dem unteren Bildrand stellt die Verbindung zur außerschulischen Welt dar, in der immerhin Rückzugs- und Regenerationsöglichkeiten bestehen. Der pädagogische, d.h. der berufliche Zusammenhang wirkt in seiner Turbulenz und in seinen komplexen Anforderungen jedoch äußerst dominant. Die grüne Spur, d.h. die Verbindung zum Privatleben wird durch eines der krakenartigen Wesen überlagert, umschlungen.

Die als nächstes reproduzierte Zeichnung (Abb. 204) eines Sonderschullehrers in seinen dreißiger Jahren entstand während einer mehrstündigen pädagogischen Konferenz, in der verschiedene Angelegenheiten des schulischen Lebens erörtert wurden.[1] Das explorative Gespräch mit dem Kollegen zeigte eine gewisse Verstimmung über den Verlauf dieser Konferenz, die mit dem vorherrschenden Kommunikations- und Problemlösungsstil des Kollegiums, den vom Schulleiter verwendeten Führungstechniken usw. zusammenhing.

---

[1] Der Kollege stellte uns - wie die zuerst genannte Kollegin auch - seine Zeichnung freundlicherweise zum Zwecke der Auswertung zur Verfügung, wünschte jedoch - verständlicherweise - keine namentliche Nennung.

Abb. 203

Abb. 204

343

Auf dem Hintergrund dieser Verstimmung, auch einer gewissen Ermüdung/ Resignation, noch weiter aktiv in den Verlauf der Konferenz einzugreifen, ging unser Kollege quasi *aus dem Felde* und begann vor sich hinzuzeichnen.

Es entstand ein Interieur, in dem sich zunächst ein Bett, Regale mit Büchern, ein Sessel und ein in der Raummitte schwebender Koffer ausmachen lassen. Im Hintergrund sind zu sehen: Fenster mit Vorhängen, Bilderrahmen ohne Bilder, Spiegel, eine kassettenartige Wandverkleidung. Neben dem Bett befindet sich ein Tischchen mit Weinflasche und zwei Gläsern. Die Bettdecke liegt lose auf dem Bett. Während die meisten der genannten Bildelemente sehr sorgfältig mit dem Bleistift ausgearbeitet wurden, stellt der Fußboden des Zimmers eine weiße Fläche dar. Nach Angaben des Zeichners mußte aus Gründen, die im weiteren Ablauf der Konferenz lagen, die Zeichentätigkeit abgebrochen werden. Zu einer erneuten Beschäftigung mit der Zeichnung zu einem späteren Zeitpunkt kam es nicht.

Der fehlende Boden verweist auf das Traumähnliche, das Illusionäre dieses Bildes. Die Auslegung des Bildes läßt sich mit dem ins Bildzentrum gesetzten Koffer beginnen. Durch den quasi schwebenden Zustand ist dieser Koffer in Bewegung geraten. Er ist geöffnet und bereit, gepackt zu werden, d.h. unser Kollege möchte - wie er selbst erläuterte - „seine Koffer packen". Bestimmte qualitative Merkmale seiner momentanen Arbeitssituation werden von ihm als unzufriedenstellend, als belastend und änderungsbedürftig erlebt. Das Bett signalisiert den Wunsch nach Ruhe, Erholung, Regeneration. Mehrere Jahre hochengagierter pädagogischer und didaktischer Tätigkeit als Klassenlehrer an einer Schule für Erziehungshilfe haben die Kräfte des Lehrers in besonderer Weise beansprucht. Der Wein und die beiden Weingläser stehen für den Wunsch nach Rückhalt, Anteilnahme, den kommunikativen Austausch über diese Vorgänge und das Gewinnen neuer Energiepotentiale, Ideen, Inspirationen im Rahmen einer intimen, freundschaftlichen Beziehung zu einem anderen Menschen. Die gläsernen Weinkelche sind jedoch leer und sie erscheinen zerbrechlich, ein Hinweis auf die dominierenden Gefühle der Enttäuschung. Allzugroß waren die Erwartungen. Nur mit Hilfe von Selbsttäuschungen über die eigenen Veränderungsmöglichkeiten, die tatsächlichen Arbeitsbedingungen usw. ließ sich das pädagogische Engagement auf einem recht hohen Energieniveau aufrechterhalten.

Die leeren Weingläser verweisen jedoch auch auf die innere emotionale Realität: Liebe, Gefühle, der lebendige emotional-körperliche Austausch haben im Zuge der energieraubenden pädagogischen bzw. didaktischen Tätigkeit gelitten. Die Bücher, auf deren zeichnerische Darstellung eine besondere Sorgfalt verwendet wurde, verweisen auf die Möglichkeit und den Wunsch dieses Lehrers, die praktischen pädagogischen Erfahrungen, seine Erfolge, Mißerfolge, die vielfältigen sozialen Erfahrungen, zu einem großen Teil in Form von Konflikten, unter wissenschaftlichen Gesichtspunkten zu reflektieren. Diese Auslegung fand eine Bestätigung in unserem Gespräch mit dem Kollegen. Eine andere Version, die eventuell auch mitanklingen könnte, wäre, die ins Bild gesetzten Bücher als Romane, als erdachte Wirklichkeiten aufzufassen, in die unser Kollege sich zurückzuziehen gedenkt. Doch liegen ja auch im Bereich konstruierter Wirklichkeiten Auseinandersetzungsmöglichkeiten mit real gegebenen Konfliktthemen, Lebensproblemen usw. Letztendlich wird dem Lehrer zunehmend klarer, daß er sein verbleibendes berufliches Leben auch als Schriftsteller, Künstler o.ä. verbringen könnte (Selbstaussage). Die Dunkelheit vor dem Fenster hebt die Bedeutung des dargestellten Raumes als eines intimen Rückzugortes hervor. Der Spiegel über dem Tischchen mit der Weinflasche könnte für den Wunsch und die Möglichkeit der Selbsterkenntnis, des geistig-seelischen Wachstums, das mit dieser Krise verbunden sein kann, stehen. Der leere Stuhl, wie auch das leere Bett, verweisen auf die vorläufige Abwesenheit/ die Nichtexistenz des herbeigesehnten Zustandes, die noch nicht gegebene Möglichkeit eines längeren Rückzuges, welcher Regeneration, Kontemplation, Sinnlichkeit *und* geistiges Leben einschließt und zu neuer Erkenntnis führen soll.[2] Daß die Bilderrahmen an der Wand leer bleiben, auch daß keine Personen im Bild vorkommen, könnte allerdings auch auf die Tatsache zurückgehen, daß dem Zeichner letzten Endes doch bewußt bleibt oder wird, wo er sich gerade befindet: in einer mehr oder weniger öffentlichen Situation, in der jeder Strich auf seinem Zeichenblatt von anderen beobachtet werden kann.

Die Zeichnung des Kollegen ist somit auf zwei Ebenen bedeutsam. Zunächst auf dem kommunikativen/ institutionellen Hintergrund der genannten Konferenz. Eine affektive Verstimmung läßt ihn zum Bleistift greifen. Der Bildinhalt selbst verweist jedoch auf einen viel weitergefaßten Gegenstand der Reflexion: Ein Sonderschullehrer befindet sich zunehmend in einer beruflichen Krise, für deren Bezeichnung vielerorts das Schlagwort "burn out"[3] Verwendung findet. Nach einem Jahrzehnt hochengagierter praktischer Tätigkeit überkommt ihn die Sehnsucht nach Ruhe, Rückzug, Kontemplation, aber auch nach wissenschaftlicher Duchdringung/ Auswertung seiner vielschichtigen/ vieldeutigen Erfahrungen in seinem Arbeitsfeld.[4]

---

[2] Leere als kompositionelles Phänomen und Abwesenheit als Bildmotiv ist nach Richter (1997, 221) ein häufiges Ereignis in „Leidensbildern".
[3] Vgl. hierzu Fengler (1991): „Helfen macht müde. Zur Bewältigung von Burnout und beruflicher Deformation."
[4] Es stellt sich hier auch die Frage nach der Rolle, die - ästhetisch fundierte - biographische Reflexionsprozesse bei *angehenden* Lehrerinnen und Lehrern im Sinne von Burnout-Prävention/ gezielter Vorbereitung auf einen sehr fordernden Beruf übernehmen können, um diesen für die später folgenden Berufsjahre, die immer ein gewisses Ausmaß an Enttäuschungen, Frustrationen usw. bereithalten werden, ein Instrument zur *Selbsterkenntnis* an die Hand zu geben. Vgl. hierzu auch Bröcher (1993 c): „Lehrjahre eines Sonderpädagogen ...".

Die beiden Beispiele zeigen bereits in aller Kürze, daß sowohl die Kinder und Jugendlichen als auch ihre pädagogischen Bezugspersonen *gleichermaßen* in einen allgemeinen Lebensprozeß verstrickt sind, der mehr oder weniger konflikthafte Anteile enthält und produktive Handlungsstrategien erfordert. Die Analyse der bildhaften Manifestationen vermag die tieferen Sinnschichten dieser Lebenskonflikte bzw. Daseinsthemen und mögliche Ansatzpunkte für konstruktive Veränderungen freizulegen.

Verzeichnis der dokumentierten und analysierten Fallbeispiele[1]

1. **Addy**: 8 Jahre, SfLb[2]

Abbildung 184: Gute Wünsche für die Lehrerin
Abbildung 185: Das Bett der Mutter
Abbildung 186: König und Prinzessin wollen heiraten
Abbildung 187: Superman
Abbildung 188: Die Dornenrosenkönigin

2. **Albert**: 12 Jahre, SfLb

Abbildung 2: U-Boot „USA"

3. **Aldo**: 11 Jahre, SfLb

Abbildung 108: Ein Gewitter

---

[1] Alle Namen von Schülerinnen und Schülern wurden geändert. Bildtitel, die in Anführungszeichen gesetzt sind, stellen Originalaussagen der betreffenden Schülerinnen und Schüler dar.

[2] SfLb ist eine Abkürzung für Sonderschule für Lernbehinderte, eine Schulform, an der sich ja auch zahlreiche verhaltensauffällige Schülerinnen und Schüler einfinden. Es handelt sich hier um Kinder und Jugendliche mit deutlichem Intelligenzrückstand, verfestigten Lernstörungen oder mit fehlenden deutschen Sprachkenntnissen bzw. kulturellen Übergangsproblemen. Die von uns aus dem Feld der Schule für Lernbehinderte einbezogenen Arbeiten entstammen den beiden zuletzt genannten Gruppen. Bildgestaltungen von Schülern mit deutlichem Intelligenzrückstand wurden von uns nicht einbezogen, um die Vergleichbarkeit mit der Schülerschaft der Schule für Erziehungshilfe zu gewährleisten. Die betreffende Sonderschule für Lernbehinderte liegt im ländlichen Bereich, jedoch in einem sozialen Brennpunkt.

4. **Alwin**: 9 Jahre, GU [3]

Abbildung 11: Interieur mit Deko-Stoffen I
Abbildung 12: Interieur mit Deko-Stoffen II

5. **Amanda**: 16 Jahre, SfLb

Abbildung 179: Junge Frau in der Großstadt

6. **Andrej**: 11 Jahre, GU

Abbildung 85: Partnerbild/ dialogisches Gestalten
Abbildung 124: Körperumrißbild/ Fußballer
Abbildung 125: Joker-Puppe
Abbildung 127: Affen-Maske
Abbildung 151: Morgenstern
Abbildung 194: Hände
Abbildung 201: Ergänzung Torrance-Test

sowie in Band I:
Abbildung 56: Fisch-Laterne

7. **Anita**: 17 Jahre, SfE-S[4]

Abbildung 5: Sich aufbäumende Pferde vor Haus

---

[3] GU ist eine Abkürzung für „Gemeinsamer Unterricht von behinderten und nicht-behinderten Schülerinnen und Schülern", hier an verschiedenen Gemeindschaftsgrund-schulen. Die Grundschulen liegen im ländlichen Bereich oder in Kleinstädten. Eine dieser beiden Schulen, aus der die überwiegende Zahl der Bildbeispiele stammt, weist ein sozial problematisches Einzugsgebiet auf (ca. 70 % Ausländer, Aussiedler usw.).
[4] SfE ist eine Abkürzung für Schule für Erziehungshilfe. Unsere Bildbeispiele entstammen einer Stadtschule aus dem Rhein-Ruhr-Gebiet (SfE-S) und einer Sonderschule auf dem Lande (SfE-L).

8. **Antonio**: 10 Jahre, GU

Abbildung 10: Wohnungsgrundriß
Abbildung 71: Blick zurück auf die Grundschulzeit

9. **Anzo**, 14 Jahre, SfE-S

Abbildung 149: Hände

10. **Arik**: 9 Jahre, GU

Abbildung 75: Kleines Museum mit Kriegsspielzeug

11. **Arno**: 9 Jahre, SfE-L

Abbildung 17: Paar mit Herzen
Abbildung 18: Paar
Abbildung 19: Paar mit Kind
Abbildung 20: Kind fährt mit dem Fahrrad gegen eine Wand
Abbildung 21: „O bite fiken" ; vgl. auch H.-G. Richter (1997, 103 - 106): „Leidensbilder"
Abbildung 22: „Der Mann hat die Puschi von der Frau in der Hand"
Abbildung 23: Ein Junge legt dem Vater „Pampers" an
Abbildung 55: „Ute hüpft Seilchen"
Abbildung 56: Arbeitsblatt Mathematik
Abbildung 106: Hausdarstellung; vgl. hierzu auch H.-G. Richter (1997, 100 - 103): „Leidensbilder"
Abbildung 190: Figur mit langen Beinen
Abbildung 191: Fallende Figur mit Strahlenhaaren
Abbildung 192: „Hans im Glück"
Abbildung 193: Meine Stärken/ Was ich gut kann

12. **Axel**: 14 Jahre, SfE-S

Abbildung 89: Rap-X, H-Street
Abbildung 93: Die Skater-Szene
Abbildung 107: „Tötet die DDR-Asis"
Abbildung 157: Nackter Mann stehend, nackte Frau liegend.
Abbildung 169: Homosexuell gefärbtes Geschehen

13. **Boris**: 14 Jahre, SfE-S

Abbildung 1: Nackte mit Penis und Pferd
Abbildung 69: Fröhliches Treiben im Klassenzimmer
Abbildung 88: Airwalk, Santa-Cruz
Abbildung 91: Eine Half-Pipe
Abbildung 118: Held mit Drachen vor einer Burg
Abbildung 148: Nackte mit hervorgehobenen Zähnen

sowie in Band I:
Abbildung 42: Half-Pipe
Abbildung 75: drei Ton-Figuren, „masturbierende Frau"

14. **Carlo**: 10 Jahre, GU

Abbildung 120: Kleines Museum mit Power Ranger

15. **Carsten**: 13 Jahre, SfLb

Abbildung 160: Koitus

16. **Chris**: 14 Jahre, SfE-S

Abbildung 63: Streit auf dem Schulhof
Abbildung 67: Tisch-Graffiti
Abbildung 74: Fahrradkeller
Abbildung 86: Nächtlicher Streifzug durch die Stadt
Abbildung 162: Koitus mit Ton-Figuren

sowie in Band I:
Abbildung 41: Aktdarstellung (Collage, Zeichnung)
Abbildung 74: Akte aus Ton (Mann, Frau)

17. **Deno**: 9 Jahre, GU

Abbildung 7: Die „böse Dino-Mutter"
Abbildung 62: Streit mit der Klassenlehrerin
Abbildung 128: Selbstbildnis als Soldat
Abbildung 152: Ein König vor dem Schloßtor (Dornröschen)
Abbildung 158: Kindliche Figur mit Riesenpenis

18. **Donald**: 10 Jahre, SfE-L

Abbildung 40: „Der Geist im Glas"
Abbildung 41: „Hänsel und Gretel"
Abbildung 42: „Allerleirauh"
Abbildung 43: „Schneewittchen"
Abbildung 44: „Gestiefelter Kater"
Abbildung 45: „König Drosselbart"
Abbildung 46: Braune Tür (Phantasiereise Teil I)
Abbildung 47: Brauner Totenwagen (Phantasiereise Teil II)
Abbildung 48: Brennendes Haus
Abbildung 49: Fürstenhochzeit
Abbildung 50: Haus mit schwarzer Wand
Abbildung 51: Kutschfahrt auf der Hallig Hooge
Abbildung 70: Streit auf dem Schulhof

19. **Edelmar**: 10 Jahre, GU

Abbildung 76: Kleines Museum mit Geige

20. **Elias**: 13 Jahre, SfE-L (Bruder von Ole)

Abbildung 109: Krieg und neues Leben unter Wasser

21. **Fatima**: 14 Jahre, SfE-S

Abbildung 164: Bildgeschichte/ sexuelles Geschehen

22. **Frau Y**.: 44 Jahre, Grund- und Hauptschullehrerin im GU

Abbildung 203: Gelbes Zentrum von Schülern umlagert

23. **Fred**: 10 Jahre, GU

Abbildung 121: Kleines Museum mit Dinosaurier

24. **Gabriella**: 14 Jahre, SfE-S

Abbildung 16: Streit im Haus
Abbildung 36: „Verkleidet in fremder Schießbude"
Abbildung 37: Zwischen Kindheit und Erwachsenwerden
Abbildung 122: Tänzerin im Hochzeitskleid

25. **Gemeinschaftsarbeiten**
    (jugendlicher Schülerinnen und Schüler an SfE-S und SfLb; bei SfLb
    gemeinsam mit externen Künstlerinnen, Kunstpädagoginnen,
    Kunsttherapeutinnen)

Abbildung 59: Der Lehrer als Autokrat (SfLb) (mit J. P.-Aston); siehe dazu
    auch Abbildung 14 in Band I (Herstellungsprozeß)
Abbildung 60: Der Lehrer als Dracula/Verführungstechniken der Schüler (SfLb)
    (mit S. Lindemann-Glaap und B. Rühl)
Abbildung 65: Schultisch-Graffiti I (SfE-S)
Abbildung 66: Schultisch-Graffiti II (SfE-S)
Abbildung 100: Tryptichon zur Gewalt von Rechts (SfLb) (mit G. Lorenzen-
    Golby und I. Meinold); vgl. hierzu auch Abbildung 15 in Band I
    (Herstellungsprozeß)
Abbildung 102: Wandbild zu den Jugendszenen I (SfLb)
Abbildung 103: Wandbild zu den Jugendszenen II (SfE-S)
Abbildung 104: Wandbild zu den Jugendszenen III (SfE-S)

Abbildung 105: „Eros Ramazzotti" (SfLb) (mit M. König und N. v. Hoyningen-Huene), siehe hierzu auch die Abbildungen 39 und 40 in Band I (Herstellungsprozeß)
Abbildung 113: Tryptichon zu „interkulturellen Prozessen" (SfLb)
Abbildung 140: Tryptichon „Catcher und Stier" (Mitteltafel) (SfLb)
Abbildung 150: Holzfiguren (GU)

sowie in Band I:
Abbildung 10: Triptychon „Lebensphasen" (Mitteltafel) (SfLb) (mit J. P.-Aston und G. Suetake)
Abbildung 11 (Ausschnitt aus Abbildung 10)
Abildung 13: Mitteltafel aus dem Triptychon „Jugendkultur" (mit H. Kunz), siehe hierzu auch Abbildung 12 (Herstellungsprozeß)

26. Georg: 14 Jahre, SfE-L

Abbildung 72: Ankunft an der Schule für Erziehungshilfe

27. Gereon: 9 Jahre, SfE-L

Abbildung 14: Nest aus Ton
Abbildung 15: „Hänsel und Gretel"
Abbildung 52: Klassenzimmer („grüne Runde")
Abbildung 197: „Mutter haut einem Kind den Kopf ab." (Ergänz. TSD-Z).

28. Gerrit: 15 Jahre, SfLb

Abbildung 61: Schulklasse

29. Helmut: 15 Jahre, SfE-S

Abbildung 4: Zwei schwarze Häuser mit Bäumen
Abbildung 97: Gruppe von Skin-Heads
Abbildung 180: „Eine Party ist zugange (Orgie)"
(Vergleiche zu Helmut ferner die Abb. 46 - 48 in H.-G. Richter [1997, 134 - 138]: „Leidensbilder".)

30. **Henning**: 15 Jahre, SfLb

Abbildung 163: Koitalszene (Nahaufnahme)
Abbildung 200: Frau in Strapse

31. **Harald**: 16 Jahre, SfE

Abbildung 38: Bett-Szene
Abbildung 39: Szene im Garten
Abbildung 104: Wandbild Jugendszenen (oberes Segment)

32. **Herr X.**: 33 Jahre, Sonderschullehrer

Abbildung 204: Zimmer mit Bett und Büchern

33. **Jochen**, 15 Jahre, SfE-L

Abbildung 98: Figuration vor Hotel
Abbildung 99: Tagebucheintrag „Blut, Ehre, Haß"
Abbildung 101: Tagebucheintrag „MTV", usw.
Abbildung 115: Henker im Dunkel
Abbildung 116: Tagebucheintrag „Cop Killer", usw.

34. **Jörg**: 15 Jahre, SfLb

Abbildung 117: Reiter mit Schwert
Abbildung 136: Catcher mit Maske

35. **Jürgen**: 14 Jahre, SfLb

Abbildung 159: Mann mit hervorgehobenen Genitalien

36. **Knut**: 10 Jahre, GU

Abbildung 79: Kleines Museum mit Vogelfeder

37. **Kolja**: 9 Jahre, SfE

Abbildung 73: Fahrrad

38. **Kosmas**: 9 Jahre, GU

Abbildung 123: Seeräuber-Puppe

39. **Leo**: 11 Jahre, SfE-L

Abbildung 34: Hausinschrift „Michael Jackson"
Abbildung 53: Klassenzimmer mit Punktetafel
Abbildung 68: Geritzte Spur auf Zeichenblock

40. **Lex**: 17 Jahre, SfE-S

Abbildung 114: Hinrichtungsszene vor Fachwerkkulisse

41. **Maik**: 16 Jahre, SfE-S

Abbildung 92: Skater-Szene

42. **Malte**: 9 Jahre, SfE-L

Abbildung 80: Schießerei I
Abbildung 81: Schießerei II
Abbildung 82: Schießerei III
Abbildung 83: Schießerei IV
Abbildung 84: Schießerei V
Abbildung 154: Libidinöse Handlungen in einer Gruppe

43. **Marek**: 15 Jahre, SfLb

Abbildung 161: Koitalszene, Missionarsstellung mit Zigarre

44. **Martin**: 10 Jahre, GU

Abbildung 77: Kleines Museum mit Schreibfeder

45. **Monty**: 13 Jahre, SfE-L

Abbildung 165: „Rotes Loch"

46. **Mustafa**: 13 Jahre, SfE-L

Abbildung 111: He-Man im Kampf mit dem Drachen
Abbildung 112: Haus unter dunkler Wolke

47. **Niko**: 13 Jahre, SfE-S

Abbildung 133: Henker mit Axt
Abbildung 134: Angst vorm Ertrinken
Abbildung 156: Mandala „I love Maria"
Abbildung 170: Zwei homosexuelle Paare vor Felsenlandschaft

48. **Nikolai**: 11 Jahre, GU

Abbildung 110: Tiergruppe vor Haus

49. **Ole**: 8 Jahre, SfE-L

Abbildung 24: Hubschraubergefecht zwischen „Gummiländern und Flummil."
Abbildung 25: Gefecht II
Abbildung 26: Aufstellung des Heeres von „Flummiland"
Abbildung 27: Der König von „Flummiland" I
Abbildung 28: Eine Karikatur des Königs von „Gummiland"
Abbildung 29: Der König von „Gummiland" und seine Frau beim Essen
Abbildung 30: Burg und Trutzburg
Abbildung 31: Ritter und Pferd

Abbildung 32: Der König von „Flummiland" II
Abbildung 33: Ein Bild des Klassenlehrers
Abbildung 198: Flummiland-Ritter

50. **Oliver**: 12 Jahre, SfE-L

Abbildung 35: Jugendlicher mit Motorrad
Abbildung 137: „Suberman"
Abbildung 177: Szene im Bade

51. **Pedro**: 10 Jahre, GU

Abbildung 78: Kleines Museum mit Knöpfen

52. **Peter**: 13 Jahre, SfE-L

Abbildung 57: Der Lehrer als Gewaltherrscher
Abbildung 58: Roboter gegen Schulleiter
Abbildung 166: Sexualität unter Männern
Abbildung 174: Der Schüler als Tänzerin
Abbildung 175: Der Schüler als Kokotte
Abbildung 176: Der Schüler als weiblicher Akt

53. **Radovan**, 16 Jahre, SfLb

Abbildung 139: Der Catcher „Guile"
Abbildung 144: Drei Kämpfer
Abbildung 145: Zwei Kämpfer mit Messer
Abbildung 146: Streit um eine „Diesel"-Jacke

54. **Ralf**: 15 Jahre, SfE-S

Abbildung 9: Grundriß des Zimmers
Abbildung 64: Skelett am Schultisch
Abbildung 90: Santa Cruz, X-Bones
Abbildung 94: Vor der Discothek „Getaway"

61. **Sven**: 16 Jahre, SfE-L

Abbildung 13: Vogelnest mit Raben
Abbildung 129: Fratze im Tagebuch I
Abbildung 130: Fratze im Tagebuch II

62. **Tassilo**: 9 Jahre, GU

Abbildung 8: Mann aus Maschendraht und Pappmache
Abbildung 54: Klassenzimmer/ Schüler stellt sich dem Sonderschullehrer vor

63. **Thilo**: 7 Jahre, SfE-L

Abbildung 3: Verlassene Kinder

64. **Tibor**: 9 Jahre, SfE-L

Abbildung 153: Koitale Darstellung

65. **Timo**: 16 Jahre, SfE-S

Abbildung 104: Wandbild zu Jugendszenen (Ausschnitt aus einer Seitentafel)
Abbildung 131: Raubvogel
Abbildung 132: Haie
Abbildung 178: „Gruppensex"
Abbildung 182: Ausschnitt aus Nr. 104
Abbildung 183: Ausschnitt aus Nr. 104

66. **Utz**: 16 Jahre, SfE-S

Abbildung 141: Mann mit Pistole
Abbildung 142: Motorradfahrer rasend
Abbildung 143: verstümmelte Frau

67. **Vera**: 11 Jahre, GU

Abbildung 181: „Giraffe"

68. **Volker**: 9 Jahre, SfE-L

Abbildung 87: Bericht vom Wochenende

Literatur

Adorno, T. W. (1938): Über den Fetischcharakter in der Musik und die Regression des Hörens. In: (der): Dissonanzen. Musik in der verwalteten Welt. Göttingen 1982.

Aichhorn, A. (1925): Verwahrloste Jugend. Die Psychoanalyse in der Fürsorgeerziehung. Bern 1951.

Aichhorn, A. (1959): Erziehungsberatung und Erziehungshilfe. Zwölf Vorträge über psychoanalytische Pädagogik. Reinbek 1972.

Altrichter, H. & P. Posch: Lehrer erforschen ihren Unterricht. Eine Einführung in die Methoden der Aktionsforschung. Bad Heilbrunn/ Obb. 1990.

Anzieu, D. (1985): Das Haut-Ich. Frankfurt/ M. 1996.

Ariès, P./ Béjin, A./ Foucault, M. u.a. (1982): Die Masken des Begehrens und die Metamorphosen der Sinnlichkeit. Zur Geschichte der Sexualität im Abendland. Frankf./ M. 1990.

Ariès, P. & G. Duby (Hrsg.) (1987): Die Geschichte des privaten Lebens, Band 5: Vom ersten Weltkrieg bis zur Gegenwart. Frankfurt / Main 1993.

Atteslander, P.: Methoden der empirischen Sozialforschung. Berlin 1971.

Aufenanger, S. : Medientheoretische Ansätze. DISKURS 1/ 1994, 17 - 23.

Baacke, D. (1983): Die 13 - 18jährigen. Einführung in Probleme des Jugendalters. Weinheim & Basel 1991. 5. üb. und erg. Aufl.

Baacke, D. (1984): Die 6 - 12jährigen. Einführung in Probleme des Kindesalters. Weinheim & Basel 1992, 4. üb. und erg. Aufl.

Baacke, D.: Bewegung beweglich machen - Oder: Plädoyer für mehr Ironie. In: D. Baacke u.a. (Hrsg.): Am Ende postmodern? Next Wave in der Pädagogik. Weinheim & München 1985.

Bachelard, G. (1957): Poetik des Raumes. Frankfurt/ M. 1994.

Bader, A. (Hrsg.): Geisteskrankheit, bildnerischer Ausdruck und Kunst. Bern 1975.

Bader, A.: Schöpferische Vorgänge und Hirnfunktion. In: Bader, A. & L. Navratil (Hrsg.) 1976, 55 - 59.

Bader, A. & L. Navratil (Hrsg.): Zwischen Wahn und Wirklichkeit. Kunst, Psychose, Kreativität. Luzern, Frankfurt/ M. 1976.

Ballstaedt, S.-P.: Zur Dokumentenanalyse in der biographischen Forschung. In: Jüttemann & Thomae (Hrsg.) 1987, 203 - 214.

Barker, R.G.: Ecological psychology. Concepts and methods for studying the environment of human behavior. Stanford/ CA 1968.

Barthelmes, J. & E. Sander: Gewinn statt Gefährdung? Der Medienumgang von Jugendlichen als Ausdruck persönlicher Geschmackskultur. DISKURS, 4. Jahrg., Heft 1, 1994, 30 - 42.

Baudrillard, J.: Die Agonie des Realen. Berlin 1983.

Baumgardt, U.: Kinderzeichnungen - Spiegel der Seele. Kinder zeichnen Konflikte in der Familie. Zürich 1985.

Beck, U.: Risikogesellschaft. Auf dem Weg in eine andere Moderne. Frankfurt/ M. 1986.

Begemann, E. (1968): Die Bildungsfähigkeit der Hilfsschüler. Berlin [3]1975

Begemann, E.: Die Erziehung der soziokulturell benachteiligten Schüler. Hannover 1970.

Benedetti, G.: Psychiatrische Aspekte des Schöpferischen und schöpferische Aspekte der Psychiatrie. Göttingen 1975.

Benedetti, G.: Psychopathologie und Kunst. In: Condrau (Hrsg.) 1979, 1045 - 1054.

Benjamin, W. (1936): Das Kunstwerk im Zeitalter seiner technischen Reproduzierbarkeit. Erneute Aufl. Frankfurt/ M. 1977.

Benkmann, K.-H.: Pädagogische Erklärungs- und Handlungsansätze bei Verhaltensstörungen in der Schule. In: Goetze, H. & Neukäter, H. (Hrsg.): Handbuch der Sonderpädagogik. Band 6: Pädagogik bei Verhaltensstörungen. Berlin 1989, 71 - 119.

Berger, R. & Hammer-Tugendhat, D. (Hrsg.): Der Garten der Lüste. Zur Deutung des Erotischen und Sexuellen bei Künstlern und ihren Interpreten. Köln 1985.

Bergmann, J. & C. Leggewie: Die Täter sind unter uns. Beobachtungen aus der Mitte Deutschland Kursbuch 113: "Deutsche Jugend". Berlin 1993, 7 - 37.

Bernfeld, S. (1925): Sisiphos oder die Grenzen der Erziehung. Frankfurt/ M. 1981.

Bernstein, B. (1971): Studien zur sprachlichen Sozialisation. Düsseldorf 1972.

Bertelsmann, K.: Ausdrucksschulung. Unterrichtsmodelle und Spielprojekte für kreatives und kommunikatives Lernen. Stuttgart 1975, 99 ff.

Bettelheim, B. (1955): So können sie nicht leben. Die Rehabilitierung emotional gestörter Kinder (dt. Ausgabe 1973). München 1985, erneute Aufl.

Bettelheim, B. (1975): Kinder brauchen Märchen. München 1990, erneute Aufl.

Bittner, G., Ertle, C. & V. Schmidt: Schule und Unterricht bei verhaltensgestörten Kindern. In: Deutscher Bildungsrat: Gutachten und Studien der Bildungskommission 35, Sonderpädagogik 4, Stuttgart 1974.

Blanck, G. & R. Blanck (1974): Angewandte Ich-Psychologie. Stuttgart 1988, 4. Aufl.

Blanck, G. & R. Blanck (1979): Ich-Psychologie II. Psychoanalytische Entwicklungspsychologie. Stuttgart 1989, 2. Aufl.

Bleuler, M. (1964): Ursache und Wesen der schizophrenen Geistesstörung. In: Bader, A. (1975) (Hrsg.), 145 - 149.

Blos, P. (1962): Adoleszenz. Eine psychoanalytische Interpretation. Stuttgart 1989.

Blos, P. (1985): Sohn und Vater. Diesseits und jenseits des Ödipuskomplexes. Stuttgart 1990.

Bono, E. de (1978): Chancen. Düsseldorf & Wien 1992, 2. Auflage.

Bopp, J.: Psycho-Kult. Kleine Fluchten in die großen Worte. In: Kursbuch 82: Die Therapiegesellschaft. Berlin 1985.

Boszormeny-Nagy, I. & G. Spark: Die unsichtbaren Bindungen. Die Dynamik familiärer Systeme. Stuttgart ²1980.

Bourdieu, P. (1979): Die feinen Unterschiede. Kritik der gesellschaftlichen Urteilskraft. Frankfurt/ M. 1993, 6. Aufl.

Bracht, U.: Bilder von der Schulbank. Kritzeleien aus deutschen Schulen. München 1978.

Bracht, U.: Gestörte psychosoziale Verhältnisse im Spiegel von Schulbank-Graffiti. Kassel 1982.

Brem-Gräser, L. (1957): Familie in Tieren. Die Familiensituation im Spiegel der Kinderzeichnung. München & Basel 1975, 3. erw. Aufl.

Bröcher, J.: Ein Bericht über das II. deutsch-französische Jugendcamp für Behinderte und Nichtbehinderte in Eichendorf/ Niederbayern 1987. In: Fitting, K. & K.-J. Kluge (Hrsg.): Brücken zueinander. Europa in integrativen Jugendseminaren. Bad Godesberg 1989 a, 169 - 189.

Bröcher, J.: Kreative Intelligenz und Lernen. Eine Untersuchung zur Förderung schöpferischen Denkens und Handelns unter anderem in einem Universitären Sommercamp. München 1989 b.

Bröcher, J.: Lehrertagebuch, unveröffentlicht. Köln 1990.

Bröcher, J.: Zum kulturellen Lebenszusammenhang sog. verhaltensauffälliger Schüler. Unveröffentlichtes Manuskript (II. Staatsarbeit). Düsseldorf 1990.

Bröcher, J.: Bearbeiten von Erfahrung durch collage-unterstütztes Zeichnen. Therapieorientierter Kunstunterricht an der Schule für Erziehungshilfe. KUNST + UNTERRICHT 158, 1991, 51 - 53.

Bröcher, J.: Sonderentwicklungen begegnen. KUNST + UNTERRICHT 163, 1992, 42 - 43.

Bröcher, J.: Lehrertagebuch, unveröffentlicht. Waldbröl 1992.

Bröcher, J.: Lehrertagebuch, unveröffentlicht. Waldbröl 1993.

Bröcher, J.: Von den dunklen Seiten der Adoleszenz. Kunsttherapeutisches Arbeiten zwischen Konflikterkenntnis und Konfliktüberschreitung. Musik-, Tanz- und Kunsttherapie 2/ 1993 a, 4. Jahrg., 102 - 109.

Bröcher, J: Ästhetisch-praktische Zugänge zum Thema „Mittelalter". KUNST + UNTERRICHT 171/ 1993 b, 40 - 41.

Bröcher, J.: Von Encountergruppen, Fabrikarbeit, Sommercamps und Taxifahrten. Lehrjahre eines Sonderpädagogen. In: Fitting, K. & E.-M. Saßenrath-Döpke (Hrsg.): Pädagogik und Auffälligkeit (1. Auflage). Weinheim 1993 c, 565 - 598.

Bröcher, J.: Destruktive Tendenzen und Adoleszenz. Kunsttherapie als Chance, Lebensprobleme zu bearbeiten und konstruktive Lebensperspektiven zu erschließen. Musik-, Tanz- und Kunsttherapie 2/ 1994, 5. Jahrg., 114 - 123.

Bröcher, J.: Lehrertagebuch, unveröffentlicht. Nümbrecht 1995.

Bröcher, J.: Die Verbildlichung einer zerrissenen Welt. Schülerzeichnungen zwischen kunsttherapeutischer Nutzbarmachung und Kulturkritik. Musik-, Tanz- und Kunsttherapie 2/ 1995, 6. Jahrg., 87 - 95.

Bröcher, J.: Soziale Desintegration als Thema von Schülerzeichnungen. Zur Schlüsselrolle bilddiagnostischer Verfahren für die lebensweltorientierte Didaktik. SONDERPÄDAGOGIK 26, 1996, 88 - 103.

Bröcher, J.: Lebenswelt und Didaktik. Unterricht mit verhaltensauffälligen Jugendlichen auf der Basis ihrer (alltags-)ästhetischen Produktionen. Heidelberg 1997 a.

Bröcher, J.: Bilddiagnostik und Kunsttherapie im Kontext der lebensweltorientierten Didaktik. Zeitschrift für Musik-, Tanz- und Kunsttherapie, Heft 1, 1997 b, 1 -12.

Bröcher, J.: Jugendästhetik als Kristallisationspunkt von Lebensweltproblemen. KUNST + UNTERRICHT 211/ 1997 c, 20 - 21.

Bröcher, J.: Zur heuristischen Funktion kunsttherapeutischer Verfahren für den sonderpädagogischen Unterricht - Didaktische Variationen zum zeichnerischen Werk eines verhaltensauffälligen Jungen. Musik-, Tanz- und Kunsttherapie, Heft 2, 1997 d, 80 - 91.

Bröcher, J.: Didaktik: Niemandsland oder Spielwiese der Verhaltensauffälligenpädagogik? - Plädoyer für einen Unterricht als lebensweltorientierten Gesamtzusammenhang. SONDERPÄDAGOGIK Heft 2, 1997 e, 92 - 103.

Bröcher, J.: Bildraum und Lebensraum. Förderschulmagazin 7-8, 1997f , 47- 49.

Bröcher, J.: Das Erhabene im Lächerlichen. Betrachtungen zu den erotischen Kritzeleien von sog. verhaltensauffälligen Heranwachsenden. Musik-, Tanz- und Kunsttherapie 8, H. 4, 1997 g, 174 - 183.

Bröcher, J.: Kunsttherapie als Feld der beruflichen Weiterbildung. Erfahrungen, Erkenntnisse und Anmerkungen eines Lehrtherapeuten. Musik-, Tanz- und Kunsttherapie 9, H. 2, 1998 a, 94 - 105.

Bröcher, J.: Zur Integration von verhaltensauffälligen Grundschülern. Erfahrungen, Erkenntnisse und Anmerkungen nach mehrjähriger Tätigkeit im gemeinsamen Unterricht. Sonderpädagogik 4/ 1998 b, 230 - 241.

Bröcher, J.: Zum Zusammenhang von Verhaltensauffälligkeit und Lebenswelt, Alltagsästhetik und Didaktik - demonstriert an einem Unterrichtsbeispiel zur Trivialkultur. Zeitschrift für Heilpädagogik 9/ 1998 c, 423 - 429.

Bröcher, J.: Lebensweltorientierte Didaktik als Antwort auf die zunehmende gesellschaftliche Desintegration. Unterricht mit verhaltensauffälligen Jugendlichen ausgehend von ihren (alltags-)ästhetischen Produktionen. Die neue Sonderschule H. 4, 1999 (i.D.).

Bröcher, J.: Abenteuer auf einer geheimnisvollen Insel. Identifikationsfördernde Themen als Chance zum Abbau von Lern- und Verhaltensstörungen in der Grundschule. Zeitschrift für Heilpädagogik 1999 (i.D.).

Bröcher, J.: Zur Bedeutung jugendkultureller/ alltagsästhetischer Prozesse für die Verhaltensauffälligenpädagogik (Antrittsvorlesung an der Universität zu Köln). Vierteljahresschrift für Heilpädagogik und ihre Nachbargebiete 67, H. 2 (Juni), 1999 (i.D.).

Bronfenbrenner, U. (1977): Ansätze zu einer experimentellen Ökologie menschlicher Entwicklung. In: Oerter, R. (Hrsg.): Entwicklung als lebenslanger Prozeß. Hamburg 1978, 33 - 65.

Bronfenbrenner, U. (1979): Die Ökologie der menschlichen Entwicklung. Frankfurt/ M. 1989.

Brüderl, L. (Hrsg.): Theorien und Methoden der Bewältigungsforschung. Weinheim, München 1988 a.

Brüderl, L. (Hrsg.): Belastende Lebenssituationen. Untersuchungen zur Bewältigungs- und Entwicklungsforschung. Weinheim, München 1988 b.

Burgess, A. (1962, engl.): Uhrwerk Orange. Roman. München 1992, 10. Aufl.

Burgess, R.C. (Hrsg.): In the field. An introduction to field research. London 1984.

Buschbeck, H.: Das Pädagogische Tagebuch - ein Not-wendiges Handwerkszeug im Schulalltag. In: Eberwein & Mand (Hrsg.) 1995, 271 - 288.

Charlton, M. & K. Neumann: Medienkonsum und Lebensbewältigung in der Familie. Methode und Ergebnisse der strukturanalytischen Rezeptionsforschung. München 1986.

Charlton, M. & K. Neumann: Medienrezeption und Identitätsbildung. Tübingen 1990.

Decher, F.: Bertrand Russell. Auf der Suche nach dem guten und glücklichen Leben. Cuxhaven & Dartford 1996.

Dilthey, W. (1894): Ideen über eine beschreibende und zergliedernde Psychologie. In: Gesammelte Schriften, Band 5, Berlin 1961, 139 - 237.

Dörner, K. & U. Plog (1984): Irren ist menschlich. Lehrbuch der Psychiatrie/ Psychotherapie (völlig neu bearbeitete Ausgabe). Bonn 1987, 4. Auflage.

Domma, W.: Kunsttherapeutische Werkstatt in einer Heimschule. KUNST + UNTERRICHT 158, 1991, 43 - 48.

Dreher, E. & M. Dreher: Entwicklungsaufgaben im Jugendalter: Bedeutsamkeit und Bewältigungskonzepte. In: Liepmann, D. & A. Sticksrud (Hrsg.), Entwicklungsaufgaben und Bewältigungsprobleme in der Adoleszenz. Göttingen 1985, 56 - 70.

Dreher, E. & M. Dreher: Gruppendiskussionsverfahren. In: Flick, U., v. Kardorff, E. et al. (Hrsg.) (1995): Handbuch Qualitative Sozialforschung, 186 - 188.

Dürkheim, K. v.: Untersuchungen zum gelebten Raum. Neue Psycholog. Studien 6/ 7. München 1932, 383 - 480.

Eberwein, H.: Fremdverstehen sozialer Randgruppen/ Behinderter und die Rekonstruktion ihrer Alltagswelt mit Methoden qualitativer und ethnographischer Feldforschung. SONDERPÄDAGOGIK, 15. Jahrg., Heft 3, 1985, 97 - 106.

Eberwein, H. (Hrsg.): Fremdverstehen sozialer Randgruppen. Berlin 1987.

Eberwein, H.: Zur Bedeutung qualitativ-ethnographischer Methoden für die integrations-pädagogische Forschung. In ders. (Hrsg.) 1997, 369 - 378.

Eberwein, H. (Hrsg.) (1988): Handbuch Integrationspädagogik. Kinder mit und ohne Behinderung lernen gemeinsam. Weinheim/ Basel 1997, 4. Auflage.

Eberwein, H. & J. Mand (Hrsg.): Forschen für die Schulpraxis. Was Lehrer über Erkenntnisse qualitativer Sozialforschung wissen sollten. Weinheim 1995 a.

Eberwein, H. & J. Mand: Qualitative Sozialforschung und Schulalltag. Auswege aus praxisferner Forschung und forschungsferner Praxis. In dies. (Hrsg.) 1995 b, 11 - 18.

Eid, K.: Taschenmuseum. KUNST + UNTERRICHT 27, 1974, 27 - 29.

Elias, N./ J. L. Scotson (1965): Etablierte und Außenseiter. Frankfurt/ M. 1990.

Ende, M. (1960): Jim Knopf und Lukas der Lokomotivführer. Stuttgart & Wien 1990.

Erikson, E.H. (1959): Identität und Lebenszyklus. Frankfurt/ M. 1989.

Ertle, C. & A. Möckel: Fälle und Unfälle der Erziehung. Stuttgart 1980.

Ertle, C. & A. Möckel: Zur Theorie der Fallstudienmethode. In (die) 1981, 153 - 170.

Farin, K. & E. Seidel-Pielen: Skinheads. München 1993 a.

Farin, K. & E. Seidel-Pielen: Rechtsruck. Rassismus im neuen Deutschland. Berlin 1993 b, 4. Aufl.

Fend, H. (1990): Vom Kind zum Jugendlichen. Der Übergang und seine Risiken. Entwicklungspsychologie der Adoleszenz in der Moderne, Band I. Bern, Stuttgart, Toronto 1992 (Nachdruck der 1. Aufl.).

Fend, H.: Identitätsentwicklung in der Adoleszenz. Lebensentwürfe, Selbstfindung und Weltaneignung in beruflichen, familiären und politisch-weltanschaulichen Bereichen. Entwicklungs-psychologie der Adoleszenz in der Moderne, Band II. Bern, Stuttgart, Toronto 1991.

Flick, U., v. Kardorff, E. u.a. (Hrsg.) (1991): Handbuch Qualitative Sozialforschung. Weinheim 1995, 2. Auflage.

Flusser, V. (1985): Ins Universum der technischen Bilder. Göttingen 1992, 4. Aufl.

Flusser, V.: Die Revolution der Bilder. Mannheim 1995.

Foucault, M. (1961): Wahnsinn und Gesellschaft. Eine Geschichte des Wahns im Zeitalter der Vernunft. Frankfurt/ M. 1989, 8. Aufl.

Foucault, M. (1975): Überwachen und Strafen. Die Geburt des Gefängnisses. Frankfurt/ M. 1992, 10. Aufl.

Foucault, M. (1976): Sexualität und Wahrheit I: Der Wille zum Wissen. Frankfurt/ M. 1991, 5. Aufl.

Foucault, M.: Mikrophysik der Macht. Über Strafjustiz, Psychiatrie und Medizin. Berlin 1976.

Foucault, M. (1984 a): Sexualität und Wahrheit II: Der Gebrauch der Lüste. Frankfurt/ M. 1991, 2. Aufl.

Foucault, M. (1984 b): Sexualität und Wahrheit III: Die Sorge um sich. Frankfurt/ M. 1991, 2. Aufl.

Freud, A. (1936): Das Ich und die Abwehrmechanismen. In: Die Schriften der Anna Freud, Band I. Frankfurt/ M. 1987.

Freud, A. (1965): Wege und Irrwege in der Kinderentwicklung. In: Die Schriften der Anna Freud, Band VIII. Frankfurt/ M. 1987.

Freud, A. (1971 - 1980): Psychoanalytische Beiträge zur normalen Kinderentwicklung. In: Die Schriften der Anna Freud, Band X. Frankfurt/ M. 1987.

Freud, S. (1900): Die Traumdeutung. Studienausgabe Band II. Frankfurt/ M. 1972, 8. Aufl. 1989.

Freud, S. (1905): Drei Abhandlungen zur Sexualtheorie. In: Sexualleben. Studienausgabe Band V. Frankfurt/ M. 1972, 1989, 6. Aufl.

Freud, S. (1910): Eine Kindheitserinnerung des Leonardo da Vinci. In: Bildende Kunst und Literatur. Studienausgabe Band X. Frankfurt/ M. 1969, 1989, 9. Aufl., 87 - 160.

Freud, S. (1912): Zur Dynamik der Übertragung. In: Schriften zur Behandlungstechnik. Studienausgabe, Ergänzungsband. Frankfurt/ M. 1975, 3. Aufl., 157 - 168.

Freud, S. (1915): Das Unbewußte. In: Psychologie des Unbewußten. Studienausgabe Band III. Frankfurt/ M. 1975, 1989, 6. Aufl., 119 - 174.

Freud, S. (1916 - 1917): Der Traum. In: Vorlesungen zur Einführung in die Psychoanalyse. Studienausgabe Band I, 5. - 15. Vorlesung. Frankfurt/ M. 1969, 1989, 11. korr. Aufl., 101 - 244.

Freud, S. (1921): Massenpsychologie und Ich-Analyse. In: Fragen der Gesellschaft. Ursprünge der Religion. Studienausgabe Band IX. Frankfurt/ M. 1974, 1989, 5. Aufl., 61 - 134.

Freud, S. (1924): Neurose und Psychose. Gesammelte Werke XIII, 385 - 391.

Freud, S. (1930): Das Unbehagen in der Kultur. In: Fragen der Gesellschaft/ Ursprünge der Religion. Studienausgabe Band IX. Frankfurt/ M. 1974.

Fromm, E. (1973): Anatomie der menschlichen Destruktivität. Reinbek 1996.

Gadamer, H.-G. (1960): Wahrheit und Methode. Grundzüge einer philosophischen Hermeneutik. Tübingen 1990, 6. Auflage.

Gadamer, H.-G. (1986): Wahrheit und Methode. Ergänzungen. Tübingen 1993, 2. Aufl.

Gadamer, H.-G. (1959): Vom Zirkel des Verstehens. In: ders.: Wahrheit und Methode. Bd. II. Tübingen 1993 (2. Aufl.), 57 - 65.

Giorgi, A.: Sketch of a psychological phenomenological method. In: A. Giorgi (Hrsg.): Phenomenology and psychological research. Pittsburg/ PA 1985, 8 - 22.

Girtler, R.: Methoden der qualitativen Sozialforschung. Anleitung zur Feldarbeit. Wien 1984.

Girtler, R.: Forschung in Subkulturen. In: Flick, U. u.a. (Hrsg.) 1995, 385 - 388.

Glaser, B.G.: Theoretical sensitivity. Advances in methodology of grounded theory. Mill Valley/ CA 1978.

Glaser, B.G. & A.L. Strauss: Die Entdeckung gegenstandsbezogener Theorie: Eine Grundstrategie qualitativer Sozialforschung. In: Ch. Hopf & E. Weingarten (Hrsg.): Qualitative Sozialforschung, Stuttgart 1979, 91 - 111.

Goetze, H. & H. Neukäter (Hrsg.): Handbuch der Sonderpädagogik, Bd. 6: Pädagogik bei Verhaltensstörungen. Berlin 1989.

Goetze, H.: Life Space Intervention. SONDERPÄDAGOGIK, 25. Jahrg., 1995, 108 - 112.

Gstettner, P.: Handlungsforschung. In: Flick, U., v. Kardorff, E. et al. (Hrsg.) (1995): Handbuch Qualitative Sozialforschung, 266 - 268.

Haan, N: Coping and defending. Process of self-environment organization. New York 1977.

Habermas, J. (1968/ 1973): Erkenntnis und Interesse. Frankfurt/ M. 1994, 11. Aufl.

Habermas, J. (1981): Theorie des kommunikativen Handelns. 2 Bände. Frankfurt/ M. 1995

Habermas, J. (1985 a): Der philosophische Diskurs der Moderne. Zwölf Vorlesungen. Frankfurt/ M. 1993, 4. Aufl.

Habermas, J.: Die Neue Unübersichtlichkeit. Kleine politische Schriften. Frankfurt/ M. 1985 b.

Habermas, J. (1990): Die Moderne - ein unvollendetes Projekt. Philosophisch-politische Aufsätze. Leipzig 1994, 3. Aufl.

Hartmann, K.: Zur Psychopathologie der schizophrenen Psychosen des Kindesalters. Nervenarzt 42, 1971, 262 - 267.

Hartmann, K.: Heilpädagogische Psychiatrie in Stichworten. Stuttgart 1979.

Hartwig, H.: Jugendkultur. Ästhetische Praxis in der Pubertät. Reinbek 1980.

Havighurst, R.J. (1948): Developmental tasks and education. New York 1972, 3. üb. Aufl.

Havighurst, R.J.: Dominant concerns in the life. In: Schenk-Danziger, L. & H. Thomae: Gegenwartsprobleme der Entwicklungspsychologie. Göttingen 1963.

Hegel, G.W.F. (1835 - 1838): Ästhetik. Hrsg. von F. Bassenge. Berlin 1955.

Hegel, G.W.F. (1835 - 1838): Vorlesungen über Ästhetik. Hrsg. v. E. Moldenhauer & K.M. Michel. Werke, Bd. 3. Frankfurt/ M. 1973.

Heinemann, E.: Psychoanalyse und Pädagogik im Unterricht der Sonderschule. In: Heinemann, E., Rauchfleisch, U. & T. Grüttner: Gewalttätige Kinder. Psychoanalyse und Pädagogik in Schule, Heim und Therapie. Frankfurt/ M. 1992, 39 - 89.

Heinze, Th., Müller, E., Stickelmann, B. & J. Zinnecker (Hrsg.): Handlungsforschung im pädagogischen Feld. München 1975.

Heitmeyer, W. u.a.: Die Bielefelder Rechtsextremismus-Studie. Erste Langzeituntersuchung zur politischen Sozialisation männlicher Jugendlicher. Weinheim & Basel 1992.

Heitmeyer, W. (Hrsg.): Was treibt die Gesellschaft auseinander? Bundesrepublik Deutschland: Auf dem Weg von der Konsens- zur Konfliktgesellschaft, Band I. Frankfurt/ M. 1997 a.

Heitmeyer, W. (Hrsg.): Was hält die Gesellschaft zusammen? Bundesrepublik Deutschland: Auf dem Weg von der Konsens- zur Konfliktgesellschaft, Band II. Frankfurt/ M. 1997 b.

Heitmeyer, W.: Auf dem Weg in eine desintegrierte Gesellschaft. In ders. (Hrsg.) 1997 c, 9 - 28.

Heitmeyer, W.: Gesellschaftliche Integration, Anomie und ethnisch-kulturelle Konflikte. In ders. (Hrsg.) 1997 d, 629 - 653.

Hermanns, H.: Narratives Interview. In: Flick, U., v. Kardorff, E. et al. (Hrsg.) (1995): Handbuch Qualitative Sozialforschung, 182 - 185.

Hilbig, N. & I. Tietze: Kritzeleien auf der Schulbank. Eine qualitative Analyse von Tisch-Graffiti. Hildesheim 1981.

Hitzler, R. & A. Honer: Qualitative Verfahren zur Lebensweltanalyse. In: Flick, U. (Hrsg.) 1995, 382 - 385.

Holtappels, H.G. & S. Hornberg: Schulische Desorganisation und Devianz. In: Heitmeyer (Hrsg.) 1997, Band I.

Holzkamp, K.: Kunst und Arbeit. Ein Essay zur „therapeutischen" Funktion künstlerischer Gestaltung. In: der: Gesellschaftlichkeit des Individuums. Köln 1978.

Honneth, A.: Die zerrissene Welt des Sozialen. Sozialphilosophische Aufsätze. Frankfurt/ M. 1990.

Honneth, A. (Hrsg.): Pathologien des Sozialen. Die Aufgaben der Sozialphilosophie. Frankfurt/ M. 1994 a.

Honneth, A.: Desintegration. Bruchstücke einer soziologischen Zeitdiagnose. Frankfurt/ M. 1994 b.

Hurrelmann, K.: Aggression und Gewalt in der Schule. Pädextra 5, 1993, 7 - 17.

Husserl, E. (1936): Die Krisis der europäischen Wissenschaften und die transzendentale Phänomenologie. Hamburg 1982.

Husserl, E.: Phänomenologie der Lebenswelt. Ausgewählte Texte. Stuttgart 1986.

Huyssen, A.: Postmoderne - eine amerikanische Internationale ? In: der & K.R. Scherpe (Hrsg.) 1993, 13 - 44.

Huyssen, A. & K.R. Scherpe (Hrsg.): Postmoderne. Zeichen eines kulturellen Wandels. Reinbek 1993

Iben, G.: Das Versagen der allgemeinen Schule gegenüber Behinderten und Benachteiligten. In: Eberwein (Hrsg.) 1997, 161 - 168.

Iben, G.: Randgruppenforschung und Schule. In: Eberwein/ Mand (Hrsg.) 1995, 171 - 182.

Iben, G.: Kinder am Rande der Gesellschaft. München 1968.

Iben, G.: Randgruppen der Gesellschaft. München 1971.

Iben, G.: Handlungsforschung und das Verstehen von Lebenswelten. In: Eberwein (Hrsg.) 1987, 152 - 165.

Iben, G.: Randgruppenarbeit und -theorie. Eine Bilanz nach 3 Jahrzehnten. In: Iben, G. (Hrsg.): Aspekte einer kritischen Heil- und Sonderpädagogik. Frankfurt 1994.

Isay, R. A.: Being homosexual, Gay Man and Their Development. New York 1989. Deutsche Ausgabe: Schwul sein. Die psychologische Entwicklung des Homosexuellen. München 1990.

Jameson, F.: Postmoderne. Zur Logik der Kultur im Spätkapitalismus. In: Huyssen & Scherpe (Hrsg.) 1993, 45 - 102.

Kämpf-Jansen, H.: Objekte und Dinge. KUNST + UNTERRICHT 66, 1981, 4 - 15.

Kane, G. & J. F. Kane: Das autistische Kind. Erscheinungsbild - mögliche Ursachen. In: Regionalverband Nordbaden-Pfalz e.V. „Hilfe für das autistische Kind" (Hrsg.): Autismus. Erscheinungsbild, mögliche Ursachen, Therapieangebote. Walldorf 1990, 21 - 36.

Kanner, L.: Autistic disturbances of affective contact. Nervous Child 2, 1943, 217 - 250.

Kant, I. (1781): Kritik der reinen Vernunft. Darmstadt 1975.

Kant, I. (1785): Grundlegung zur Metaphysik der Sitten. Darmstadt 1968 (Bd. 6).

Kant, I. (1790): Kritik der Urteilskraft (Neudruck der Ausgabe von 1924). Hamburg 1963.

Kant, I. (1797): Die Metaphysik der Sitten. Darmstadt 1968 (Bd. 7).

Kaplan, E. A.: Rocking around the Clock. Music, Television, Postmodernism and Consumer Culture. New York & London 1987.

Kernberg, O.F. (1975): Borderline-Störungen und pathologischer Narzißmuß. Frankfurt/ M. 1988.

Keupp, H. (Hrsg.): Verhaltensstörungen und Sozialstruktur. Wien 1974.

Kläger, M.: Gestalten aus dem Unbewußten. Merkmale des bildnerischen Ausdrucks geistig Behinderter. In: Lebenshilfe (Hrsg.): Wir haben euch etwas zu sagen. Bildnerisches Gestalten mit geistig Behinderten. Marburg 1987.

Klafki, W.: Neue Studien zur Bildungstheorie und Didaktik. Beiträge zur kritisch-konstruktiven Didaktik. Weinheim & Basel 1985.

Klas, R.: Allerlei Gerät zum Nachtvogelfangen. Objektkästen im Unterricht der Grundschule. KUNST + UNTERRICHT 123, 1988, 23 - 25.

Klöck, O.: Eigene Lebenswelt in grellen Farben. Kunsterziehung einmal anders. Oberbergische Volkszeitung 25.1.1994.

Koch, W. (1980): Die „heimliche" Kinderzeichnung. In: Sexualpädagogik, Heft 3/4.

Koch, W.: Erotische Zeichnungen von Kindern und Jugendlichen. In: BDK-Mitteilungen 2, 1984.

Kramer, E.: Kunst als Therapie mit Kindern. München & Basel 1975.

Kramer, E.: Sublimierung und Kunsttherapie. In: Rubin (Hrsg.) 1991, 45 - 62.

Kuhlmann, A. (Hrsg.): Philosophische Ansichten der Moderne. Frankfurt/ M. 1994.

Kuhn, W.: Spezifisch sonderpädagogische Unterrichtsarbeit. Unveröff. Manuskript, Düsseldorf 1990.

KUNST + UNTERRICHT (1982): Zur Problematik von Geschlechterrollen und ästhetischen Leitbildern. Heft 76.

Leske, T.: Sprache, Zeichnen und Intelligenz bei frühkindlichem Autismus. Diss. Münster 1979.

Leutzinger-Bohleber, M.: Die Einzelfallstudie als psychoanalytisches Forschungsinstrument. PSYCHE 49, 1995, 434 - 480.

Levi-Strauss, C.: Das wilde Denken. Frankfurt/ M. 1968.

Lewin, K.: Principles of topological psychology. New York 1936.

Lewin, K.: Defining the field at a given time. Psychological Review 1943, 50, 229 - 310.

Lewin, K.: Behavior and development as a function of the total situation. In: Carmichael, L. (Hrsg.): Manual of child psychology. New York 1946, 791 - 844.

Lewin, K.: Feldtheorie und Sozialwissenschaften. Bern & Stuttgart 1963.

Lewin, K.: Aktionsforschung und Minderheitenprobleme. Kurt-Lewin-Gesamtausgabe, Bd. 7. Herausgegeben von C. F. Graumann. Bern 1982.

Lichtenberg, J.D. (1983): Psychoanalyse und Säuglingsforschung. Berlin 1991.

Lütkehaus, L.: „O Wollust, o Hölle" - Die Onanie. Stationen einer Inquisition. Frankfurt/ M. 1992.

Luhmann, N.: Die Gesellschaft der Gesellschaft. Frankfurt/ M. 1997

Luquet, G.H.: La narration graphique chez l'enfant. Journal de Psychologie, Vol. 21, 1924.

Luquet, G.H. (1927): Le dessin enfantin. Lausanne, Paris, Montreal & Bruxelles 1977.

Lyotard, J.-F. (1979): Das postmoderne Wissen. Wien 1994, 3. Aufl.

Mahler, M. (1979): Studien über die drei ersten Lebensjahre. Frankfurt/ M. 1992.

Mahler, M. (1952): Kindliche Psychose und Schizophrenie. In (dies.): Studien über die drei ersten Lebensjahre. Frankfurt/ M 1992, 164 - 189.

Mahler, M. (1965): Zur frühkindlichen Psychose: Symbiotisches und autistisches Syndrom. In (dies.): Studien über die drei ersten Lebensjahre. Frankfurt/ M. 1992, 190 - 201.

Mahler, M., Pine, F. & A. Bergman (1975): Die psychische Geburt des Menschen. Symbiose und Individuation. Frankfurt/ M. 1989.

Mâle, P. (1964): Psychotherapie bei Jugendlichen. Krisen und Probleme in der späten Pubertät. Frankfurt/ M. 1983.

Mangold, W.: Gegenstand und Methode des Gruppendiskussionsverfahrens. Frankfurt/ M. 1960.

Marcuse, H. (1955): Triebstruktur und Gesellschaft. Ein philosophischer Beitrag zu Sigmund Freud. Frankfurt/ M. 1982.

Maset, P.: Jugendästhetik in den neunziger Jahren. KUNST + UNTERRICHT 211, 1997, 15 - 19.

Mayring, P. (1990): Einführung in die qualitative Sozialforschung. Weinheim 1993, 2. Aufl.

Mentzos, S.: Neurotische Konfliktverarbeitung. Einführung in die psychoanalytische Neurosenlehre unter Berücksichtigung neuer Perspektiven. Frankfurt 1982.

Merleau-Ponty, M. (1945): Phänomenologie der Wahrnehmung. Berlin 1974.

Miller, D.R. & G.E. Swanson: Inner conflict and defense. New York 1960.

Minkowski, E.: Vers une cosmologie. Paris 1967, 2. Auflage.

Mittig, H.E.: Erotik bei Rubens. In: Berger & Hammer-Tugendhat (Hrsg.) 1985, 48 - 88.

Möller, L.: Sex. Eine Gebrauchsanweisung für Jugendliche. Zeichentrickfilm (ab 12 Jahre). Dänemark 1987.

Morgenthaler, F.: Verkehrsformen der Perversion und die Perversion der Verkehrsformen. Kursbuch 49, 1977, 135 - 148.

Moser, H.: Methoden der Aktionsforschung. München 1977.

Moser, T.: Jugendkriminalität und Gesellschaftsstruktur. Zum Verhältnis von soziologischen, psychologischen und psychoanalytischen Theorien des Verbrechens. Frankfurt/ M. 1970.

Muchow, M. & H. H. Muchow (1935): Der Lebensraum des Großstadtkindes. Bensheim 1978.

Navratil, L. (1969): Psychose und Kreativität. In: Bader (1975) (Hrsg.), 92 - 105.

Navratil, L. (1979): Die Kreativität der Psychose. In: Condrau, G. (Hrsg.): Die Psychologie des 20. Jahrhunderts. Bd. XV.: Transzendenz, Imagination und Kreativität. Zürich 1979.

Newman, B.M. & P.R. Newman: Development through life. A psychological approach. Homewood/ Illinois 1975.

Oerter, R.: Der ökologische Ansatz. In: Oerter & Montada 1987, 87 - 128.

Oerter, R.: Kindheit. In: Oerter & Montada 1987, 204 - 264.

Oerter, R.: Jugendalter. In: Oerter & Montada 1987, 265 - 338.

Oerter, R. & L. Montada (Hrsg.): Entwicklungspsychologie. München, Weinheim 1987, 2. völlig neubearb. und erw. Aufl.

Ohlmann, A.: Erinnerungen an meinen Großvater. Schüler einer 8. Hauptschulklasse bauen „Spurensicherungskästen". KUNST + UNTERRICHT 123, 1988, 39 - 40.

Oldenbourg, C. (1975): Zeichnungen. Ausstellungskatalog mit Textbeiträgen von G. Adriani, D. Koepplin und B. Rose.

Paasch, U.: Techno-Party unter Palmen. In: DIE ZEIT Nr. 34, 18.8.1995.

Paglia, C. (1990): Die Masken der Sexualität. München 1995.

Patry, J.-L. (Hrsg.): Feldforschung. Methoden und Probleme sozialwissenschaftlicher Forschung unter natürlichen Bedingungen. Bern 1982.

Pazzini, K.-J.: Anmerkungen zu einem fast vergessenen Thema in der Pädagogik und in der Erziehungswissenschaft. In: ders. (Hrsg.): Wenn Eros Kreide frißt. Essen 1992, 21 - 44.

Petermann, B.: Wesensfragen menschlichen Seins. Leipzig 1938.

Petri, H. (1989): Erziehungsgewalt. Zum Verhältnis von persönlicher und gesellschaftlicher Gewaltausübung in der Erziehung. Frankfurt/ M. 1991.

Platon (ca. 380 v. Chr.): Symposion. In: Sämtliche Werke, Bd. 2, Reinbek 1994, 37 - 102.

Pollak, M.: Männliche Homosexualität oder das Glück im Ghetto? In: Ariès, Béjin, Foucault u.a. 1990, 55 - 79.

Pollock, F. (Hrsg.): Gruppenexperiment. Frankfurt 1955.

Postman, N. (1982): Das Verschwinden der Kindheit. Frankfurt/ M. 1993.

Prinzhorn, H. (1922): Bildnerei der Geisteskranken. Ein Beitrag zur Psychologie und Psychopathologie der Gestaltung. Berlin 1968.

Propach, S.: Kunst für den Schulflur. Kölner Stadtanzeiger, Ausgabe Oberberg, 24.1.1994.

Prost, A.: Grenzen und Zonen des Privaten. In: Ariès & Duby 1993, 15 - 152.

Rauchfleisch, U.: Dissozial. Entwicklung, Struktur und Psychodynamik dissozialer Persönlichkeiten. Göttingen 1981.

Rauchfleisch, U. (1994): Schwule, Lesben, Bisexuelle. Göttingen 1996 a, 2. überarb. Aufl.

Rauchfleisch, U.: Zur Beratung männlicher Adoleszenten mit homosexueller Orientierung und ihrer Eltern. Praxis Kinderpsychol. Kinderpsychiat. 45: 1996 b, 166 - 170.

Rech, P.: Akt und Selbstdarstellung des Körpers. Kunsttherapeutische Wege an den Rändern der Identität. Integrative Therapie 1-2/ 1991, 164 - 175.

Redl, F. (1966): Erziehung schwieriger Kinder. Beiträge zu einer psychotherapeutisch orientierten Pädagogik. München 1987.

Redl, F. & D. Wineman (1951): Kinder, die hassen. Auflösung und Zusammenbruch der Selbstkontrolle. München 1990.

Reich, W. (1936): Die sexuelle Revolution. Frankfurt/ M. 1982.

Rennert, H. (1962/ 1966): Liste der Merkmale schizophrener Bildnerei. In: Bader, A. (Hrsg.): Geisteskrankheit, bildnerischer Ausdruck und Kunst. Bern, Stuttgart & Wien 1975, 55 - 58.

Rennert, H. (1963): Eigengesetze des bildnerischen Ausdrucks bei Schizophrenie. In: Bader, A. (Hrsg.) 1975, 50 - 54.

Richter, H.-E. (1963): Eltern, Kind und Neurose. Die Rolle des Kindes in der Familie. Reinbek 1981.

Richter, H.-E. (1970): Patient Familie. Entstehung, Struktur und Therapie von Konflikten in Ehe und Familie. Reinbek 1988.

Richter, H.-E.: Test der Verführbarkeit. Schulklassen sehen den Film „Beruf Neonazi". DIE ZEIT vom 28.01.94.

Richter, H.-G.: Ästhetische Erziehung und moderne Kunst. Ratingen, Kastellaun 1975.

Richter, H.-G.: Anfang und Entwicklung der zeichnerischen Symbolik. Kastellaun 1976.

Richter, H.-G. (Hrsg.): Therapeutischer Kunstunterricht. Düsseldorf 1977 a.

Richter, H.-G.: Zur Grundlegung pädagogisch-therapeutischer Arbeitsformen in der ästhetischen Erziehung. In ders. 1977 b, 39 - 77.

Richter, H.-G.: Kunst und visuelle Medien. In: Handbuch der Sonderpädagogik, Bd. 4, Pädagogik der Lernbehinderten (Hrsg. von G.O. Kanter & O. Speck). Berlin 1980, 2. Aufl.

Richter, H.-G.: Kunst und visuelle Medien. In: Handbuch der Sonderpädagogik, Bd. 4, Pädagogik der Lernbehinderten (Hrsg. von G.O. Kanter & O. Speck). Berlin 1980, 2. Aufl.

Richter, H.-G.: Geschichte der Kunstdidaktik. Düsseldorf 1981.

Richter, H.-G.: Pädagogische Kunsttherapie. Grundlegung, Didaktik, Anregungen. Düsseldorf 1984.

Richter, H.-G.: Kunsttherapeutische Intervention bei Verhaltensauffälligen. In: ders.: 1984, 155 - 165.

Richter, H.-G.: Die Kinderzeichnung. Entwicklung, Interpretation, Ästhetik. Düsseldorf 1987.

Richter, H.-G.: Vom ästhetischen Niemandsland. Was hält die ästhetische Bildung von der Selbsttätigkeit der Heranwachsenden? Zeitschrift für Pädagogik 4, 1990, 36. Jg., 523 - 536.

Richter, H.-G.: Vom Ästhetischen in Bildung und Erziehung, Förderung und Therapie. KUNST + UNTERRICHT 158, 1991, 34 - 38.

Richter, H.-G.: Bildgeschichte als Lebensgeschichte. Ein Beispiel für die biographisch rekonstruierende Interpretation einer Kinderzeichnung. In: Heiden, A. von der (Hrsg.): Ästhetik und Verantwortung, Essen 1994, 11 - 24.

Richter, H.-G.: Angst und Scham oder: Bildgeschichte als Leidensgeschichte. In: Scholz, O. & A. Karpati (Hrsg.): Anxiety and fear in children's art works. Angst und Schrecken in der Kinderzeichnung. Berlin 1995, 28 - 44.

Richter, H.-G.: Leidensbilder. Psychopathische Werke und nicht-professionelle Bildnerei. Frankfurt/ M. 1997 a.

Richter, H.-G.: Zur Bildnerei von Menschen mit geistiger Behinderung. In: Theunissen (Hrsg.) 1997 b, 18 - 61.

Richter, H.-G. (1997 c): Kinderzeichnung als Ausdrucksmedium schwerer Traumata. Vortrag auf der Jahrestagung der Internationalen Gesellschaft für Kunst, Therapie und Gestaltung im Oktober 1997 in Bremen (Kongreßbericht im Druck, Hrsg. von R. Hampe).

Richter-Reichenbach, K.-S.: Bildungstheorie und ästhetische Erziehung heute. Darmstadt 1983.

Richter-Reichenbach, K.-S.: Identität und ästhetisches Handeln. Präventive und rehabilitative Funktionen ästhetischer Prozesse. Weinheim 1992.

Richter-Reichenbach, K.-S.: Pädagogische Kunsttherapie: Pädagogisierung von Therapie oder Therapeutisierung von Pädagogik? In: Wichelhaus (Hrsg.) 1993, 95 - 110.

Richter-Reichenbach, K.-S.: Männerbilder, Frauenbilder, Selbstbilder. Projekte, Aktionen, Materialien zur ästhetisch-kreativen Selbsterkundung. Aachen 1996 a.

Richter-Reichenbach, K.-S.: Aktualität und Bildungsbedeutsamkeit ästhetisch-kommunikativer Handlungsprozesse. In: Hellmann & Rohrmann 1996 b, 107 - 139.

Rokeach, M.: The open and closed mind. New York 1960.

Rolff, H.-G. & P. Zimmermann: Kindheit im Wandel. Eine Einführung in die Sozialisation im Kindesalter. Weinheim & Basel 1985.

Russell, B.: Eroberung des Glücks. Frankfurt/ M. 1977.

Safranski, R.: Das Böse oder das Drama der Freiheit. München, Wien 1997.

Salber, W.: Kunst - Psychologie - Behandlung. Bonn 1986.

Sartre, J.-P. (1943): Das Sein und das Nichts. Versuch einer phänomenologischen Ontologie. Reinbek 1991.

Schetty, A.: Kinderzeichnungen. Eine entwicklungspsychologische Untersuchung. Dissertation. Zürich 1974.

Schiller, F. (1793): Über Anmut und Würde. Stuttgart 1971.

Schiller, F. (1795): Über die ästhetische Erziehung des Menschen in einer Reihe von Briefen. Stuttgart 1965.

Schleiermacher, F.E.D. (1838): Hermeneutik und Kritik. Frankfurt/ M. 1995.

Schmid, W. (1987): Die Geburt der Philosophie im Garten der Lüste. Michel Foucaults Archäologie des platonischen Eros. Frankfurt/ M. 1994.

Schopenhauer, A. (1819): Die Welt als Wille und Vorstellung. Köln 1997.

Schopenhauer, A. (1840): Über die Grundlage der Moral. Zürich 1977.

Schottenloher, G. (1983): Kunst- und Gestaltungstherapie. Eine praktische Einführung. München 1992, 3. Auflage.

Schütz, A. & T. Luckmann (1975): Strukturen der Lebenswelt. Band I. Frankfurt/ M. 1994.

Schütz, A. & T. Luckmann (1984): Strukturen der Lebenswelt. Band II. Frankfurt/ M. 1994.

Schütze, F.: Die Technik des narrativen Interviews in Interaktionsfeldstudien. Bielefeld 1977.

Schulze, G. (1992): Die Erlebnisgesellschaft. Kultursoziologie der Gegenwart. Frankfurt/ M., New York 1993.

Shusterman, R.: Die Sorge um den Körper in der heutigen Kultur. In: Kuhlmann (Hrsg.) 1994, 241 - 277.

Sigusch, V.(1996): Die Trümmer der sexuellen Revolution. Was wird aus Eros in den Zeiten von Telephonsex, Penisprothesen und Kinderpornos? DIE ZEIT, 4. 10. 1996, 33 f.

Singer, J. & J. Kolligian: Personality: Developments in the study of private experience. Annual Review of Psychology 1987, 38, 533 - 574.

Stern, D.N. (1986): Die Lebenserfahrung des Säuglings. Stuttgart 1992.

Stierlin, H.: Von der Psychoanalyse zur Familientherapie. Stuttgart 1975.

Strauss, A.L.: Qualitative analysis for social scientists. Cambridge 1987.

Strauss, A.L. & J. Corbin: Basics of qualitative research. Grounded theory procedures and techniques. Newbury Park/ CA 1990.

Streek-Fischer, A.: "Geil auf Gewalt". Psychoanalytische Bermerkungen zu Adoleszenz und Rechtsradikalismus. PSYCHE 8, 1992, 46. Jahrg., 745 - 768.

Streek-Fischer, A.: Männliche Adoleszenz, Fremdenhaß und seine selbstreparative Funktion am Beispiel jugendlicher rechtsextremer Skinheads. In: Prax.. Kinderpsychol. Kinderpsychiat. 1994, 43, 259 - 266.

Taureck, B.H.F.: Michel Foucault. Reinbek 1997.

Theunissen, G.: Heilpädagogik und Soziale Arbeit mit verhaltensauffälligen Kindern und Jugendlichen. Freiburg 1992.

Theunissen, G. (Hrsg.): Kunst, ästhetische Praxis und geistige Behinderung. Bad Heilbrunn 1997.

Theunissen, G.: Zur ästhetischen Erziehung bei Menschen mit geistiger Behinderung. In ders. (Hrsg.) 1997, 62 - 85.

Thiemann, F.: Schulszenen. Vom Herrschen und vom Leiden. Frankfurt/ M. 1985.

Thimm, K.: Schulverdrossenheit und Schulverweigerung. Phänomene, Hintergründe und Ursachen. Alternativen in der Kooperation von Schule und Jugendhilfe. Berlin 1998.

Thimm, K.: Schulverweigerung - Totalausstieg - „Unbeschulbarkeit" Jugendlicher. Zur Begründung eines neuen Verhältnisses von Sozialpädagogik und Schule (unveröffentlichte Arbeit). Berlin 1999.

Thomae, H.: Das Individuum und seine Welt. Eine Persönlichkeitstheorie. Göttingen 1968.

Thomae, H.: Das Individuum und seine Welt. Eine Persönlichkeitstheorie. Göttingen 1988, 2. neu bearb. Aufl.

Tomkins, S.: Script theory: Differential magnifications of affect Nebraska Symposion on Motivation. Vol. 26, Lincoln/ Nebraska 1979, 201 - 236.

Touraine, A.: Das Ende der Städte? In: Die Zeit, 31. Mai 1996.

Undeutsch, U.: Exploration. In: Feger, H. & J. Bredenkamp (Hrsg.): Datenerhebung. Enzyklopädie der Psychologie. Bd I. Göttingen 1983, 321 - 361.

Vincent, G.: Eine Geschichte des Geheimen. In: Ariès, Ph. & G. Duby (Hrsg.) 1993, 153 - 343.

Virilio, P. (1984): Der negative Horizont. Bewegung, Geschwindigkeit, Beschleunigung. Frankfurt/ M. 1995.

Virilio, P. (1990): Rasender Stillstand.Wien 1992.

Voß, R.: Anpassung auf Rezept. Die fortschreitende Medizinisierung auffälligen Verhaltens von Kindern und Jugendlichen. Stuttgart 1987.

Walch, J.: Kunst im Kasten. KUNST + UNTERRICHT 123, 1988, 16 - 18.

Waldenfels, B. (1985): In den Netzen der Lebenswelt. Frankfurt/ M. 1994.

Weber, M. (1921/ 22): Wirtschaft und Gesellschaft. Köln 1964.

Weinberg, M. & C. J. Williams: Soziale Beziehungen zu devianten Personen bei der Feldforschung. In: Friedrichs, F. (Hrsg.): Teilnehmende Beobachtung abweichenden Verhaltens. Stuttgart 1973, 83 - 108.

Wichelhaus, B.: Das „Ahneneck" - Herstellung eines Objektkastens. In: Richter, H.-G. & G. Waßerme (Hrsg.): Kunst als Lernhilfe, Frankfurt/ M. 1981, 6 - 11.

Wichelhaus, B.: Dialogisches Gestalten. Kunsttherapeutische Übungen als Partnerarbeit. KUNST + UNTERRICHT 158, 1991, 39 - 42.

Wichelhaus, B. (Hrsg.): KUNSTtheorie, KUNSTpsychologie, KUNSTtherapie. Festschrift für Hans-Günther Richter zum 60. Geburtstag. Berlin 1993.

Wichelhaus, B.: Zur kompensatorischen Funktion der ästhetischen Erziehung im Kunstunterricht. KUNST + UNTERRICHT 191, 1995 a, 16 - 17.

Wichelhaus, B.: Kompensatorischer Kunstunterricht. KUNST + UNTERRICHT 191, 1995 b, 35 - 39.

Wichelhaus, B.: Körper, Körperwahrnehmung, Körpererfahrung. KUNST + UNTERRICHT 202, 1996 b, 15 - 20.

Wiedemann, P.M.: Erzählte Wirklichkeit. Zur Theorie und Auswertung narrativer Interviews. Weinheim 1986.

Winnicott, D.W.: Übergangsobjekte und Übergangsphänomene. PSYCHE 9, 1969.

Winnicott, D.W.: Die Lokalisierung des kulturellen Erlebens. PSYCHE 1, 1970.

Wood, M. & N.J. Long: Life space intervention. Talking to children in crisis. Austin/ Texas 1991.

Wolffersdorff-Ehlert, C. v.: Zugangsprobleme bei der Erforschung von Randgruppen. In: Flick, U. u.a. (Hrsg.) 1995, 388 - 391.

Wynne, L.C.: The Study of Intrafamilial Alignments and Splits in Exploratory Family Therapy. In: Ackermann, N.W. et al. (Hrsg.): Exploring the Base of Family Therapy. New York 1961.

Ziler, H.: Der Mann-Zeichen-Test in detailstatistischer Auswertung. Münster 1970, 3. Aufl.